财政部"十三五"规划教材

Public Finance

（第2版）

# 财政学

王 庆 主编

中国财经出版传媒集团
经济科学出版社
Economic Science Press

图书在版编目（CIP）数据

财政学/王庆主编 .—2 版 .—北京：经济科学出版社，2018.8

财政部"十三五"规划教材

ISBN 978-7-5141-9637-5

Ⅰ.①财… Ⅱ.①王… Ⅲ.①财政学-高等学校-教材 Ⅳ.①F810

中国版本图书馆 CIP 数据核字（2018）第 182067 号

责任编辑：杜 鹏 刘 悦
责任校对：靳玉环
责任印制：邱 天

## 财 政 学
（第 2 版）

王 庆 主编

经济科学出版社出版、发行 新华书店经销
社址：北京市海淀区阜成路甲 28 号 邮编：100142
总编部电话：010-88191217 发行部电话：010-88191522
网址：www.esp.com.cn
电子邮件：esp_bj@163.com
天猫网店：经济科学出版社旗舰店
网址：http://jjkxcbs.tmall.com
固安华明印业有限公司印装
787×1092 16 开 24 印张 500000 字
2018 年 8 月第 2 版 2018 年 8 月第 1 次印刷
印数：0001—5000 册
ISBN 978-7-5141-9637-5 定价：45.00 元
（图书出现印装问题，本社负责调换。电话：010-88191510）
（版权所有 侵权必究 举报电话：010-88191586
电子邮箱：dbts@esp.com.cn）

# 前 言
## INTRODUCTION

本教材第1版出版至今有3年,在这3年时间里,我国社会经济发展的内外部环境发生了巨大变化。从外部环境来看,世界经济增长复苏乏力,美国的世界领导力持续衰弱,中美之间矛盾正在加深;从内部环境来看,经济结构亟待调整,社会治理亟待强化,国家利益亟待保护。这些反映到财政上,都会进一步加大财政赤字压力,加快、加深财政改革的诉求。

究其原因,概因财政应公共而生,继而成为社会所有分配关系的基础与核心,财政政策发生变化,每个个体、公共组织和各级政府的既得利益都会发生变动。故每当社会利益分配趋向固化时,都要借助财政力量打破利益固化,恢复利益分配的流动性,从而为社会经济发展提供内生动力。此轮深化改革的目的也是如此,30多年的经济高速增长已使我国积累了丰厚的物质财富,但差异化的分配结果在市场竞争机制的放大作用下,正在削弱社会经济发展的内生动力,依赖量化宽松货币政策的积极财政政策成为常态,可这又是不可持续的。故需要通过财政改革来打破利益固化,以共同富裕为目标,恢复利益分配的流动性,使我国社会经济发展回到激励性的内生发展上来。基于这种认识,当前财政改革任务艰巨,一定要迎难而上。

恰逢书稿修订完成之际,2018年6月19日,《个人所得税修正案(草案)》提请十三届全国人大常委会第三次会议初审,财政部部长刘昆在作报告时表示,个人所得税免征额拟提升至5 000元。消息的发布,顿时引起社会广泛关注。关注度提高是好事,说明财政已不再仅仅是国家的事,个体也意识到财政改革与自身利益息息相关。不过,免征额提至5 000元,对个人所得税会产生什么影响,对我国税制结构的调整会产生什么影响,对我国建立现代财政制度的改革目标又会产生什么影响,恐怕多数公众就不清楚了。

总体来看,不论是当前的财政赤字压力,还是财政改革压力,都要求我们应重新认识财政所处的地位和所发挥的职能。正如党的十九大报告突出的"加快"两字,建立现代财政制度的速度跟不上整体改革需求的一个重要原因就是,我们还未毫无争议地界定清楚当前财政之全貌。因此,讲好财政学,培养更多高水平的财政专业人才,是新时代赋予高校财政专业教师的崇高职责。

基于这种认识,我们组织教师对第1版教材进行了认真修订,修订之处集中在:

第一,依据笔者概括的"两个理论、两个行为、两个管理、两个关系"的教学内容,将本教材十六章内容分为理论篇、收支篇、管理篇和关系篇四部分。其中,理论篇包括第一章至第四章,收支篇包括第五章至第十一章,管理篇包括第十二章至第十四章,关系篇包括第十五章和第十六章。除收支篇外,其余部分可针对不同专业有选择性地讲解。

第二,增加了三章内容,分别为第十一章的国有资产收益、第十四章的国有资产管理和第十五章的政府与市场关系。

第三,将第二章标题由"资源配置与市场失灵"改为"资源配置与财政职能"。

第四,对全书涉及数据进行更新,主要参照《中国统计年鉴(2017)》更新至2016年。

第五,对2013年至今的主要财政改革进行了补充介绍,尽可能地展现当前财政改革全貌。并根据近几年的改革内容,对部分章节内容进行调整,如第九章第二节取消对营业税的介绍等。

第六,个别章增加了专栏,以扩充信息量。

本教材共十六章,兰州财经大学王庆教授主编,参编人员依次为兰州财经大学李永海副教授、兰州财经大学李倩倩讲师,具体分工如下:前言、各篇绪言、第一章、第二章、第三章、第六章、第十章、第十二章、第十三章、第十五章、第十六章由王庆编写及修改;第八章、第九章由李永海编写及修改;第四章、第五章、第七章、第十一章、第十四章由李倩倩编写及修改。另外,兰州财经大学硕士研究生孙梦敏、李转霞、寇煜参与了部分章节的修撰。最后由王庆教授负责总纂定稿。

此次修订主要依据笔者对财政学教学内容的理解进行,疏漏不妥之处,恳请各位读者批评指正。

在查阅资料、修撰本教材过程中,笔者深感当前财政改革之壮阔和财政研究之紧迫,略微遗憾的是,长期的西方经济学科学化研究取向还是对培养怀有家国情怀的财政研究人才产生了影响,更容易导致公众对财政产生误解。面对当前世界政治经济格局深刻调整、人类社会未来发展方向模糊不定且好坏参半的关键期,我们急需重塑大国财政概念,这不仅要加强各级政府特别是中央政府的组织动员能力,以应对各种危机,更要在全社会范围内广泛宣传并普及财政知识,使公众在财政问题上具有国家意识,学习在尊重国家利益的前提下保护个体财税权利。基于此,献上对财政研究领域的前辈与同人的敬意,并期待我们能做出力所能及的贡献!

王 庆<br>
2018年6月

# 目 录
## CONTENTS

## 理 论 篇

### 第一章　导论 ... 3
引言 ... 3
第一节　财政的经济基础 ... 4
第二节　财政学说的产生与发展 ... 6
第三节　现实中的我国财政发展 ... 11
第四节　财政学的学习方法和内容 ... 21

### 第二章　资源配置与财政职能 ... 23
引言 ... 23
第一节　市场失灵与政府失灵 ... 23
第二节　公共财政内涵与特征 ... 35
第三节　财政职能 ... 38

### 第三章　公共产品理论概述 ... 46
引言 ... 46
第一节　公共产品理论发展 ... 46
第二节　公共产品特征 ... 50
第三节　公共产品配置效率 ... 53
第四节　我国公共产品供给现状 ... 56

### 第四章　公共选择理论概述 ... 61
引言 ... 61
第一节　公共选择理论的产生与发展 ... 61
第二节　政治均衡 ... 63

# 收 支 篇

## 第五章 财政支出概论 … 75
- 引言 … 75
- 第一节 财政支出概述 … 75
- 第二节 财政支出规模分析 … 80
- 第三节 我国财政支出规模与结构分析 … 84
- 第四节 财政支出成本—收益分析 … 97

## 第六章 购买性支出和转移性支出 … 105
- 引言 … 105
- 第一节 社会消费性支出 … 105
- 第二节 政府投资性支出 … 120
- 第三节 转移性支出 … 126

## 第七章 财政收入概论 … 142
- 引言 … 142
- 第一节 财政收入及其分类 … 142
- 第二节 财政收入规模的影响因素 … 148
- 第三节 我国财政收入规模及结构 … 150

## 第八章 税收理论 … 159
- 引言 … 159
- 第一节 税收概述 … 160
- 第二节 税收原则 … 166
- 第三节 税收负担、税负转嫁与税负归宿 … 172
- 第四节 税收经济效应与经济影响 … 177

## 第九章 税收制度 … 188
- 引言 … 188
- 第一节 税制概述 … 188
- 第二节 流转税制 … 202
- 第三节 所得税制 … 215
- 第四节 其他各税简介 … 230

## 第十章 公债 … 243
- 引言 … 243

| 第一节 | 公债概述 | 243 |
| 第二节 | 公债规模分析 | 250 |
| 第三节 | 公债的效应与功能 | 255 |

## 第十一章 国有资产收益 259

引言 259
第一节 国有资产收益概念 259
第二节 国有资产收益收缴 262

# 管 理 篇

## 第十二章 政府预算管理 273

引言 273
第一节 政府预算概述 273
第二节 预算周期 279
第三节 我国预算管理体制的演变 281
第四节 2000年后我国的预算改革 287

## 第十三章 财政政策 299

引言 299
第一节 西方财政政策思想的发展 299
第二节 财政政策目标与分类 305
第三节 财政政策与宏观调控 313
第四节 我国积极财政政策的实践 321

## 第十四章 国有资产管理 327

引言 327
第一节 国有资产管理概念 327
第二节 国有资产产权 329
第三节 国有资产投资管理 332
第四节 国有资本经营预算 335

# 关 系 篇

## 第十五章 政府与市场关系 341

引言 341

第一节　政府与市场概念 ·············································································· 341
　　第二节　西方经济学中政府与市场关系 ······················································ 343
　　第三节　我国传统思想对政府与市场关系的认识 ······································ 347

**第十六章　政府间财政关系** ································································· 351
　　引言 ···················································································································· 351
　　第一节　政府简介 ·························································································· 351
　　第二节　财政的集权与分权 ········································································ 358
　　第三节　政府间转移支付制度 ···································································· 368

**主要参考文献** ·············································································································· 374

# 理 论 篇

# 绪　言

　　财政理论发展对我国意义重大，这既与我国社会主义性质有关，也与我国历史中财政及其改革所发挥的作用有关。若具体到当前对财政理论的需求，可从国家和财政两个层面上来认识这种迫切性：从国家层面上来看，40年的改革开放在快速抬升我国宏观经济总量的同时，也产生了一系列新的复杂问题，依靠引进西方经济理论是解决不了的，故中央在2015年召开的经济工作会议上提出了"中国特色社会主义政治经济学"的新提法。但实际上，"政治经济学"在我国不是新名词，此次再提说明我国的社会经济发展始终不能放弃国家视野，要运用国家力量来化解发展中存在的问题，而会议确定的"创新、协调、绿色、开放、共享"发展理念则进一步指明国家力量的回归是与深化社会主义市场经济、实现社会可持续发展紧密联系在一起的。作为一直把国家视为研究对象的我国财政，自然应成为"中国特色社会主义政治经济学"的重要组成部分；从财政层面上来看，近年来深化改革的发力点还是财政领域，特别是自2013年中央提出现代财政以来，已通过或实施了包括《深化财税体制改革总体方案》在内的一系列改革措施，涉及税制结构、政府预算、政府投融资、法制建设等各项制度内容，涵盖社会保障、国企改革、医疗改革、教育改革、环境保护、结构调整、对外合作、国家安全等各个方面，改革范围之广、密度之高、影响之大，都是前所未有的。这反过来对财政理论研究提出了更高的要求，要在如此复杂的改革局面下把握大局、科学规划，财政理论必须有所突破和创新，以使我国财政重回大国财政下的宏观视野。

# 第一章 导 论

**【本章概要】**
　　政府财政收支活动可以带来什么样的影响？能够解决什么样的问题？通过本章的学习，您可以尝试对以上疑问做出初步回答，并激发对后续章节内容学习的兴趣。同时，结合对财政学说产生与发展历程的追溯，读者应尝试把握财政理论的发展脉络。

**【学习目标】**
1. 了解财政学说的产生与发展历程。
2. 了解现实中与财政有关的问题。

## 引 言

　　现代术语"财政"一词的英译词通常是 public finance。据考证，finance 一词在 13～15 世纪起源于拉丁语 finis，意思为货币支付，表示当时一切货币关系的总和。16 世纪末期，法国政治家布丹在其所著《共和国六讲》一书的第六讲中，论及财政问题。书中布丹使用了财政一词，并且将它写成法文 finances，专指财政收入和公共理财活动。到了 18 世纪，英国著名的古典政治经济学代表人物亚当·斯密发表了他的代表作《国民财富的性质与原因的研究》，其中的第五篇专门论述了财政问题，也提出了许多财政方面的术语，其中就有 finance 这个词。
　　日本在 1868 年的"明治维新"以后，实行所谓门户开放政策，自然科学与社会科学有了较大发展。关于财政一词，其采用了法国的 finances 这个词，在翻译和使用时，吸收我国汉字所固有的"财"与"政"这两个字，将它们合并起来创建了"财政"这个术语。在我国，最早使用"财政"这个术语的时间是 1898 年，在戊戌变法"明定国是"诏书中有"改革财政，实行国家预算"的条文，是官方使用"财政"一词的开始。
　　财政学的建立与发展源于社会经济生活的需要，它以西方经济学理论、方法为基础，结合政治学、社会学、公共行政管理学等学科的研究成果，丰富了自己的理论体系与分析技术，这是作为经济学分支的财政学的基本特点。

## 第一节 财政的经济基础

### 一、财政的经济性

随着现代经济活动的复杂化，资源的概念变得更广泛，它是指所有能使人得到满足的东西①。这除了传统意义上的土地、劳力、资本、企业家精神外，还包括信息、语言、法律、制度等。但不论何种资源，都有稀缺性（scarcity）特点，即我们的欲望超过了现有资源所能满足的程度，简单地说："粥只有一碗，和尚有十个"，所以不得不有个分配的办法。目前来说，资源分配有两种最基本的手段：市场通过价格进行分配，政府通过权力进行分配，财政就是政府分配的集中体现。

不过，不论是市场的价格分配，还是政府的权力分配，资源分配的结果是否合理都是用帕累托②效率（pareto efficiency）来判断的。根据微观经济学的知识，我们可以知道，帕累托效率需要满足生产者利润最大化和消费者效用最大化，对于生产者和消费者而言，虽然一个是利润，另一个是效用，但最大化的含义是一致的，即用最小的投入（代价）获得最大的产出（满足）。

当然，如果有足够多的资源可以满足我们无限需要的话，那就没必要区分是市场还是政府占有和分配了资源，也没有必要为资源而展开竞争。之所以存在竞争，是资源稀缺的缘故，竞争的形式始终表现为试图获取更多的分配数额。在国内生产总值一定的前提下，个人、企业和政府间的竞争即是如此，如果个人和企业所分配到的财富资源增加，就意味着政府所分配到的财政资源减少。

---

专栏 1-1

### 帕累托效率

帕累托最优（pareto optimality），也称为帕累托效率、帕累托改善，是博弈论中的重要概念，并且在经济学、工程学和社会科学中有广泛应用。

---

① 有关人的需要的理论很多，较为著名的是马斯洛（Maslow）提出人的需要分五个层次：生存、安全、交往、自尊、自我实现。

② 维弗雷多·帕累托，意大利经济学家、社会学家，父亲是流亡的意大利贵族、土木工程师。帕累托年轻时在都灵学习工程学，毕业后在一家铁路公司和一家钢铁公司先后担任董事。1889 年父母去世后，41 岁的帕累托辞掉工作，搬到一处乡下别墅，开始经济学写作、发表公开演讲。1906 年，帕累托出版《政治经济学手册》，其中介绍了帕累托最优的思想。

> 　　帕累托最优是指资源分配的一种理想状态，假定固有的一群人和可分配的资源，从一种分配状态到另一种状态的变化中，在没有使任何人境况变坏的前提下，使得至少一个人变得更好，这就是帕累托改进或帕累托最优化。帕累托最优的状态就是不可能再有帕累托改进的余地；换句话说，帕累托改进是达到帕累托最优的路径和方法。
> 　　一般来说，达到帕累托最优时，会同时满足以下三个条件。
> 　　交换最优：即使再交易，个人也不能从中得到更大的利益。此时，对任意两个消费者，任意两种商品的边际替代率是相同的，且两个消费者的效用同时得到最大化。
> 　　生产最优：这个经济体必须在自己的生产可能性边界上。此时，对任意两个生产不同产品的生产者，需要投入的两种生产要素的边际技术替代率是相同的，且两个消费者的产量同时得到最大化。
> 　　产品混合最优：经济体产出产品的组合必须反映消费者的偏好。此时，任意两种商品之间的边际替代率必须与任何生产者在这两种商品之间的边际产品转换率相同。

## 二、财政研究的经济思路

　　如何实现最大化，最基本的思路是资源分配要进行成本—收益分析（cost-revenue analysis），即如果某项分配的结果是成本大于收益，则未能实现最大化，分配不合理；反之，某项分配的结果是成本小于收益，则实现了最大化，分配合理。但对政府收支行为进行成本—收益分析难度很大，一方面，成本和收益的概念宽泛，难以准确界定，如机会成本（opportunity cost）[①]、交易成本（transaction cost）[②] 等；另一方面，政府的各种财政行为是针对公众实施的，所发生的成本和收益往往是社会成本和社会收益，难以准确量化，无法进行数字比较。这虽然限制了财政学的微观量化分析，容易造成空洞务虚的感觉，但也同时说明财政学与社会经济宏观发展紧密联系。

---

[①] 正如前面提到的，相对于我们的无限欲望，有限资源只能保证我们得到部分满足。这时，我们必须对哪些欲望能够得到满足，哪些欲望不能得到满足做出选择。每当我们做出一个选择时，我们所失去的就是我们所得到的机会成本。这个概念可被用来分析和思考人的行为，即机会成本的变动会导致一个人的行为发生变化。

[②] 可以看做是一系列制度成本，包括信息成本、谈判成本、拟订和实施契约的成本、界定和控制产权的成本、监督管理的成本和制度结构变化的成本。简单理解，与促成交易有关的成本都是交易成本，例如寻找价格分布、打听商品质量，寻找潜在买者和卖者及有关他们的行为与环境的信息，讨价还价等。交易成本有两种应用手段：不好的事情，通过增加交易成本，减少或防止这些事情的发生。例如法律的惩罚、公检法的查处、新闻媒体的披露、公共力量的监督可以提高腐败交易的成本，死刑的法律规定可以提高毒品交易的成本等；好的事情，通过降低交易成本，促进这些事情的发生。例如把资源分配到最有用的地方，之所以说依靠市场与政府，从交易成本角度其实是强调它们种种行为都可以降低交易成本，像政府推行货币、公司采用超市等。

另外,为加强针对政府财政行为的经济研究分析,诸如边际、弹性①、博弈(game theory)②等经济学中常用的方法也被广泛使用于财政学研究中。例如,利用边际效用递减规律,我们可以尝试回答不同财政支出的价值如何比较,一颗原子弹和癌症研究的价值如何比较,或者公共道路和公共学校的价值如何比较等;利用博弈知识,可以去分析公共产品提供中各个主体的相互关系,各级政府间财政关系的转变等。

## 第二节 财政学说的产生与发展

财政,自古以来就是各种类型国家最重要的政务活动之一,对各个国家各时期的兴衰荣辱产生着重要影响,相应地,对政府财政行为的研究,包括财政资金取得、使用和管理等,在漫长的历史过程中,也从早期的简单描述逐渐演化到了现代完整的科学体系。

### 一、西方财政学说发展

(一) 亚当·斯密在 1776 年创立财政学

这一时期被认为是资产阶级财政学说的古典时期,斯密主张缩小国家职能,国家只应保卫社会和人民不受侵害,为资本主义生产提供必要条件,其支出主要用于国防、司法和公共工程。支出方面的厉行节约、量入为出等原则也一同产生,"廉价政府"的主张成为财政所要追求的最高目标。斯密创立了财政学的基本框架,后来的古典经济学家,如大卫·李嘉图、穆勒等基本上是在斯密的框架中求发展。

---

专栏 1-2

#### 亚当·斯密简介

亚当·斯密(Adam Smith),现代经济学之父,于 1776 年出版《国民财富的性质和原因的研究》(*An Inquiry into the Nature & Causes of the Wealth of Nations*),简称《国富论》,古典学派创始人。《国富论》有两大贡献:一是

---

① 经济所要分析的,在大多数情况下,都是变量之间的相互关系,因此,弹性在经济学上的用途很广泛也很重要,包括财政学中的运用。

② 博弈是研究决策主体的行为发生直接相互作用时的决策以及这种决策的均衡问题,就是说人们之间的决策与行为将形成相互影响的关系。1994 年诺贝尔奖得主纳什证明了非合作博弈及其均衡解,2005 年诺贝尔奖再度授予在博弈论方面做出卓越贡献的托马斯·谢林和罗伯特·奥曼。

提出经济学的基本假定之———"理性人";二是提出经济学中一最基本的原理"看不见的手",即每个人在追求自身利益最大化的同时,就能达到社会利益的最大化。贯彻全书的一个基本指导思想是主张自由放任,即主张在自由竞争中发展资本主义经济。在该书中,也首次提出财政政策的概念。斯密一生有两本著作:一是花费几年时间完成的《国富论》,其中提出人性是利己的;二是花费一生完成的《道德情操论》,其中提出人性是利他的。这种矛盾被称为"斯密之谜"。斯密认为,一个人或一个社会追求的最终目的是幸福,财富之所以重要只是因为物质是人类社会生存与发展的基础,但财富本身并不等于幸福。因此,self-interest 不等于 selfishness,更不等于 greedy。从这点上说,我们追求的应该是斯密理想中的既公平又效率,在道德基础上运用市场机制调节的好的市场经济。

## (二) 20世纪30~60年代的凯恩斯时期

20世纪20年代末30年代初的空前大危机,充分暴露了资本主义的局限性,也暴露了古典经济学解释与指导资本主义经济运行和经济政策的软弱无力。在这种情况下,以宏观经济分析为主要特色的凯恩斯主义经济学应运而生,财政学也因此在资本主义经济学体系占据显赫地位。凯恩斯认为,自由竞争的市场机制并不能自动保证资本主义经济实现充分就业,必须借助政府的力量。而货币政策和财政政策是政府干预经济运行的两大主要手段。财政支出直接就可以形成社会有效需求,从理论上讲,它可以完全弥补私人部分需求的不足部分,使得经济达到充分就业与均衡。凯恩斯还首次系统地论证了财政赤字的经济合理性,冲击了古典的量入为出原则。

**专栏1-3**

### 约翰·梅纳德·凯恩斯简介

约翰·梅纳德·凯恩斯(John Maynard Keynes),著名的英国资产阶级经济学家,师从马歇尔,深得其赞赏。1919年第一次世界大战结束,凯恩斯出任英国财政部凡尔赛和会的首席代表,但由于与赔偿委员会意见不合,其离开巴黎,写下《和约的经济后果》。该书预言和约会给欧洲带来不可估量的恶果。他认为,过度的赔偿负担将使战败国不堪重负,必将激起再一次战争。巴黎和会后,凯恩斯重返剑桥大学,1936年出版《就业、利息和货币理论》(*General Theory of Employment Interest and Money*),解释大危机发生的根本原因及其解决办法,确立凯恩斯主义经济学。凯恩斯所提出的就业一般理论和政策主张，同传统的自由经营论相对立，被凯恩斯主义者称之为"凯恩斯革命"。归纳起来，主要内容有：摒弃自由经营论，倡导国家干预论；摒弃传统理论把资本主义看成完美无缺的社会，承认社会中还存在失业和分配不均等缺陷；摒弃萨伊定律，宣扬凯恩斯定律；摒弃传统的健全财政原则，主张膨胀性财政政策；以宏观总量分析代替微观个量分析，开创了现代宏观经济分析。由于他的贡献，1942年被封为勋爵。随后，他于1944年率英国代表团参加布雷顿森林会议，参与规划和创立了国际货币基金组织与世界银行；于1945年以英国代表团团长的身份参加英美贷款谈判，获得巨额美国贷款。除政治方面的活动外，凯恩斯还经营私人企业，并从事金融投机事业。

### （三）20世纪70年代以后资本主义财政学说的发展时期

20世纪70年代以后，西方国家相继出现"滞胀"现象，凯恩斯学派的观点可以解释单一的通货膨胀或经济停滞，却无法解释两者的结合体，凯恩斯学派陷入异常尴尬的境地。以弗里德曼为代表的货币学派、以布坎南为代表的公共选择学派及供给学派借此机会相继对凯恩斯理论进行了"革命"。这些学派的理论基点是，凯恩斯主义的国家干预了市场经济的活力，从而引起了经济的"滞胀"状态。这一时期的财政理论主要是从更广泛的角度研究财政活动规律，如公共产品理论的完善和公共选择理论的引入，大大增加了西方财政学基本理论分析的深度与广度。关于公共产品理论的分析，已经成为西方现代财政理论分析的基础与核心。而关于公共选择理论的深入研究，对探讨财政决策问题提供了一个新的角度与思路，即公共财政。这是布坎南、马斯格雷夫①、罗森②等经济学家在财政学中取得的重大理论进展，他们将财政作为公共部门经济，集中研究社会公共需要及满足这一需要的产品——公共产品问题，分析了决定公共产品的生产及分配过程，以及生产公共产品的机器——国家的组织和机构。

## 二、我国财政学说发展

我国是一个历史悠久的国家，曾经出现过的各种财政思想数不胜数。虽说之前的财政思想都是在奴隶制社会、封建制社会和半封建半殖民地社会下形成的，但不乏观点鲜明、真知灼见的财政思想和锐意进取的改革家。例如《礼记·王

---

① 理查德·阿贝尔·马斯格雷夫（Richard Abel Musgrave），20世纪最主要的政治经济学家之一，全球著名的现代财政学家。作为战后伟大的经济学家和思想家，其被誉为现代财政学的真正开拓者之一，是现代财政学之父。

② 哈维·罗森（Harvey S. Rosen）是美国新生代著名经济学家之一，出生于1949年，获哈佛大学经济学博士学位，随后在普林斯顿大学经济系任教，并在1993～1996年担任该系主任。代表作《财政学》（public finance）久负盛名，第一版于1985年问世，是美国一流大学本科生财政学的基本教材。这本书在许多方面超出了他的老师R. 马斯格雷夫写的《财政理论与实践》，其最明显的特色是，它吸收了近30年来西方财政学理论的最新进展。

制》中有"冢宰制国用，必于岁之杪。五谷皆入，然后制国用。用地大小，视年之丰耗。以三十年通制国用，量入以为出"；汉朝时的桑弘羊提出均输平准政策，均输是指郡国除将特优贡品直接运送京师外，其余贡品按当地市场价格折合成一定数量土特产品，交给中央政府在各郡国设置的均输官，由其负责运至其他价格高的地区出售。平准是指中央政府运用手中掌握的大量物资和经济力量，当某种商品价格高时抛售，价格低时收购，以保证物价平稳；唐朝时的杨炎提出两税法，即政府量出以为入、以贫富为等差向人民课税，每年分夏秋两季征税，其余徭役全免；宋朝时王安石推行方田均税法以平均税负，解决财政状况日益窘迫的局面；明朝时的张居正推行"一条鞭"法，总括一县之赋役悉并为一条，简化了赋税徭役的征收项目和手续，为清朝的"摊丁入地"打下了基础。可以看出，我国古代的财政思想是非常丰富的理论和实践宝库，以史为鉴，以史为溯，当今的各种财政思想并不是完全新颖的，财政改革也不是没有任何借鉴。因此，对财政理论和实践的学习了解，应有一定的历史感。

中华人民共和国成立后的财政理论，是在马克思主义基本原理指导下，紧随着财政实践形成和发展起来的。中华人民共和国成立时的财政是建立在战争废墟上的，有着困难复杂的局面：一是军费开支巨大；二是财政赤字过大，物价上涨；三是财政收支出现脱节，财政收入不集中也不足。为此，中央政府首先统一税政、统一财经、编制预算。1949 年 12 月，财政部部长薄一波在中央人民政府委员会第四次会议上，作了《关于 1950 年度财政收支概算草案编成的报告》；1950 年 1 月，政务院发布《全国税政实施要则》，规定在全国范围内统一征收 14 种税；1950 年 3 月，政务院第二十二次政务会议通过《关于统一国家财政经济工作的决定》。在短期内稳定了财政收支状况，保证了抗美援朝的胜利，并为 1953 年开始的第一个五年计划奠定了财政基础。随着财政状况的好转和社会主义建设事业的发展，20 世纪 50 年代后期以后，财政理论研究也出现了新的发展，开始注重结合我国实际进行财政理论研究，逐步形成具有中国特色的理论内容和体系，出现了诸如"国家分配说""剩余产品决定说""社会公共需要说""社会再生产说"等多种学说。其中，居主流地位的是"国家分配说"。

（一）国家分配说

我国老一辈财政学家许廷星教授从国家实现其职能参与社会产品分配形成的分配关系入手，以参与分配的主体为标准，把社会再生产中的分配区分为经济属性分配和财政属性分配，其在 1957 年出版的《关于财政学的对象问题》一书中，第一次比较系统地提出并论述了"财政学的对象是国家关于社会产品或国民收入分配与再分配过程中的分配关系"及其理论体系，即国家分配说的基本内容[①]。

---

[①] 关于谁是国家分配说的创始人，还存在争议。除许廷星教授外，作为老一辈财经工作者和研究者的许毅教授也被认为是国家分配说的创始人，还有人认为罗毅教授在 1950 年出版的《财政学》中就已提出了国家分配说的观点。但正如许毅教授所说，国家分配说是许多经济学家的共识。在 1964 年大连市召开的第一次全国财政理论讨论会上，大多数人接受国家分配说，才奠定了国家分配说在财政学界的主流地位。

这一观点提出后，引起财政学界的广泛反响，获得了学术界高度评价。王传纶教授认为把"分配关系分为社会经济分配关系和国家职能所发生的分配关系，把财政同国家的职能相联系，由此来规定财政学的对象，其基本方向是正确的"。财政学家李成瑞评价分配关系说的提出，"对财政本质的探讨做出了重要贡献。它克服了货币关系的缺点，解决了货币关系论不能解释的若干重要问题"。许毅教授对国家分配说进行了全面系统的评述，认为"国家分配说是我国财政学界在20世纪50年代经过一代人的努力，在扬弃西方资本主义公共消费理论影响后，转而从苏联引进的货币关系论发展而来的。它的贡献在于，一方面搞清楚了财政分配的对象是社会总产品和国民收入分配及再分配；另一方面弄清楚了分配关系属于经济基础。总之，国家分配说阐述的重点是从社会再生产的中介地位来研究分配方式以及交换关系对解放生产力、发展生产力的能动作用，并为推进财政理论发展打下了基础"。

但是，自20世纪80年代改革开放以来，西方现代财政理论迅速传入国内，财政学界开始对传统体制下一些主流观点进行反思，特别是结合经济、社会、财政转轨变型的实践探索与丰富信息，出现了对"国家分配说"的一系列争论，形成一些新的理论流派。尤其是进入到90年代后，随着党的十四大提出建立社会主义市场经济体制，我国财政学界开始注重对源于西方的"公共财政理论"的认识与辨析，公共财政说受到推崇，一度引起许多关于国家分配说和公共财政说的理论争论。

当然，国家分配说的影响力并未完全消除，正如许毅教授所认为的，随着社会主义市场经济体制的提出与确立，这个在传统计划经济条件下产生的理论，仍然有其生命力。究其原因：第一，国家分配说根植于对几千年人类历史发展中财政活动本质的深刻认识，依赖于科学的马克思主义政治经济学和国家学说；第二，国家分配说把分配、交换两个不同的社会再生产中介环节加以区别，提示财政分配与社会再生产过程四个环节之间的相辅相成的辩证关系，从而搞清楚财政分配对象是社会总产品和国民收入的分配与再分配，避免了用货币关系归纳财政本质所造成的模糊性；第三，国家分配说辩证地将经济基础与上层建筑联系起来，指出分配关系属于经济基础，分配活动和形式则是国家以预算、税收杠杆等和以政策手段，例如价格、信贷等杠杆运用法权参与的政务活动，是上层建筑处理分配关系的能动方式；第四，国家分配说揭示了财政分配方式在不同的生产方式下具有的特殊性……因此，可以得出结论，在此基础上构筑的国家分配说这一广义的财政学新体系，绝不会因经济体制的转换而丧失其存在的条件。当然，无可否认，随着历史的发展，国家分配说在不同的历史时期、不同的历史阶段，其表现形式、作用范围与作用方式是不同的。

（二）公共财政说

公共财政说是我国财政学说方面最新的发展，开始于20世纪80年代，到90年代趋于高潮，该学说的积极倡导者有中国人民大学安体富、厦门大学张馨等。所谓公共财政可以理解为一种以公共产品为出发点和归宿、与市场紧密配合的财政，即公共经济活动或政府部门经济活动，包括家庭部门、企业部门和政府部门。政府部门一方面以税收、收费等方式获取收入；另一方面又通过向社会公众提供各种公共产品，以及向某些家庭部门和企业部门提供补助或补贴而安排其支出。

虽然从国家分配说与公共财政说争论的结果上来看，公共财政说占了上风。但究其根本，两个学说探讨的都是有关财政本质的基本理论，只是着眼点不同，国家分配说以社会生产和再生产过程中的国家职能为着眼点，公共财政说则是以市场经济时期突出的公共性特质为着眼点。故财政学界越来越倾向于两者不是直接对立的关系，而是兼容的，甚至是相辅相成的关系，例如有的研究者概括为"公共财政，是国家分配的本质观在市场经济条件背景下的具体化体现"。因此，在争论中，不仅关于以市场经济为背景的公共财政说的认识得到清晰化和具体化，而且对国家分配说等基础理论的认识也有所深化，逐步形成从财政一般到财政特殊，从财政本质到财政运行的财政理论演进，并反映了我国财政模式正在适应建立社会主义市场经济新体制的客观要求，在改革探索中寻求理论阐释。

---

专栏 1-4

### 当前我国财政学说新发展

自党的十八届三中全会提出"财政是国家治理的基础和重要支柱"以来，有关财政学科属性之争趋向激烈，一方认为财政学应回归跨学科属性；另一方则坚持经济学科属性。在此背景下，学术界对公共财政说的质疑越来越大，取代公共财政说提出新的中国特色财政学说已成为理论研究趋向之一。至于如何概括新的中国特色财政学说，有的学者提出"新市场财政说"，认为以公共价值最大化为目标的公共部门和以利润最大化为目标的私人部门都是市场平台的参与者，市场平台之上的各个群体通过不断互动博弈来建立、实现或扭曲市场平台的具体规则；有的学者提出"国家治理说"，认为财政作为国家治理的基础，可以有效增进公共秩序；还有的学者提出"新国家分配说"，认为须进一步强化以国家职能和国家意志为主体的国家财政体系和国家治理观，以完善财政作为国家治理的基础。

---

## 第三节 现实中的我国财政发展

### 一、我国宏观经济与财政实践发展

1956~1976 年，中国实行的是单一的计划经济体制，在这一时期，宏观经济运行了三个周期。整个计划经济时期，经济周期最显著的特点是周期波动幅度很大，呈现典型的"大起大落"特征。而且每一次经济收缩的结果均使国民经济总体水平呈绝对下降，对生产力造成巨大的破坏，此一阶段的 GDP 年均增长率是 6.3%。这一时期的财政体制以"统收统支"为代表。自 1979 年改革开放以后，我国宏观经济发展模式发生了巨大变化，整体经济增长迅猛，国民财富迅速增加，财税体制也相应进行了一系列重大调整。宏观经济发展指标如表 1-1 所示。

表 1-1　　　　　　　　宏观经济发展指标

| 年份 | GDP（亿元） | 财政收入（亿元） | 财政支出（亿元） | GDP 增长率（%） | CPI 指数 | 财政收支差额（亿元） |
|---|---|---|---|---|---|---|
| 1979 | 4 100.5 | 1 146.38 | 1 281.79 | 7.6 | — | -135.41 |
| 1980 | 4 587.6 | 1 159.93 | 1 228.83 | 7.8 | — | -68.90 |
| 1981 | 4 935.8 | 1 175.79 | 1 138.41 | 5.1 | — | 37.38 |
| 1982 | 5 373.4 | 1 212.33 | 1 229.98 | 9.0 | — | -17.65 |
| 1983 | 6 020.9 | 1 366.95 | 1 409.52 | 10.8 | — | -42.57 |
| 1984 | 7 278.5 | 1 642.86 | 1 701.02 | 15.2 | — | -58.16 |
| 1985 | 9 098.9 | 2 004.82 | 2 004.25 | 13.4 | — | 0.57 |
| 1986 | 10 376.2 | 2 122.01 | 2 204.91 | 8.9 | — | -82.90 |
| 1987 | 12 174.6 | 2 199.35 | 2 262.18 | 11.7 | — | -62.83 |
| 1988 | 15 180.4 | 2 357.24 | 2 491.21 | 11.2 | — | -133.97 |
| 1989 | 17 179.7 | 2 664.90 | 2 823.78 | 4.2 | — | -158.88 |
| 1990 | 18 872.9 | 2 937.10 | 3 083.59 | 3.9 | 103.1 | -146.49 |
| 1991 | 22 005.6 | 3 149.48 | 3 386.62 | 9.3 | 103.4 | -237.14 |
| 1992 | 27 194.5 | 3 483.37 | 3 742.20 | 14.2 | 106.4 | -258.83 |
| 1993 | 35 673.2 | 4 348.95 | 4 642.30 | 13.9 | 114.7 | -293.35 |
| 1994 | 48 637.5 | 5 218.10 | 5 792.62 | 13.0 | 124.1 | -574.52 |
| 1995 | 61 339.9 | 6 242.20 | 6 823.72 | 11.0 | 117.1 | -581.52 |
| 1996 | 71 813.6 | 7 407.99 | 7 937.55 | 9.9 | 108.3 | -529.56 |
| 1997 | 79 715.0 | 8 651.14 | 9 233.56 | 9.2 | 102.8 | -582.42 |
| 1998 | 85 195.5 | 9 875.95 | 10 798.18 | 7.8 | 99.2 | -922.23 |
| 1999 | 90 564.4 | 11 444.08 | 13 187.67 | 7.7 | 98.6 | -1 743.59 |
| 2000 | 100 280.1 | 13 395.23 | 15 886.50 | 8.5 | 100.4 | -2 491.27 |
| 2001 | 110 863.1 | 16 386.04 | 18 902.58 | 8.3 | 100.7 | -2 516.54 |
| 2002 | 121 717.4 | 18 903.64 | 22 053.15 | 9.1 | 99.2 | -3 149.51 |
| 2003 | 137 422.0 | 21 715.25 | 24 649.95 | 10.0 | 101.2 | -2 934.70 |
| 2004 | 161 840.2 | 26 396.47 | 28 486.89 | 10.1 | 103.9 | -2 090.42 |

续表

| 年份 | GDP（亿元） | 财政收入（亿元） | 财政支出（亿元） | GDP 增长率（%） | CPI 指数 | 财政收支差额（亿元） |
|---|---|---|---|---|---|---|
| 2005 | 187 318.9 | 31 649.29 | 33 930.28 | 11.4 | 101.8 | -2 280.99 |
| 2006 | 219 438.5 | 38 760.2 | 40 422.73 | 12.7 | 101.5 | -1 662.53 |
| 2007 | 270 232.3 | 51 321.78 | 49 781.35 | 14.2 | 104.8 | 1 540.43 |
| 2008 | 319 515.5 | 61 330.35 | 62 592.66 | 9.7 | 105.9 | -1 262.31 |
| 2009 | 349 081.4 | 68 518.3 | 76 299.93 | 9.4 | 99.3 | -7 781.63 |
| 2010 | 413 030.3 | 83 101.51 | 89 874.16 | 10.6 | 103.3 | -6 772.65 |
| 2011 | 489 300.6 | 103 874.43 | 109 247.79 | 9.5 | 105.4 | -5 373.36 |
| 2012 | 540 367.4 | 117 253.52 | 125 952.97 | 7.9 | 102.6 | -8 699.45 |
| 2013 | 595 244.4 | 129 142.9 | 140 212.10 | 7.8 | 102.6 | -11 069.20 |
| 2014 | 643 974.0 | 140 370.03 | 151 785.56 | 7.3 | 102.0 | -11 415.53 |
| 2015 | 689 052.1 | 152 269.23 | 175 877.77 | 6.9 | 101.4 | -23 608.54 |
| 2016 | 744 127.2 | 159 604.97 | 187 755.21 | 6.7 | 102.0 | -28 150.24 |

注：CPI 为居民消费价格指数，上年 = 100。
资料来源：《中国统计年鉴（2017）》。

### （一）20 世纪 80 年代的宏观经济与财税改革

1977~1990 年是中国改革开放的初始时期，经济体制从严格的计划经济向有计划的商品经济过渡，在这一时期，中国的经济运行也出现了三个明显周期，GDP 年均增长率为 9.2%，如图 1-1 所示。这一时期，中国经济周期的波动发生了深刻的、明显的变化，其总体态势从改革开放前的"大起大落"型波动，趋向于改革开放后的"高位—平缓"型波动。具体来讲，经济周期的波动幅度明显下降，表明经济增长的稳定性在逐步增强；经济的扩张力度得到一定控制；经济增长的抗衰退力增强，经济增长的质量有所提高。当然，20 世纪 80 年代的经济快速增长也得益于当时的财税改革，主要包括以下两个方面。

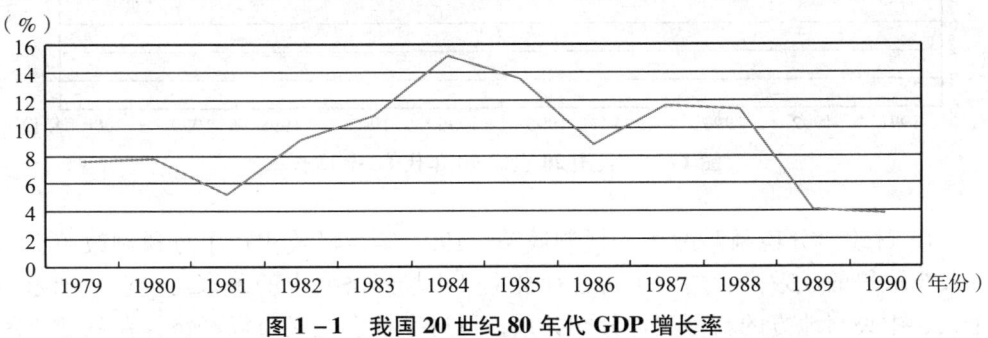

图 1-1 我国 20 世纪 80 年代 GDP 增长率

1. 财政"包干制"改革。从 1980 年起，我国在大部分地区实行"划分收支，分级包干"的财政体制，俗称"分灶吃饭"，1985 年改进为"划分税种，核定收支，分级包干"财政体制，1988年又对地方财政包干办法进行了改进。包干制改变了我国长期实行的高度集中的统收统支财政体制，扩展了财税理论内容；并极大地调动地方政府发展经济的积极性，利用包干制体制下掌握的财力资源，通过各种途径促进经济发展。但由于诸多经济关系尚未理顺、财政分配办法和分配格局极不规范等原因，包干制财政体制属于过渡性的财政体制。

2. 两步利改税。从1979年起，我国税制进行了一次全面改革，改革核心是利改税，即把原来国有企业上缴利润的方法改为征税的方法。考虑到当时价格体系还没理顺，利改税是分两步走的：第一步是1982年的税利并存；第二步是1984年的以税代利。这一改革从理论和实践上突破了国有企业只能向国家缴纳利润、国家不能向国有企业征收所得税的禁区，是国家与企业分配关系的一次历史性转变。

### （二）20世纪90年代的宏观经济与财税改革

20世纪90年代，是深化改革时期，中国经济运行了一轮较长的周期，上升阶段为1991~1992年，下降阶段为1993~1999年。本轮周期上升阶段为2年，下降阶段为7年，总体经济周期运行时间为9年，GDP年均增长率为10.1%，如图1-2所示。本轮经济周期的显著特点是，经济在经历了快速增长，越过高峰后，并未像以往各周期一样在短期内急剧收缩，进入周期性低谷，而是以"小幅缓收"为基调，且收缩期明显增长。从1993年下半年步入经济收缩期开始至1999年年底，7年内GDP增长率平均每年下降仅1个百分点左右，波动较为平缓，但下滑时间较长。与之相应的，20世纪90年代的财税改革侧重于规范性，主要包括以下两个方面。

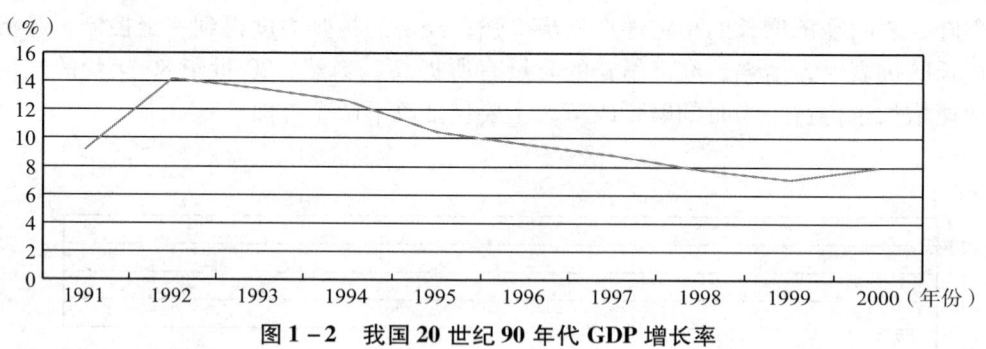

图1-2 我国20世纪90年代GDP增长率

1. 财政"分税制"改革和税制改革。1994年，财政实行了分税制改革，该项改革取得的成效是：建立了符合社会主义市场经济要求的国家与企业、国家与个人、中央与地方的新型利益分配关系，促进了社会主义市场经济体制的建立和发展；建立了适应社会主义市场经济要求的分税制框架，调动了中央和地方两个积极性，形成了财政收入稳定增长机制，增强了中央经济宏观调控能力。1994年的税制改革成功之处在于：促进了国民经济持续快速健康发展，同时没有引起社会经济震荡；规范了税收分配关系，促进税收收入持续大幅度增长；税制结构趋于简化、公平和规范，符合国际惯例。

2. 积极财政政策的运用。为治理通货紧缩，刺激经济发展，我国政府自1996年实施以"降息"为主要手段的扩张货币政策，收效甚微。1998年，在亚洲金融危机影响的背景下，我国转而实施以"发债"为主要手段的积极财政政策。严格来讲，这是我国政府第一次利用市场经济下的宏观经济调控政策干预经济，为我国经济走出下滑期发挥了关键作用。

(三) 2001~2010年的宏观经济与财税改革

进入2000年，中国各项经济指标均出现较大幅度回升，经济增长率也由1999年的7.1%增加到8%。经济增长率结束了连续7年的下滑过程，出现了拐点，该10年内GDP年均增长率为9.6%，如图1-3所示。2003年人均GDP达1 090美元，这是我国人均GDP首次突破1 000美元，社会经济发展进入到一个新的阶段。2005年中共十六届五中全会审议通过了《中共中央关于制定国民经济和社会发展第十一个五年规划的建议》，"十一五"规划的亮点包括：首次由"计划"改为"规划"、社会公众首次广泛参与建议、科学发展观统领发展全局、政府回归公共职能本位、共同富裕提上日程、创新发展模式等。总结来看，这10年的财税改革集中体现了政府加强利用财税进行调控的科学性，主要包括以下四个方面。

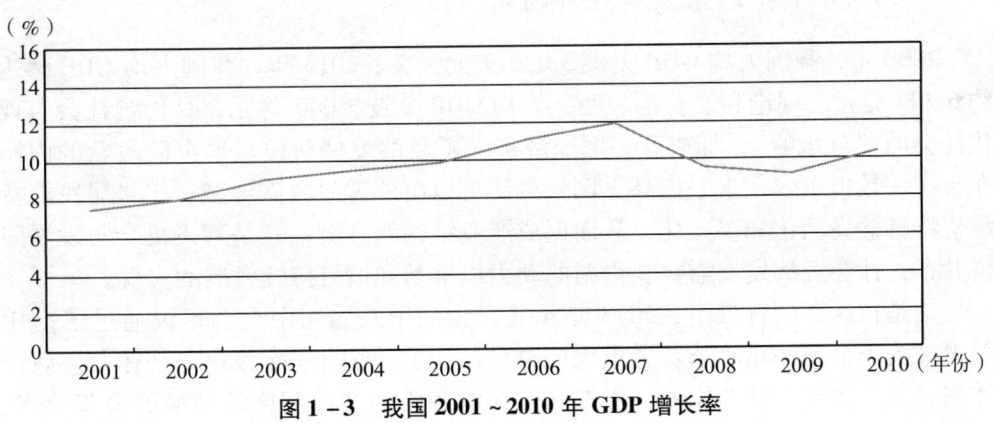

图1-3 我国2001~2010年GDP增长率

1. 税费改革。税收和收费都是政府财政收入的组成部分，但两者的性质并不完全相同。为调整和规范政府财政收入，自1994年分税制建立以后就有关于税费改革的实践和理论探讨，包括农村税费改革、公路交通费税改革、房地产费税改革和社会保障费税改革等。但以农村税费改革为代表的税费改革取得重大进展是在1999年以后。税费改革的进行，并不是要把政府所有的收费都改成征税，而是要将两者之间的比例保持在合理范围内。

2. 税制结构调整。1994年的税制改革是我国规模最大、范围最广、内容最深刻的一次改革，通过改革，我国逐步确立了以商品税为主体的税制结构，但还存在一些问题,例如主要税种不完善、税种不健全、不利于企业平等竞争等。自1994年之后,从鼓励投资、科技进步、企业改制、扩大就业、支持教育、金融发展、解决"三农"、维护公平、稳定房地产等目的出发,我国对各种税收政策及税种本身进行了不同程度的调整,特别是2000年以来,增值税转型改革、企业所得税两税合一、个人所得税改革和消费税税目的调整,配合税费改革,进一步完善了我国现行的税制结构。

3. 预算管理改革。预算管理是财政管理的重要组成部分,政府预算更是发达国家实现民主、公平、法治的重要手段。相比而言,我国政府预算管理的薄弱是众多社会经济现象的症结所在。2000年以来,为强化政府预算控制、管理和计划功能,中央政府和地方政府相继进行了部门预算改革、国库集中收付制度改革、政府采购改革和政府收支分类改革等,共同组成了涉及面广、影响巨大的预算管理改革。

4. 积极财政政策的运用。2008年,面对百年罕见的国际金融危机的冲击,我国政府再次推出新一轮的积极财政政策。此次积极财政政策是以大规模政府投资为主要特征,2008年11月,国务院决定到2010年年底投资约4万亿元,其中,中央政府安排约11 800亿元,吸引地方政府和社会投资约28 200亿元。投资的方向主要集中在增加民生事业支出、调整收入分配、支持科技创新和节能减排以及基础设置建设上。

(四)2011年以来宏观经济与财税改革

2008年,我国人均GDP突破3 000美元大关;2013年,我国人均GDP已达约6 700美元。理论和经验都表明,人均GDP突破3 000美元,是传统社会与现代社会的"分水岭",标志着一国经济步入了新的发展阶段。这个阶段新的内涵在于:一是由于收入水平提高,国家经济可以由外需向内需转型;二是居民消费结构将日益高档化和多元化,从而促成产业结构的升级;三是腾飞机会与发展陷阱并存,社会经济发展需要获得新的动力以推动和谐可持续发展的实现。

正是在这样的背景下,2013年年底,党的十八届三中全会审议通过了《中共中央关于全面深化改革若干重大问题的决定》,明确全面深化经济体制、政治体制、文化体制、社会体制、生态文明体制和党的建设制度等领域的改革要点,其中,对财政体制改革的界定是:"财政是国家治理的基础和重要支柱,科学的财税体制是优化资源配置、维护市场统一、促进社会公平、实现国家长治久安的制度保障。必须完善立法、明确事权、改革税制、稳定税负、透明预算、提高效率,建立现代财政制度,发挥中央和地方两个积极性。要改进预算管理制度,完善税收制度,建立事权和支出责任相适应的制度"。2017年年底,党的十九大报告继续沿用"现代财政制度"的说法,指出要"加快建立现代财政制度,建立权责清晰、财力协调、区域均衡的中央和地方财政关系。建立全面规范透明、标准科学、约束有力的预算制度,全面实施绩效管理。深化税收制度改革,健全地方税体系"。

这预示着，今后我国将围绕"现代财政制度"的建立，进行一系列涉及央地关系、预算管理和税制结构等方面的改革。

---

**专栏 1-5**

### 对现代财政的理解

"现代财政"的提法是相对于传统财政而言的，是从时间跨度上对财政发展形态的描述，至于什么是现代财政，依据不同划分有不同解释，其中代表性的解释有：一是参照国家类型不同，分为原始财政、奴隶制国家财政、封建制国家财政、资本主义国家财政和社会主义国家财政，而封建制国家财政之后的财政类型可被笼统称之为现代财政；二是依据财政收入来源不同，分为领地财政、贡赋财政、关税财政、自产财政、税收财政、租金财政等，相对而言，现代财政更多指向以私人部门缴纳的税收为基础的税收财政；三是从西方思想发展史上来看，所谓现代是在个体理性思想得到肯定、个性得到解放之后开始的，这也是现代财政得以产生并不断发展的阶段，上述西方公共财政的规范内容都属这一发展时期，故也就有了"现代公共财政"这样的说法。至于 2013 年年底党的十八届三中全会提出建立现代财政制度，可理解为是从国家层面来看，应尽快提高以财政为核心的国家组织能力，以使我国政府能从容应对未来因国内经济增速放缓和国际摩擦增大后所带来的各种潜在风险。也就是说，"现代财政"是适应"财政是国家治理的基础和重要支柱"而提出的，以使我国政府在面对国内经济增速放缓和国外打压干扰增多的复杂局面时，能够充分调动和利用已有资源，克服困难，实现共同富裕、民族复兴的伟大中国梦目标。而这其中，财政资源是政府能够调动和利用的核心资源，故要提高财政运行效率、科学财政运行规划、规范财政运行程序和公开财政运行内容，从而使财政运行耗费更少的经济资源来实现更多的社会效益，通过财政运行方式的现代化来全面提升我国政府的国家治理能力。2017 年党的十九大报告要求"加快建立现代财政制度"，说明以"现代财政"为名的财税改革还应提速。

---

## 二、与财政有关的社会经济现象

财政学在社会经济生活中有着十分广泛的应用。首先，财政活动与社会经济活动有广泛而密切的联系。从财政收入来源来看，无论是企事业单位还是个人，都直接或间接向政府缴纳各种税费；从财政支出角度来讲，财政支出受益范围更是涉及全社会的方方面面。其次，财政理论的丰富也极大促进了我国经济体制，特别财税体制改革的深入进行。最后，财政政策作为主要的宏观经济调控政策工具,在社会经济生活中发挥着越来越重要的作用。具体来讲,与财政有关的社会经济现象集中在以下三个方面。

(一) 从制度角度来看:明晰产权,降低交易成本

1. 产权(property rights)。产权可被理解为个人拥有资源的权利,对处于"经济转轨"过程中的我国而言,面临着一个公共资源"再分配"问题,也就是产权明晰过程。我们以全民名义积累起来的数量庞大的国有资产,很多面临"重新明确产权主体"的任务,在这一过程中,政府应承担"裁判者"的责任。

(1) 国有企业改革。纵览我国国有企业改革,初期的经理负责制、承包制,以两权分离为主要思路,主要做法是,在不触动企业产权的前提下,通过扩大企业经营自主权和转换企业内部经营机制来达到增强企业活力的目的。之后的股份制、MBO①、混合所有制,以企业的改制与重组为思路,国企改革已不限于内部改革和经营机制的转换,而是以企业改制为主要内容,较大程度地实现了国有产权的转让与变革。这与我国社会主义市场经济体制和公共财政框架的建立是同步的,公共财政要求财政预算中不再安排国有企业留出资本金,也不再安排资金弥补企业经营型的亏损。也就是说,我国政府不再向国有企业支付弥补企业亏损的资金,也不再向国有企业预留资本金。

(2) 国有资产管理。从国有资产管理的结果来看,国有资产流失是当前我国国有资产管理中存在的突出问题。总结国有资产流失的原因,具体包括某些官员寻租造成的流失、经营管理不善造成的流失以及政策造成的流失,但由于针对国有资产的预算管理是控制国有资产数量、规范国有资产管理的有效手段,因此,当前有关国有资产的预算监管缺失是造成国有资产流失的最主要原因。党的十八届三中全会后,财政改革的基本方向是建立现代财政制度,这标志着财政运行会更加规范。在这一背景下,政府应继续加强有关国有资产的预算监管,以全面掌握经营性和非经营性国有资产收入、支出及资产负债情况,从而确保国有资产保值增值和再投资的有计划进行,减少流失。

2. 交易成本。

(1) 地方保护主义。比如为保护本地利益、保证本地汽车产业为地方财政提供更多收入,一些地方政府频频出台汽车市场的保护性政策,人为构筑区域壁垒,或强制消费者购买本地生产的汽车,或对非本地生产的汽车实施歧视性政策,甚至进行市场封锁。地方保护主义还有很多表现,例如环境污染、限制人口自由流动、假冒伪劣产品等问题,都或多或少地存在着地方保护的影子。

(2) 制度缺陷。一是制度不合理,例如,由于财政制度的不合理,基层财政成了"要饭财政";二是制度的不稳定,例如分税制内的微调造成中央与地方政府对税收收入的划分经常变动,地方税收体系难以建立。

---

① MBO(management buy-outs):管理层收购,指公司经理层利用借贷所融资本或股权交易收购公司成本公司业务部门的行为。

## (二) 从发展角度来看：强调公平，均衡发展

1. 效率与公平的关系。效率与公平是财政学科中频繁出现的一对矛盾，即对立统一。从经济学原理来看，公平主要指社会公平，就是政府力争为社会提供均等机会和公平结果；效率主要指市场效率，就是通过市场机制提高经济效益。两者之间的辩证关系是：没有市场效率，不可能实现理想的社会公平。在市场无效率的前提下，所能够实现的只能是低水平、低质量的社会公平；没有社会公平，不可能实现持续的市场效率。在社会不公平的前提下，所能够实现的也仅是短期的局部的市场效率。因此，效率与公平对政府来说不应该是孰轻孰重，而是彼此兼顾。

(1) 四大差距。在我国改革初期，由于我国经济与世界经济差距很大，人民生活长期得不到改善，高喊公平得不到支持，当时提出"效率优先，兼顾公平"是符合国情的，从结果上也实现了富裕。但同时，这又引发了新的社会经济矛盾，主要表现在四大差距上：第一，城乡收入差距。2015年我国城镇居民人均可支配收入为31 790.3元，农村居民人均纯收入为10 772元，城乡间收入差距为2.95倍，1985年城乡间收入差距为1.86倍；第二，地区收入差距。以2016年地区财政收入为例，一般预算收入最高的广东为10 390.35亿元，最低的西藏仅有155.99亿元；第三，居民收入差距。据联合国2004年报告，中国2001年基尼系数为0.447，国家统计局公布的基尼系数则显示，2012~2016年国内居民收入基尼系数依次为0.474、0.473、0.469、0.462和0.465；第四，行业收入差距。"中国纳税百强"几乎每年是石油、烟草、钢铁、电信、电力、金融等具有国有垄断性质的企业，上市公司中的能源、电力、钢铁、交通、汽车等企业总能出现在沪深两市业绩增长排行榜的前列，石油天然气开采、烟草制造、铁路、航空、电信等行业企业在各行业的企业景气指数中总能名列前茅。

(2) "三农"问题。"三农"问题是指农业、农村、农民这三个问题。农业主要是农业产业化，包括农业的购销体制不畅和农业生产的非规模化问题。农村目前比较突出的是户籍制度改革和社会主义新农村建设。农民关心素质和增收两个问题，素质就是解决农村基础教育，增收涉及机构调整、减员增效等内容。

(3) 社会保障。我国社会保障存在的问题主要有：首先，目前我国社会保障制度面临三大挑战。从长期来看，要解决人口老龄化造成的一系列社会经济问题；从中期来看，要减轻计划经济转向社会主义市场经济带来的巨大社会震动；从近期来看，要考虑如何根据宏观经济形势波动适时调整各有关项目的收支水平，以保障经济的稳定增长。其次，保障范围覆盖不全，农村社会保障亟待发展。再次，现有保障项目不全面或标准较低，下岗失业人员的社会保障水平低下。最后，社会保障基金管理薄弱，投资收益率过低。

2. 发展与增长的关系。有了增长不一定有发展；有了发展则一定有增长。对发展而言，它的含义在于均衡，只有社会中各个团体的利益权力分配取得均衡，才能得到稳定的发展。具体来说，有关发展的公共部门规模、资本形成、技术、企业与效率、社会因素与政治因素等构成要素都需要财政制度的作用支持。

(1) 内需不足。表现在宏观层面上为城乡居民收入水平增幅低于 GDP 增长率，这是我国经济发展中的突出矛盾。与居民收入水平增长缓慢相联系的是消费需求明显落后于 GDP 的增长，这是近年来困扰我们的难题，迫使政府不得不长时间实施积极财政政策，政府主导的投资需求对经济增长的贡献大于消费需求。进入 21 世纪以来，以住房、教育、汽车为代表的产品确实拉动了内需的增长，但也带来了一系列负面影响，尤其是高房价的出现，威胁到了宏观经济的稳定增长。因此，在今后一段时期内，我国还是主要以投资需求拉动经济增长、大幅度增加或改善基础设施条件，2008 年年底中央政府提出的 4 万亿元投资计划即是如此。

(2) 就业压力。2005 年年初，我国人口已经达到 13 亿，约占世界总人口的 21%，相当于亚洲总人口的 1/3，比世界上现有的所有发达国家和地区人口总量还多 1 亿。巨大的人口"自重"对就业形成了沉重而持久的压力。2012 年全国城镇需要安排就业总量约 2 500 万人，其中超过一半是大中专毕业生，同时还有 900 万~1 000 万农村富余劳动力的转移就业，这需要财政继续完善并积极落实促进就业再就业的各项财税扶持政策，支持扩大就业。

(3) 资源环境。在追求物质财富的诱因下，资源环境保护往往让位于经济增长，对我国的可持续发展构成一定威胁。我国现存在的资源问题主要是资源利用效率偏低、资源需求增长加快和资源枯竭问题，存在的环境问题有大气污染、水环境污染、垃圾处理、土地荒漠化和沙灾、水土流失、旱灾和涝灾、生物多样性破坏和持久性有机物污染等问题。虽然各级政府在保护资源环境方面做出了巨大的努力，但我国正处于工业化和城市化加速发展的阶段，也处于经济增长与资源环境保护矛盾十分突出的时期，资源环境问题在一段时期内只会加剧，应充分利用财税手段，缓解保护资源环境的压力，再逐渐达到保护资源环境的目的。

(三) 从公共性角度来看：确定政府边界，科学政府管理

1. 从公共产品与私人产品的划分来看。市场化改革正将很大一部分经济事务推到市场中去，同时，将私有经济可以存在的范围扩大，但如何去确定公共产品与私人产品的边界呢？国防、外交肯定是财政交易为好，但国防企业一定是国有企业吗？民间外交一定需要政府控制吗？放开政府管制是必然的，在改革的过程中，国民经济的很多部分已放给了团体、企业和个人去管理，但在放开的同时一些新的事务又在不断出现，如越来越严重的环境污染问题、越来越必要的社会保障问题等，这些又需要放在政府管理的范围内。

(1) 政府职能确定。最初政府的职能，界定在对内稳定、对外保护上。随着经济社会的发展，政府职能的界定越来越宽泛。当前我国正在进行的机构改革，其核心就是一个职能转变问题，具体包括两大方面：其一，强化对宏观经济调控与管理，弱化对企业生产与经营活动的直接管理；其二，政府从单纯管理经济生活转向全面管理社会经济和文化生活。

(2) 公共产品问题，我国在公共产品提供方面，当前存在公共产品提供数量不足、质量不高的现状。从供给数量不足上来看，全国公共产品总供给不足，尤其

是制度类和基础性公共产品方面。在计划经济体制下,公共产品涵盖的范围非常广泛,包括衣食住行的方方面面。这把大量本来属于私人性质的产品也被当作公共产品来提供,虽然个人在使用这些由政府提供的产品时往往需要支付一定的费用,但收取的费用只是象征性的,远不能抵消提供这些产品所耗费的成本。政府不计成本地提供,这也表明他们是出于一种公共利益在行事。当然,财政上的统收统支和以单位作为提供福利主体的机制也为这种全面包揽奠定了基础。市场经济体制建立后,单位成为营利性主体,不再提供住房、教育、物业管理等福利,财政体制也改革为分税制财政体制,国民收入在政府、企业和个人间的重新划分,使政府不再拥有雄厚的财力基础去包揽各类产品的供给,但这些产品提供的主体仍然是各级政府。产品提供的惯性和资金分配的变动形成了矛盾,也就注定了当前我国公共产品供给数量总体上是不足的。从供给质量不高上来看,我国公共产品供给决策缺乏科学性和民主性,没有正确的决策就不可能正确的提供公众真正需要的公共产品,公共偏好与个人偏好间出现了较大分歧;我国公共部门规模庞大,公共服务质量低劣,尽管经过多次机构改革,我国公共部门还是存在"膨胀—精简—再膨胀"的怪圈,由于我国政府是唯一的公共产品提供者,缺乏竞争,导致人浮于事、成本增加、服务低劣;公共产品供给不公现象严重。长期以来的"城乡分治"政策使我国的公共产品提供呈现"两张皮",城镇和农村公共产品提供的质量是存在巨大差距的。改革开放后,鼓励地方政府发展经济,又使得各个地区间的财力出现差距,东部地区、中部地区与西部地区间在公共产品提供的质量方面自然也就无法实现均等了。所以,加强公共产品供给理论的研究,利用财税手段提高公共产品供给质量、增加公共产品供给数量,是财政体制建设和理论研究的重点。

2. 从公共选择理论来看。由于中华人民共和国成立初期的环境,人们利益的充分一致性,使得政府可以决断一切,大多数的决定或选择都能代表大家的共同利益。我们旧的计划经济、统收统支、平均分配等都体现了这种一致性。这些制度的有效实施,也体现出它们的合理性和人们愿意接受它的态度。但旧的环境已经过去,新的环境出现了,人们的一致利益中出现了差别利益。随着市场化改革的深入进行,再没有完全能代表所有人利益的情况,能代表的是已经缩小了的共同利益。利益的差别性和多样性需要法制化、规范化、从形式上少数服从多数的制度设计。在这个制度内,选择一项立法、一个政策或者一个项目应经过一定的程序,在大多数人同意的情况下才能实施,这也是公共选择的体现。

## 第四节 财政学的学习方法和内容

### 一、研究方法

本教材主要用于本科生教学,集中讲授与政府收支相关的经济活动,研究方法主要有以下两方面。

1. 规范与实证相结合。所谓实证分析，就是依据事物的本来面目描述事物，说明研究对象"是什么"，它着重刻画经济现象的来龙去脉。简单地说，实证分析法运用于财政范围就是要按照财政活动的原貌，勾勒出从财政取得收入直到安排支出的全过程及其产生或可能产生的经济影响。规范分析要回答的问题是"应当是什么"，即确定若干准则，并据以判断研究对象目前所具有的状态是否符合这些准则，如果存在偏离，应当如何调整。规范分析运用于财政学，就是在一个基本前提下确立一个准则，依据这个准则来判断目前的财政制度是否存在着偏离。

2. 理论分析与数据统计。财政关系由量变到一定程度引起质变。因而只有研究了量的变化程度，才能对质有确切的把握。财政学的研究不仅要注意财政分配性质的分析，还要关注财政收支比例变化的规律分析。

## 二、研究内容

本教材章节具体安排如下。

理论篇，包括第一章至第四章，主要介绍财政发展脉络和现实意义、市场失灵与政府失灵、财政职能、公共产品理论以及公共选择理论。

收支篇，包括第五章至第十一章，主要介绍财政支出原则、分类、规模、结构与效益，财政收入原则、分类、规模与结构，以及具体的购买性支出、转移性支出、税收、公债和国有资产收益。

管理篇，包括第十二章至第十四章，主要介绍了政府预算管理、财政政策和国有资产管理。

关系篇，包括第十五章和第十六章，主要介绍了政府间财政关系和政府与市场关系。

## 基 本 概 念

帕累托效率　机会成本　交易成本　边际　弹性　效率　公平　现代财政

## 思考与练习

1. 简述西方财政学说的发展历程。
2. 试讨论改革开放以来我国所进行的财税改革。
3. 如何理解效率与公平的关系？

# 第二章 资源配置与财政职能

【本章概要】

本章从资源配置效率的评判入手,分析市场机制分配资源存在的缺陷,从而为政府部门通过财政收支分配资源的行为提供理论依据。并在此基础上,界定公共财政内涵及特征,阐述财政职能。

【学习目标】

1. 理解市场失灵的含义及表现。
2. 了解公共财政的内涵及特征。
3. 掌握财政的三大职能。

## 引 言

危机最能让公众认识到政府的作用。无论是美国 2001 年的 "9·11" 事件,还是我国 2003 年的 SARS,都让公众深切地感受到政府的重要作用。事实上,并非在危机时公众才需要政府。由于市场在其自身运行中存在缺陷,无法做到令人满意,因此需要政府通过收入和支出的合理安排,来促进资源配置效率的提高。

## 第一节 市场失灵与政府失灵

分配资源具有两种最基本的手段:市场和政府。对这点的认识,需强调以下三点:第一,市场和政府是分配资源最基本的手段,但不是全部手段,如武力、道德、规则等都可以参与资源分配。第二,就市场和政府而言,政府能分配的资源市场也能进行分配,只是市场分配该部分资源有可能带来效率低下的结果。同样,市场能分配的资源政府也能进行分配,只是政府分配该部分资源也有可能带来效率低下的结果。第三,资源配置的目标并不仅是获得更高的经济效率,还有社会正义、道德发展等多元价值观念,而市场配置的目标和判断标准主要是经济效率,故需要政府参与资源配置,实现其他价值观念。

## 一、市场失灵

微观经济学有两个基本假设条件：第一，合乎理性的人的假设条件。这个假设条件也被称作为"经济人"的假设；第二，完全信息的假设条件。这一假设条件的主要含义是指市场上每一个从事经济活动的个体都对有关的经济情况具有完全的信息。在此假定下，福利经济学提出完全竞争市场中的价格调节机制将引致经济社会实现帕累托最优。既然如此，为什么还存在政府这种分配资源手段呢？因为存在着市场失灵（marker failure），即指市场无法提供某一特定产品的理想化和最优产出的情形。表现在以下六个方面。

### （一）微观经济学假定的非现实性

理性的人是说人们在市场活动中，追求个人收益最大化。但事实上，任何个人的市场行为都有理性和非理性的两重性。一方面，个人有追求最大化的倾向；另一方面，个人又有不努力追求最大化的倾向。通常情况下，个人只具有有限理性，大量的经济行为是在非理性状态下做出的，如选择商品的从众心理，购买商品的一时冲动。为此，经济学家西蒙[①]提出了有限理性（bounded rationality）概念。在西蒙看来，理性之所以是有限度的，这是因为人们在现实的市场交易中，很难对每一个措施将要产生的结果具有完全了解和正确预测，常常要在缺乏了解的情况下，一定程度地根据主观判断进行决策，这只能陷于非理性的陷阱。同时，人们能否进行正确的决策，要受到决策人的技能、价值观、对目标了解的程度、应具备的有关知识掌握的深度，以及所需信息资料的完备程度的影响。因此，每个市场行为者不可能达到完全理性行为，只能在有限度的理性条件下从事经济活动。如果完全理性导致决策人寻求最佳措施，而有限理性导致他寻求符合要求的措施，那么，多数情况下决策人是选择有限理性。为此，西蒙举了一个例子，如一个草垛里分散着一些缝衣针，若寻求最佳措施，就得先要找到所有的针，最后才能在这些针中比较出最尖的针。若寻求符合要求措施，人们只要找到一根能够尖利的缝制衣服的针就可以了。

完全信息是说市场上每一个从事经济活动的个体都对有关的经济情况具有完全的信息。这种个体信息的掌握与传递是通过价格的自由波动机制实现的，但需要三个条件：第一，市场上有无数的买者和卖者。每个个体都不会对整个商品市场的价格水平产生任何影响；第二，同行业中每个供给者的商品都是完全无差别的。不会出现一个市场内的同质商品有几种价格的情况；第三，供给者进出行业是完全自由的。所有资源都可以在各行业之间自由流动。在实际经济生活中这三

---

[①] 赫伯特·亚历山大·西蒙（Herbert Alexander Simon），美国心理学家，卡内基梅隆大学知名教授，研究领域涉及认知心理学、计算机科学、公共行政、经济学、管理学和科学哲学等多个方向。西蒙学识广博，是现今很多重要学术领域的创始人之一，如人工智能、信息处理、决策制定、问题解决、注意力经济、组织行为学、复杂系统等，因对经济组织内的决策程序研究获得1978年诺贝尔经济学奖。

个条件是实现不了的。这些条件在真实的市场环境下很难实现的,由此,当交易双方中一方掌握的信息多于另一方时就会存在信息不对称(information asymmetry)。其中,拥有信息较多的一方会通过逆向选择(adverse selection)和道德风险(moral hazard)造成市场失灵。

前者是说市场交易一方拥有其他人所没有的信息时,他的选择将对交易的另一方产生不良影响,比如愿意购买保险的人常常是最具有风险的人,而收取较高保险价格会阻止具有较低风险的人购买保险。例如,保险公司的保费收得高,购买者的出险率低,当保险公司进一步提高保险价格,投保者干脆不买保险了。这种逆向选择效应的根源在于保险公司所掌握的信息是不完全的。尽管公司也知道,在它的顾客中有些人肯定比其他人具有更低的风险,但它不能确切知道谁是风险低的人。也就是说,保险公司知道个人之间肯定存在差别,应该努力把他们划分为较好的和较差的风险类别,并征收不同的保险费。但是它做不到,因为它不能知道哪些人是高风险的,哪些人是低风险的。凡是那些积极买保险的人都是容易出险的人,因为他们容易出事故,所以常常渴望购买保险,以便出险之后有保险公司为他们付费。而出险概率较低的人则往往犹豫不决,如果保险价格提高了,反而会把他们首先拒之门外。这就是典型的逆向选择效应。提高保险价格导致那些事故倾向较小的人退出了保险市场,而高风险顾客比例的上升直接影响的是保险赔付的上升。

后者是说交易一方的行为变化对另一方来说是未知的,并且造成一定成本,如欺骗保险。一个投保高额财产保险的个体户,由于各种原因,经营难以为继,于是,在一个夜晚将其投保的财产纵火烧光,然后向保险人提出索赔。为什么早不起火晚不起火偏偏一投保就起火,明眼人一看便知。尽管如此,现代科技手段尚没有发达到足以辨别故意纵火还是意外起火的程度,保险公司哑巴吃黄连,有苦说不出,不得不支付巨额赔款。当然,这是一种恶意的道德风险,生活中也充满了各种无意的道德风险,如购买车险前后在开车谨慎态度上的改变,容易得到的东西不容易珍惜等。

### (二) 公共产品

经济社会中的产品可以分为两大类,即私人产品和公共产品。

私人产品(private goods)是指与个人日常生活中衣食住行直接相关的,人们要消费这种物品就得支付其市场价格的产品。私人产品在消费上具有两个最重要的特点,即竞争性消费(rival consumption)和排他性消费(exclusive consumption)。竞争性消费是指打算消费某种私人产品的个人必须支付既定的价格,或者他愿意按照现行市场价格进行支付以取得对该产品的消费权。那么,无法或者不愿意按照现行市场价格进行支付的个人就被排斥在外,不得不放弃对该产品的消费。所谓排他性消费是指获得某种私人产品消费权的个人,便拥有了对该产品的唯一享受权,即其他人不能同时再消费这一产品。

人们除了需要能够满足衣食住行要求的私人产品之外,还需要能够满足集体安全、社会公正、保持合理经济秩序等要求的产品,被称为公共产品(public goods)。公共产品在消费上便呈现出与私人产品完全不同的特征:即非竞争性消费(non-rival consumption)和非排他性消费(non-exclusive consumption)。所谓非竞争性消费是指社会成员在消费公共产品时,可以不像其消费私人产品那样必须支付既定的价格,即对公共产品消费利益的取得与个人是否出钱没有关系。所谓非排他性消费是指任何社会成员对某种公共产品的消费,并不妨碍其他社会成员同时消费此公共产品,即在公共产品消费上没有任何社会成员因具有对该产品的所有权而获得唯一享受权。非排他性既包括应技术水平不高无法实现排他,也包括应技术水平不可靠无法实现低成本排他的情况。这两个特征决定了公共产品在消费上是不可分的,在所有权上是不确定的,无法通过市场等价交换的形式来提供。

根据这两个特征的搭配组合,公共产品又可细分为:纯公共产品(pure public goods):同时具有非竞争性和非排他性,如国防、环保等;俱乐部产品(club goods):同时具有非竞争性和排他性的,如医疗、交通等;具有外部效应的产品(goods with externalities):同时具有竞争性和非排他性的,如草原、渔场等。后两者被称为混合产品,如表2-1所示。

表2-1　　　　　　　　　　　　产品分类

|  | 竞争性 | 非竞争性 |
| --- | --- | --- |
| 排他性 | 私人产品 | 俱乐部产品 |
| 非排他性 | 具有外部效应的产品 | 纯公共产品 |

### (三) 外部效应

20世纪初的一天,列车在绿草如茵的英格兰大地上飞驰,车上坐着英国经济学家庇古[①]。他边欣赏风光,边对同伴说:列车在田间经过,蒸汽机车喷出的火花飞到麦穗上,给农民造成了损失,但铁路公司并不向农民赔偿。这正是市场经济的无能为力之处,称为市场失灵。1971年,美国经济学家乔治·斯蒂格勒[②]游览日本。他在高速电气列车上见到窗外的禾田,想起了庇古当年的感慨,就问列车员,铁路附近的农田是否受到列车的损害而减产。列车员说,恰恰相反,飞速驰过的列车把吃稻谷的飞鸟吓走了,农民反而受益。当然铁路公司也不能向农民收"赶鸟费"。这同样是市场经济无能为力之处,也称为市场失灵。

这种市场失灵就是由外部效应造成的。外部效应(externalities)是指对他人产生有利的或不利的影响,但不需要他人对此支付报酬或进行补偿的活动。当私

---

[①] 庇古(Arthur Cecil Pigou)是英国著名经济学家,剑桥学派的主要代表之一。青年时代入剑桥大学学习,最初的专业是历史,后来受当时英国著名经济学家马歇尔的影响,在其鼓励下转学经济学。毕业后投身于教书生涯,成为宣传他的老师马歇尔经济学说的一位学者。代表作为1920年出版的《福利经济学》,庇古也因此被称为福利经济学之父。

[②] 乔治·斯蒂格勒(George Joseph Stigler)是美国著名新制度经济学家,芝加哥学派的领袖人物,是信息经济学和管制经济学的奠基者和先驱者,1982年诺贝尔经济学奖得主。斯蒂格勒认为专心地做一个知识分子,投身于枯燥的经济学研究是一件惬意并具独刺激性的生活,故他有意避开了能使他离开学术的一切非学术职业与活动。

人成本或收益不等于社会成本或收益时，就会产生外部效应。其中，对他人产生的有利影响被称为正外部效应（positive externalities），又称外部经济，指某个经济行为主体的行为使他人或者整个社会收益，而受益者无须花费代价，比如养蜂业对果树种植的影响。再如，某个渠道商的产品宣传可能带来其他渠道商相似产品或相关产品的销售量增加等；对他人产生的不利影响被称为负外部效应（negative externalities），又称外部不经济，这是指某个经济行为主体的行为使他人或者整个社会受损，而造成外部不经济的人并不为此承担成本。噪音、污染就是典型的外部不经济的例子。

外部效应体现的是私人边际收益和社会边际收益或私人边际成本和社会边际成本之间的非一致性。那么，外部效应存在的原因是什么呢？假定 A 和 B 都有权享受空气。在 A 污染空气后，若是享用空气的所有权可以明确地在 A、B 之间进行分配，则 B 就可以对 A 污染空气的行为提出诉讼要求赔偿，这样 A 在享用空气时就必须对他的行为进行成本收益核算，外部效应也就不存在了。当然，从常理上看上述说法很荒唐，因为要确认和贯彻实施有关空气的产权是极其困难的。但这一思路证明：外部效应产生的原因就在于缺乏对产权归属的明确确认。

对于外部效应的纠正，尽管各个学派所持观点不同，但解决的基本思路都是让外部效应内部化（internalizing externality），指产生外部效应的团体把外部收益和成本考虑到他们自身的内部收益成本核算中去，即将经济主体的活动所造成的社会收益或社会成本转为私人收益或私人成本。具体包括：第一，说服。许多外部效应在一定程度上都是由于个人或集体在决定采取行动时没有考虑对其他人的影响而造成的。尽力说服那些把成本强加给我们的人，以调整他们的行动从而达到把这些成本考虑考虑在内的目的，是一种使得他们对外部效应做出调整或者内在化的方法。诸如"请勿酒后驾车""请勿随地乱扔垃圾"等口号就是说服人们必须考虑到他们的行为对其他人产生影响的尝试。"己所不欲，勿施于人"说明的就是同样的道理。第二，政策干预。对具有正外部效应的活动，政府采用补贴、贴息、免税、减税等优惠政策，就能使其产量提高到应有的水平；对于负外部效应的活动，政府采用征税、加税、罚款等政策，使其产量降低到应有水平。第三，产权界定（assignment of property rights）。当企业使用某种资源必须支付成本时，这种成本会构成企业生产决策的一个重要因素。但如果企业可以污染河流而无须付出任何代价，就没有必要将这种外部成本作为考虑因素。那为什么企业不必对污染补偿呢？答案在于产权界定。由科斯①奠基的现代产权理论认为，对某种资源的产权意味着这样几种权利：所有权、占用权、收益权、处置权。以土地为例，拥有土地产权的人有权决定如何使用这块土地，有权享受这块土地带来的所有收入，还有权将这块土地转让给别人。而企业能随意污染河流则是由于河流的产权模糊。科斯通过第一、第二定理力图说明：在不存在交易成本和谈判成

---

① 罗纳德·哈里·科斯（Ronald H. Coase）是新制度经济学的鼻祖，1991 年诺贝尔经济学奖的获得者。科斯对经济学的贡献主要体现在他的两篇代表作《企业的性质》和《社会成本问题》之中，科斯首次创造性地提出交易成本来解释企业存在的原因以及企业扩展的边界问题。

本的条件下，受外部效应影响的各方将会就资源配置达成一致意见；一旦考虑市场交易的成本，产权的初始界定必然会对经济制度运行的效率产生影响。从这个结论中可以看出，合理的制度选择可以减少交易成本，使外部效应内在化，实现资源的合理配置。这说明政府的活动领域不在经济领域，而在法律体系和制度领域。因此，无论是计划经济的转轨，还是市场经济的完善，政府的重要职责就是尽可能明确界定社会经济生活中的各种制度，这也许是科斯定理真正要表达的。

外部性应在日常生活中很常见，比如上课时同学的迟到就是一种负的外部效应，其他同学迟到的行为会吸引你对老师的注意力，从而影响到你的听课效果。如何实现学生迟到对其他人所带来的成本内在化？老师可以尽力说服同学不要迟到，或者，老师可以对那些迟到的同学施行"修正性税收政策"。换言之，老师会想方设法征收和外部成本相同的税收，比如点名、扣成绩等。

---

**专栏 2-1**

## 排污权交易

环境问题是一个重要的经济、政治和社会问题。经济学家对污染环境提出了三个基本观点：（1）它是一种负外部效应；（2）与通常的直觉相反，没有污染有时候比有一定污染的情况更糟糕；（3）可以通过市场来处理污染问题。

当然，少些污染当然比多些污染要好，没有污染比一定程度的污染要好。但是，若没有污染，世界就完全不同了——这不仅仅是因为清洁的空气、河流。污染是很多产品生产中的副产品，是现有技术下无法剔除的。那么，对已有的污染处理技术而言，污染的降低就意味着许多产品的产量将减少。污染也是我们日常生活的副产品，如果我们一定要消除由诸如汽车驾驶等导致的污染，那我们将不得不放弃已有的许多生活方式。很显然，驾车这样的生活方式是有好处的，那我们就不会选择零污染了。简而言之，当我们认识到低污染将肯定以牺牲产品为代价时，零污染并不一定比正污染受欢迎。

20世纪90年代早期最重大的运动之一是市场环境保护论：利用市场的力量去清洁环境。这是《清洁空气法案》修正案背后的主要思想，这一修正案是由布什总统在1990年11月签署的。此法案把二氧化硫（造成酸雨的主要因素）的最大允许排放量降低了111单位。但同时给予他们对二氧化硫排放权进行交易的权利。这样的话，考虑减少污染的方法就有两个：一是政府制定污染标准；二是政府分配污染权并允许他们进行交易。

假设三公司 X、Y、Z 地处同一地区。现在，每个公司被考虑允许在本地区各有3个单位的排污权，总排污量为9个单位。每个公司减少每一单位排污量的成本如表 2-2 所示。

| 表2-2 | | 排污权交易案例 | | 单位：美元 |
|---|---|---|---|---|
| 除污成本 | | 公司X | 公司Y | 公司Z |
| 第一污染单位 | | 50 | 70 | 500 |
| 第二污染单位 | | 75 | 85 | 1 000 |
| 第三污染单位 | | 100 | 200 | 2 000 |

从表2-2中可以看出，不同的公司排污成本的差异是很大的。

方法一，政府制定污染标准。政府试图把这一地区的排污量减少到3个单位，为达到这个目标，政府制定了标准，确认每个公司都必须减少2个单位的排污量。

公司X降低最初2个单位的成本是125美元，公司Y是155美元，公司Z是1 500美元。通过制定标准来减少6个单位的总成本是1 780美元。

方法二，市场环境保护论：政府分配排污权并允许对其进行买卖。政府目标依然是使该地区的污染量减少到3个单位，但此时政府给每个公司1个单位的排污权，那么公司可以利用这个排污权来排放1个单位的污染物，也可以被准许买卖他们的排污权。

从公司X的角度来看，虽然它可以根据排污权来排放1个单位的污染物，但它也可以出卖这1个单位的污染权。如果这样做，公司就无权排污，即便如此，对公司X来说也不一定是不利的。

从公司Y的角度来看，它也与公司X有相同的情形。

但对公司Z来说，他为减少第1个污染单位和第2个污染单位必须分别支付500美元和1 000美元。公司考虑，通过买入公司X和公司Y所拥有的污染排放权，而无须降低任何污染量有可能是更有利的。

于是三个公司的业主聚集在一起。公司Z的业主对另两人说："我为了避免交纳减少第1和第2单位污染的费用，愿意以不高于500美元的价格买你们手中的排污权。"

假设三个业主达成协议，以330美元交易排污权，公司X和公司Y把他们的排污权出卖给公司Z。这一交易使三方都受益。公司X从它得到的330美元中拿出100美元用来支付减少第3单位污染的费用。公司Y从330美元中拿出200美元用来支付减少第3单位污染的费用。公司Z用于购买两个单位排污权的费用是660美元，远远低于为减少第1和第2污染单位的1 500美元费用。

在这种交易安排下，公司X和公司Y控制了它们所有污染，共支付了580美元，从而达到减少6个单位污染的目的。这一方法下的总成本远远低于政府制定标准时所花费的总成本。

因此，政府给公司分配排污权，并允许它们对排污权进行买卖的污染控制方法，将比直接而简单的命令每个公司减少污染量的方法更加经济。

资料来源：罗杰·A. 阿诺德，《经济学》（第5版），中信出版社2003年版，第800页。

## （四）垄断

通常认为，完全竞争和完全垄断是两种相互排斥的极端情况，在市场结构的谱系中，更高程度的垄断意味着更少的竞争，意味着卖方既可以控制商品的数量，又可以控制商品的价格，这与完全竞争中众多的买方和卖方无力控制价格是完全不同的。垄断方通过对数量和价格的控制，可以获得额外的消费者剩余，作为垄断方的垄断利润而存在，这与理想的产出状况相比，相差甚远。但形成垄断的原因要比垄断局面复杂得多，从这点上来说，自然垄断的提法要比垄断更精确一些。所谓的自然垄断是说由一家企业提供整个产业产量的成本低于这个企业与其他企业共同提供相同产量的成本。在企业只生产单一产品的前提下，产业具有自然垄断的条件就是，由一家企业提供产品要比多家企业共同提供更有效率。自然垄断行业一般有两个特征：第一，产品成本中固定成本比重大，可变成本比重小，容易出现规模经济；第二，区域性比较强，如城市公用事业。

## （五）效率与公平

即便我们承认资源的有效配置是重要的，但这并不是经济活动的唯一准则。特别要指出的是，效率并不能保证经济福利在社会成员中的公平分配。在市场经济条件下，任何个人或家庭福利的获取，既取决于其所购买商品的价格，又取决于其赖以获得收入的对稀缺资源的所有权。不同家庭拥有稀缺资源的不同隐含着一种内在的不公平性，而这种不公平性意味着家庭在消费机会上的差异。一些家庭可能拥有较多的自然禀赋，从而拥有较多的满足自身需求的机会，而另一些家庭所处的境况则差得多。显而易见，对这种由于市场导致福利的不公平分配进行干预从而实行较公平的分配格局是必要的。

## （六）风险与不确定性

市场中的竞争价格机制是建立在存在确定性的模式之上的，所有的消费者和生产者都知道所有商品和要素的现在和未来价格。在真实的市场中，未来价格是不确定的，它们容易受到复杂多变的气候、偏好、人口、技术以及各种突发事件的影响。在不确定情况下，消费者和生产者只能按预期价格来作出选择，由于预期和实际之间会有误差，使得市场就具有了风险性。一旦预期价格与实际价格发生背离，市场配置资源就会低效或者无效。

## 二、政府失灵

市场配置资源的失灵，为在市场经济中引入政府干预奠定了理论基础[①]。但与市场失灵一样，若完全由政府分配资源也不一定能达到帕累托效率，因为同样

---

① 对这一点存在争议，有些学者认为市场过程不存在内在限制或固有局限，市场根本就不可能失灵，可参阅王廷惠：《微观规制理论研究》，中国社会科学出版社2005年版。

存在政府失灵（government failure）。

(一) 政府干预

有关政府的定义，难有一个统一的说法，按广义的理解，政府包括一切国家政权机关；按狭义的理解，政府专指一个国家的中央和地方行政机关。由于政府具有主权性、强制性、阶级性和实践性等特征，保证了政府介入和干预市场行为的可行性和必要性。

政府干预的程度可用政府规模来衡量，就具体指标而言，绝对指标可用财政收支总额来表示，相对指标可用财政收支总额占国内生产总值（GDP）比重来表示。这两个指标过低是不行的，正如美国金融专家麦金农强调的，没有一个健全而强大的财政基础，经济改革、金融改革乃至经济发展，都很难取得真正的成功①；这两个指标过高也是不行的，GDP总量是既定的，政府通过财政收支支配更多的份额，就意味着市场经济个体支配份额的减少，对经济的持续增长是不利的。但是，由于各个国家的经济制度、政治体制、意识形态、历史传统和经济发展的不同，政府规模也有很大不同，单靠这两个指标来比较说明各个国家政府干预的程度是不精确的。当然，就一般的差别而言，经济发达国家高于发展中国家，集权制国家高于分权制国家。

政府干预的手段可以概括为两方面：（1）立法和行政手段；（2）经济手段。经济手段主要指财政政策（fiscal policy）和货币政策（monetary policy）。

政府干预所要实现的功能主要有调控功能、管制功能和协调功能。

1. 调控功能。这个功能是政府对宏观社会经济进行调节和控制，调控的主要目标有：第一，经济稳定目标。在宏观经济理论中，经济稳定分为内部稳定和外部稳定。内部稳定的含义有价格的稳定和产量或所得的稳定；外部稳定指对外均衡，主要是国际收支的平衡。经济稳定的内在要求是社会总供求平衡，其表现是产品市场和要素市场供求平衡，其中产品市场上物价稳定、劳动力市场上充分就业和国际市场上的国际收支平衡，是经济稳定的最主要标志。当然，经济稳定的内容并不仅限于物价、就业和国际收支，汇率的稳定、利率的稳定、股市的稳定等也都是很重要的指标。从交易成本的角度来看，经济稳定可以节约交易成本，而过高的信息评价交易费用往往使经济活动本身无法进行。1998年年初中国香港不惜动用大量外汇储备稳定港元汇率，主要就为了防范港币汇率不稳定给人们所带来的未来经济行为的不确定。因为人们无法清楚知道未来港币是升值还是贬值，只好采取相应措施，如购买货币期权、搜集港币汇率走势信息等，造成经济行为低效率。在我国政府看来，经济不稳定给国民经济带来的不确定性，要比经济增长更为重要。第二，经济发展目标。经过近40年的改革开放，我国社会经济发生了深刻变化，我国已由计划经济体制的国家转变为市场经济体制的国

---

① 我国改革开放以后的放权让利，虽然极大地激励了个人和企业的生产积极性，却付出了政府干预削弱的代价，到1995年，财政收入占GDP的比重仅有10.67%，如此小的政府规模，使政府在面对各种社会经济现象时，常常是心有余而力不足。

家，宏观经济呈现出越来越明显的国际化趋势，商品供应短缺的状况已经结束。在这样背景下，经济发展的内涵变得越来越丰富，包括产业结构调整、经济增长方式转变、实现可持续发展、完善市场经济体制等。第三，公平分配目标。指的是一国社会成员收入分配的平均程度的提高。从理想目标来看，收入分配应达到最优状态。但是，实现收入的均有分配存在着技术上和价值判断上的种种困难。一般在政策上，通常以公平概念作为基础。公平并不是一个纯经济目标，它是经济的、道德的、社会的以及政治历史的统一。公平分配既包括起点公平，也包括结果公平；既包括经济公平，也包括社会公平；既包括纵向公平，也包括横向公平。因此，实现公平分配是一项复杂的工程，在实际运作中必须统筹兼顾、积极稳妥。

2. 管制功能。这个功能是政府对个体的各种活动进行某些限制。管理的主要目标有：防止侵害个体合理合法权益行为的发生；防止垄断行为的发生；防止损害公众和国家利益行为的发生。具体包括社会性管制和经济性管制两大类。社会性管制是以保障个体安全、健康、卫生，环境保护，防止各种灾害为目的，以产品或服务质量及针对提供产品或服务过程中的各种行为而制定的标准或规则。经济性管制是为防止资源配置低效率或消费者蒙受垄断损失，对企业的进入和退出、价格、服务的数量和质量、投资、财务会计等有关行为的管制。例如，政府禁止特定行为的发生，对某些营业活动进行限制，确立资格认证制度，建立检查鉴定制度等。

3. 协调功能。这个功能是政府超越个体之上，协商和调解社会经济中存在的利益冲突。

专栏 2-2

### 斯蒂格利茨的政府干预理论

美国著名经济学家约瑟夫·斯蒂格利茨[①]与西方其他经济学家一样，认为政府干预的主要作用是弥补市场失灵。因此，对市场失灵的研究就成为政府干预理论的一部分。传统的市场失灵理论，在承认市场竞争可以在某些条件下达到帕累托最优的同时，认为市场机制不能解决外部性、垄断、收入分配和公共品提供等问题，因此，政府干预应限制在上述范围之内。斯蒂格利茨对这种观点提出了挑战。他的独特之处在于，不仅从各种表面现象论证市场失灵，而且还触及微观经济学的核心——福利经济学的基本原理，这就使他的理论有比较扎实的基础。

---

① 约瑟夫·斯蒂格利茨（Joseph Eugene Stiglitz）是著名的美国经济学家，美国哥伦比亚大学教授，英国曼彻斯特大学布鲁克斯世界贫困研究所主席。他于 2001 年获得诺贝尔经济学奖，主讲经济学原理、宏观经济学、微观经济学、公共部门经济学、金融学和组织经济学，研究领域几乎涉及经济学的各个领域。1993 年出版的《经济学》被公认为最经典的经济学教材之一，与安东尼·阿特金森合著的《公共经济学》则是一部财政学方面的高级教科书。斯蒂格利茨提倡突出政府在宏观调控中的作用，认为获得持续增长和长期效率的最佳方法是找到政府与市场之间的适当平衡，使得世界经济回到一个更加公平、更加稳定的增长进程中，使人人都受益。

> 许多西方学者认为，政府对市场失灵的各种干预缺乏效率，即存在政府失灵问题。斯蒂格利茨承认政府失灵的存在，并从原因和表现形式等多方面论证了政府失灵。但是，斯蒂格利茨认为应换个角度看政府失灵。并非只有政府部门才会出现低效率现象，人们在私营部门中同样可以找到类似的低效率现象。任何人都不会不犯错误，问题的关键不在于谁犯了什么错误，做了什么好事，而在于是否有足够的证据说明政府失灵比市场失灵更坏。斯蒂格利茨的实证研究表明，无论是统计数据还是具体事例，都不能证明政府效率比私营部门更低。
>
> 尽管如此，斯蒂格利茨仍然承认政府部门因某些原因而严重缺乏效率。这些原因包括：缺乏竞争；没有破产威胁；承担社会目标；过分追求公平和限制职权范围等。但是，斯蒂格利茨又认为这些问题不是政府本身所固有的，可以通过各种途径消除。
>
> 斯蒂格利茨还认为，政府不但不比市场效率差，而且由于政府的强制性职能，使它能做许多市场不能做的事件。这样，政府就会在纠正市场失灵方面具有明显的相对优势。这些优势包括政府有征税权、禁止权、处罚权以及降低交易成本。

### （二）政府失灵

政府失灵是说政府干预不仅未能纠正市场失灵下的资源配置低效率，甚至有可能产生比市场失灵下更糟糕的配置结果。

1. 政府失灵的表现。

第一，政府政策低效率。政府干预是通过具体的政策得以实施的，但社会经济实践中，政府的各项政策往往是低效率的：一是政府政策的制定受各种因素制约，所制定的政策不一定是最好的政策，不能确保资源的最优配置；二是政策的执行同样受各种因素制约，实施政策目标不一定能实现，甚至有可能出现与预期相反的结果；三是政府政策的变化对社会经济效率会造成损失，社会经济个体对诸如税率、价格、补贴、管制等政策的预测能力是个不相同的，使社会经济个体加大了各种行为的交易成本。另外，从预期出发，个体对政府政策变动的所作出的应变之策对政策结果会造成难以预料的影响。

第二，政府机构工作低效率。政府机构工作低效率是说政府机构中普遍存在的官僚作风严重、时间观念淡薄、办事相互推诿等。毕竟政府干预越广泛越具体，所需要的人、财、物的数量就越多，对这些资源的计划管理也是要耗费成本的。

第三，政府导致信息不对称。信息不对称的问题在政府干预后不一定会得到解决，甚至有可能造成新的信息不对称。如政府希望个人、企业或其他群体能完全了解政府政策意图是符合他们需要的，但双方存在相互不了解，甚至会产生误会；政府也许不知道其政策的全部成本和收益，对政策成本和收益预测的偏低或偏高，都有可能适得其反；政府也许并不清楚各项政策的实际后果，尤其是存在相当多的一系列可能后果时。

第四，政府寻租活动。在经济学上，租金是超过吸引并保持该固定要素被使用的费用以上的支付，或者说租金是超过固定要素机会成本的支付。简单来理解，租金是资源自用所得与他用所得的差额。自然稀缺的资源存在租金，这样可以促进稀缺资源更优的配置；人为稀缺的资源存在租金，会人为提高非生产性成本①。寻租活动就是寻找人为稀缺资源的租金。寻租活动可能是合法行为，比如说政府给予相关企业优惠待遇或扶持政策；也可能是非法行为，比如行贿受贿、走私、欺市霸市等。常见的政府寻租活动主要有审批权或特许权、进出口配额和市场准入。一般认为，政府会对自然垄断行业和信息不对称行业进行准入管制，限制新企业、条件不合格企业进入，但这种管制在实际操作中，受行业认定、执行能力等因素制约，往往限制了经济主体行为选择的自由度，封闭了市场在竞争过程中实现动态效率的机会，这必然引发市场过程的扭曲现象，出现寻租活动。

2. 政府失灵的原因。关于政府失灵的原因，在开创和不断完善公共选择理论之后，对这方面有了深入系统的研究。公共选择理论认为，人类社会主要由两大市场组成，即经济市场和政治市场。经济市场上的主体是消费者和生产者，政治市场上的主体是政治家、政府官员、利益集团、选民。在经济市场上，各主体通过货币来作出符合最大化要求的选择；在政治市场上，各主体通过选票来作出符合最大化要求的选择。因此，政府配置资源的渠道不同于市场配置资源的渠道，或者说政治市场内的偏好表达方式完全不同于经济市场内的偏好表达方式。这就意味着，从投票者（需求者）通过民主程序产生公共决议，再到根据公共决议制定政府政策形成公共产出的整个过程中，任何一个环节出现偏差，都有可能造成政府失灵，故政府失灵的原因可以归结为：

第一，民主程序的缺陷导致政府失灵。民主程序的缺陷表现在诸多方面：首先是投票者在表达自我偏好的积极性和真实性方面存在偏差，投票过程中存在的理性无知（rational ignorance）现象说明投票者的积极性也许不高，即便是进行了投票，每位投票者也没有必要真实地表达自己偏好；其次是无论是直接民主还是间接民主表达程序，都存在问题。在直接民主下，多数通过规则的使用本身就是不完美的，还有可能产生投票悖论、中间人定理和投票交易等问题。在间接民主下，行为主体的动机各有差别，且利益集团对公共决策有着个体无法相比的影响力。

第二，政府机构运行的低效率导致政府失灵。每个人都多多少少体会过政府机构的官僚作风，这不是哪个国家的特产，而是所有国家政府机构的"通病"。这种官僚作风主要体现在缺少竞争和缺少激励上。首先，政府官员是追求自身利

---

① 人类行为的成本可细分为生产成本、交易成本与心理成本，除生产成本之外的其他两类成本，可概括为非生产性成本。

益最大化的。对政府官员所追求的目标而言,尼斯坎南曾指出:"可以进入官僚的效用的因素函数中的因变量有如下几个:薪水、职务、津贴、公共声誉、权力、任免权、官僚的产出、易于更迭与易于管理的官僚机构。我坚决主张,除最后两个以外的所有这些变量,都是官僚在办公室任职间总预算的一个单调正相关函数。"[1] 这种描述符合经济人的假设,政府官员也拥有他们自己的目标,并不是全心为公的。其次,缺乏剩余利益激励(residual claimant),政府官员的工作业绩与效率联系不大,即使有超出成本的结余,也不能作为个人奖金来激励政府官员。最后,官僚体系的内在动机,政府部门的管理者没有绩效管理的动机和压力,相反,不断扩大本部门分配的资源是他们的动机,这样不仅可以增加本部门每位雇员金钱上的报酬,更标志着该部门可以行使更大的行政权力和相应的所属机构规模的扩大。

## 第二节　公共财政内涵与特征

### 一、公共财政内涵

在西方经济学里,"公共财政"属于"公共经济学"的范畴,"政府的经济行为—财政收支行为—是财政学(又可称为旧公共经济学)……从财政收支行为扩大到对私人市场经济的管理和调节,以及扩大到直接介入生产领域,并形成一定规模的公共生产部门……随着宏观经济学和福利经济学的发展……便出现了原有财政学的拓展,即出现了公共经济学(又称为新公共经济学)"。这里"公共财政"的外延已经涉及有关财政的宏观经济学领域。在我国,近年间"公共财政"的概念是在经济、社会转轨的背景下就财政的转型而提出,在政府工作层面上则是1994年项怀诚同志提出这一表述并在1998年重提,然后在1998年12月的全国财政工作会议上,李岚清同志明确提出了我国建立公共财政基本框架的思路及相关原则。其后,关于建立公共财政框架的要求,又明确写入了中央全会的文件和国家发展规划。

尽管关于公共财政的讨论已展开数年,但对其具体定义与内涵,仍不具备一个无争议的表述,客观上迄今也不存在一个关于公共财政框架的严丝合缝的全面设计蓝图。

我们认为,首先应把公共财政看做经济社会转轨中财政转型的一种导向,财政作为政府理财体系,要按照何种导向来运行,才能最好地适应建立社会主义市场经济这个战略目标的要求,回答就是公共财政。具体来讲,我国正处于复杂多变的转轨期,从农业社会转向工业社会、从计划经济转向市场经济,从粗放型增长

---

[1] 尼斯坎南:《官僚与代议制政府》,1971年英文版,第38页。

转向集约型增长。在这一转轨过程中，也需要财政职能和财政形态的调整，包括财政的分配范围、收支内容、运行管理和调控方式，都与计划经济体制有所不同。

结合公共财政的基本理论内容来说明，公共财政的内涵是：市场失灵和政府失灵是理论上政府与市场的分界线，存在市场失灵时，应由政府配置资源；存在政府失灵时，应由市场配置资源。但现实中，市场失灵和政府失灵的表现千变万化、丰富多彩。为正确划分政府与市场，可将市场失灵的核心归结为公共产品，其各种表现都是围绕公共产品展现的；可将政府失灵的核心归结为提供公共产品时的效率低下，应通过各种管理手段避免。公共产品是公众意愿的集中体现，由于公共产品包括纯公共产品、具有外部效应产品和俱乐部产品（后两种可概括为准公共产品），从而使政府和市场都能参与公共产品事业。其中，纯公共产品是政府单一提供，政府承担全部责任；准公共产品是政府和市场共同提供，政府承担主要责任。但公共产品的提供是否符合公众意愿，还取决于公众意愿的表达方式，没有建立在民主基础上的代议民主制，只会充满多数通过规则下的种种弊端，而不能真正表达多数公众的意愿。因此，可以总结如下：公共财政是一种民主化、以公共产品为出发点和归宿、与市场紧密配合的财政。

## 二、公共财政基本特征

公共财政特征有公共性、法治性、公平性、非营利性。

在理论界，对于公共财政的特征还存在着许多争论。一种观点认为财政纯属于公共性事物，不存在阶级属性。相对的观点则按照我国的主流学派——国家分配论的认识，提出财政是以国家为主体的，或者说是以各级政府为主体的分配关系，除了行使公共权力的职能之外，还有着阶级统治的内容。在一些具体问题上这种争论也在继续，在对公共财政与除公共收支预算之外的其他预算的比较中，厦门大学张馨教授等认为财政可解析为一种"双元"结构，其中一元为公共财政，另一元为国有资产经营财政。另一些学者则认为，作为一个整体的公共财政的概念，在理论基础和实际运行中应是无法割裂为二元状态的。还有的学者则把"双元"说法变通了一下，即不称"双元"，而是"一体两翼"，主体还是一个，即财政，但还有两个翅膀，一为公共预算；二为国有资产经营预算。

现在越来越多的研究者比较认可的说法，是视公共财政为社会主义市场经济新体制所需要的财政，是一种体现民主制度、依法治国框架下的理财体系，而法治化的社会，规范的公共选择制度的构建则是公共财政赖以稳定存在的基本依托。与此相呼应的是必须形成有效的分税分级财政。在这个体制下，理顺关系以后，才可能在我国从根本上解决基层财政困难等突出问题，才能够真正使财政体制和市场经济并行不悖，配套接轨。因此，在我国现阶段以理论联系实际的角度审视公共财政，把握公共财政的基本特征，切入点就是要强调其"公共性"，并掌握好由此而展开的制度创新。

公共性特征是要以满足社会公共需要作为主要的目标和工作的重心。在社会主义初级阶段,为了社会的共同利益和不断进步,在政府职能上强调满足社会公共需要,并以此为政府理财系统的主要目标和工作重心,这与历史发展趋势相吻合,和我们现在这样一个现代化阶段上以经济建设为中心、以全面建设小康社会为纲领,在科学发展观指导下统筹兼顾、最终实现共同富裕的具体任务是紧密结合的。当然,在理直气壮地强调财政服务于社会和谐、全面小康、共同富裕的同时,我们也要客观地、实事求是地看待还未消失净尽的、全球竞争背景下的阶级属性。

非营利性特征是应该以提供公共产品和服务作为满足公共需要的基本方式。这个要领的实质是处理好政府和市场的关系,市场应该成为资源配置的基础机制,来寻求生产力的解放和最高的总体效益。事实证明市场主体在分散决策下的运行机制和资源配置机制更有利于解放生产力,这是现阶段的现实。但是市场有其缺陷,有其失灵的领域,政府就必须在这些领域,主要是在公共产品和服务不能有效提供的领域,担负起应尽的责任。政府与市场的"分工合作"有利于生产力的解放和社会总福利与社会效益总水平的最大化。

公平性特征是公共财政需要以公民权利平等、权力制衡前提下的规范的公共选择作为决策机制。公共财政和我们原来没有进入这个状态的财政以及原来状态下的整个政府理财及相关的决策机制之间的本质的不同,就是我们要实行政府理财和公共事务管理的宪政化、法治化、民主化、科学化,这种权力制衡前提之下规范的公共选择正与公共财政所对应,其实质是要求我们从理念到制度规范都义无反顾地走宪政化、法制化、民主化的道路。

法治性特征是公共财政在管理运行上必然是以现代意义的具有公开性、透明度、完整性、事前确定,严格执行、追求绩效和可问责的预算作为基本管理制度的。现代意义的预算是落实公共财政所有理念、原则、目标和功能的现实载体与操作形式。这一特征归结起来,实质内容是以周密的理财制度防止公权扭曲。要最大限度地把信息提交给社会成员,当然,特殊的核心机密、国防问题应该除外。公共财政的发展理所当然要求提高透明度,来自公众的钱都是公权行使的物质支撑,必须以完整的预算文件,对公众做交代,尽责任,接受公众监督,减少可能发生的以行使公权导致的公众资源误配置。

---

**专栏 2-3**

## 高培勇提出的我国公共财政建设框架

由中国社科院财贸所课题组完成、高培勇研究员主编的《中国财政政策报告 2006/2007》(以下简称《报告》),是有关我国公共财政建设框架方面的一项研究成果。《报告》的主题是"为中国公共财政建设勾画'路线图'——重要战略机遇期的公共财政建设",《报告》认为,鉴于中国公共

> 财政建设是一个由诸多子系统构成的复杂的系统工程,公共财政建设的"路线图"的一个适当选择,就是以制度设计为主要线索,运用综合评价技术,构建公共财政建设指标体系。《报告》在全面回顾公共财政建设历程、系统分析重要战略机遇期对公共财政建设具体要求的基础上,立足于中国公共财政建设的特殊体制背景,构建了一个以公共性为基本线索的中国公共财政建设指标体系的总体框架。总括起来,这个框架可以概括为"一条主线、三项职能、四个层面、十大指标",也可以简称为"1+3+4+10"体系。所谓一条主线,即指中国公共财政建设指标体系是以公共性为灵魂,并以此作为贯穿始终的基本线索。所谓"三项职能",即指其指标体系是按照资源配置、收入分配和经济稳定三项职能作为基本定位的。所谓"四个层面",是指其指标体系覆盖了基础环境建设、制度框架建设、运行绩效建设和开放条件下的公共财政建设四个层面的内容。所谓"十大指标",是指其指标体系由十大一级指标构成,即:政府干预度、非营利化、收支集中度、财政法治化、财政民主化、分权规范度、均等化、可持续、绩效改善度和财政国际化。
>
> 资料来源:高培勇,《中国财政政策报告2006/2007:为中国公共财政建设勾画路线图》,中国财政经济出版社2007年版。

## 第三节 财政职能

关于财政职能的解释或理解目前有两种:一种是把财政职能解释为财政作为一个分配范畴所固有的功能;另一种是把财政职能理解为财政应该承担的职责和任务。西方经济理论和目前我们所说的"财政职能",都是从第二种意义上来理解财政职能的。

政府和财政的职能范畴同其所处的经济体制环境直接相关。在计划经济条件下,政府部门是社会经济活动和资源配置的主体,财政必然处于全面的主导地位。全社会宛如一个大工厂,企业部门财务和家庭部门财务均在一定程度上失去了独立性——企业财务成为国家财政的基层环节,家庭财务是处于从属地位,能力有限,功能微弱。由此形成的财政职能范围大而宽。其集中体现,即财政职能延伸到社会各类财务职能之中,包括生产、投资乃至消费,覆盖了包括政府、企业、家庭在内的几乎所有的职能。在市场经济体制下,资源配置的基础是市场,而不是政府。只有在市场失灵的领域和市场残缺的情况下,政府的介入才是必要的。这就决定了政府的职能只能是解决市场不能解决或解决不好的事项。

随着经济体制、财政实践及财政理论的发展变化,我国理论界对我国财政职能的界定和表述也有一个历史演变的过程。

最初的界定和表述十分简粗,仅概括为两种职能,即分配职能和监督职能。

经济体制改革以后,财政职能理论发生重大变化。其突出表现是财政对经济生活的调节作用为人们所重视和正视,在财政职能中增加了经济调节职能。具体界定方法主要有二:一是三职能或四职能的界定方法。三职能即分配职能、调节职能、监督(管理)职能。四职能即又将分配职能分解为筹集资金的职能和供应(或运用)资金的职能;二是新的二职能的界定方法,即将财政职能概括为保证社会需要的职能和经济调节职能。其中,三职能的界定方式曾最为流行。

社会主义市场经济理论提出和西方公共财政概念引入我国之后,财政职能理论又一次发生重大转折。最具代表性的观点有三种。

一是仍然将财政职能界定为分配、调节和监督三大方面,但适应社会主义市场经济体制的要求,其具体内容应转换调整:分配职能方面,主要是排除越位、补进缺位的东西。鉴别财政范围越位或缺位的标准或依据是社会共同需要。不同的经济体制下,财政的职能范围也不同,因此,具体到社会主义市场经济条件下,又必须将社会共同需要这一标准纳入市场特征下来观察。市场不是万能的,市场作用不到和市场失效的领域,就是财政职能的范围。调节职能方面,要求转变调节方式和调节客体,即从传统的运用各种带有行政性的财政手段、以微观经济主体为直接调节对象的调节办法,转向以市场为直接调节对象的间接调节方式。监督职能方面,主要是调整监督职能的内容和拓宽监督的视野。即财政监督不能仅局限于全民所有制经济,而应从维护整个社会经济秩序出发,面对各类经济主体的经济活动,一视同仁地进行规范和监督。

二是基本借鉴西方以马斯格雷夫为代表的财政职能理论,主要以弥补市场机制的局限性,即从解决市场失灵和市场残缺问题出发来界定财政的职能。由此将财政职能界定为三大方面,即资源配置职能、收入分配职能、经济稳定职能。这意味着凡是市场能够做好的事情,政府和财政都不再插手。

三是在借鉴西方国家财政职能理论的同时,将涉及包括营利性国有资产在内的分配和管理活动也作为界定财政职能的基本出发点之一,即从公共经济和国有资产经营两个领域来界定财政职能。这一界定方法的基础是鉴于我国目前存在大量营利性国有资产的现实,主张社会主义市场经济的财政模式应是由公共财政和国有资产财政构成的"双元结构财政"。由此界定的财政职能分为两大部分。一部分是公共财政职能,包括:保证集中性公共需要的职能;调节和稳定社会经济的职能;规范社会分配秩序的职能;从财力分配和管理方面积极参与政府各项重要决策的职能。另一部分是国有资产财政的职能,包括:价值管理职能;调节国家与国有企业利益关系的职能;国有资产再投资的管理职能。这一界定方法涉及如何理解公共财政概念、国有生产经营是否都要财政来管等一系列重要问题的争论。

在这三种观点中,第二种观点更受关注,下面依次介绍马斯格雷夫的三职能。

## 一、资源配置(resource allocation)

为提供公共产品、纠正外部效应以及维护市场竞争的有效性,财政被赋予配置资源的职能。这一职能影响资源在地区之间、公共部门与私人部门之间、个人之间的配置。从资源配置职能出发,应强调以下四点内容。

1. 合理确定财政收入占国内生产总值的比重。即确定财政资源占社会整体资源的比重,实现社会资源在民间部门和政府公共部门间的合理配置。也就是说,社会资源应有多大比例被财政集中起来,转化为政府可控的资源用于提供公共产品,有多少资源由市场配置,用于私人产品的提供。在理论上,合理的财政收入规模应满足财政收入的社会边际效益与社会边际成本相等的条件,才能实现社会资源在两大部门或公共产品与私人产品之间的最优配置。

2. 优化财政支出结构。支出结构也就是财政资源内部的配置比例。如购买性支出与转移性支出的比例以及购买性支出内部的配置比例等。前一个比例决定财政最终占有经济资源的规模,对财政配置资源的总量有决定性的影响,后一个比例则表明财政资源在不同公共产品项目上的配置比例。

3. 合理运用财政投资、税收、补贴等多种手段调节和引导民间资源的合理配置。未被财政集中的民间资源的配置原则上属于市场机制作用的范围。当市场本身的配置有效率时,各种财政政策工具应保持中性,不干扰市场机制的运行。当市场本身的配置效率不高时,可考虑采用非中性的财政政策手段进行调节,促进民间资源配置效率的提高。我国目前市场体系尚在发育和完善之中,市场配置资源的效率难以充分发挥。因此,应适度发挥税收、财政补贴、财政投资等调控手段的作用,引导民间投资的流向,实现社会资源整体的优化配置。

4. 提高财政配置工具的使用效率。财政配置的基本工具是税收和财政支出。提高财政配置工具的使用效率,就税收而言,主要是降低税收成本。一是要降低税收的超额负担,使税收对市场配置资源效率的负面影响最小化;二是要降低税收的征收成本和纳税成本。就财政支出而言,就是要努力提高财政支出的效益。为此,需要在借鉴国际上先进经验的基础上,建立和完善适合我国国情的科学的税收制度和财政管理制度,如政府采购制度、国库集中支付制度等。

## 二、收入分配(income cistribution)

收入分配是指国民经济在一定时期内创造的国民收入,按一定的方式在政府、企业和居民个人之间的分割。在市场经济体制下,国民收入分配包括三个层次:初始分配、再分配和三次分配。

初始分配主要是由市场价格形成的要素分配。要素分配是以要素投入为依据,由市场供求形成的要素价格所决定。由要素分配形成的收入可以分为劳动收入和非劳动收入。劳动收入包括工资、薪金、奖金、津贴等;非劳动收入包括财产转让收入、租金、利息、红利和公司未分配利润等。以上收入形式只要是合法取得,在我国均受法律保护。

对初始分配形成的收入格局进行的重新调整,叫做再分配。再分配主要是政府凭借政治权力通过财政手段实现的,主要是财政再分配。

慈善机构、社会组织和个人捐赠所参与形成的再分配活动即为三次分配。

（一）社会收入不平等程度的测定

测定不同国家，或同一国家不同阶段的社会收入不平等程度，主要方法是描绘洛伦兹曲线和计算基尼系数。

1. 洛伦兹曲线（lorenz curve）。洛伦兹曲线研究的是国民收入在国民之间的分配问题。它是美国统计学家 M. 洛伦兹（M. Lorenz）提出的。洛伦兹曲线先将一国人口按收入由低到高排队，然后考虑收入最低的任意百分比人口所得到的收入百分比。例如，收入最低的 20% 人口、40% 人口等所得到的收入比例分别为 3%、7.5% 等，如表 2-3 所示，最后，将这样得到的人口累计百分比和收入累计百分比的对应关系描绘在图形上，即得到洛伦兹曲线。如图 2-1 所示，ODL 为该图的洛伦兹曲线。

表 2-3　　　　　　　　国民收入分配比例　　　　　　　　单位：%

| 人口比例 | 收入比例 |
| --- | --- |
| 0 | 0 |
| 20 | 3 |
| 40 | 7.5 |
| 60 | 29 |
| 80 | 49 |
| 100 | 100 |

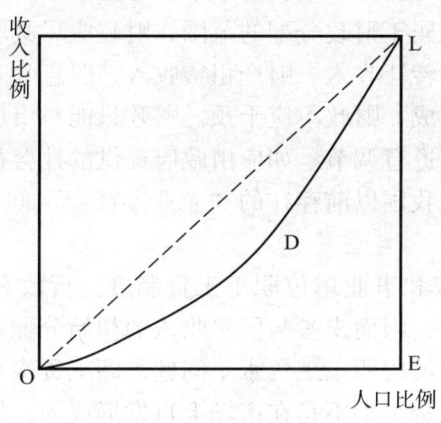

图 2-1　洛伦兹曲线

显而易见，洛伦兹曲线的弯曲程度具有重要意义。一般来说，它反映了收入分配的不平等程度。弯曲程度越大，收入分配程度越不平等；反之亦然。特别是，如果所有收入都集中在某一个人手中，而其余人口均一无所有，收入分配达到完全不平等，洛伦兹曲线成为折线 OEL；如果任意一人口百分比等于其收入百分比,从而人口累计百分比等于收入累计百分比,则收入分配就是完全平等的,洛伦兹曲线成为通过原点的 45 度线 OL。

2. 基尼系数(gini coefficient)。基尼系数是意大利经济学家在 1922 年提出的,它的经济含义是在全部居民收入中用于不平均分配的百分比,数学含义是洛伦兹曲线与对角线围成面积同对角线切割出的三角形面积之比,即:

$$Gi = \frac{S_{ODL}}{S_{OEL}}$$

基尼系数一般介于 0~1,等于 0,表示收入分配绝对平均,最大等于 1,表示收入分配绝对不平均。从图 2-1 来看:当洛伦兹曲线 ODL 与对角线 OL 重合时,基尼系数为 0;当洛伦兹曲线 ODL 与折线 OEL 重合时,基尼系数为 1。

一般认为基尼系数小于 0.2 为高度平均,大于 0.6 为高度不平均,国际上通常将 0.4 作为警戒线。

中国是世界上贫富差距偏大的国家之一,我国许多专家学者们对基尼系数分别进行过测算,数值各不相同。但多数专家认为,改革开放前,我国基尼系数小于 0.2,处于收入分配高度平均状态;改革开放以来,中国居民收入差距不断扩大是一个社会公认的事实,目前我国基尼系数大于 0.4,超出了国际警戒线。这也与百姓们在生活中的实际感受相一致。

(二) 政府履行收入分配的方式

市场经济条件下,政府通常采取以下一些方法来履行其收入再分配职能,以改变经济社会的收入分配格局,进而实现与收入分配平等化有关的各种政策目标。

1. 合理界定市场分配与财政分配的界限与范围。原则上市场分配的范围,财政不能越俎代庖,凡属于财政分配的范围,财政应尽其职。如初始分配中企业职工工资、利润、财产转让收入、财产租赁收入、股息收入等要素收入水平的决定,应由市场分配来完成,财政不应干预。财政只能对市场分配的结果根据社会公平的要求通过再分配进行调节。如应由政府提供的社会福利和社会救济,财政必须承担起相应职责。我国以前存在的"企业办社会"问题,表明了财政分配的"缺位"。

2. 改进和完善行政和事业单位职工工资制度。行政和事业单位的职工未对生产过程直接提供要素,因而未参与国民收入的初始分配。其收入要由财政再分配来解决。一方面,要解决职工工资水平问题,即工资水平要适度。行政事业单位属于公共部门,其工资水平不是在市场上自发形成的,但政府对其收入水平的决定必须以市场为参照系和衡量尺度,因为公共部门职工的工资是其在私人部门的机会成本,是由市场间接决定的。以市场为参照系合理确定公共部门职工的工资水平,既有利于实现经济公平,也有利于社会公平。另一方面,要解决工资制度的规范问题。凡应纳入工资范围的收入都应计入工资总额,取消各种明补和暗补,提高工资的透明度。

3. 加强税收调节。税收是政府进行收入再分配的重要手段。通过个人所得税可以调节个人的劳动收入和非劳动收入，使之保持在一个合理的差距范围内；通过开征消费税，选择对奢侈品和贵重消费品课税，可以调节高收入者的实际可支配收入。通过遗产税和赠与税可以调节个人财产分布等。

4. 政府财政支出。政府通过财政支出方式也可以对社会收入分配发挥调节作用。例如，各国政府普遍对农产品实行价格支持政策，主要目的是减轻农产品市场价格波动给从事农业生产活动的社会成员的劳动收入造成的不良影响。又如，政府扩大财政支出增加市场采购，就会引起某些产品的需求扩大，进而扩大某些企业的生产与收入规模，同时也增加了这些企业工人的劳动收入。再如，政府增加公共福利开支，尤其是持续扩大公共教育、公共医疗卫生的开支，同时积极推行以失业保险、医疗保险、养老保险为主要内容的社会保障政策，既可以有力地改善低收入者的生活环境，提高他们的就业选择能力与收入创造能力，也有利于维持社会经济生活长期稳定的局面。

5. 累进制所得税与转移支付相结合。政府实行累进所得税并结合财政转移支付，可以把高收入社会成员的部分收入转移给低收入社会成员使用，直接达到改变社会收入分配格局的目的。这种做法在相当程度上抵消了市场经济本身带来的社会收入分配不均的消极影响，成为政府调节社会收入分配的最基本办法。

关于上述政府调节社会收入办法的合理性，福利经济学理论作了如下解释：任何人在任何时期享受的经济福利，都取决于他消费的收入，而不取决于他获得的收入。一个人相对越贫困，其所消费的收入占其所获得的收入的比例就相对越大，即边际消费倾向越大；而一个人相对越富有，其所消费的收入占其所获得的收入的比例就相对越小，即边际消费倾向越小；另外，在"边际效用递减律"作用下，任何能够增加穷人收入绝对份额的措施，只要不减少国民净产品总量，一般来说就会增加社会福利总量。

## 三、经济稳定（economic stability）

凯恩斯主义经济学认为，源于各种心理因素和经济环境变化引发的社会总需求的巨大波动是一国宏观经济不稳定的直接原因，为此政府就要依据市场经济发展变化趋势及时调节经济社会的总需求。这就是"需求管理理论"的核心。可以借助宏观经济学课程中论述的凯恩斯主义的短期、静态、非价格的需求管理模型，说明政府财政活动对宏观经济的一般影响。

在没有政府参与经济的纯市场经济条件下，经济社会的总需求由私人消费和私人投资两部分构成，令 AD 为总需求，C 为私人消费，I 为私人投资。则有：

$$AD = C + I \qquad (2-1)$$

令 a 为自发性消费，c 为边际消费倾向，Y 为国民收入。则经济社会中私人消费的行为函数如式（2-2）所示，表示私人消费由不受个人收入状况影响的自发性消费部分与受国民收入状况和边际消费倾向影响的引致性消费部分组成，即：

$$C = a + cY(0 < c < 1) \qquad (2-2)$$

把式（2-2）代入式（2-1），则有：
$$AD = a + cY + I \tag{2-3}$$
因为国民经济均衡在总供给（以国民收入表示）等于总需求状态，即：
$$Y = AD = a + cY + I \tag{2-4}$$
整理后得到：
$$Y = \frac{a + I}{1 - c} \tag{2-5}$$
其中，$\frac{1}{1-c}$ 就是乘数，其值大于1，表示私人自发性消费、投资变动对国民收入的变动关系。

在政府参与的市场经济条件下，经济社会的总需求则由私人消费、私人投资与政府开支三部分构成，令 G 为政府开支，则有：
$$AD = C + I + G \tag{2-6}$$
同样，政府参与的市场经济条件下，居民的可支配收入则为国民收入加上政府给予的转移支付，再减去政府税收，于是，新的消费函数成为：
$$C = a + c(Y + TR - TA) \tag{2-7}$$
其中，TR 为政府转移支付，TA 为政府税收，它等于税率乘以国民收入，即 $TA = tY(0 < t < 1)$。这样，政府介入后经济社会的总需求就可以表示为：
$$AD = C + I + G = a + c(Y + TR - TA) + I + G = A + c(1-t)Y \tag{2-8}$$
其中，A 表示政府参与下的经济社会中不随国民收入变动而变动的总需求构成部分，$A = a + cTR + I + G$。

因为均衡条件下经济社会的总供给总是等于总需求，所以有 $AD = Y$。那么，政府参与下的总供给与总需求的均衡为：
$$Y = \frac{A}{1 - c(1-t)} \tag{2-9}$$
其中，$\frac{1}{1-c(1-t)}$ 表示包含政府税收经济社会的乘数，其值也大于1，但小于没有政府税收的乘数。

比较式（2-5）与式（2-9），可以发现在其他条件不变情况下，政府只要调整它的政府采购（G）、转移支付（TR）和税率（t），通过乘数作用就会直接影响经济社会的总需求，进而改变国民收入（Y）。

因此，一国政府可以根据国民经济变动趋势，逆向变化其现行的开支政策和税收政策，取得调整国民经济总需求的效果，进而逐步扭转商业周期运行方向，以使国民经济大体上沿着长期保持"低通胀、高就业"的理想路径发展。例如，在经济衰退情况下政府增加公共采购、加大转移支付，或者降低税率，就能够带动、刺激经济社会总需求的提高，抑制经济衰退趋势，恢复并保持较高就业状态；而在经济过热情况下政府削减公共采购、转移支付，或者提高税率，就能够减少总需求，抑制经济社会总需求的过快增长，防止通货膨胀的发生。

> **专栏 2-4**
>
> ### 陈共的财政四职能
>
> 陈共认为，财政是履行和实现政府职能的手段，财政职能实际上就是政府的职能，可将财政职能定位为资源配置、收入分配、经济稳定与发展以及保障社会和谐稳定、实现国家长治久安四种职能。相比马斯格雷夫的三职能说，陈共增加了"保障社会和谐稳定、实现国家长治久安"职能，对此他解释道："我国历来高度重视建设健全财政，坚持清理乱收费，控制财政收入占GDP的比重，始终将财政赤字控制在国际公认的区间；坚持以人为本，持续增加教育、医疗卫生、社会保障、就业等民生性支出，保基本，兜底线，即使财政收入增速放缓，民生性投入仍占全部财政收入的70%以上；重视调节国家、企业和居民以及中央和地方的关系，通过清费立税，实行结构性减税政策，减轻企业和居民的负担，建立事权与支出责任相适应的财政体制，发挥中央与地方两个积极性。这些政策和措施有力地保证了社会安定、建设和谐社会。"
>
> 资料来源：陈共，《财政学》（第九版），中国人民大学出版社2017年版，第21页。

## 基本概念

市场失灵　政府失灵　公共产品　外部效应　基尼系数　洛伦兹曲线　资源配置　收入分配　经济稳定

## 思考与练习

1. 什么是市场失灵？
2. 什么是政府失灵？
3. 如何理解公共财政的内涵与特征？
4. 财政资源配置职能的目标及实现这一目标的机制和手段是什么？
5. 财政收入分配职能的目标及实现这一目标的机制和手段是什么？
6. 财政经济稳定职能的目标及实现这一目标的机制和手段是什么？

# 第三章 公共产品理论概述

**【本章概要】**

公共产品理论是公共财政的核心理论之一,也是几百年来经济学、哲学等其他众多学科讨论的内容之一,公共产品具有什么样的特征?采用什么原理来提供公共产品?公共产品配置的效率怎样?政府提供和市场提供有何优劣?通过本章的学习,您会对这些问题有所了解。

**【学习目标】**

1. 掌握公共产品的特征。
2. 掌握林达尔均衡含义及前提条件。
3. 了解公共产品提供机制。

## 引 言

由于市场失灵的存在,政府可以直接提供一些公共设施。对于这些市场无法提供的特定产品而言,政府的介入显得尤为重要。但问题在于,如果连市场都不能有效提供,我们有什么理由相信政府的提供一定是有效率的呢?一个看上去简易直接的方式就是直接询问公共产品的消费者,这些产品对消费者的价值究竟有多大。遗憾的是,消费者并没有强烈的欲望去说出真话,这意味着无法把握公共政策的有效性。即便如此,研究有效提供公共产品的一般准则还是会对政府干预经济以提高资源配置的行为具有指导意义。

## 第一节 公共产品理论发展

公共产品是当代西方财政学的核心理论,作为一种系统的理论,最初出现于19世纪80年代,是历经数百年中许多人的贡献而逐步发展起来的。其中,主要贡献者的思想如下。

## 一、休谟的有关思想

休谟在他的《人性论》中用"草地排水"的例子对公共产品进行了分析,他分析说:"两个邻人可以同意排去他们所共有的一片草地中的积水,因为他们容易相互了解对方的心思,而且每个人必然看到,他不执行自己任务的直接后果就是把整个计划抛弃了。但是要使一千个人同意那样一种行为,乃是很困难的,而且的确是不可能的;他们对于那样一个复杂的计划难以同心一致,至于执行那个计划就更加困难了,因为各个人都在找借口,要想使自己省却麻烦和开支,而把全部负担加在他们人身上,政府虽然也是由人类所有的缺点所支配的一些人组成的,可是它却借着最精微的、最巧妙的一种发明,成为在某种程度上免去了所有这些缺点的一个组织。"① 休谟的这段言论实际上指出了公共产品提供中的"免费搭车(free riding)"心理与行为,这就决定了必须有政府参与才可能解决公共性问题。

## 二、穆勒的有关思想

穆勒②认为,政府职责是保障人们生命、人身和财产安全,制定规则,铸造货币,建设公共设施,主办初等教育等。之所以需要政府提供上述公共服务,是因为提供这些服务不一定能获得适当报酬。穆勒还较早地分析了灯塔问题,认为虽然海中的船只可从灯塔的指引中获益,但要想他们收取费用就办不到了。除非政府用强迫抽税的办法,否则灯塔会因无利可图而无人建造。灯塔收费的困难,指出了要依靠市场力量来提供公共产品是困难的。他的灯塔案例被后来的研究公共产品的经济学家广泛使用。

---

专栏 3-1

## 灯 塔 案 例

灯塔出现在经济学家的著作中,是因为它可能有助于理解政府的经济功能问题。它常被作为必须由政府提供而不是由私人企业提供的物品的一个例子。经济学家们通常似乎认为,由于不可能向所有受益于灯塔的船只拥有者收取可靠费用,任何私人或企业建造和维修灯塔就很难盈利。约翰·斯图亚特·穆勒在他的《政治经济学原理》一书的"自由放任或不干预原理的基础

---

① 休谟著,关文运译:《人性论》,商务印书馆1997年版,第578页。
② 约翰·斯图亚特·穆勒(John Stuard Mill),3岁开始学习希腊语,7岁时已读了柏拉图对话集的大部分,12岁时开始研究逻辑学,13岁时对政治经济学领域内的一切作了全面观察。穆勒被认为是历史上唯一智商高达200的人,是古典经济学集大成者,代表作为1848年的《政治经济学原理》。

和限制"一章中写道:"为了确保航行的安全,建造和维修灯塔、设置浮标等属于政府适当的职责。由于不可能向受益于灯塔的海上船只收取使用费,没有人会出于个人利益的动机而建造灯塔,除非由国家的强制征税给予补偿"。亨利·西奇威克在他的《政治经济学原理》一书的"生产关系中自然自由的体系"一章中这样写道:"在大量的各种各样的情况下,这一论断(即通过自由交换,个人总能够为他所提供的劳务获得适当的报酬)明显是错误的。首先,某些公共设施,由于它们的性质,实际上不可能由建造者或愿意购买的人所有。例如,这样的情况经常发生:大量船只能够从位置恰到好处的灯塔得到好处,灯塔管理者却很难向它们收费"。庇古在《福利经济学》中借用了西奇威克的灯塔例子作为非补偿性服务的例子。保罗·萨缪尔森在他的《经济学》一书中,写作方式比那些早期作家更直接,在"政府的经济作用"这一节中,他写道:"政府提供某些无可替代的公共服务,没有这些服务,社会生活将是不可想象的。它们的性质决定了由私人企业提供是不合适的"。作为简明的例子,他列举了国防、国内法律和秩序的维持以及公正的契约的执行,并在一个脚注中进一步写道:"这是政府服务的最新例子:灯塔。它们保全生命和货物。灯塔管理者很难向船主收取使用费"。

### 三、奥意财政学派

公共产品论作为系统理论,是建立在边际效用价值理论基础之上的,是"边际革命"在财政学领域产生的最重要结果之一。而最先完成这一革命的就是奥意财政学者,如马佐拉、萨克斯等。他们都认为,边际效用理论除了适用私人产品外,还适用公共产品。但由于公共产品消费的不可分性,人们无法通过消费数量的调节来改变边际收益,因此,只能通过改变成本来适应同一数量的公共产品。这就具体表现为不同的个人支付不同的税收价格。

### 四、林达尔的有关思想

关于用边际收益和边际成本表示的公共产品的最优供给,我们也可以通过构造供求曲线来描述。

图 3-1 显示的公共产品供给采用了被称为"林达尔均衡"或"利益定价"的拟市场化解决方案。林达尔[①]均衡是指:若每个社会成员都按其从公共产品的消费中所获得的边际收益大小来分担提供该公共产品的资金费用,则公共产品的

---

① 埃里克·罗伯特·林达尔(Erik Robert Lindahl),瑞典经济学家,瑞典学派主要代表者之一。林达尔关于建立一个动态经济理论体系的主张,特别是他为此而进行的许多独树一帜的开创性研究,对于20世纪20~30年代期间瑞典学派的形成乃至当时整个西方经济理论的发展,都起了非常重要的推动和建设作用。

供给可以达到最佳水平。从图 3-1 来看，就意味着：

$$P_0 = P_a + P_b$$

虽然利益定价机制在本质上似乎提供了类似市场机制的分配公共产品的办法，但这类办法不是特别有用，同时也不具备可操作性。首先，政府为了给公共产品定价必须事先了解人们各自的边际利益安排。但这些安排无法直接观察到。问题在于每个人都知道将被政府按边际利益来分配费用，那就可以通过使政府错误地了解他们的需求以达到降低费用的目的。因为每个人都认为自己的需求对公共产品的总需求只有轻微的影响，所以具备刺激因素使每个人都这么做，从而大大地降低了每个人的应缴利益，使得公共产品的供给远远低于最优供给量。其次，价格作为一种配置的机制决定了谁将消费多少。但对于公共产品则不是这样。因为每个人从定义上消费相同数量的公共产品，价格机制在这里不起配置作用。在这种情况下，价格唯一的功能就是如何决定公共产品的成本在各个使用者之间分摊。

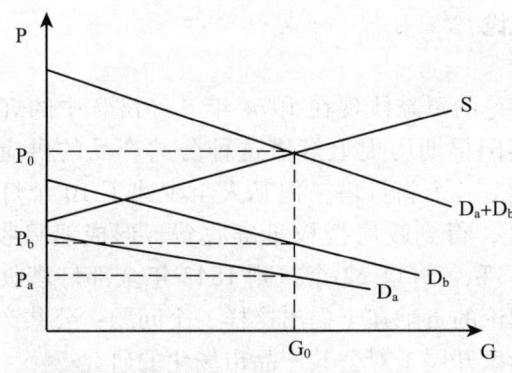

图 3-1 林达尔均衡

林达尔均衡有两个假设前提：一是每个社会成员都愿意准确地披露自己可从公共产品的消费中得到的边际收益；二是每个社会成员都清楚地了解其他成员的嗜好以及收入状况，不存在任何个人隐瞒的可能。上述假设只有在人少[①]的情况下才可能存在，而在人口众多的社会中，则经常发生"免费搭车"和"公共悲剧"。

## 五、萨缪尔森模型

首先，萨缪尔森[②]明确区分了私人产品和公共产品，并作了数学界定。他对

---

① 这可以简单理解为人少时说谎成本高，说谎成本＝说谎被发现概率×发现后所受的惩罚，小范围如宿舍内、办公室内说谎被发现的概率较高，说谎成本故而很高。
② 保罗·萨缪尔森（Paul A. Samuelson），1915 年生于美国，20 岁时获芝加哥大学文学学士学位，5 年后获哈佛大学博士学位。其博士学位论文的题目是《经济理论的运营意义》，获哈佛大学威尔斯（David A. Wells）奖。正是以此为基础形成的《经济分析基础》为萨缪尔森赢得了 1970 年的诺贝尔经济学奖。代表作为 1948 年的《经济学》。

公共产品的定义,已成为关于公共产品的经典定义而被广为采用,即公共产品是指每个人对它的消费不会减少其他人对该产品的消费量的产品。其次,萨缪尔森用几何图形阐述了纯公共产品的有效供应理论。最后,萨缪尔森认为公共产品的提供与政治行为有关,尤其是投票过程①。

## 六、蒂布模型

萨缪尔森模型假定公共产品的支出是在中央政府水平上进行的,但很多公共产品是由地方政府提供的,而且历史上地方支出已超过中央支出。因此,蒂布模型构建的是地方政府模型。通过模型,蒂布认为,如果个人在社区间是充分流动的,公共产品供应问题就可以得到解决。人们通过社区的选择,揭示了他们的偏好。社区要么有效率地提供人们需要的产品,反之人们会迁移到那些能更好地满足他们偏好的社区,即以脚投票(foot voting)。

## 七、科斯的理论

科斯对公共产品论的贡献体现在1974年《经济学中的灯塔》一文中。在该文中,科斯回顾了英国早期历史上灯塔这种公共产品的供应情况。1610~1675年,领港工会没有建造一个新灯塔,但私人至少建了10个灯塔。私人建灯塔需要向政府申请许可证,得到政府授权批准收费,形成船只收费制度。1820年,英国公营灯塔24个、私营灯塔22个。到1842年全部灯塔收归公营,原因是私人收费过高。科斯理论的贡献在于提出这样一个问题:公共产品一定需要政府提供吗?这促使经济学家开展了对公共产品市场化的研究。

## 第二节 公共产品特征

### 一、公共产品与私人产品的数学表示

萨缪尔森对公共产品与私人产品定义的数学公式如下。
公共产品:

$$X = X_i (i = 1, 2, 3, \cdots, n)$$

对公共产品的需求为垂直相加。根据所有消费者同时消费同等数量的公共产品这一性质,对某种公共产品的市场需求,可以通过加总某一时间内市场上所有单个消费者在每个数量水平上对该种产品的各自价格而得出。相比私人产品可以

---

① 有关这一点,不是萨缪尔森的独创,马斯格雷夫等人也在不同场合提到了该观点。

看出来，消费公共产品时，每个消费者所面对的是同等数量的产品，但所愿意支付的价格是不一样的，如图3-2所示。

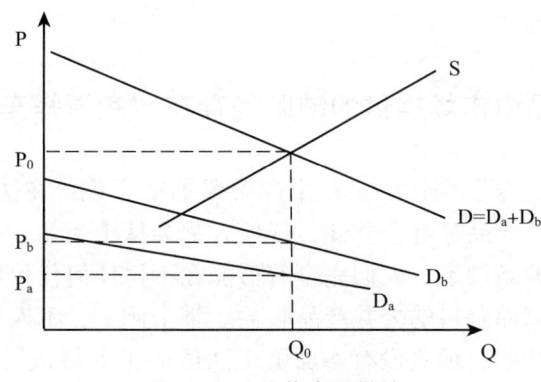

图3-2 公共产品供给

私人产品：

$$X = \sum X_i (i = 1, 2, 3, \cdots, n)$$

对私人产品的需求为水平相加。根据私人产品的性质，对某种私人产品的市场需求，可以通过加总某一时间内市场上所有单个消费者在每个价格水平上对该种产品的各自需求量而得出。也就是说，在私人产品的情况下，每个消费者都是既定价格的接受者，他所能调整的是消费的数量，如图3-3所示。

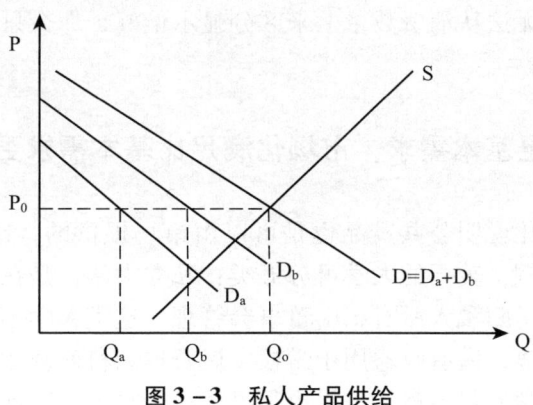

图3-3 私人产品供给

## 二、公共产品可能是有形的产品，也可能是无形的服务

公共产品的范围非常广泛，有些公共产品是看得见的，与政府职能直接联系，比如铁路、高速公路、城市绿化等；有些公共产品不一定和政府职能直接联系，但也是公共利益的组成部分，比如环保、维护消费者权益等；还有些公共产品是以服务形式表现的，容易被忽略，比如天气预报、政府预算报告等；调整和

维护社会公平也是政府应当提供的公共产品,比如对社会特困群体的救助、建立最低生活费保障制度、维护必要的社会保障体系和福利制度、救灾防灾等。从这个角度讲,马斯格雷夫所总结的财政三职能都是公共产品,整个财政收支活动是围绕公共产品展开的。

### 三、公共产品由市场提供的缺陷是存在"免费搭车"

这里的"免费搭车"强调的是在生产阶段袖手旁观,在使用阶段坐享其成。出现的原因在于公共产品具有公共性,任何人都会从中受益,包括那些没有分担成本的人。在这样的条件下,人们完全有可能在不付任何代价的情况下,享受通过他人的缴费或捐献而获得的公共产品收益。举个例子,工人为了提高工资而组织罢工,当罢工成功后,那些没有参加罢工队伍的工人就成了"免费搭车"者,享受到罢工取得的成果。作为理性个人,自利成员不会按照自己所获边际收益大小来承担应该分担的提供公共产品所花费的成本。当公共产品受益人数较少时,个人还是很难逃避责任的;但当人数增多时,"免费搭车"就变得更加容易,那么在公共产品提供中就会产生"两个和尚有水喝,而三个和尚没有水喝"的现象。

### 四、政府利用税收提供公共产品:形成"差别负担,平等享受"

从这点上来说,政府的财政支出就是公共产品供应成本,而税收则是公共产品价格。既然我们无法从消费数量上来区分显示偏好,那么只好利用价格上的差异来进行区分。

### 五、政府满足基本需求,市场化满足比基本需求更高的要求

公共产品市场化说明公共产品也是可以由市场提供的,比如教育、医疗等。以美国高等学校为例,美国的大学可分五类:私立大学,是在有理想的成功人士捐赠的基础上建成,归私人所有,由董事会管理,这类大学不以盈利为目的,股东不得获取利润分成,所有收益用于学校发展及提高科研教学水平,因此,这类大学拥有较高的教学质量,教学成果也很显著;公立大学,如各州立大学,完全由政府出资,满足公民接受高等教育的基本需要,体现了教育资源利用的公平性、正义性和便利性;教会大学,出于宗教目的,由教会拥有,补充社会基本教育条件并服务宗教目的;公立社区大学,提供低学费的两年制学位教育,瞄准那些无法进一流大学的学生,也有学生为了省钱,先读两年社区大学再转学到公立或私立大学;私立职业大学,以盈利为基本目的,相当于企业或者公司,这类大学一般收费较高、办学水平较低,类似中国现有的许多民办大学。

## 第三节 公共产品配置效率

### 一、纯公共产品最优供给理论

#### （一）理论内容

该理论的基本假设是：第一，经济社会只生产两种产品，即公共产品和私人产品，G 和 Y；第二，经济社会可用资源为既定，据此可以确定其生产可能性边界；第三，只有两个社会成员，A 和 B，他们同时消费两种产品，但收入水平不同，偏好不同，据此可以找到各自的无差异曲线。

由上述假设条件可以得到：

任何情况下，经济社会对公共产品的需求总量总是等于两个社会成员各自消费的公共产品数量，即 $G_A = G$、$G_B = G$，体现了公共产品的非排他性消费性质。

任何情况下，经济社会对私人产品的需求总量则总是等于两个社会成员各自消费的私人产品数量之和，即 $Y_A + Y_B = Y$，体现了私人产品的排他性消费性质。

以经济社会为生产一个单位公共产品必须放弃的若干单位私人产品作为公共产品的边际成本；以经济社会为生产一个单位私人产品必须放弃的若干单位公共产品作为私人产品的边际成本。那么，公共产品与私人产品的边际技术转换率为 $MRT_{G,Y} = \dfrac{MC_G}{MC_Y}$。

由于社会成员在消费同样数量公共产品之时未必支付同样的价格，即未必承担相同的政府税收，体现了公共产品的非竞争性消费特点。那么，社会成员 A 对两类产品消费的边际替代率为 $MRS_{G,Y}^A$，其效用最大化条件为 $MRS_{G,Y}^A = P_G^A/P_Y$；社会成员 B 对两类产品消费的边际替代率为 $MRS_{G,Y}^B$，其效用最大化条件为 $MRS_{G,Y}^B = P_G^B/P_Y$。

只有当该经济社会进入 $MRT_{G,Y} = MRS_{G,Y}^A + MRS_{G,Y}^B$ 状态时，其公共产品和私人产品的供给与消费才能被视为获得了一般均衡，此时两类产品供给与消费格局决定的资源配置达到了帕累托最优化状态，也标志着公共产品处于最优供给状态。

应该注意，与纯私人产品情况相比，公共产品存在情况下，经济社会资源配置达到帕累托最优化的条件略有不同，前者为 $MRT_{X,Y} = MRS_{X,Y}^A = MRS_{X,Y}^B$，后者为 $MRT_{G,Y} = MRS_{G,Y}^A + MRS_{G,Y}^B$。它们在本质上没有区别，所说明的问题也是一样的。它们之间产生差异的原因在于，个人从增加的私人产品消费中取得的边际效用可以充分内在化，可以直接与此增加的私人产品之边际成本进行比较；而个人从增加的公共产品消费中取得的边际效用存在着差异，只有加总后才能计算出全部社会成员从增加的公共产品消费取得的总边际效用,才能与增加的公共产品之边际成本进行比较。

在公共产品与私人产品共存的经济社会里,社会成员 A、B 对两类产品之消费的效用最大化条件分别为 $\text{MRS}_{G,Y}^A = \frac{P_G^A}{P_Y}$ 和 $\text{MRS}_{G,Y}^B = \frac{P_G^B}{P_Y}$。在该经济社会使公共产品与私人产品生产得到最优化安排的条件是:

$$\text{MRT}_{G,Y} = \frac{MC_G}{MC_Y} = \frac{P_G}{P_Y}$$

那么,要求经济社会对两类产品消费的边际替代率等于其生产两类产品的边际技术转换率,就有下述关系存在:

$$\text{MRS}_{G,Y}^A + \text{MRS}_{G,Y}^B = \frac{P_G^A}{P_Y} + \frac{P_G^B}{P_Y} = \frac{MC_G}{MC_Y} = \text{MRT}_{G,Y}$$

该式可以改写为:

$$\text{MRS}_{G,Y}^A + \text{MRS}_{G,Y}^B = \frac{P_G^A + P_G^B}{P_Y} = \frac{MC_G}{MC_Y} = \text{MRT}_{G,Y}$$

如果设定 $P_Y = 1$、$MC_Y = 1$,整理后,得到公共产品最优供给条件:

$$\text{MRS}_{G,Y}^A + \text{MRS}_{G,Y}^B = \sum \text{MRS}_{G,Y} = \text{MRT}_{G,Y}$$

这一公式被称为萨缪尔森条件,该条件说明公共产品对私人产品的边际转换率等于公共产品对私人产品的社会各成员边际替代率之和。此时,用帕累托最优来说,实现了纯公共产品的有效供给。该模型至少从理论上证明了可以确定经济社会特定时期的公共产品最优供给规模及其价格,如图 3-4 所示。

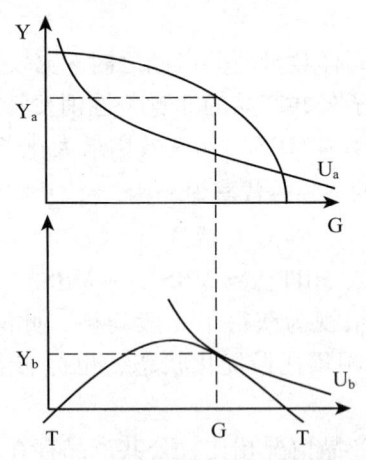

图 3-4 纯公共产品最优供给模型

## (二) 理论意义

1. 进一步论证了政府规划财政开支以履行各种经济职能的合理性标准与有效性标准,明确说明了政府财政活动的目的性——普遍提高和持续改善所有社会成员的社会福利状况,以及经济性——社会福利的改善不能以个人福利的损失为代价。

2. 经济社会对公共产品的需求数量及其结构变化,归根结底是社会成员消费偏好变化所决定的。这种消费偏好变化源于多种因素,有经济的、社会的、文化的、政治的等。除非政府是无所不知的万能计划者,否则政府不能无视受消费者原则支配的市场选择而自行决定公共产品供给规模。

3. 社会成员按照个人从消费公共产品中得到的利益缴纳相应的税款是合理的,即政府应该按照"收益原则"制定课税标准。但是市场经济条件下如果某些社会成员不能正确、充分显示个人对公共产品的偏好,通常是低估个人对公共产品消费的获利程度,必然导致政府财政活动中出现入不敷出问题,使得公共产品供给实际上难以达到帕累托有效配置状态。那么,在存在众多"免费搭车者"的情况下,政府只能按照公共产品的"影子价格"对公众进行课税。因此,政府还须按照"支付能力原则"制定第二种课税标准。

4. 无论按照何种原则对公众课税,政府尽量杜绝"免费搭车者"行为都是必要的。

## 二、准公共产品最优供给——以拥挤性公共产品为例

拥挤性公共产品(congestible public goods)是准公共产品之一。所谓拥挤性公共产品,是指那些随着消费者人数的增加而产生拥挤,从而会减少每个消费者可以从中获得收益的公共产品。与纯公共产品不同的是,每位成员所得的消费利益取决于使用者数量。

图 3-5 描述了当给定公共产品的使用者数量 N 增加时给某一位特定使用者的消费利益带来的影响。曲线 TB 表示当使用者数量增加时该特定使用者所获得的总的消费利益的变化情况。曲线是下降的,表明对该项公共产品总的消费者数量增加时任何一位单个使用者的消费利益最终会下降。TB 曲线的斜率反映了每增加一位消费者成员所产生的边际利益,或者表示为 $MB = \Delta TB/\Delta N$,这个值是负的,我们可以定义为对某一位消费成员的边际拥挤成本。总共有 N 个消费成员,所以每新增加一名消费者强加于全体消费者集合的边际拥挤成本应视为对全体消费利益的损失,表示为 $N \times MB$。

我们假设供给一定水平的该公共产品的成本 C 在所有消费者中平摊,所以每位消费者应承担的成本为 $C/N$,该曲线的斜率表示增加一名消费者所引起的成本变化,或者可以称之为边际成本 MC。MC 同样也是负值,这是因为新加入的使用者分担了部分成本从而降低了其他消费成员的成本。由于每增加一名成员需支付应承担的成本 $C/N$,所以先前所有的 N 个消费者的总成本也就减少了此项金额,而对于先前每一位成员则减少了 $C/N^2$。

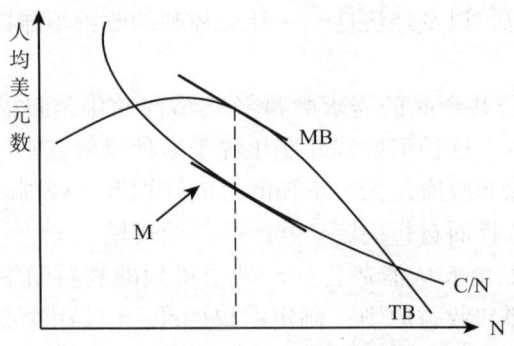

图 3-5 拥挤性公共产品最优供给模型

人均净利益将在 MB = MC 时达到最大值：

$$MB = -\frac{C}{N^2}$$

得：

$$-N \cdot MB = \frac{C}{N}$$

该式说明，当人均纳税额恰好等于边际拥挤成本时即达到最优的公共产品使用者数量。这个结论符合人们的直观感觉，因为 C/N 为当新增一名消费成员时现存的使用者所节约的纳税收益，而 $-N \times MB$ 即为新增一名成员的机会成本。

## 第四节 我国公共产品供给现状

现代经济学首次赋予"公共品"以形式化定义始于保罗·萨缪尔森 1954 年发表的《公共支出的纯理论》一文，至于该定义在我国的广泛使用，则始于 1998 年"公共财政论"的确定。在这一体系中，公共财政中的公共性主要是通过公共产品与公共选择理论阐释的，并将其严格界定在非排他性、非竞争性的组合范围内。

### 一、我国公共产品供给演变

从各国实际操作来看，当前提供公共产品的具体模式主要有三种：政府提供、市场提供和混合提供。而我国公共产品提供的具体模式，中华人民共和国成立以来就是典型的计划垄断型供给模式，即单一的以政府作为公共产品的供给主体，依靠行政计划和垄断地位实现政府提供。不过，受财政体制变革影响，政府单一供给的格局内存在很多变化。

#### （一）1950~1979 年统收统支时期

1950 年，为适应中华人民共和国成立时的政治经济形势，我国财政上实行了"统收统支"体制，大部分财政收入属中央财政收入，一律解缴中央金库。相应地，各级政府的财政支出也由中央统一审核，逐级拨付，这意味着全国公共产品提供的责任都集中到了中央政府身上。其后，财政体制在"统收统支"的名义下先后进行了六次调整，通过对地方政府财政收支范围和管理权限的放大，使地方政府也逐渐承担起公共产品提供的责任。不过，这一时期的多数年份内还是中央政府承担的事权更多。当然，这种集权的财政格局也造就出我国在公共产品提供上特有的一种由中央政府自上而下的政治动员模式，即应中央政府的决策要求，地方政府在同一时期内集中提供某项公共品。

### （二）1980~1993年包干制时期

进入20世纪80年代，为调动地方发展经济的积极性，财政于1980年进行了"划分收支，分级包干"的体制改革，并经1985年和1988年的两次调整，最终形成多达六种的中央与地方划分收支方案。客观来说，包干制对经济增长的促进作用是非常明显的，但放权让利、利益激励的做法却给财政本身造成巨大伤害。1978年改革前夕，财政收入占国内生产总值为31%，1993年该比例下降到12.3%，这即使对于发展中国家而言也是一个非常低的比例。财政体制的这一变化给公共产品供给带来三个明显影响：第一，政府提供公共产品能力急剧下降。包干制的放权让利使中央与地方政府都面临财政资金紧缺的局面，这严重削弱了政府提供公共产品的能力，财政也退化为"吃饭财政"。尤其是中央财政收入的下降，使中央政府没有足够财力来维持涉及个体发展的全国性公共产品。第二，提供公共产品的主体由中央政府变为地方政府。自1985年之后，地方政府在事权的承担上就反超中央政府成为主体，并一直持续到现在。当然，这也是造成公共产品在区域间差异化的直接原因，毕竟包干制之后地方政府间的财力差异就越拉越大。第三，政府提供公共产品的方式由政治动员型转为经济带动型。所谓经济带动，是说公共产品提供与促进经济增长紧密联系在一起，政府提供的公共产品往往是迎合经济增长的产物，如道路交通、通信、供水供热等涉及经济增长的公共基础设施。

### （三）1994年至今的分税制时期

1994年，为扭转财政收入占国内生产总值比例过低、中央财政收入占财政收入比例过低的局面，中央政府进行了分税制改革。从结果来看，这是一场集中财力的改革，2012年，财政收入占国内生产总值比例已上升到22.6%，中央财政收入占财政收入比例也上升至47.9%。财力的重新分配给公共产品供给又带来新的变化：第一，地方政府提供公共产品更为困难。相比地方政府承担的更多事权，中央政府集中财力的行为给地方政府造成更大的财政压力。一方面是GDP快速增长后公众视线由私人收益转向公共生活；另一方面是财力持续下降。为应对这一矛盾，地方政府采取了一系列公共产品市场化提供的措施。第二，中央政府对发展性全国公共产品提供的再次关注。分税制改革增加了中央政府的财力，这为中央政府改善民生奠定了财力基础，而且这类公共产品的缺失也引起了公众广泛关注。2012年，党的十八大报告在"必须坚持走共同富裕道路"的论述中提出"使发展成果更多更公平惠及全体人民"，这反映出中央政府对提供发展性全国公共产品的重视。还需强调的是，这一时期出现了一个新变化，即数字化革命的发生与普及正在对公共产品提供产生重大且深远的影响。

## 二、我国公共产品供给存在的问题

发展至今，我国在公共产品供给上存在诸多问题，主要表现在：第一，公共产品总量供给不足。长期以来，我国公共产品的供给都由各级政府部门负责，这不可避免地造成公共产品供给效率的低下，所提供的数量经常难以满足公众对公共产品的需求。另外，公众与政府之间信息沟通不畅、公共表达机制不健全，也容易造成政府对所需提供公共产品总量的认识不足。第二，公共产品供给中不公现象明显。中华人民共和国成立以来，在城乡分治的制度安排下，我国将有限的公共产品供给能力和资金都投入到城市公共产品，使得公共产品在城乡之间的分布很不均等，"三农"范围内的公共产品供给严重不足。而自20世纪80年代财政实施包干制后，城镇之间的财政状况迅速分化，这对公共产品供给产生的影响是，财政状况好的城镇在公共产品供给上要远远优于财政状况差的城镇，公共产品供给不均等的问题在城镇内部也出现了。第三，公共产品供给决策落后。在公共产品供给运行机制中，决策是关键，没有正确的决策就不可能正确地为公共产品发展奠定方向。我国公共产品供给主体长期为各级政府部门，故从决策机制上看是较为封闭的，存在领导意志决定或主观经验判断等问题，缺乏科学性和民主性。

## 三、改善我国公共产品供给状况

现代社会，公共产品已不仅是公共需求的承载体，它还是构建公众与政府良性互动的平台。正是通过一个个无形或有形的公共产品，公众与政府在互动中达成彼此的谅解与信任，并汇总形成朝向实现伟大中国梦的历史合力。因此，改善公共产品供给状况，减少公共产品供给中存在的问题，应受到重视。

### （一）细化公共产品

依照公共产品理论，对公共产品进行划分缺乏实践意义：一是所谓的非排他性、非竞争性不是明确不变的，同一物品在不同时空背景下所具备的特征是有可能发生变化的；二是这两个特征不能很好地反映地域性、形态性等差别，泛化了公共产品的分类。从现实中公众对公共产品需求来看，除笼统的非排他性或非竞争性的区分外，还有如下区分需要注意：一是根据地域不同可把公共产品分为全国性和地方性公共产品。通过对我国公共产品供给历程的回顾，可知财政体制调整对公共产品影响最明显的就是供给主体的变化,这也是经常被忽略的问题。中央与地方政府虽名义上都有提供公共产品的责任,但双方的出发点、优劣势、提供手段各不相同,故不能在公共产品供给上把中央与地方完全等同起来。二是根据形态不同可把公共品分为道义性和生活类公共产品。生活中公众对公共产品的理解总是集中在有形的物品上,如道路、广场、绿地等,但实际上公共产品的范畴内还包含大量无形的物品,如公平、公正、正义等。三是根据提供要求不同可把公共产品分为临时性和常态化公共产品。传统工业社会是低度复杂和低度不确定的社会阶段,此时的公共需求往往是稳定的,但随着基于网络的信息时代的深化,人们的交往变得复杂,突发状况频频发生,社会的不可预测性和不确定性增强,这使公共需求也变得越来越不稳定,故很有必要根据公共需求的内容与要求把公共产品划分为临时性的和常态化的。

## (二)构建中间层

现代社会公共需求的复杂性使我国未来公共产品供给只有在多中心治理模式下才可实现有效性。实际上,从对公共产品提供的历史回顾中可发现,就有形的生活类公共产品而言,多中心提供模式在我国是有历史传统的,这与我国自古以来领土广大、人口众多直接相关。因此,重构政府与公众间的中间层,形成以政府为主、中间层缓冲的公共产品供给格局,直至演化为多中心治理模式,是有很大可行性的。具体来说,需要构建的中间层依据与政府的疏密关系依次包括:第一,加强准政府机构。我国政府虽有五级架构,但在城镇的社区和农村的村委会也具有准政府机构性质,就公共产品提供而言,社区和村委会是占优势的。参照林达尔模型可知,人数的多少对公共产品供给的精确度影响很大,一般来说,公共产品覆盖的人数越少,公共产品供给越精确。我国五级政府总数是很大,可平均到每个乡镇级政府管辖的人数也就3万多人,相比社区和村委会则要小得多。第二,发展社会组织。现代社会的发展,创造了更为广阔的社会组织空间,有更多的选择可以建立起丰富的社会组织,应克服政社不分、公信度不足、综合能力不足、法制不健全等困难,大力发展社会组织,使其成为政府与公众间的缓冲。第三,鼓励企业参与公共产品事务。与社会组织不同的是,企业参与增进公共福祉的活动会带来一系列好处,应在总结21世纪初我国公共产品提供市场化的基础上,为企业参与公共活动提供更多、更好的平台。

## (三)调整财政收支

不可否认,当前我国以政府为主提供公共产品的格局在未来一段时期内是很难改变的,故公共产品供给状况的改善还需依托财政体制的调整。第一,完善分税制。从公共产品供给角度来看,以集中财权为目标的分税制是合理的,只有中央政府拥有充足财力,才能扭转全国性公共产品缺失的现状。不过,分税制中影响公共产品供给的不合理成分需加以完善,主要是财权与事权匹配和转移支付的调整。第二,现代化财政收入。现代社会中,财政收入是由多种形式共同组成的,每种形式都有其在提供公共产品方面的优势,现代化财政收入就是要公开透明并综合运用各种形式的财政收入来提供公共产品。这就需要完善税收体系、规范收费收入和加强国有资产收益管理。

另外,面对数字化革命的发展,我国应积极借鉴和探索公共产品供给的新模式,加强对基于网络的新技术的学习与更新,提高面对更为复杂的公共需求的技术回应。

## 基本概念

免费搭车　林达尔均衡　以脚投票　公共产品　私人产品　拥挤性公共产品

## 思考与练习

1. 萨缪尔森对公共产品理论发展的贡献有哪些?
2. 公共产品的特征是什么?
3. 公共产品私人供给的原因是什么?

# 第四章 公共选择理论概述

**【本章概要】**

公共选择是非市场决策的经济学研究,是用经济学的理念和方法研究政府如何作出公共决策的。公共选择理论将经济交易和政治决策这两种人类行为的基本方面纳入单一的私人利益分析模式,并在此基础上,运用经济学的方法解释个人偏好与政府公共选择的关系,研究作为投票者的消费者如何对公共产品供给的决定表达意愿。

**【学习目标】**

1. 理解多数通过规则。
2. 了解政府失灵的原因。

## 引 言

在公共产品的提供上,如何显示公众对公共产品数量和质量的偏好是关键,也是政府能否有效率分配资源的关键。但实际上,政府失灵是存在的,政府分配资源的结果不一定符合效率要求和公共需求。那么,政府为什么会失灵,政府的公共决策为什么不符合公共需求和效率要求?公共选择理论对相关内容进行了理论分析。

## 第一节 公共选择理论的产生与发展

### 一、公共选择理论起源

公共选择(public choice)是作为政治经济学中一个独立或半独立的分支学科而出现的。在公共选择理论作为一个独立的学科出现之前,经济学家采用的是两套衡量标准:一方面是活跃于经济市场上的经济人,受个人利益所驱策;另一方面是控制着集体利益的国家公务员,须遵循公共利益行事。公共选择理论对这种观念提出了挑战：同样的人怎么可能仅仅因为从经济市场转入政治市场之后就有了本性上的差别？基于这种认识，公共选择理论沿用"经济人"假设以严格的"自利"措辞来塑造所有公共选择者，以此为基点，把政治舞台模拟为一个经济学意义上的市场，分析个人在政治市场上对不同的决策规则和集体制度的反应，以期阐明并构造一种真正能把个人的自立行为导向公共利益的政治秩序。因此，公共选择可以定义为是对非市场决策的经济学研究，或者简单定义为是把经济学运用于政治科学的分析。就研究对象而言，公共选择无异于政治科学：国家理论、投票规则、选民行为、党派、官僚体制等，方法论却是经济学的。基本行为假设是：人是自利的、理性的效用最大化者。公共选择理论所讲述的独特的最重要训诫——制度至关重要。

有关它的起源有以下几种说法：一是肯尼思·阿罗[1]创立说，因为阿罗于1951年出版了《社会选择与个人价值》(social choice and individual value) 一书，提出了阿罗不可能定理[2]（arrow impossibility theorem），对福利经济学、政治学与实际民主操作形成巨大冲击；二是邓肯·布莱克创立说，因为布莱克于1958年出版了《委员会与选举理论》(the theory of committee and elections) 一书，开创了对公共选择的研究方法；三是布坎南塔洛克创立说，1957年，詹姆斯·布坎南[3]在弗吉尼亚大学创办"托马斯·杰斐逊中心"，其目标是促进"以个人自由为基础的社会秩序"。1962年，布坎南与塔洛克出版了《同意的计算》，对公共选择进行了全面研究。

## 二、公共选择理论发展

### （一）布坎南等人的理论

布坎南将个人之间相互交换的利益概念用到政治决策领域，因而使政治过程成为一种旨在获得相互利益的合作方法，但这种过程的结果取决于"博弈规则"，即广义的秩序。这样，各种具体问题的结果都最终取决于制度，因此，布坎南提出了立宪主义理论。

---

[1] 肯尼思·J. 阿罗（Kenneth J. arrow），美国人，出生于1921年，因与约翰·希克斯（John R. Hicks）共同深入研究了经济均衡理论和福利理论获得1972年诺贝尔经济学奖。除了在一般均衡领域的成就之外，阿罗还在风险决策、组织经济学、信息经济学、福利经济学和政治民主理论方面进行了创造性的工作。

[2] 1951年，阿罗出版了他的研究社会理论的重要著作《社会选择和个人价值》，采用数学的公理化方法对通行的投票选举方式能否保证产生出合乎大多数人意愿的领导者进行了研究。结果，他得出了一个惊人的结论：绝大多数情况下是不可能的！更准确的表达则是：当至少有三名候选人和两位选民时，不存在满足阿罗公理的选举规则。或者也可以说是：随着候选人和选民的增加，"程序民主"必将越来越远离"实质民主"。

[3] 詹姆斯·布坎南（James M. Buchanan），公共选择理论奠基人和宪政经济学之父，发展公共选择理论的重要学者，1986年获诺贝尔经济学奖。

## (二) 奥尔森等人的理论

奥尔森[①]对公共选择的贡献，主要表现在他对集体行动逻辑的分析上。集体利益可分为两种：一种是相容性；另一种是排他性。相容性集团在行动中仍会有"免费搭车"问题，这需要通过选择性激励（selective incentives）来解决，即对集团成员区别对待，增加利益者获奖，反之受罚。但这受实施成本制约，也与集团成员数目有关。

## (三) 俱乐部理论

俱乐部理论开始于布坎南1965年2月在 Economics 杂志第32卷上发表的《俱乐部的经济理论》（an economic theory of clubs）一文，他认为，萨缪尔森分析了纯粹的私人产品和公共产品，却漏掉介于两者之间的俱乐部产品。起初，关于俱乐部的研究假定成员会采取合作或协调行动，结果是成员间帕累托最优。后期的研究中将纳什均衡引入俱乐部理论中。现在则是考虑在不完全信息下，俱乐部成员并不是在任何时间都能得到服务的，而且达到容量规模时，成员要么被拒绝进入，要么排队等候。

对于公共选择理论详细的内容，借鉴丹尼斯·缪勒在《公共选择理论》一书中把公共选择分为直接民主公共选择和代议制民主公共选择[②]，分别加以阐述。

# 第二节 政治均衡

## 一、直接民主中的公共选择

### (一) 一致投票规则

所谓一致投票规则（unanimity voting rules），是指在决定某公共产品的提供量时，全体当事人必须一致同意投赞成票之后才能定案。因此，按照全体一致规则决定议案，就可以照顾每一个当事人的利益，达到帕累托最优。一致规则的优点是其为实现帕累托最优的唯一途径，但也有它的缺点：一是每个人都投诚实票不现实；二是达成一致协议所花时间多、成本高。

有关决定财政支出水平和个人税收水平的任何投票过程的分析，都必须对投

---

① 曼瑟尔·奥尔森（Mancur Olson），1954年获北达科他州立大学学士学位，1960年获牛津大学硕士学位，1963年获哈佛大学博士学位，美国著名经济学家，马里兰大学经济学教授。曾任美国公共选择学会会长、美国经济学会副会长等职务。主要著作包括《集体行动的逻辑》《没有增长的社会》《国家兴衰探源》《权力与繁荣》等。

② 谢秋朝：《公共财政学》（上），中国国际广播出版社2002年版，第51页。

票规则作出假定。布坎南与塔洛克最早研究了投票规则问题,他们将投票过程视为一种通过对公共产品讨价还价而获得利益的机制。一项公共行为所要求的支持者比例越大,投票过程就越能通过交易发掘出越多的利益,与此同时要求获得一致通过所耗费的决策成本也就越昂贵。最优规则的确定就是建立在对决策成本与公共产品提供的潜在收益,以及对投票机制可能对个人收入转移起作用进行比较的基础上的。再加上最优规则是无法确保对每个人而言都相同,因此,没有任何的投票规则会占有更优先的地位。即便如此,多数通过的投票规则还是可以被看做各种投票模型的基础参照。多数通过投票规则(majority voting rules)就是指必须超过50%以上的投票才能通过。

## (二) 鲍文—布莱克多数投票模型

1. 中间投票人定理。鲍文(Bowen)曾指出,在给定税负分担水平的模型中,多数选民偏好的公共产品产出水平将是最优的。假定公共产品产出边际成本 MC 固定,且 MC 可以由社会所有成员共同承担。那对每一个个体而言,公共产品的边际税收价格,即每一个体所使用公共产品的单位成本为 MC/N。假定 $MRS^i$ 为个体 i 从公共产品中获得的边际收益,则当 $\sum MRS^i = MC$ 或 $\frac{\sum MRS^i}{N} = \frac{MC}{N}$ 时,公共产品产出水平将达到最优。在这个最优点上,每个人所承担的税收份额与该种产品带给他的边际收益是相等的。

图 4-1 给出了一定数量的个体边际收益曲线束,并用 $\frac{\sum MRS^i}{N}$ 表示平均边际收益。对每个个体而言,最偏好的公共产品产出水平在其边际收益曲线和税收价格曲线的交点上。

绝大部分机制并不要求投票者分别解释他们各自的偏好产出水平,仅要求投票者参照潜在的产出水平对某一特定的产出水平投出赞成或反对票。在该图中,容易观察出公共产品产出会不断提高,最终在 $X_e$ 处终止。推理如下:由于 $X_a$ 更为接近地代表了所有人的偏好产出,所以所有个体都将投票赞成将 G 提到 $X_a$。依次类推,除 a 外所有投票者将赞成 G 从 $X_a$ 移至 $X_b$……一直到 $X_e$ 时,同意变化的人不再是大多数了,而将产出从 $X_e$ 提高到 $X_e$ 将遭到 a、b、c、d 四人的反对。因此,d 这个中间投票人的偏好将成为决定产出水平的规则,这被称为"中间投票人定理"(median voter rule)。

若公共产品产出水平偏好是一种正态分布状态,中间投票人具有中间的、平均的偏好,因此多数通过原则下最终达到的资源配置状况将是最优的。

若公共产品的产出水平偏好不是正态分布,而是峰形分布,则偏好的平均水平将不等于中间投票人的偏好水平。由于在多数投票原则下,中间投票人的偏好水平一般都能在投票中胜出,因此所得出的产出水平并非最优。从这个角度来说,多数通过规则能保证所有投票者最偏好的结果和最终达成的政治均衡的偏离度是最小的。

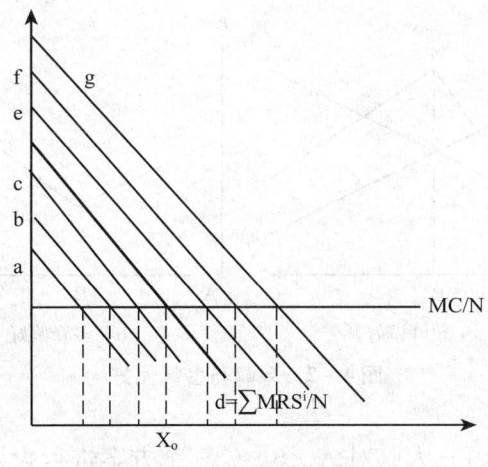

图4-1 中间投票人定理

中间投票人理论可以解释日常生活中的很多现象，比如，为什么竞选同一公职的政治家听起来都很相似呢？候选人知道任何更接近政治幅度中间的人将赢得更多的选票而胜出。为了赢得胜利，他们会朝向政治中间派的立场移动，同时，他们会说他们的对手是一个政治极端分子。

2. 投票悖论（voting paradox）。布莱克（Black）总结了由多数通过规则可能导致中间投票人偏好水平的几种相应环境背景。他指出，当所有投票人都属于"单峰偏好"（single-peaked preference）类型时，在多数投票规则下，中间投票人的偏好水平相对于其他所有选择或潜在结果而言将受到多数投票者赞成。

布莱克定理表明：只要偏好是单峰的，那么多数投票将选择中间投票人所偏好的那个产出水平，而不是其他产出水平（当然，如果投票人数为偶数，当两名中间投票人意见不一致时，这一规则是不成立的）。

如果投票人的偏好具备的是"多峰偏好"（multiple-peaked preference），那么按照多数通过原则来决定社会偏好就会出现"投票悖论"问题。

布莱克所提到的"峰"（peak），是说一个人的偏好曲线中比所有邻近点都高的点。如果一个投票人偏离他最中意的选择，不论偏离的方向如何，他的效用都将是下降的，那么该投票人的偏好是单峰偏好，如图4-2（a）所示。如果该投票人偏离他最中意的选择后，其效用会出现先下降后上升的变化，则其偏好为多峰偏好，如图4-2（b）所示。

由于存在多峰偏好的情况，故对于多数问题的集体决策而言，依据多数投票原则进行的投票过程很可能是一种循环反复的过程，而且这一过程最终会导致任何可能的结果，这些结果取决于先后进行表决和抉择的不同议案的顺序。这正是多数投票原则的局限性所在。

这种当三个以上投票人对三个以上的方案进行投票选择时，有可能出现投票结果的循环导致多数通过规则失灵的现象，被称为投票悖论。可以通过一个简单的例子来解释投票悖论。

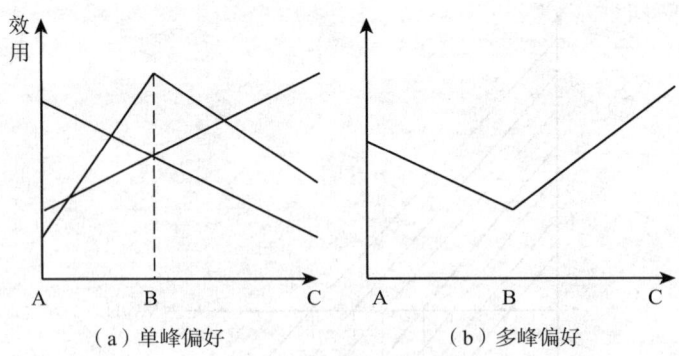

图 4-2 单峰与多峰偏好

假定有甲、乙、丙三人，对 A、B、C 三个方案进行投票，各人对三个方案的偏好程度用 1、2、3 分别表示由最强到最弱，三人的偏好次序如表 4-1 所示。按照简单多数规则，对方案两两投票。

表 4-1　　　　　　　　　　　　　投票悖论

| 投票人 | A | B | C |
|---|---|---|---|
| 甲 | 1 | 2 | 3 |
| 乙 | 3 | 1 | 2 |
| 丙 | 2 | 3 | 1 |

先对方案 A 和 B 投票，由于甲、丙两人更偏好于方案 A，根据多数通过规则，方案 A 通过。

再对方案 A 和 C 投票，由于乙、丙两人更偏好于方案 C，根据多数通过规则，方案 C 通过。

最后对方案 B 和 C 投票，由于甲、乙两人更偏好于方案 B，根据多数通过规则，方案 B 通过。

### （三）布坎南—塔洛克模型

该模型建立在鲍文—布莱克多数投票模型的基础之上，并对其进行了拓展。他们深入研究了蕴含于政治决策过程中的两个重要属性：一是在多数票准则下，每位投票者在决策中所投票的权重无法反映个人偏好的强弱；二是关于这些议案的表决并不是相互独立的，而是一项接一项的接连表决，这种情形很容易导致互投赞成票（logrolling），即指在公共选择的决策体内部的明确或隐含的投票交易行为。具体而言，这一现象表现为：一名投票者投票赞同另一名投票者的偏好，同时后者也答应投票赞成前者的另一偏好。

假设甲、乙、丙根据少数服从多数原则对 A、B 两项提案进行投票表决。假设这两个提案对甲、乙、丙三人带来的收益和成本如表 4-2 所示。

表4-2　　　　　　　　　　　互投赞成票

| 投票人 | A | B |
|---|---|---|
| 甲 | 10 | -2 |
| 乙 | -2 | 10 |
| 丙 | -2 | -2 |

如果分别对A和B进行投票，每个投票者投票的结果是，因每一项提案均有两人反对而无法通过。然而，如果对A和B依次进行投票，甲因通过提案A会获得较大好处，而乙因通过提案B获得好处，甲和乙便有动力交换选票，即甲投票支持提案B以换取乙对提案A的支持。发生互投赞成票的原因在于，每项提案给每个人带来的收益存在差别，因而决定了人们对各提案的期望也相去甚远。因此对某一提案偏好最强的投票者具有与他人交换选票的动机。

布坎南和塔洛克指出，互投赞成票的行为能够有力地促使政治决策的投票者将其自身的偏好强度体现出来，并使其能够结合进政治决策中。然而，这种行为常常会导致对价值较低的公共产品的评价过高，带来政府预算规模的扩大，这意味着选民将被迫接受高于他支付意愿的税金。

### （四）理性无知

有时在参加实际的投票中，投票者是很少的。公共选择学派通常根据投票的成本和收益来解释很少投票者出席的原因。

　　投票者的收益 = 投票者的选票影响结果的概率
　　　　　　　　×投票者的候选人当选后投票者所能得到的额外收益
　　投票者的成本 = 坐车去投票的成本 + 排队的成本 + 填选票的成本

很显然，投票者的成本是正的，但对其收益而言，一个人的投票改变选举结果的概率基本上为零，即投票者的收益是近似为零的。比较下来，投票者不去进行投票就是作出了理性的选择。

例如，很多大学毕业生会忽视政治活动和政府，这种做法是理性的。因为从大学毕业并不改变一个人对一般事务的身份。作为社会中的一员，一位大学毕业生可能了解或不了解政治活动和政府行为，但这个世界的状态并不会因此有所不同。因此，成为信息灵通者的收益很可能要低于变成信息灵通者的成本。

从这点出发，很多人相信，成为消息灵通者是得不偿失的。站在个人立场，对政治活动和政府行为的无知就是有意义的。那么，因为获得信息的成本高于得到信息的收益而不愿获得信息的状况，被称为理性无知（rational ignorance）。

## 二、代议民主中的公共选择

### （一）利益集团理论

利益集团（interest groups）是指任何一个力图影响公共政策的组织，有少数有共同利益，特别是有共同经济利益的投票人组成。其活动是进行政治游说，力争通过有利于自己的立法或政策。显然，对这个组织而言，游说结果是一项公共产品，有利于集团内所有成员；对社会而言，游说是私人产品，只有利于集团。利益集团形成的基础有共同的收入来源、相同的收入水平、相同的行业、同一地区以及相同的人口特征等。在利益集团的种类上，美国经济学家奥尔森将利益集团分为特权集团、中级集团、潜在集团，其各自在规模上大小不一。

对于利益集团而言，在涉及他们集团的问题时，利益集团的每个成员懂得的就比普通投票者要多得多，原因很简单，影响他们的争端越直接或者强度越大，个人对争端有所了解的激励就越强。

假定选民是由无知的普通投票者和消息灵通的利益集团成员组成，那利益集团能使政治家更偏向他们。即使这样做会使全体公众的状况变得更坏。比如一个由5 000人组成的利益集团支持一项政策，该政策结果将导致来自1亿普通纳税人的5 000万美元分配给这个群体。利益集团每位成员收益是10 000美元。面对数额可观的美元，这个利益集团的成员很有可能将发起或提议立法，将游说对该问题作决策的政治家。但政治家也会听到来自普通纳税人的声音吗？普通纳税人关于立法相对于利益集团的成员而言知道的信息更少，即使纳税个体消息很灵通，但每个人都会考虑，若是立法通过了需要支付50美分，且游说反对立法的收益连50美分都到不了。因此，可以合理地推断出，即使普通纳税人关于立法有更多的信息，他们也不大可能提出理由去反对。因为为了微不足道的收益确实不值得花费太多时间和努力。我们预测，该利益法案有极大可能性在议会通过。

中国社会正从单一性社会向多样性社会转型，转型过程中一个令人瞩目的现象是整个社会利益结构发生了分化与重组，原有的社会利益格局被打破，新的利益群体和利益阶层逐步形成，并分化组合成特定的"利益集团"，并不同程度地对地方政府决策施加影响。它们包括私营企业主、个体户、自由职业人员、受聘受雇人员等不同的利益群体和利益阶层。中组部党建研究所和深圳大学当代中国政治研究中心做出的一项调查报告显示，中国现有社会利益集团，大多没有完备的组织形态，也没有固定的组织架构，只是松散地、自发地、临时性地"结伙"，以协同行动，表达其特定的利益诉求。部分有规范组织形式的利益集团，多以社团、协会、商会、联合体（会）、委员会等形态存在；也有的以帮派、行会等形态存在。利益集团会影响甚至操纵我国公共政策的制定，城市出租车政策较能说明这一情形。国内不少城市出租车行业政策受到了从业人员与社会的广泛批评，例如政府规定必须购买某厂家、多少排量以上的汽车才能行运，否则不给予批准，这多少能看出政策的背后站着商人的影子。

（二）寻租理论

利益集团通常热衷于寻租行为，寻租行为对整个社会都有影响。那么，什么是寻租？

有时个人和团体为了把其他人的收入重新分配以转移到自己手里，而去试图影响公共政策，如图 4-3 所示。

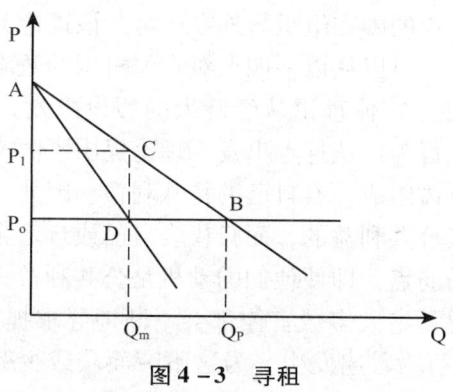

图 4-3 寻租

假设现有 100 家企业生产产品，企业 A 是其中的一家，它原来只生产 $Q_p$ 中的一部分，由于是在价格等于 MC 的条件下销售产品，所以经济利润为零。现在它向政府要求给予他一种垄断权利，即要求政府禁止其余 99 家企业和它竞争，由它垄断提供该产品。如果市场是完全竞争的，消费者剩余是 $P_0AB$，在企业 A 成为垄断者后，消费者剩余是 $P_1AC$，两者的差额是 $P_0P_1CB$，其中的 $P_0P_1CD$ 是企业 A 成为垄断者之后所获得的利润，这些利润是垄断者从消费者手中转移过来的。换句话说，$P_0P_1CB$ 代表了市场被垄断后消费者剩余的损失，其中 $P_0P_1CD$ 被作为利润转移给了垄断者。

如果企业 A 试图让政府把购买者的"收入"或者消费者剩余转移到他自己手里，那么，他就在进行一种寻求转移支付的活动。在经济学中，这些寻求转移支付的活动通常被称为寻租（rent seeking）。经济学家戈登·图洛克认为，寻租行为是符合个人理性的，但这是一种社会性的浪费。对于企业 A 来说，他要向政府申请这种垄断权利，那他必须花时间和金钱来说服政府官员授予他垄断特权，也就是说，企业 A 为得到他想要的，就必须花费资源。图洛克认为，企业 A 试图实现从消费者到他自己的支付转移所使用的资源都是被浪费了。这些资源只是被用来实现收入从一部分人手中转移到另一部分人手中，且没有产生任何的产品或服务。如果人人都花费时间和金钱去寻租，社会的正常秩序将被破坏。每个人都期望从别人手中得到东西，就没有人再去生产东西。另外，寻租成功后形成的垄断，会本身损失掉 CDB 的消费者剩余。

在政治领域中也广泛存在着寻租，由于政治权力总是能直接介入经济活动中，因此，很多人会力求借助于权力来谋取个人或集团的最大利益，这样就产生了寻租行为。这些寻租行为会增加社会成本的同时，还可能引起收入的重新分配，使再分配的结果有利于成功的寻租者，或政府官员律师等，而不利于消费者、不成功的寻租者以及寻租的受害企业等。

（三）官僚理论

官僚理论是用经济方法分析官僚机构的内在组织，把官僚机构运行纳入公共选择分析中的一个理论，塔洛克在 1965 年和尼斯坎南在 1967 年的研究成果成为官僚理论的开端。在这些理论基础上，尼斯坎南于 20 世纪 70 年代又进行了综合与发展，分析了官僚机构的内在组织与外在环境。该理论关注的中心是官僚机构对资源配置的效率问题。可以从以下四点对官僚机构的效率进行评判。

1. 国家的非中立性。官僚理论从经济人的假设出发，推导出政治领域内的人们也会普遍采取自私行为。从这点出发，理论提出了国家的非中立性质，它是由作为统治者的官僚群体组成，有自己的特殊利益。因此，政府失灵，首先就表现在政府可能是不代表公共利益的，而只代表自己或自己集团的利益。另外，官员们也拥有人类共同的弱点，即便他们的动机是公共利益，他们的行为结果也很难把握。而实际的情况是绝大多数官僚都会不断地寻求提高自己的官阶、权力、薪俸和特权，"寻租"行为普遍发生。为这不劳而获或少劳多获的目的，人们就会努力"挤"进这些部门。这一切都不可避免地导致政府管理领域的扩大，机构和人员的膨胀以及成本的提高。

2. 预算规模最大化。官僚理论认为，政府部门的支出源于公共资金。这种资金缺乏明确的利益主体，由于没有产权约束，官员行事时可以根本不必担心成本问题。官员的行为目的是使他们的预算规模最大化，政府的预算将大于议会和公民所偏好的公共产品水平。为了追求选票和政绩，尽量来满足各方面的要求，公共产品从需求约束产量的生产方式转变为预算约束产量的生产方式，结果使公共产品超量供应，政治产品过剩，社会福利费用过高，造成资源的浪费。综合上述情况，个人利益最大化的官员，不仅不会主动节约公共产品的生产成本，反而会浪费性开支，最大限度地用尽预算甚至超支。因此，政府预算实际成为公共产品的需求价格，有"无穷透支"的可能，这也是为什么第二次世界大战以来，世界范围内行政权力集中和膨胀的根本原因所在。

3. 政策非帕累托最优。该理论认为，政府行为的低效率不仅表现在资源配置的浪费上，还表现在政府决策达不到帕累托最优。一是立法对行政权力制约无效。立法只涉及政府的决策规则，政治家很难确定官员在行政中的政策是否符合帕累托最优。二是官员决策的出发点是部门利益，官员的一方面动机是机构规模的最大化、预算最大化，结果使政府开支扩大，只有利于部门，公共福利却因此受损。官员的另一方面的动机是减少个人成本，避免错误，减少风险。其方式是故意把决策的程序复杂化，以便一旦发生错误，责任不是由特定的个人承担，而是由官员阶层承担，最终实际上是由社会来承担。"在试图避免明显错误的同时，他们忽视了必须由公众承担的各种成本"[①]。三是衡量社会成本和收益是困难的，关于某项政策的边际社会成本在哪一点等于边际社会收益往往难以确定。

4. 政府行为垄断性。官僚理论还认为，政府的行为最具垄断性，人们一般无法直接衡量政府的效率，也难以有效地监督政府是否妥善地履行其同选民之间的"政治契约"，而当政府的活动具有了合法的依据之后，这样的监督将更为困

---

① 阿特金森、斯蒂格利茨：《公共经济学》，上海三联书店 1994 年版，第 396 页。

难。由于政府是唯一的，选民在监督时无明确的考核指标，也无法对公共部门进行比较。监督者又不一定是被监督者所提供服务的消费者，因而对鉴别政府的工作质量既缺乏热情，又缺乏经验，处于所谓的"理性无知"状态。

综上所述，该理论最大的贡献在于，它揭穿了关于善意政府的种种神话。在传统上，许多人都较多地看到市场的无序性，而将纠正市场弊端的希望寄托在政府身上。人们在强调政府作用时往往有一个基本的理论假设：政府是某种共同利益或公共意志的代表，其行为具有超越社会阶级、派别利益的特征。而公共选择则打消了人们这一理想化念头。

同时，公共选择理论还对政府作用不断增长、规模不断膨胀的现象进行了分析，提出公共服务费用的分散性和其利益分配的集中性是最主要的原因。政治家们很清楚，通过提出新的支出计划而不是削减公共开支，能赢得更多的选票。所以，当代西方国家所暴露的众多问题，与其说是市场经济的缺陷，不如说是反映了政府结构的失败。因此，正确的对策是进行政治制度和法规的改革，目标是抑制不断扩张的政府势力。布坎南在《自由的限度》一书中就表达过这样意见："我们时代面临的不是经济方面的挑战，而是制度和政治方面的挑战，我们应该发明一种新的政治技术和新的表现民主的方式，来控制官僚特权阶层的滋长"。

## 基本概念

公共选择　一致投票　中间投票人　投票循环　互投赞成票　理性无知　利益集团　寻租

## 思考与练习

1. 公共选择理论的特点是什么？
2. 采用多数通过规则是不是总会得到满意的结果？
3. 利益集团理论的应用价值是什么？

# 收 支 篇

# 绪　言

现代社会中，财政收入形式与财政支出方向都应是多元化的，这源于现代社会的需求多样化。对财政收入而言，虽应以税收收入为主，但还应包括其他形式的收费收入、债务收入和国有资产收益。这些财政收入类型都有各自的特点与优势，都是在特定情境下更为有效，从而有利于实现规范性与灵活性、全国性与地方性、普遍性与特定性的结合，并随支出责任的变化动态调整；对财政支出而言，民生是泛化的基本要求，其具体表现也是多元的，保证经济发展是民生，良善生活伦理是民生，改善宏观环境也是民生，故不可偏废，而应综合治理、全面发展。

因此，需要认真梳理财政收入与财政支出间的关系，不应再以财政收入为重心来"以收定支"，现代财政收入有其自身的经济规律，什么该征收、怎样征收，都有客观的原则或标准可以参照，政府要做的是依据这些原则或标准对收入体系进行完善，没有征收的开始征收，已征收但不合理的进行修改，这并不取决于政府的事权有多少。同样，财政支出也有其自身的社会规律，现代社会政府需要承担哪些支出责任是较为明确的，不能以收入不足作为推诿，也不能用市场化改革来混淆政府应承担的支出责任。故对财政收入与财政支出而言，这两方面虽紧密相连，但更应明了各自的独立性和重要性。

# 第五章 财政支出概论

**【本章概要】**
　　财政支出是政府履行其执法过程中发生的一切费用的总和,是政府行为的成本。政府部门对经济社会的影响主要表现为财政支出。财政支出的规模、结构和效率,将反映政府介入经济社会生活的规模和深度,影响经济社会运行质量。本章将对财政支出进行分类并分析其结构,介绍有关财政支出规模增长的理论,以及评估财政支出效益的方法。

**【学习目标】**
1. 掌握财政支出分类。
2. 了解财政支出规模变动趋势。
3. 了解我国财政支出现状。

## 引　言

　　财政支出是以政府为主体、以财政的事权为依据进行的一种财政资金分配活动,集中反映了政府的职能活动范围及其所造成的耗费。就其实质而言,财政支出就是满足社会公共需要的社会资源分配活动,是政府通过财政收入将集中起来的财政资金进行有计划的分配,以满足社会公共需要和社会再生产的资金需要,从而实现政府的各项职能服务。

## 第一节　财政支出概述

### 一、财政支出原则

　　财政支出(public expenditures)是指政府为履行其职能而支出的一切费用总和。它的内容相当广泛,涉及社会和经济中各方面的利益,在安排财政支出的过程中会遇到各种复杂的矛盾,要正确处理这些矛盾,就必须遵循一定的准则,这就是财政支出的原则,具体包括以下四个方面。

### (一) 量入为出原则

基本含义是说政府根据一定时期内的财政收入总量来安排财政支出,力争做到财政收支平衡。从总体来看,这一原则体现了一国经济发展水平对财政支出的制约,是政府理财的重要思想。

### (二) 公平原则

从财政支出的角度来看,公平原则更多的是政府通过财政支出结构和对象的调整来修正或改善社会成员、集团对物质财富的占有份额,促进社会财富分配的相对合理。有关公平的含义,一直都有不同的争论。

功利主义(utilitarianism)认为无差异曲线应是斜率为 $-1$ 的直线,如图 5-1 左图所示:功利主义看来,社会福利等与社会所有成员的效用之和,若用数学式来表示,在一个甲、乙两人构成的社会中,社会福利 $W = U_甲 + U_乙$。这意味着,在社会看来,不管社会的贫富差距如何,甲、乙两人每一单位效用是同等重要的。也就是说,功利主义的公平只取决于各社会成员的效用水平,而与各社会成员之间的相对关系无关。由此,该主义认为,只要某种变化使一些人的境地变好,而另一些人的境地变坏,只要境地变好的那些人的得益大于境地变坏的那些人的损失,那这种变化就是社会福利的改进。

罗尔斯主义(rawlsianism)认为,无差异曲线应是 L 形的,如图 5-1 右图所示。在该派学者看来,社会福利取决于社会上境地最糟糕的人们福利水平,用方程式表达为 $W = \min(U_甲, U_乙)$。因此,只有改善了社会成员中境地最糟糕的人们的状况,社会福利才能提高,如果一种变化使得效用水平最低的人们受到损失,哪怕是一丁点的,那么其他人增加的效用再多,社会福利也是会被降低的。可见,罗尔斯主义不仅反对功利主义,也否定了帕累托改进所确认的评价标准。

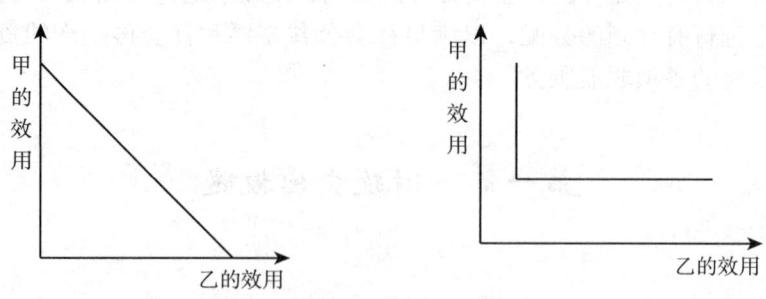

图 5-1 功利主义与罗尔斯主义

福利经济学的各派在这种争论的过程中,形成了福利经济学两条基本定理(the two fundamental theorem of welfare economics):第一,只要市场是完全竞争的,市场机制的运行结果就必定是有效率的;第二,只要调节个人的初始资源份额，并按市场规则运行，那市场竞争就可以实现任何一种人们所希望的收入分配状态，而且不会影响效率。福利经济学的结论说明：只要政府能维护市场竞争的规则，保证市场的完全竞争，就可以使整个社会的收入达到最大化。如果认为市场所产生的收入分配结果不公平的话，那么需要政府去做的只是改变一下个人的初始资源份额。这就意味着，效率与公平是不矛盾的，社会可以同时达到这两个目标。

### （三）效率原则

该原则就是要求每笔财政支出所获得的社会效益应当超过社会成本。包含两个层次：一是使社会资源在政府部门和微观经济主体之间得到最合理的配置；二是运用成本效益分析方法对政府的每项财政支出进行评价。

### （四）统筹兼顾原则

该原则是说政府财政支出结构的安排必须从大局出发，通盘规划，区分轻重缓急与主次先后，适当照顾各个方面的需要，妥善分配财力，以保证政府各项职能的实现以及国民经济的协调发展。

## 二、财政支出分类

### （一）按照财政支出的性质可分为购买性支出、转移性支出

购买性支出（exhaustive expenditure）直接表现为政府购买物品或服务的活动，包括购买进行日常政务活动所需的或用于进行投资所需的物品或服务的支出。前者如政府各部门的行政管理费，后者如政府各部门的投资拨款。虽然这些支出的目的和用途各不相同，但却具有共同的特点：政府一手支付了资金，一手相应地获得了物品或服务。

相对于政府的购买性支出，转移性支出（transfer expenditure）就是政府财政资金无偿的、单方面转移所形成的支出，主要构成部分是各种补贴、补助金和津贴、社会保障支出等。这些支出具有的共同特点是无偿性，即它们直接表现为政府财政资金无偿的转移，既不期望在经济上得到补偿，又不要求受益者对所得到转移资金予以归还。

### （二）按照财政支出的目的可分为预防性支出、创造性支出

预防性支出（precautionary expenditures），指的是用于维持社会秩序和保卫国家安全，不使其受到国内外敌对力量的破坏和侵犯，以保障人民生命财产安全与生活稳定的支出，诸如国防、警察、法庭等方面的支出。

创造性支出（creative expenditures），指的是用于改善人民生活，使社会秩序更为良好，经济更加发展的支出，诸如经济、文教、卫生等方面的支出。

### (三)按照政府对财政支出的控制能力可分为可控制支出、不可控制支出

控制能力是说政府可以根据经济形势的变化和财政收入的可能而对财政支出进行调整的能力。相应地，不可控制支出是在法律或契约的有效期间内必须按照规定准时如数支付，不得任意停付或逾期支付，也不得任意削减其数额。这类财政支出包括两大项：一是国家法律已有明文规定的个人所享受的最低收入保障和社会保障；二是政府遗留义务和以前年度设置的固定支出项目。

### (四)按照财政支出的受益范围可分为一般利益支出、特殊利益支出

一般利益支出指全体社会成员均可享受其所提供的效益支出；特殊利益支出指对社会中某些特定居民或企业给予特殊利益的支出。

### (五)按照财政支出的预算管理权限可分为中央支出、地方支出

我国政府层级分为五级，分别为中央政府、省政府、地（区）级政府、县级政府、乡（镇）政府，习惯上，我们将省政府以下的四级政府统一称呼为地方政府。因此，中央政府的财政支出即为中央支出，地方政府的财政支出即为地方支出。

---

**专栏 5-1**

## 我国政府层级

政府层级是指宏观纵向层级结构，即从中央到地方共有几级政府组成。我国是五级政府层级，分别为中央、省、区（市）、县、乡。截至2016年6月，全国共有34个省级行政区，其中23个省、5个自治区、4个直辖市、2个特别行政区；334个地级行政区划单位，其中293个地级市、8个地区、30个自治州、3个盟；2 851个县级行政区划单位，其中940个市辖区、363个县级市、1 377个县、117个自治县、49个旗、3个自治旗、1个特区、1个林区；39 829个乡级行政区划单位，其中8 016个街道、20 654个镇、10 169个乡（苏木）、990个民族乡（民族苏木）。[①]

---

就这五级政府而言，中央、省、县三级行政层级具有历史的延续性，区、乡两级则是中华人民共和国成立后形成的。与世界各国相比，我国的五级政府层级属于最多的层级，很多国家政府层级集中在三级。虽然五级政府层级满足了我国

---

① 省以下行政区划单位统计不包括中国港澳台地区。数据来源：行政区划网。

人口众多的基本国情，但在运行过程中，容易产生政府各项事务运作的时间加长、信息量损失和信息失真概率加大、政权运转成本和机会成本上升和政权体制自我膨胀增加消耗等问题。

（六）按照预算管理可分为预算支出、预算外支出

预算支出，也称预算内支出，是列入国家预算管理的财政支出。预算外支出，是按现行制度不纳入预算管理的财政支出。预算外支出由各级政府自行安排，用于国家某些特定用途，如市场管理、养路、电力建设等。这涉及我国的预算外资金管理制度。预算外资金就是指国家机关、事业单位和社会团体为履行或代行政府职能，依据国家法律、法规和具有法律效力的规章而收取、提取和安排使用的未纳入国家预算管理的各种财政性资金。我国法律规定，预算外资金是国家财政性资金，国家对其实行"收支两条线"管理。"收支两条线"是我国政府对行政事业性收费、罚没收入等财政非税收入的一种管理方式，即有关部门取得的非税收入与发生的支出"脱钩"，收入上缴预算外资金专户，支出由财政部门根据各单位履行只能的需要按标准核定的资金管理模式。相比预算外资金管理方式，预算资金的管理还是更为透明合规，不过，世界很多国家的政府都存在一定的预算外资金，从税收与收费收入的区别上来看预算外资金的存在也是有一定合理性的。但预算外资金不能过多，否则会造成该国政府全部收支不能完整准确地反映和使用，毕竟预算外资金相对不透明，更容易出现资金使用不当的问题。若按照我国2007年之前的政府收支分类体系来看，我国的预算支出包括一般预算支出、基金预算支出和债务预算支出，预算外支出则包括基本建设支出、行政事业费支出、城市维护费支出、乡镇自筹统筹支出以及专项支出等支出。

从这一分类来看，我国当前存在预算外资金过多的问题，由于全国的收费收入没有准确数据，故预算外资金的规模到底有多大，不容易确定，但很多专家估测，我国预算外资金应该是占了政府全部收支的1/3。因此，本教材中所讲的"财政收支"一般是指预算内收支。

（七）按照政府收支分类划分

政府收支分类，是说在政府预算管理中，按照一定的标准，将财政收支项目进行划分和归类。2007年，我国对政府收支分类进行了改革[①]，改革后将财政支出分为支出功能和支出经济两部分来反映。

1. 我国财政支出功能分类。支出功能分类主要反映政府活动的不同功能和政策目标，具有清晰反映政府各项职能活动支出的总量、结构和方向的特点，共包含类、款、项三级，分类科目情况如下：一般公共服务，下设32款；外交，下设8款；国防，下设3款；公共安全，下设10款；教育，下设10款；科学技术，下设9款；文化体育与传媒，下设6款；社会保障和就业，下设17款；社

---

① 有关这一改革的详细内容参见第十二章第四节中的"政府预算收支分类改革"。

会保险基金支出，下设6款；医疗支出，下设10款；环境保护，下设10款；城乡社区事务，下设10款；农林水事务，下设7款；交通运输，下设4款；工业商业金融等事务，下设18款；其他支出，下设4款；转移性支出，下设8款。

2. 我国财政支出经济分类。支出经济分类是按支出的经济性质和具体用途所作的一种分类。在支出功能分类明确反映政府职能活动的基础上，支出经济分类明细反映政府的钱究竟是怎么花出去的，是付了人员工资、会议费，还是买了办公设备费等，设置支出经济分类使支出科目反映的内容更加明细完整。该分类下共包含类、款两级，分类科目情况如下：工资福利支出，下设7款；商品和服务支出，下设30款；对个人和家庭的补助，下设12款；对企事业单位的补贴，下设4款；转移性支出，下设2款；赠与，下设2款；债务利息支出，下设6款；债务还本支出，下设2款；基本建设支出，下设9款；其他资本性支出，下设9款；贷款转贷及产权参股，下设6款；其他支出，下设5款。

## 第二节 财政支出规模分析

财政支出最初的目的是保障国家的安全和保证社会秩序稳定。随着社会和经济的进步，政府职能除国防、社会服务设施、经济基础建设外，还逐步扩展到私人部门经济行为的方方面面。这种政府职能的扩张，导致无论从绝对量还是相对量上看，财政支出在全世界范围内都呈现不断增长的趋势。

### 一、衡量财政支出规模及变化的指标

财政支出规模可以用绝对数指标来表示，也可以用相对数指标来表示，相关的指标主要有：

1. 支出增长率（当年财政支出比上年同期财政支出增长的百分比）：

$$\Delta G(\%) = \frac{\Delta G}{G_{n-1}} = \frac{G_n - G_{n-1}}{G_{n-1}}$$

2. 支出增长的弹性系数（财政支出增长率与GDP增长率的比值）：

$$E_g = \frac{\Delta G(\%)}{\Delta GDP(\%)}$$

3. 支出增长边际倾向（财政支出增长额与GDP增长额之间的比值）：

$$MGP = \frac{\Delta G}{\Delta GDP}$$

### 二、瓦格纳法则

德国经济学家阿道夫·瓦格纳（Adolph Wagner）对19世纪许多欧洲国家、

日本、美国的财政支出的增长情况做了考察后发现，政府职能不断扩大及政府活动增加的规律，并将其命名为政府活动扩张法则，他认为政府职能的扩大和经济的发展，要求保持行使这些职能的财政支出不断增加。虽然瓦格纳并没有明确指出应该以政府支出的相对份额，还是应该以政府支出的绝对金额来表示政府活动范围不断扩大，但是后来的有关统计资料发现，在时间序列上，无论相对份额抑或绝对金额均呈现逐步提高趋势。

瓦格纳法则已成为广泛引用的分析财政支出增长的最为典型的分析，不过，他只是笼统地概括了进入工业化发展阶段之后的一般情形，而且推出增长结论的前提是一段较长的时间期。如图5－2所示，各个国家的财政支出从1913～1996年的变动趋势就是不断增长，但若分开来看，德国在1980～1990年财政支出不是增长，而是下降的。当然，瓦格纳对此的解释是，财政支出的不断增长是由于经济和政治两个因素共同造成的。经济因素是说市场经济体制的不足需要政府出面弥补市场缺陷，政治因素是说政府活动的范围和职能不断扩大。后来，随着公共选择理论的不断成熟，公共选择理论家们对瓦格纳法则提出了更多批评，认为市场机制的深化和政府活动的扩大可以避免导致政府部门的扩张，模型里忽视了公共选择的存在。

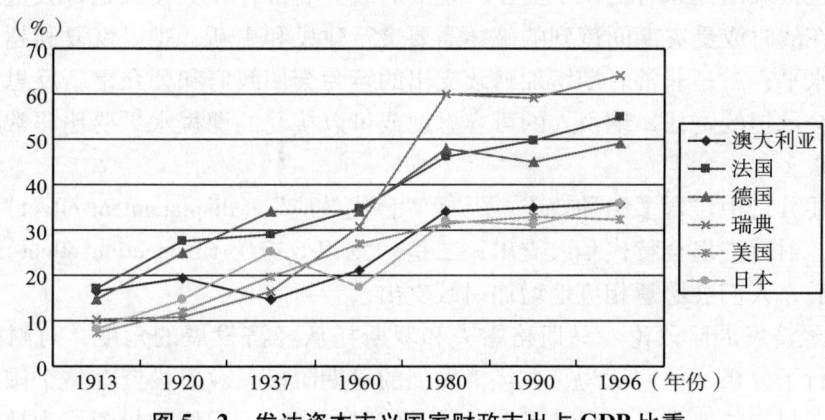

图5－2　发达资本主义国家财政支出占GDP比重

资料来源：《财政支出学》编写组，《财政支出学》，上海财经大学出版社2009年版，第37页。

## 三、影响财政支出扩大的因素

那是什么引起了财政支出的不断扩大呢？对这个问题，先后有皮考克、魏斯曼的"阶梯增长说"、马斯格雷夫和罗斯托的"经济发展阶段论"、鲍莫尔的"非均衡增长模型"等。

（一）财政支出扩大的理论分析

1. 阶梯增长说。英国经济学家皮考克和魏斯曼对瓦格纳的研究进行了实证分析，指出瓦格纳的法则有两个缺陷：一是瓦格纳法则建立在国家有机论基础上,而西方发达国家一般信仰国家无机论①;二是瓦格纳集中分析政府活动的长期变化趋势,却忽略了主要财政支出增长过程。他们认为,通常情况下,财政支出的增长会受到纳税人投票赞同或反对的影响,纳税人既希望多享受公共产品或服务,又不愿为此多缴纳税金,因此,财政支出的变化与公共选择密切相关。但在不同的经济社会环境下,财政支出的变化会受到外部环境的影响。

在经济社会成长的正常时期,由于经济增长,政府税收会相应增加,支出规模也就不断扩大,但这时的支出增长是正常增长,很难出现额外增长或大幅度增长,因为纳税人对其所处的环境满意,不愿意在多付税额的情况下获得更多的公共产品或服务。但在社会经济成长的非常时期,例如战争年代、连年遭受自然灾害或重大自然灾害突然降临时,情况则完全不同,由于正常的经济社会秩序受到影响,税收收入的增长会受到抑制,但财政支出的增长却大大上升了。战争、饥荒、流行性疾病等都会要求政府采取各种应对措施,政府不得不通过加税或发行债券等方式筹集更多财政资金,从而导致财政支出剧增。如皮考克和魏斯曼对英国政府财政支出的长期趋势的分析说明:英国政府支出对国民生产总值的比例在第一次世界大战前占到12%左右,第一次世界大战时上升到24%左右,第二次世界大战后更是上升到40%左右。而且,在非常时期过后,财政支出即使有所回落,也很难回到原有的水平上:一是战后或灾后都存在重建问题,大量公共基础设施在战时或受灾期间遭到的破坏需要进行建设和更新,难以恢复和超过战前或灾前水平;二是非常时期增加财政支出的行为会使政府和公众重新反思自己对整个社会承担的责任,纳税人的可容忍度或可以接受的课税水平要比非常时期之前提高很多。

上述分析中包含了两种效应:一是"替代效应"(displacement effect),在非常时期,财政支出会替代私人支出;二是"意识效应"(inspection effect),非常时期过后,人们会愿意相应地增加财政支出。

2. 经济发展阶段论。马斯格雷夫和罗斯托从经济发展的角度,对财政支出增长进行了分析。他们认为,在经济发展的早期阶段,政府投资在整个国家总投资中占有很高的比重,为启动经济增长,政府往往会大力增加投资,为社会提供诸如交通、教育、治安等必不可少的公共产品,同时也为私人投资创造好的外部环境。到了经济发展的中期阶段,政府依然会增加投资,以达到既保持经济持续稳定增长,又弥补市场缺陷的目的。经济快速发展之后,政府不能立即减少投资,这会影响到经济增长率,使宏观经济无法稳定增长。同时,公共基础设施的改善反过来又会对公共基础设施的建设提出新的要求,例如,对经济起飞后所造成的大气、水等资源污染的治理,对生态环境保护的需求,以及对个人收入分配和地区间财力差异的调节等。所以,在经济发展的中期阶段,财政支出不仅不会下降,反而会有进一步增加的要求。在经济发展到达"成熟"阶段后,政府投资

---

① 国家有机论是说社会是一个自然有机体,国家是这个有机体的心脏,个人利益服从整体利益。国家无机论是说政府是为更好地实现个人目标而人为创立的东西。

的比重会有所下降,当然,财政支出的总额不会减少,但财政支出的结构会有所调整。罗斯托认为,一旦经济经济发展进入成熟阶段,财政支出的主要目的将会由提供社会基础设施转向教育、卫生和福利服务的支出。

3. 非均衡增长模型。美国经济学家鲍莫尔对财政支出增长原因的解释,是从公共部门平均劳动生产率偏低的现象入手的。鲍莫尔在他的"非均衡增长模型"中将国民经济区分为两个部分:生产率迅速提高的部门和生产率缓慢提高的部门。生产率迅速提高的部门如制造业,生产率提高缓慢的部门如政府部门和服务业等,鲍莫尔假定这两个部门的工资水平相等,且工资水平随着劳动生产率的提高而相应提高。他在对两个部门的有关数据进行了测算的基础上,得出下面的结论:生产率增加缓慢的部门,其产品的单位成本不断增加,而生产率不断提高的部门,其产品的单位成本或是维持不变,或是不断下降;如果消费者对生产率增加缓慢部门的产品需求富有弹性,该部门的产品产量将越来越少,甚至可能停产;如果要维持生产率较低部门的产品在整个国民经济中的比重,必须使生产力不断涌入该部门;如果要维持两个部门的均衡增长,政府部门的支出只能增加。根据以上的推论鲍莫尔得出结论:生产率偏低的政府部门的规模必然越来越大,其支出水平也越来越高。

## (二) 财政支出扩大的因素分析

尽管众说纷纭,但一般而言下列各因素对财政支出的变动有着影响。

1. 公共产品因素。市场经济条件下,虽然私人经济部门生产了大部分消费品与资本品,但是,便利这种私人产品生产并使其不断发达的物质基础则是政府主持提供的公共基础设施。公共基础设施主要包括公共设施(电力、电信、给水、排水、供气、垃圾处理等)、公共工程(公路、大坝、灌溉等)和公共交通(城市交通、水路、港口、机场等),许多经济学家把政府用于公共基础设施的开支视为经济社会的"社会管理资本"。如果没有足够的公共基础设施,市场经济便无法正常进行;而随着市场经济的发展、壮大,私人产品生产过程也会对公共基础设施的供给提出更多的要求,体现了私人产品与公共产品之间存在着极强的互补性。

2. 技术因素。军事技术的变革,导致国防费用的增加;民用技术的变革,也会导致其他类型的财政支出增加。最现实的例子是,汽车的普及增加了经济社会对高等级公路、高速公路的需求,而这种基础设施无疑大部分需由政府提供。同样,航空、航天、电子等高新技术领域各项突破,提高了对例如机场、导航、远程通信、空中交通管制等公共产品与劳务的需求,相应增加了政府新的支出项目和开支数额。此外,因技术进步带来的国家经济安全问题,知识产权保护问题,以及难以预料的社会生活影响(如克隆技术可能引发的社会伦理道德"灾难")等,也都要求政府通过制定、执行有关的法律法规进行防范,而提供这些公共劳务就要进一步增加政府的财政支出。所有这些现象明确说明,经济社会的技术进步均会在不同程度上提高外在效益密集型产品通常是公共产品的相对重要性,成为推动政府开支扩大的主要因素。

3. 收入因素。通常情况是,经济社会在人均收入比较低的时候,个人收入在满足衣、食、住、行等基本消费后所剩无几,其他需求也便无从谈起。但是,随着经济增长和人均收入的提高,个人在满足基本消费后,其剩余收入就会自动地提出"二类需求"——公共教育、公共卫生保健、公共安全、公共娱乐等。这就是反映个人收入与消费结构变化的"恩格尔法则"。

4. 公共福利因素。1941年,英国大主教坦普尔创造了"福利国家"(welfare state)一词。他认为:现代社会生活中客观上要求独立国家有一个集中的政府,要求政府扩大其职能范围;国家要存在,就必须为其民众服务;国家要维持社会秩序,就必须关心其民众的福利。他主张人们应该放弃"权力国家"这一概念,并且接受"福利国家"这一提法。由于国家必须关心民众福利这一观点集中反映了20世纪社会政治、经济发展的客观要求,"福利国家"概念立刻为人们所接受,并相继被西方国家确立为自己政府所追求的重要经济目标之一。经过几十年的努力,主要发达国家已完成从"基本生存保障制度"向"全面社会保障制度"的过渡,社会福利水平提高,但同时政府也支付了较大成本。

5. 人口因素。更多的人口就意味着对更多的公共设施的需求,对更多的社会福利的要求。因此,即使在人均收入不变,人均财政支出不变情况下,单纯的人口增长客观上增加了要求政府不断追加财政支出的压力。另外,不同年龄结构的社会成员对不同类型的公共产品有不同的消费偏好。年轻人要求政府提供较多的公共教育,中年人要求政府提供较多的社会保障,而老年人则要求政府提供较多的退休救济。政府要满足多样化公共产品需求,就必然会相应增加有关的财政开支项目及其数额。

## 第三节 我国财政支出规模与结构分析

### 一、西方发达国家支出规模与结构

第二次世界大战结束以后,在高收入的经济合作发展组织(OECD)国家,财政支出占GDP的平均比重由1960年的29%逐步增长到1990年的46%,在20世纪90年代中期以后又开始下降,2003年大约是在45%。1960~1990年,OECD国家财政支出占GDP比重的增加,与这一时期凯恩斯的政府刺激总需求观点有关。凯恩斯认为,社会总供给也就是财富的创造是由社会总需求决定的,而在个体需求不足的情况下,只能依靠政府成为消费主体,通过大规模举债获得更多收入来支持赤字财政政策,这自然会引起财政支出的增加。但自90年代中期后,该比例又出现了下降的趋势,这与80年代后期和90年代初期席卷发达国家和发展中国家的新公共管理运动有关。第二次世界大战后,西方各国政府普遍采用了凯恩斯主义的主张，对社会生活实行全面干预。当政府这只"看得见的手"干预市场并获得巨大成功时，与"市场失灵"相伴随的"政府失灵"也表现得同样明显。一方面，政府对社会、市场所承担的管理任务越来越多，成为全能政府；另一方面，政府内部官僚机构膨胀，效率低下，财政支出日益扩大，政府管理受到前所未有的挑战。正是在这样的背景下，理论界以及各国政府纷纷对公共管理进行了重新讨论并加以改革，掀起了这场以重塑政府、再造公共部门为目标的新公共管理运动。对新公共管理运动本身进行全面综合的评价是较为困难的，但新公共管理运动的实践，体现出了与传统公共管理模式重大的差异，例如，更注重管理绩效和管理效率，更注重市场的力量，更注重管理的弹性而不是僵化，更注重公共部门运行于其中的相关的政治环境，更注重私营部门管理方式在公共部门的应用等。这些改革实践都会影响到财政支出占 GDP 的比重，利用市场的力量使政府行为更具效率，从而降低了财政支出占 GDP 的比重，减轻了公众的税收负担，如表 5-1 所示。

表 5-1　　　　　OECD 国家财政支出占 GDP 比重　　　　　单位：%

| 国家 | 1990 年 | 1995 年 | 2003 年 |
| --- | --- | --- | --- |
| 美国 | 36.5 | 36.4 | 35.9 |
| 日本 | 32.1 | 36.1 | 38.3 |
| 英国 | 42.2 | 44.6 | 42.8 |
| 加拿大 | 48.8 | 48.5 | 40.1 |
| 德国 | 44.4 | 49.4 | 49.4 |
| 意大利 | 54.4 | 53.4 | 48.5 |
| 法国 | 50.7 | 55 | 54.4 |
| 瑞典 | 59.4 | 67.6 | 59 |
| 24 国平均值 | 46.3 | 48 | 45.4 |

资料来源：王德祥，《现代外国财政制度》，武汉大学出版社 2005 年版，第 87 页。

至于 OECD 国家财政支出的结构，与发展中国家、转轨国家相比，OECD 国家财政支出中转移性支出所占比重更大，具体来说，OECD 国家财政支出中社会福利支持比重是较高的。

## 二、我国财政支出规模变化

与世界其他国家相反，近 30 年来，我国财政支出占国内生产总值的比重呈现先下降后上升的变化格局。改革开放之前，我国实行的主要是高度集中的统收统支财政体制，分配格局是向各级政府倾斜，但是，由于在财政支出上遵循"以收定支，收支平衡"的原则，故这一时期财政支出的规模增长较为缓慢，财政支出刚性不明显。改革开放以后,财政支出的绝对规模快速增长,但财政支出占GDP比重却出现逐年下降趋势,直至1995年之后才开始缓慢回升。这说明我国财政支出规模变化与经济体制改革是分不开的。传统计划经济体制下,国家在收入分配上实行高度集中的统收统支制度,国家扮演总企业家角色,这决定了财政支出占GDP的比重较高。1978年开始的经济体制改革使政府逐步按市场经济体制的要求对财政体制进行了全面的调整,减税让利,减政放权,打破了国有企业利润由财政统收统支的局面,原由财政集中的财力越来越多地留给企业,反映到财政支出上就是比重下降,直至1994年分税制改革后这一现象才有所转变,如表5-2所示。

表5-2　　我国财政支出规模变化

| 年份 | GDP（亿元） | 财政支出（亿元） | 财政支出增长率（%） | 财政支出占GDP比重（%） |
| --- | --- | --- | --- | --- |
| 1979 | 4 100.5 | 1 281.79 | — | 31.3 |
| 1980 | 4 587.6 | 1 228.83 | -4.1 | 26.8 |
| 1981 | 4 935.8 | 1 138.41 | -7.4 | 23.1 |
| 1982 | 5 373.4 | 1 229.98 | 8 | 22.9 |
| 1983 | 6 020.9 | 1 409.52 | 14.6 | 23.4 |
| 1984 | 7 278.5 | 1 701.02 | 20.7 | 23.4 |
| 1985 | 9 098.9 | 2 004.25 | 17.8 | 22.0 |
| 1986 | 10 376.2 | 2 204.91 | 10 | 21.2 |
| 1987 | 12 174.6 | 2 262.18 | 2.6 | 18.6 |
| 1988 | 15 180.4 | 2 491.21 | 10.1 | 16.4 |
| 1989 | 17 179.7 | 2 823.78 | 13.3 | 16.4 |
| 1990 | 18 872.9 | 3 083.59 | 9.2 | 16.3 |
| 1991 | 22 005.6 | 3 386.62 | 9.8 | 15.4 |
| 1992 | 27 194.5 | 3 742.2 | 10.5 | 13.8 |
| 1993 | 35 673.2 | 4 642.3 | 24.1 | 13.0 |
| 1994 | 48 637.5 | 5 792.62 | 24.8 | 11.9 |
| 1995 | 61 339.9 | 6 823.72 | 17.8 | 11.1 |
| 1996 | 71 813.6 | 7 937.55 | 16.3 | 11.1 |
| 1997 | 79 715.0 | 9 233.56 | 16.3 | 11.6 |
| 1998 | 85 195.5 | 10 798.18 | 16.9 | 12.7 |
| 1999 | 90 564.4 | 13 187.67 | 22.1 | 14.6 |
| 2000 | 100 280.1 | 15 886.50 | 20.5 | 15.8 |
| 2001 | 110 863.1 | 18 902.58 | 19 | 17.1 |
| 2002 | 121 717.4 | 22 053.15 | 16.7 | 18.1 |
| 2003 | 137 422.0 | 24 649.95 | 11.8 | 17.9 |
| 2004 | 161 840.2 | 28 486.89 | 15.6 | 17.6 |
| 2005 | 187 318.9 | 33 930.28 | 19.1 | 18.1 |

续表

| 年份 | GDP（亿元） | 财政支出（亿元） | 财政支出增长率（%） | 财政支出占GDP比重（%） |
|---|---|---|---|---|
| 2006 | 219 438.5 | 40 422.73 | 19.1 | 18.4 |
| 2007 | 270 232.3 | 49 781.35 | 23.2 | 18.4 |
| 2008 | 319 515.5 | 62 592.66 | 25.7 | 19.6 |
| 2009 | 349 081.4 | 76 299.93 | 21.9 | 21.9 |
| 2010 | 413 030.3 | 89 874.16 | 17.8 | 21.8 |
| 2011 | 489 300.6 | 109 247.79 | 21.6 | 22.3 |
| 2012 | 540 367.4 | 125 952.97 | 15.3 | 23.3 |
| 2013 | 595 244.4 | 140 212.10 | 10.9 | 23.5 |
| 2014 | 643 974.0 | 151 785.56 | 8.3 | 23.6 |
| 2015 | 689 052.1 | 175 877.77 | 13.2 | 25.5 |
| 2016 | 744 127.2 | 187 755.21 | 6.8 | 25.2 |

资料来源：《中国统计年鉴（2017）》。

## （一）财政支出绝对规模快速增长

改革开放以来，随着国内生产总值的快速增加，我国财政支出的绝对规模增长也较快，1979 年只有 1 281 亿元，1998 年突破 1 万亿元，此后增长更是迅速，2016 年已达到 187 755 亿元的规模，是 1979 年财政支出的 146 倍，如图 5—3 所示。另外，我国财政支出绝对规模从 1979 年的 1 000 多亿元增加到 1998 年的 1 万多亿元，用了 20 年时间；从 1998 年的 1 万多亿元增加到 2002 年的 2 万多亿元，只用了 5 年时间；从 2002 年的 2 万多亿元增加到 2005 年的 3 万多亿元，用了 4 年时间；此后基本上是每年增加 1 万多亿元，增速如图 5—4 所示。

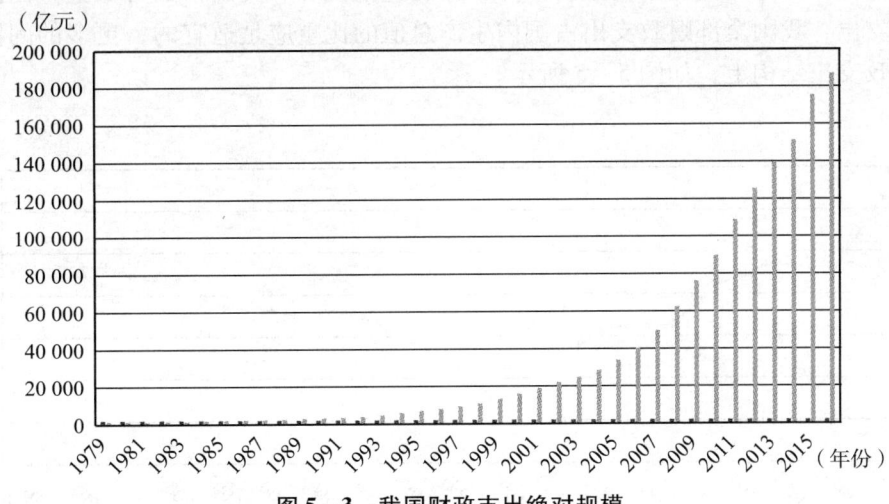

图 5—3　我国财政支出绝对规模

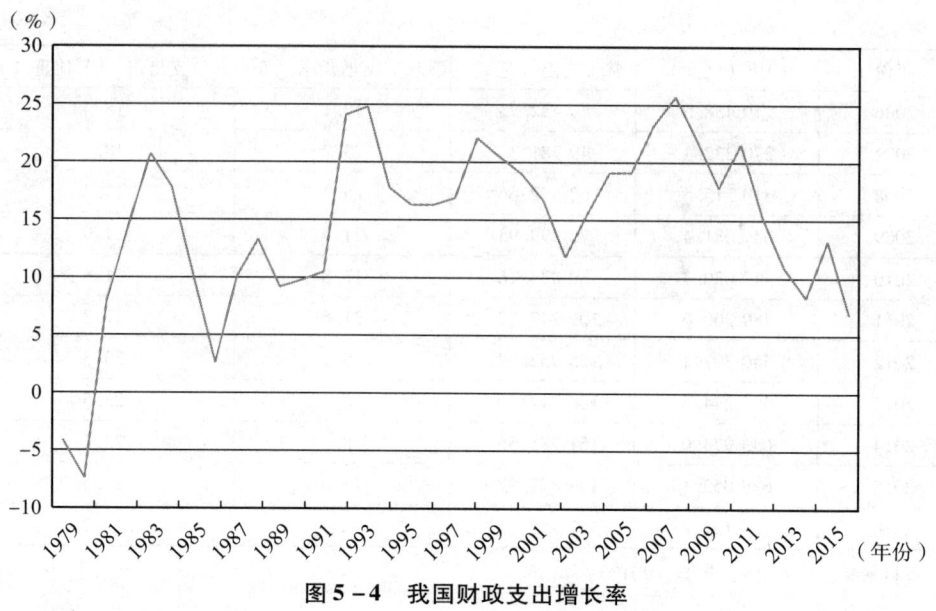

图 5-4 我国财政支出增长率

### （二）财政支出占国内生产总值比重先下降后上升

从财政支出占国内生产总值的比重来看，1979 年时该比重为 31.3%，此后一直下降，到 1995 年时下降到最低点，只有 11.1%，这一比重不仅低于发达国家，而且还低于发展中国家水平。过低的比重说明我国政府所拥有的财力过少，政府难以有所作为，财政只能解决财政供养人员的工资发放问题，被俗称为"吃饭财政"。1994 年进行分税制改革之后，这一状况得到了扭转，除 1995 年和 1996 年由于惯性，政府效果还没有显现之外，从 1997 年开始，财政支出占国内生产总值的比重回升。到 2016 年，已经回升到 25.2%。应该说，这一比重还是有些偏低，但考虑到这个比重的计算中没有包括预算外支出，如若加上全国的预算外支出，我国全部财政支出占国内生产总值的比重应是适宜的，更多的问题在于财政支出结构上，如图 5-5 所示。

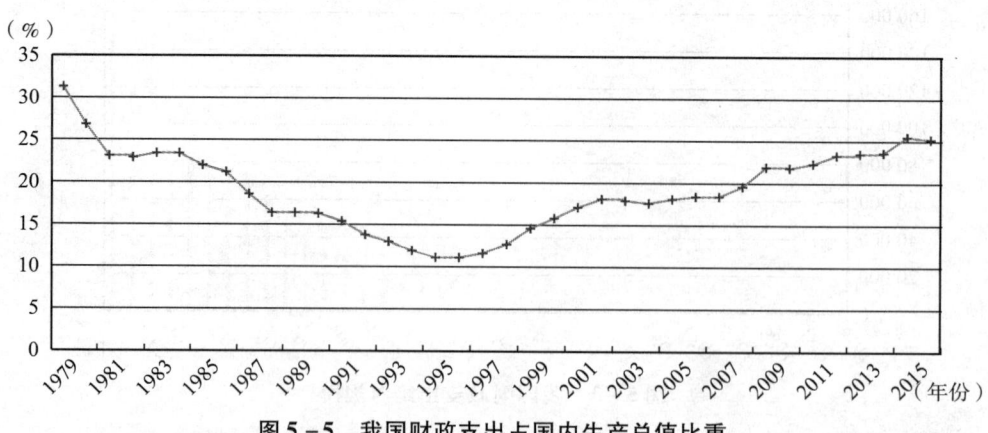

图 5-5 我国财政支出占国内生产总值比重

## 三、我国财政支出结构分析

财政支出结构是指政府财政支出中各类支出占总支出的比重,分析各类支出所构成的组合比分析支出总额更有价值:一是一国政府财政支出结构的现状及其变化,能够反映出该国政府正在履行的重点职能及其变化趋势;二是在财政支出总额受到严格控制的现代预算管理体制下,财政支出管理的主要内容就是对财政支出进行调整,通过优化财政支出结构,提高财政资金使用效率,以更好、更合理地实现政府各项职能。对财政支出结构的分析可通过突出财政支出在不同项目、不同政府间的配置及这种配置在不同期间的演变来反映,如表5-3、表5-4、图5-6、图5-7所示。

表5-3　　　　　　　　　2007年以前我国财政主要支出项目　　　　　　　单位:亿元

| 年份 | 基本建设支出 | 科技三项费用 | 农业事业费 | 科教文卫事业费 | 国防 | 行政管理费 |
|---|---|---|---|---|---|---|
| 1979 | 443.68 | 71.79 | 89.97 | 132.07 | 222.64 | 57.24 |
| 1980 | 346.36 | 80.45 | 82.12 | 156.26 | 193.84 | 66.79 |
| 1981 | 257.55 | 65.30 | 73.68 | 171.36 | 167.97 | 70.88 |
| 1982 | 269.12 | 69.02 | 79.88 | 196.96 | 176.35 | 81.60 |
| 1983 | 344.98 | 78.71 | 86.66 | 223.54 | 177.13 | 102.2 |
| 1984 | 454.12 | 111.77 | 95.93 | 263.17 | 180.76 | 125.23 |
| 1985 | 554.56 | 103.42 | 101.04 | 316.70 | 191.53 | 130.58 |
| 1986 | 596.08 | 129.85 | 124.30 | 379.93 | 200.75 | 168.03 |
| 1987 | 521.64 | 124.93 | 134.16 | 402.75 | 209.62 | 179.33 |
| 1988 | 494.76 | 151.01 | 158.74 | 486.10 | 218.00 | 220.89 |
| 1989 | 481.70 | 146.30 | 197.12 | 553.33 | 251.47 | 261.86 |
| 1990 | 547.39 | 153.91 | 221.76 | 617.29 | 290.31 | 303.10 |
| 1991 | 559.62 | 180.81 | 243.55 | 708.00 | 330.31 | 343.60 |
| 1992 | 555.90 | 223.62 | 269.04 | 792.96 | 377.86 | 424.58 |
| 1993 | 591.93 | 421.38 | 323.42 | 957.77 | 425.80 | 535.77 |
| 1994 | 639.72 | 415.13 | 399.70 | 1 278.18 | 550.71 | 729.43 |
| 1995 | 789.22 | 494.45 | 430.22 | 1 467.06 | 636.72 | 872.68 |
| 1996 | 907.44 | 523.02 | 510.07 | 1 704.25 | 720.06 | 1 040.80 |
| 1997 | 1 019.50 | 643.20 | 560.77 | 1 903.59 | 812.57 | 1 137.16 |
| 1998 | 1 387.74 | 641.18 | 626.02 | 2 154.38 | 934.70 | 1 326.77 |
| 1999 | 2 116.57 | 766.05 | 677.46 | 2 408.06 | 1 076.4 | 1 525.68 |
| 2000 | 2 094.89 | 865.24 | 766.89 | 2 736.88 | 1 207.54 | 1 787.58 |
| 2001 | 2 510.64 | 991.56 | 917.96 | 3 361.02 | 1 442.04 | 2 197.32 |

续表

| 年份 | 基本建设支出 | 科技三项费用 | 农业事业费 | 科教文卫事业费 | 国防 | 行政管理费 |
|---|---|---|---|---|---|---|
| 2002 | 3 142.98 | 968.38 | 1 102.7 | 3 979.08 | 1 707.78 | 2 979.42 |
| 2003 | 3 429.3 | 1 092.99 | 1 134.86 | 4 505.51 | 1 907.87 | 3 437.68 |
| 2004 | 3 437.5 | 1 243.94 | 1 693.79 | 5 143.65 | 2 200.01 | 4 059.91 |
| 2005 | 4 041.34 | 1 494.59 | 1 792.4 | 6 104.18 | 2 474.96 | 4 835.43 |
| 2006 | 4 390.38 | 1 744.56 | 2 161.35 | 7 425.98 | 2 979.38 | 5 639.05 |

表 5-4　　　　　　　　　2007 年以后我国财政主要支出项目　　　　　　　　　单位：亿元

| 年份 | 一般公共服务 | 社会保障和就业 | 农林水事务 | 教育 | 国防 | 城乡社区事务 |
|---|---|---|---|---|---|---|
| 2007 | 8 514.24 | 5 447.16 | 3 404.7 | 7 122.32 | 3 554.91 | 3 244.69 |
| 2008 | 9 795.92 | 6 804.29 | 4 544.01 | 9 010.21 | 4 178.76 | 4 206.14 |
| 2009 | 9 164.21 | 7 606.68 | 6 720.41 | 10 437.54 | 4 951.1 | 5 107.66 |
| 2010 | 9 337.16 | 9 130.62 | 8 129.58 | 12 550.02 | 5 333.37 | 5 987.38 |
| 2011 | 10 987.78 | 11 109.4 | 9 937.55 | 16 497.33 | 6 027.91 | 7 620.55 |
| 2012 | 12 700.46 | 12 585.52 | 11 973.88 | 21 242.1 | 6 691.92 | 9 079.12 |
| 2013 | 13 755.13 | 14 490.54 | 13 349.55 | 22 001.76 | 7 410.62 | 11 165.57 |
| 2014 | 13 267.50 | 15 968.85 | 14 173.83 | 23 041.71 | 8 289.54 | 12 959.49 |
| 2015 | 13 547.79 | 19 018.69 | 17 380.49 | 26 271.88 | 9 087.84 | 15 886.36 |
| 2016 | 14 790.52 | 21 591.45 | 18 587.36 | 28 072.78 | 9 765.84 | 18 394.62 |

注：2006 年我国对政府收支分类进行了改革，2007 年后统计年鉴中对主要支出项目采用支出功能分类统计，故反映的支出项目在 2007 年后差别较大。

资料来源：历年《中国统计年鉴》。

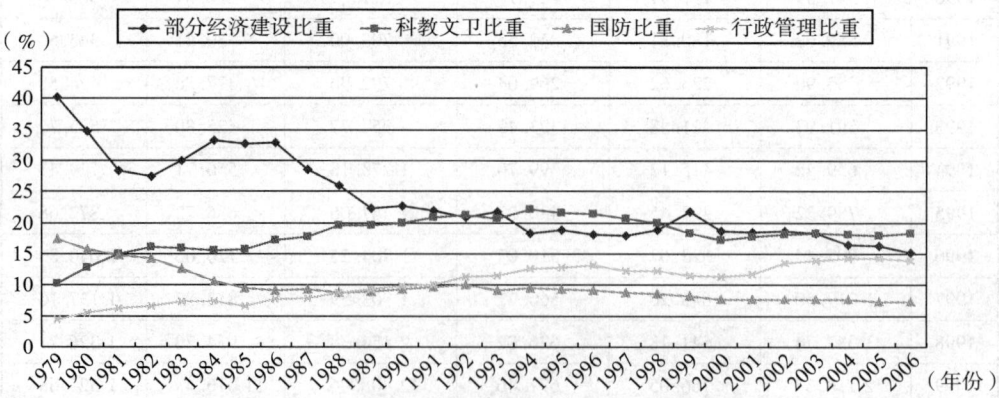

图 5-6　2007 年以前我国财政支出在不同项目间配置的比重

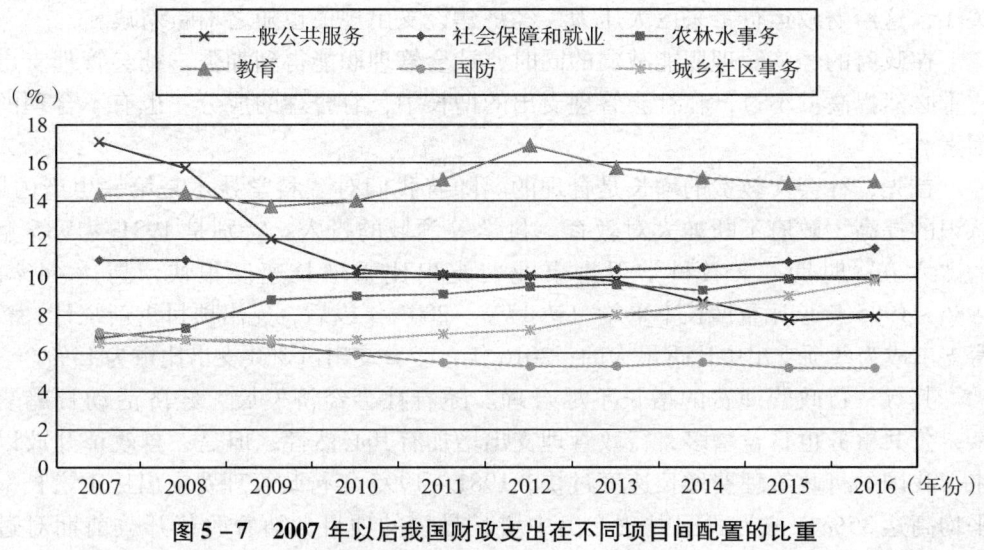

图 5-7 2007 年以后我国财政支出在不同项目间配置的比重

## （一）财政支出分项目配置分析

中华人民共和国成立 60 多年来，经济管理体制和政府职能在 20 世纪 70 年代末发生了根本性变革。在计划经济时期，国家注重经济职能的实现，政府调动几乎全部资源，直接从事各种生产活动，推崇"生产财政"，财政支出大量用于经济建设。在社会主义市场经济体制下，市场在资源的配置上起基础性作用，政府正在逐步减少资源配置的份额，退出一些适合民间部门从事的生产活动领域，财政用于经济建设方面的支出比例已大大降低。伴随着政府职能的这种转变，财政支出结构发生了很大变化。经济建设支出占财政支出总额的比重从改革前的平均 60% 左右下降到"九五"时期的不足 40%；相反，社会管理支出比重则大幅度提高，从 40% 左右上升到 60% 左右。

经济建设支出[①]比重下降主要有三个方面的原因：一是流动资金支出下降。从 1983 年 7 月开始，除了核工业部、航空航天工业部所属的少数国有企业外，其他国有企业的流动资金供应由拨款改为银行贷款，从而使流动资金支出占总财政支出的比重大幅度下降，从改革前的平均 6.6% 的水平下降到目前的平均 0.5%。二是基本建设支出下降。在经济体制改革过程中，投资主体的多元化以及投资主体的资金来源多元化，使得基本建设支出比重迅速下降，从改革前的平均 36% 急剧下降到 1996~1998 年的不到 12%。这两项支出比重就下降了 30 个百分点。三是 20 世纪 90 年代中期以后，公共财政论的兴盛促使财政开始向民生倾斜，尤其是近几年来，教育、环境保护、社会保障等民生事项受到社会各界广泛

---

① 经济建设支出是指国家用于生产性投资和基本建设方面的财政支出，主要包括基本建设拨款、支援农业生产支出、城市维护费、环境保护支出、简易建筑费、地质勘探费、国有企业挖潜改造资金、国家物资储备支出等。图 5-6 中统计的经济建设支出仅包括基本建设支出和企业挖潜改造资金，故我国实际经济建设支出数额是比较大的。

关注，这给财政运行带来巨大压力，经济建设支出规模也随之不断缩减。

在政府的经济管理职能减弱的同时，社会管理职能得到加强，社会管理支出比重必然提高。不过，在社会管理支出的增长中，有合理的成分，也有不合理的因素。

首先，社会文教费的增长是合理的。随着我们对"科学技术是第一生产力"认识的提高，政府不断加大对教育、科学等领域的投入。特别是1981~1985年的"六五"时期，文教科学卫生事业费支出比重增长速度很快，高达44%；1986~1995年该比重增长率平均也达17%。2007年以后，支出项目重新统计，教育支出成为各项支出中比重最大的；2016年，教育支出占财政支出比重为15%。

其次，行政管理费的增长不尽合理。随着社会经济发展，经济活动日趋复杂，公共事务也日益增多，行政管理支出增加有其必然性。但是，自改革开放以来，我国的行政管理费增长速度过快，1981~1995年行政管理费支出比重增长率平均高达35%，成为我国财政支出中增长最快的项目。随着改革开放前期对过去遗留问题的逐步解决，再加上政府机构的改革，行政管理费支出的这种增长势头已得到控制，例如，1996~1998年的行政管理费支出比重比1990~1995年仅提高了5%，大幅低于前期的增长速度如图5-8所示。

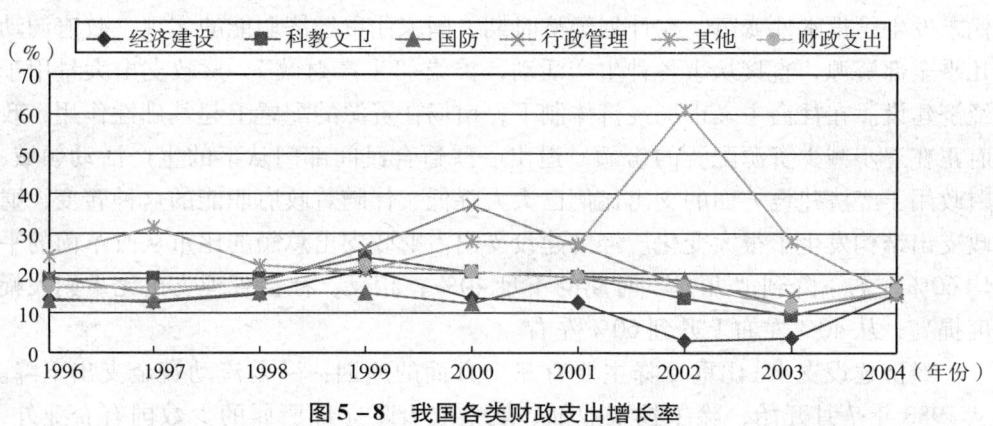

图5-8 我国各类财政支出增长率

从上述可以看出我国财政支出在项目间配置的特征：第一，经济建设支出的比重和增长率虽然逐年降低，但仍是我国财政支出中的主要项目，反映出我国财政的生产性质较为明显，与公共财政、民生财政等理论存在差距；第二，自1996年以来的财政支出增长主要表现为行政管理支出和其他支出的增长；第三，对经济增长有副作用的行政管理支出和作用不显著的其他支出增长较快，对经济增长有正作用的科教文卫支出却相对增长乏力，财政支出在职能间的配置需要调整；第四，政府收支分类改革对支出项目统计有所影响，一些支出项目数据不连续，对分析我国财政支出在项目间配置的合理性有一定影响。不过，相比收支分类改革前后的支出项目，改革前的支出项目很多体现出的是生产性质，改革后的支出项目很多则体现出政府公共职责的具体划分，这本身就显示出我国财政开始向公共性、民生性内容倾斜。

(二) 财政支出分政府间配置分析

财政支出必须在中央与地方之间进行合理的划分,使得财政支出既能保证各级政府履行其职能的需要,又能保证中央政府进行宏观调控的需要。从我国中央政府财政支出和地方政府财政支出占财政支出的比重来看,改革开放以来的一段长时期内,中央政府财政支出占财政支出的比重稳定在30%左右,地方政府财政支出占财政支出的比重稳定在70%左右,这种财政支出在各级政府间的配置较为合理。不过,近些年来,财政支出越来越集中于地方政府。截至2016年,中央政府财政支出比重已下降到14.6%,地方政府财政支出比重则上升到85.4%,这一变化趋势应引起关注。当然,支出项目主要由地方政府负责实施,这符合我国多数公共产品为地方性公共产品的实际情况,但地方政府财政支出中也包含了中央政府给予的转移支付资金。另外,在1999~2001年出现的波动是中央政府实施扩张性财政政策造成的,如表5-5所示。

表5-5　　　　　　　我国财政支出在政府间配置

| 年份 | 绝对数（亿元） | | | 比重（%） | |
| --- | --- | --- | --- | --- | --- |
| | 全国 | 中央 | 地方 | 中央 | 地方 |
| 1953 | 219.21 | 162.05 | 57.16 | 73.9 | 26.1 |
| 1954 | 244.11 | 183.7 | 60.41 | 75.3 | 24.7 |
| 1955 | 262.73 | 201.05 | 61.68 | 76.5 | 23.5 |
| 1956 | 298.52 | 210.02 | 88.5 | 70.4 | 29.6 |
| 1957 | 295.95 | 210.03 | 85.92 | 71 | 29 |
| 1958 | 400.36 | 177.22 | 223.14 | 44.3 | 55.7 |
| 1959 | 543.17 | 249.34 | 293.83 | 45.9 | 54.1 |
| 1960 | 643.68 | 278.63 | 365.05 | 43.3 | 56.7 |
| 1961 | 356.09 | 160.32 | 195.77 | 45 | 55 |
| 1962 | 294.88 | 181.64 | 113.24 | 61.6 | 38.4 |
| 1963 | 332.05 | 192.31 | 139.74 | 57.9 | 42.1 |
| 1964 | 393.79 | 224.86 | 168.93 | 57.1 | 42.9 |
| 1965 | 459.97 | 284.17 | 175.8 | 61.8 | 38.2 |
| 1966 | 537.65 | 339.11 | 198.54 | 63.1 | 36.9 |
| 1967 | 439.84 | 269.94 | 169.9 | 61.4 | 38.6 |
| 1968 | 357.84 | 219.49 | 138.35 | 61.3 | 38.7 |

续表

| 年份 | 绝对数（亿元） | | | 比重（%） | |
|---|---|---|---|---|---|
| | 全国 | 中央 | 地方 | 中央 | 地方 |
| 1969 | 525.86 | 319.16 | 206.7 | 60.7 | 39.3 |
| 1970 | 649.41 | 382.37 | 267.04 | 58.9 | 41.1 |
| 1971 | 732.17 | 435.67 | 296.5 | 59.5 | 40.5 |
| 1972 | 765.86 | 431.4 | 334.46 | 56.3 | 43.7 |
| 1973 | 808.78 | 449.33 | 359.45 | 55.6 | 44.4 |
| 1974 | 790.25 | 397.84 | 392.41 | 50.3 | 49.7 |
| 1975 | 820.88 | 409.4 | 411.48 | 49.9 | 50.1 |
| 1976 | 806.2 | 377.63 | 428.57 | 46.8 | 53.2 |
| 1977 | 843.53 | 393.7 | 449.83 | 46.7 | 53.3 |
| 1978 | 1 122.09 | 532.12 | 589.97 | 47.4 | 52.6 |
| 1979 | 1 281.79 | 655.08 | 626.71 | 51.1 | 48.9 |
| 1980 | 1 228.83 | 666.81 | 562.02 | 54.3 | 45.7 |
| 1981 | 1 138.41 | 625.65 | 512.76 | 55 | 45 |
| 1982 | 1 229.98 | 651.81 | 578.17 | 53 | 47 |
| 1983 | 1 409.52 | 759.6 | 649.92 | 53.9 | 46.1 |
| 1984 | 1 701.02 | 893.33 | 807.69 | 52.5 | 47.5 |
| 1985 | 2 004.25 | 795.25 | 1 209 | 39.7 | 60.3 |
| 1986 | 2 204.91 | 836.36 | 1 368.55 | 37.9 | 62.1 |
| 1987 | 2 262.18 | 845.63 | 1 416.55 | 37.4 | 62.6 |
| 1988 | 2 491.21 | 845.04 | 1 646.17 | 33.9 | 66.1 |
| 1989 | 2 823.78 | 888.77 | 1 935.01 | 31.5 | 68.5 |
| 1990 | 3 083.59 | 1 004.47 | 2 079.12 | 32.6 | 67.4 |
| 1991 | 3 386.62 | 1 090.81 | 2 295.81 | 32.2 | 67.8 |
| 1992 | 3 742.2 | 1 170.44 | 2 571.76 | 31.3 | 68.7 |
| 1993 | 4 642.3 | 1 312.06 | 3 330.24 | 28.3 | 71.7 |
| 1994 | 5 792.62 | 1 754.43 | 4 038.19 | 30.3 | 69.7 |
| 1995 | 6 823.72 | 1 995.39 | 4 828.33 | 29.2 | 70.8 |
| 1996 | 7 937.55 | 2 151.27 | 5 786.28 | 27.1 | 72.9 |
| 1997 | 9 233.56 | 2 532.5 | 6 701.06 | 27.4 | 72.6 |

续表

| 年份 | 绝对数（亿元） | | | 比重（%） | |
|---|---|---|---|---|---|
| | 全国 | 中央 | 地方 | 中央 | 地方 |
| 1998 | 10 798.18 | 3 125.6 | 7 672.58 | 28.9 | 71.1 |
| 1999 | 13 187.67 | 4 152.33 | 9 035.34 | 31.5 | 68.5 |
| 2000 | 15 886.5 | 5 519.85 | 10 366.65 | 34.7 | 65.3 |
| 2001 | 18 902.58 | 5 768.02 | 13 134.56 | 30.5 | 69.5 |
| 2002 | 22 053.15 | 6 771.7 | 15 281.45 | 30.7 | 69.3 |
| 2003 | 24 649.95 | 7 420.1 | 17 229.85 | 30.1 | 69.9 |
| 2004 | 28 486.89 | 7 894.08 | 20 592.81 | 27.7 | 72.3 |
| 2005 | 33 930.28 | 8 775.97 | 25 154.31 | 25.9 | 74.1 |
| 2006 | 40 422.73 | 9 991.4 | 30 431.33 | 24.7 | 75.3 |
| 2007 | 49 781.35 | 11 442.06 | 38 339.29 | 23 | 77 |
| 2008 | 62 592.66 | 13 344.17 | 49 248.49 | 21.3 | 78.7 |
| 2009 | 76 299.93 | 15 255.79 | 61 044.14 | 20 | 80 |
| 2010 | 89 874.16 | 15 989.73 | 73 884.43 | 17.8 | 82.2 |
| 2011 | 109 247.79 | 16 514.11 | 92 733.68 | 15.1 | 84.9 |
| 2012 | 125 952.97 | 18 764.63 | 107 188.34 | 14.9 | 85.1 |
| 2013 | 140 212.10 | 20 471.76 | 119 740.34 | 14.6 | 85.4 |
| 2014 | 151 785.56 | 22 570.07 | 129 215.49 | 14.9 | 85.1 |
| 2015 | 175 877.77 | 25 542.15 | 150 335.62 | 14.5 | 85.5 |
| 2016 | 187 755.21 | 27 403.85 | 160 351.36 | 14.6 | 85.4 |

资料来源：《中国统计年鉴（2017）》，中央和地方的占比通过年鉴数据测算。

至于中央政府和地方政府在各类财政支出项目上配置的情况，可通过图5-9和图5-10的比较得出以下结论：第一，2007年以前，中央政府的主要支出项目为国防、经济建设。2007年政府收支分类调整后，经济建设支出项目不再反映，故之后中央政府的主要支出项目为国防、科学技术；相应地，2007年以前，地方政府的主要支出项目为科教文卫、经济建设。之后地方政府的主要支出项目为教育、一般公共服务、社会保障和就业及农林水事务。第二，对比2003年前后情况，地方政府的支农支出增加明显，说明"三农"问题受到了政府重视。2007年之后，财政支出项目虽发生较大变化，但农林水事务依然是地方政府的主要支出项目之一。第三，各级政府的社会保障支出都不高，这一点可能会成为未来制约经济发展的重要因素。第四，行政管理支出的增加主要集中在中央政府，但考虑到地方政府存在大量预算外和制度外支出，行政机构改革应是全方位的。

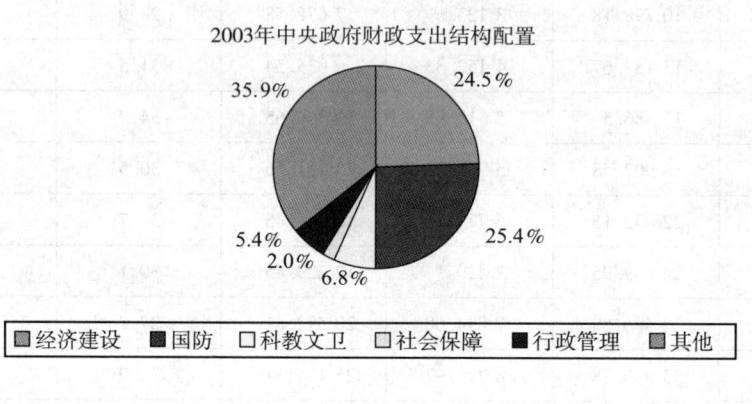

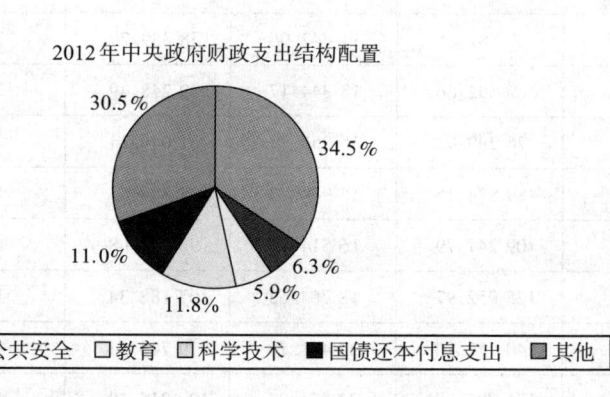

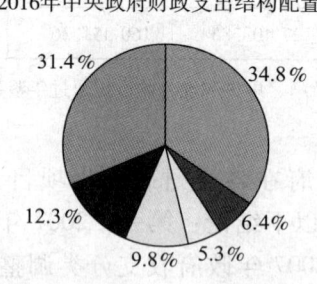

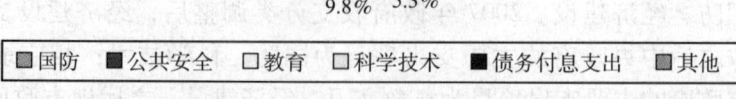

图5-9　我国中央政府财政支出项目配置比重变化对比

第五章 财政支出概论

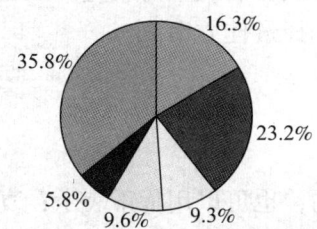

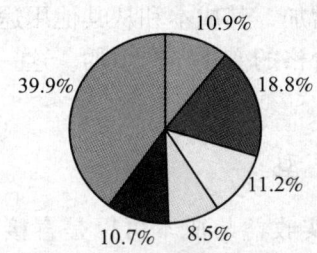

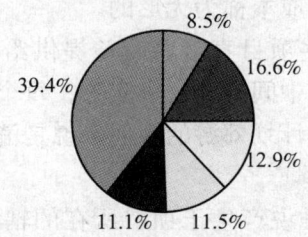

图 5-10 我国地方政府财政支出项目配置比重变化对比

## 第四节 财政支出成本—收益分析

衡量财政支出的效益需要采取一定的技术方法，较为常用的就是成本收益分析方法。该方法的基本原理是用最小的成本去获得最大的收益，其核心是提供一组评价的系统方法，使政策分析人员可以确定一个项目就总体而言是否有益。这一分析方法其实有很长的历史，起始于美国工兵部队承担航海任务时，对所涉及的联邦支出进行的评价。采用成本收益分析方法一般要经过以下步骤：一是提出若干备选项目；二是列出备选项目的成本与收益；三是选择恰当的贴现率，折现未来净收益，从备选方案中选择最佳方案。

## 一、成本收益的类型

收益与成本可以是真实的，也可以用货币表示；真实收益与成本可以是直接的或间接的，有形的或无形的，最后的或中间的，内部的或外部的。

### （一）真实的收益与货币的收益

最重要的区别在于真实与货币方面。真实收益是公共项目的最终消费者获得的收益，反映了社会福利的增加，其成本和从其他用途中抽出资源的实际成本相等。货币收益与成本是相对价格的变化所产生的。这一价格变化的原因是经济对公共劳务的供应所做的调整。

### （二）真实收益成本类型

1. 直接的与间接的。真实收益与成本可以是直接的，也可以是间接的。直接收益同项目的主要目标密切相关，间接收益实质上是一种副产品。这一划分是从一般意义上来说的，并没有严格的定义。在评价项目的收益时，应该把两者都加以考虑，虽然找出间接收益很困难。

2. 有形的与无形的。有形的收益与成本指那些可以在市场上进行估价的部分，而不能进行股价的收益与成本称为无形的。

3. 中间的与最后的。某些项目直接将收益提供给消费者，而有些项目则是只进入其他产品的生产，属于中间类型。事实上，每个特定的项目都同时提供这两种产品。如天气预报对那些计划郊游的人们来说是消费品，而对于民航服务来说则是中间产品。

4. 内部的与外部的。这是说产生于项目所在的辖区内的收益成本和辖区之外的收益成本。比如在佛蒙特州康涅狄格河上的防洪措施不仅对佛蒙特州有帮助，也挡住了流向康涅狄格州的洪水。前者的收益是内在的，后者的收益是外在的。这些收益形成了从一个辖区到另一个辖区的"外溢量"。

## 二、现值与贴现率

公共项目的评估通常需要对不同时期的成本与收益进行比较。例如，贫困儿童学前教育计划眼前需要大量开支，而将来才有收益。那么，由于不同时期的货币是不等价的，对项目评估就涉及折合现值的问题。

### （一）现值（present value）

假定你存入银行 100 美元，税后利率为 5%，不存在通货膨胀。到年底，你会得到 105 美元。此时，有人提供一份合同，承诺在一年以后向你支付 100 美元。那你现在愿意为这项承诺支付的最大数额是多少？明显的答案是一个支付 100 美元的承诺就值 100 美元。但这个答案忽略了下列事实，即这承诺的 100 美元在一年之后才兑现，而同时你还放弃了本来可以得到的利息。因此，一年以后才能支付的 100 美元的现金价值小于 100 美元。一笔未来货币的现值，是你为在将来有权获得这笔货币而在今天所愿意支付的最大数额。根据定义，可以知道这个数就是 $100/(1+0.05)$，约合 95.24 美元。

如果你存入银行超过了一年，那么假定有 R 美元储蓄 T 年，利率为 r，到了第 T 年年末，这笔钱会值 $(1+r)^T \times R$ 美元。同样，当利率为 r 时，承诺 T 年后支付 R 美元的现值是 $\dfrac{R}{(1+r)^T}$ 美元。可以直观地看出，承诺支付的期限越长，则现值越小。即在其他条件相同的情况下，你要获得一笔钱而等待的时间越长，你现在愿为它支付的钱就越少。

在公共项目中，经常有这样的承诺：现在支付 $R_0$ 美元，一年后支付 $R_1$ 美元，两年后支付 $R_2$ 美元等，直到 T 年。则这笔承诺的现值就是：

$$PV = R_0 + \frac{R_1}{(1+r)} + \frac{R_2}{(1+r)^2} + \cdots + \frac{R_T}{(1+r)^T}$$

其中，r 为贴现率。

计算现值是很重要的，如果忽视现值计算，就会犯大错。特别是如果不贴现，就会使在未来产生收益的投资看上去比其实际情况更有利。例如，假定有一项目在 20 年后会产生 100 万美元的收益。若贴现率为 5%，现值就是 376 889 美元，若贴现率为 10%，现值只有 148 644 美元。

### (二) 通货膨胀

上述式子是在假定没有通货膨胀率的情况下推出的，若考虑到价格水平的变动，设预期通货膨胀率为 π，则每年的名义收益就是：$R_0$，$R_1 \times (1+\pi)$，…，$R_T \times (1+\pi)^T$。同时，债权人也不再愿意按价格稳定时的贴现率 r 放款了。债权人认识到，偿还他们的将是贬了值的美元，即使要维持其实际值，他们第一年要得到的支付额也必须是原值的 $(1+\pi)$ 倍。那么此时用名义值表示，收入流的现值就会是：

$$PV = R_0 + \frac{(1+\pi)R_1}{(1+\pi)(1+r)} + \frac{(1+\pi)^2 R_2}{(1+\pi)^2 (1+r)^2} + \cdots + \frac{(1+\pi)^T R_T}{(1+\pi)^T (1+r)^T}$$

显然，如果把 $(1+\pi)$ 项都消去，那两个式子就完全一样了。不论用名义值还是用实际值，所得到的答案是相同的。但关键在于，美元值和贴现率的计算必须是一致的。如果计算 R 时用实际值，那计算贴现率也必须用实际值，如果贴现率是名义的，则收益也必须按名义值来算。

### (三) 贴现率 (discount rate)

项目评估对贴现率的使用是很敏感的。以表 5-6 为例，考虑三种投资 X、

Y、Z，具有相同的成本和收益流，时间分别为 5 年、15 年和 25 年。如果贴现率为 3%，方案 Z 是最佳的选择；如果贴现率为 8%，方案 X 为最佳选择。可以看出，更高的贴现率倾向于短期投资，更低的贴现率则倾向长期投资。那么，如何选择贴现率？

表 5-6　　　　　　　　　　　　现值与贴现率

| 项目 | X | Y | Z |
| --- | --- | --- | --- |
| 成本 | 10 380 | 10 380 | 10 380 |
| 年限 | 5 | 15 | 25 |
| 年收益 | 2 397 | 1 000 | 736 |
| 美元收益流的现值 | | | |
| 贴现率 | | | |
| 3 | 10 978 | 11 938 | 12 816 |
| 8 | 9 571 | 8 557 | 7 857 |
| 收益—成本比率 | | | |
| 3 | 1.057 | 1.15 | 1.235 |
| 8 | 0.922 | 0.825 | 0.757 |

1. 贴现率的选择：基于私人收益率。在实践中，某一公共项目的资金是通过征收各种税而筹集的，但税收对私人消费和私人投资的影响是不同的。

假定私人投资最后 1 000 美元的年收益率为 16%。如果政府把这 1 000 美元从私人部门中抽出，用于一个公共项目，则私人部门就会减少 1 000 美元的投资，社会因此会损失由该私人项目而得的 160 美元。因此，公共项目中这 1 000 美元的机会成本就是私人部门 16% 的收益率，也就是合适的贴现率。那么，该收益是否课税无关紧要，税前的收益率衡量的是这笔资金为社会所能创造的价值。

对比在私人消费中，减少消费的那部分资金的机会成本又是多少呢？某个人正在决定本年消费多少，储蓄多少。他本年多消费 1 美元的机会成本，就等于他把这 1 美元存起来后所能挣到的收益率。假设有一个税前收益为 16% 的投资机会，但必须按收益的一半缴税。这样，他本年多消费 1 美元，就意味着放弃了 8% 的税后收益率。因此，通过减少消费而筹措的资金就应按照税后收益率来贴现。

由于公共部门筹资减少了私人部门的消费和投资，一个自然的解决方案就是用税前收益率和税后收益率的加权平均数来贴现。税前收益率的权数为来自投资的资金比例，税后收益率的权数为来自消费的资金比例。比如，在上例筹措的资金中有 1/4 来自投资减少，3/4 来自消费减少，则贴现率为 1/4 × 16% + 3/4 × 8% = 10%。

遗憾的是，实践中很难确定某一公共项目到底有多少资金是由消费减少而来，还是由投资减少而来。这一系列的权数是无法准确确定的，因此，这种方法大打折扣。

2. 贴现率的选择：基于社会利率。另一种观点认为，应当用社会贴现率来评估公共支出。社会贴现率衡量的是社会对目前牺牲的消费作出的评价。

相比较而言，基于社会利率确定的贴现率要比基于私人收益率确定的小一些，这样可以鼓励更长期限的项目选择，以带来更高水平的投资。

### 三、公共收益与成本的衡量

（一）影子价格（shadow price）

在公共项目评估过程中，虽然要求评估者尽可能地利用市场价格来量化各类成本与收益，但是在项目中所发生的许多成本和收益实际上找不到对应的市场价格，或者找到的市场价格也是被扭曲的，因此无法准确度量项目的成本与收益价值，尤其是它们的社会价值。为了弥补上述缺陷，引入了影子价格。它是指在市场交易价格不能充分反映某些产出的真正的边际社会成本时，人们对这些产出的边际社会成本进行重新估算后的再定价。换言之，影子价格是修订了的市场价格，使用影子价格是为了把某些商品和劳务的被明显扭曲的市场价格转换成它们的真正的社会价值的近似值。比如，政府对某些产品的管制价格偏离了自由竞争条件下的市场价格，在公共项目评估中，为反映该项目的真实成本，有必要把产品的市场价格作为影子价格来对实行物价管制的产品的价格予以调整。

（二）无形项目的评估

1. 社会收益和成本。像国防的收益基本上是无形的，教育通过繁荣文化和提高素质也会形成无形收益。同样，成本也是如此。在这些方面，我们必须运用一种衡量办法，即这类收益和成本不可能从当地的市场价格中得到，而是要通过政治进程来确定它们。选民们必须评价增加国防费用后能为他们带来的保护作用。

2. 私人收益和成本。公共项目而造成的无形私人收益或成本并不等同于外部效应，但它们也是无法进行市场评估的。比如，政府实行了一项防癌研究计划，以减少人民痛苦，那么如何评估这一收益的价值呢？再如，人们如何评价因车祸所致的伤亡成本呢？在计划公共项目时，或多或少都会遇到这类问题。在某些情况下，间接评价法是可以用于项目的无形私人收益或成本评估的，比如，在货物运输业中，当高速公路发展之后，运输成本下降，运输公司的收费也将下降，对用户降低了收费就将作为评估公路资本价值的基础；公园的价值可以用相关旅行以及其他游客愿意承受的成本来衡量；机场减少噪声计划的价值，可以用机场附近不动产价值的升值来衡量。

3. 非商品化物品定价。

(1) 时间价值的确定。时间对任何人而言都是一种资源，公共项目如果影响到人们对自己时间的分配，就会产生一定的福利效应，这种福利效应在项目评估中必须加以考虑。

通常，可以利用人们的"闲暇—收入选择"原理来估计时间价值。假定个人可以控制他的工作量，他将会工作到这样一个临界点上停止下来。在该点，其闲暇的主观评价价值正好等于他再劳动一个小时可能拿到的额外收入——代表闲暇的机会成本。因此，经济学家常常用税后小时工资收入作为单位时间价值。另一种测定时间价值的办法是比较人们对交通工具的选择。由于人们在旅行或乘车中所能节约的时间经常与其选定的交通工具的票价呈正相关关系，据此就可以大体推算出时间节约的货币价值。

此外，鉴于商品在不等长的时间内对个人、社会产生的效用也不相等，如果某一公共项目影响了某种商品在使用时间方面的分配，同样也必须在项目评估中予以考虑。这种情况的一个最典型的例子就是财务信贷。金融市场上信贷资金的利息计算中，时间是一个基本因素，即贷款资金占用的时间越长，其贷款利息支付就越大。在这方面，如果某一公共项目使人们节约了时间，也便意味着该项目的社会收益增加。这种情形下，时间的价值就是单位时间内节约的利息费用。

(2) 生命价值的确定。经济学家在进行项目评估时常常需要计算生命的价值，这样才能估算出政府涉及人身安全的公共项目的收益和成本。如果人人都认为生命无价，那么用于这方面的政府开支无论多高也不算过分。但这从经济学角度来看却不合理，因为它使成本—收益分析方法失去了意义。

估算生命价值的最简单办法是用个人一生中可以获得的收入的现值作为其个人生命的价值，或用意外死亡造成的对未来个人收入的损失来估算生命价值。例如，某人30岁时因工死亡，假定（到他60岁时退休时）未来30年内其所获得的全部收入的现值是90万美元，那么赔偿其家属的钱就不应该低于这一数值。这90万美元代表了死者30年寿命的基本价值。

另一种办法是用死亡概率来衡量生命价值，即用个人对变动的死亡概率所愿意支付的钱来间接衡量个人对生命价值的评价。如两个同样背景（同年龄、同性别、同学历等）的人甲和乙。甲从事政府公务员工作，年收入是30 000美元，乙从事室外高空作业工作，年收入是55 000美元。假设乙在其所选择的工作岗位上面临的死亡概率比甲高2%，那么个人乙何以愿意从事高空作业工作，原因在于较高的工资对此做了相应的补偿。据美国的一项调查表明，某一职业的死亡概率每增加1%，其工资收入会相应地增加6 700美元。由此看来，如果政府的公共项目开支用于降低社会成员死亡概率所花的钱，小于个人为降低同样的死亡概率所愿意支付的钱，这项开支就应视为收益大于成本。

## 四、成本—收益的比较方法

公共项目评估过程中常使用的成本、收益比较方法主要有以下四种。

### (一) 简单回收率法 (rate of return method)

该方法是用公共投资项目每年的净收益与该项目的原始投资额（包括固定资本与流动资本投资）进行对比，求出总投资的年平均回收比率，该比率如果大于资本市场利率，一般可以认为该投资项目是有盈利的，可以考虑以此回收率作为该项目的立项依据。此外，一个项目的回收率越高，客观上表明该项目的营利性就越大，那么在多个投资项目选择中，自然要首选回收率较高的项目。其计算公式为：

$$R = \frac{F}{I}$$

其中，R 为总投资回收率；F 为每年度净收益；I 为总投资。

### (二) 投资回收期法 (periods of return method)

该方法计算公共项目从开始投资到全部收回投资所需要的时间（回收期），通过与私人项目的回收期进行比较，大体确定该公共项目的可行性与否。如果政府为某种公共投资项目规定了一个投资回收期，也就是确定了这类项目的选择标准，即不能在规定的年份里收回投资的公共投资项目一律属于不可接受的项目。其计算公式为：

$$I = \sum_{t=0}^{p} F_t$$

其中，I 为投资总额；p 为回收期；$F_t$ 为 t 年度的净收益。

### (三) 净现值法 (net present value method)

该方法首先计算公共项目的成本现值与收益现值，然后从收益现值中减去其成本现值，求得净现值。如果净现值大于零，表示该公共项目是可取的；如果净现值小于零，表示该公共项目不可取；如果净现值等于零，表示该公共项目处于取舍之间，应该结合其他标准决定是否选择该公共投资项目。如果为实现某一公共投资项目可以选择不同方案，就要计算这些不同方案的净现值，而后进行比较，选出净现值最大的方案，作为项目评估的最优结果。其计算公式为：

$$NPV = \sum_{t=0}^{w} (CIF_t - COF_t)/(1 + r)^t$$

其中，$CIF_t$ 为该项目各年度的现金流入值；$COF_t$ 为该项目各年度的现金流出值；r 为贴现率。

### (四) 收益—成本率法 (benefit—cost ratio method)

该方法是通过求公共项目的收益现值与成本现值的比，即收益—成本率来确定公共项目是否可取。如果收益—成本率大于1，表示该公共项目可取；如果收益—成本率小于1，表示该公共项目不可取；如果收益—成本率等于1，表示该公共项目处于取舍之间状态，应该结合其他标准决定是否选择该公共投资项目。其计算公式为：

$$\frac{B}{C} = \frac{NPV_B}{NPV_C}$$

其中，$\frac{B}{C}$ 为收益—成本率；$NPV_B$ 为项目的收益现值；$NPV_C$ 为项目的成本现值。

## 基 本 概 念

财政支出　功利主义　罗尔斯主义　购买性支出　转移性支出　预算外支出　瓦格纳法则　财政支出增长率　成本收益分析　影子价格

## 思考与练习

1. 评价功利主义与罗尔斯主义对公平的看法。
2. 分析我国财政支出结构。
3. 成本收益的比较方法有哪些？

# 第六章 购买性支出和转移性支出

【本章概要】
　　购买性支出和转移性支出是财政支出最重要的分类,是对财政支出的细化。不同类型的财政支出,在资金来源、资金使用、效果评估上都有所不同,只有了解了各个支出项目的特点和发展,才能准确地评估财政支出的整体效益,从而肯定政府分配和使用资金的合理性和必要性。

【学习目标】
1. 掌握购买性支出和转移性支出中的主要支出项目。
2. 了解我国各项支出项目的现状及变化趋势。

## 引　言

　　购买性支出直接表现为政府购买物品或服务的活动,具有有偿性、等价性和消耗性的特点,它又可以细分为消费性支出和投资性支出。投资性支出是购买社会所需投资品所进行的支出,如修建三峡工程、秦山核电站所进行的资本品购买。转移性支出则是政府财政资金无偿的、单方面转移所形成的支出。购买性支出与转移性支出的相对比重,反映着政府对资源配置职能和收入分配职能之间的权衡,也表明了不同发展时期、不同政府其行使职能的侧重点不同。从世界各国平均值来看,发展中国家购买性支出占总支出比重在60%左右,转移性支出占总支出比重在22%左右;发达国家购买性支出占总支出比重在45%左右,转移性支出占总支出比重在40%左右。

## 第一节　社会消费性支出

　　总的来说,社会消费性支出具有这些特点:(1)消费性支出满足的是社会共同需要,正是这种支出构成了财政这一经济现象存在的主要依据,它所提供的服务可以为全体公民共同享受,具有明显的外部效应;(2)消费性支出是国家执行政治职能和社会职能的保证,而且提供行政管理和社会服务是政府合法性的基础，也是政府取得公民支持和承认的前提；（3）在不同国家的不同时期，社会消费性支出的规模也有所不同。细分起来，消费性支出主要包括行政管理支出、国防支出、科教文卫支出。

## 一、行政管理支出

### （一）行政管理支出的性质和范围

政府是由被授权制定公共政策与处理国家事务的个人和机构组成的政治组织，其重要作用在于妥善安排、协调国家的内政外交关系。对于政府的认识，一方面，它是消费者，必然会消费一部分产品，因此，政府活动是非生产性活动，是社会无法避免的负担；另一方面，政府是生产者，它生产各种形式的公共产品和服务，由于这些产品和服务若按价格在市场出售，其收入不足以补偿全部生产成本，因而只能由政府去生产。

政府职能就是政府在一定时期内承担的职责和负有的功能，其根据国内的经济、政治、文化发展以及国际形势变化而变化。行政管理职能是政府的一项最基本的职能，指国家依法行使国家权利，组织和管理国家事务的活动。相应地，政府所需的行政管理支出就是财政用于各级权力机关、行政管理机关、司法检察机关和外事机构行使其职能和开展各种日常业务所需的经费支出。在我国，行政管理支出还包括政协和其他群众团体的活动经费，具体包括这些部门的人头费、办公费、办公场所建造维持费、设备购置费等。因此，可以将行政管理支出看做是维持政府这部庞大而复杂的机器正常运转而要求纳税人所必须支付的成本。

具体来讲，我国行政管理支出可以细分为行政支出、公检法支出、武装警察部队支出和外交外事支出四部分。行政支出具体包括人大经费、政府机关经费、政协经费、共产党各级机关经费、民主党派机关经费和社会团体机关经费。公检法支出具体包括公安支出、国家安全支出、法院和检察院支出、司法支出、监狱支出、劳教经费和缉私警察支出。武装警察部队支出具体包括内卫部队经费、边防部队经费、消防部队经费、警卫部队经费、黄金部队经费、森林部队经费、水电部队经费、交通部队经费和其他支出。外交外事支出具体包括外交支出、国际组织支出及偿付外国资产支出、地方外事费、对外宣传费和边境联检费。

从具体用途上，则可把行政管理支出分为人员经费和公用经费两大类，前者包括工资费用、福利费用、离退休人员费用等，后者包括公务费、修缮费、设备购置费和业务费。

### （二）影响行政管理支出规模的因素

影响行政管理支出规模的因素主要有以下四个方面。

1. 政府职能。政府职能的多少是决定政府行政管理支出的最重要因素。从现代市场经济体制下来说，政府职能主要分为两部分：一是提供公众所需要的公共产品或服务，这些公共产品包括社会安全、法律秩序、国防、交通网络、基础研究等。其中许多公共产品时通过政府投资性支出来提供的，当然，社会安全、法律秩序、对外交往等则是直接通过政府的行政管理支出维持的。二是弥补市场失灵，包括抑制垄断、调节外部效应等。由于公共产品也属于市场失灵的范畴，故这两部分职能也可合起来概括为社会管理服务职能，这也是西方国家财政理论中强调的政府一元论。我国政府情况特殊，面对存在的大量国有资产，除必须承担的社会管理服务职能外，还承担了国有资产管理职能，因此，我国政府从职能上是不同于西方国家政府的二元论，对我国财政的研究必须包含国有资产部分，否则是不完整的。这也意味着我国的行政管理支出偏高是有依据的，问题主要集中在行政管理支出的使用用途不当和效率低下上。

2. 社会经济规模。社会经济规模也是决定行政管理支出的一个重要因素。随着社会经济规模的扩张，社会分工越来越细，当事人之间的关系会更加复杂，市场关系的复杂化引起了对法律和契约的需要，这就需要把更多的资源用在提供治安和法律设施上。同时，随着社会经济规模的扩张发展，城市化进程加速，人口居住将更加密集，对公共基础设施的提供提出了更高要求，使政府不断介入物质生产领域，形成了诸多公共企业，为各类人群提供足量的差异化的公共产品或服务。此外，随着社会经济发展，人们对教育、娱乐、文化和保健等方面的公共需求就急剧增加，这也迫使政府花费更多来满足这些公共项目上的需求。

3. 行政效率。行政管理支出是政府在履行其职能过程中所耗费的社会资源，是全社会成员所必须担负的社会成本，政府提供的服务可视作其"产出"，因而我们也可以对政府的投入作成本收益的分析，此收益与成本之比即为政府的行政效率。在耗费相等的社会资源条件下，政府能提供的服务数量越多，质量越高，则其行政效率越高；相反，政府提供的服务数量很少，质量低劣，却又消耗了大量的社会资源，则其行政效率必定低下。在政府所能提供的服务数量和质量一定的情况下，政府行政效率是影响行政管理支出的重要因素。从我国的实际情况来看，行政管理支出的增长速度过快，超过了财政总收支的增长速度，行政管理支出占财政总支出的比重也在逐年增加，这与我国政府行政效率低下有很大关系。

4. 预算管理。预算是监督控制政府规模最有效的手段。如果所有的政府收支都纳入预算管理中，政府的收支就能清楚透明地展现在公众面前，公众就可以对政府的所有收支项目进行监督控制。当政府的某些收支项目没有纳入预算，或者是虽有预算，但是政府并不严格按照预算来安排收支时，民众就很难对政府的行为进行监督控制，此时我们就说政府面对的是"预算软约束"，缺乏有效的监督和预算约束，就会导致政府浪费和腐败，政府预算管理约束的强弱是影响政府行政管理支出规模的一个重要因素。

（三）我国行政管理支出现状

1. 我国行政管理支出的水平。对我国行政管理支出的认识，可从行政管理支出总额、行政管理支出占财政支出比重、行政管理支出增长率、财政供养人员等一些定量指标来衡量。表6-1反映的是我国行政管理支出总额、行政管理支出占财政支出比重和行政管理支出增长率。

表6-1 我国行政管理支出分析

| 年份 | 行政管理支出（亿元） | 财政支出（亿元） | 行政管理占财政支出比重（%） | 行政管理增长率（%） | 财政支出增长率（%） |
| --- | --- | --- | --- | --- | --- |
| 1979 | 57.24 | 1 281.79 | 4.47 | — | 14.2 |
| 1980 | 66.79 | 1 228.83 | 5.44 | 16.68 | -4.1 |
| 1981 | 70.88 | 1 138.41 | 6.23 | 6.12 | -7.5 |
| 1982 | 81.60 | 1 229.98 | 6.63 | 15.12 | 8.0 |
| 1983 | 102.20 | 1 409.52 | 7.25 | 25.25 | 14.6 |
| 1984 | 125.23 | 1 701.02 | 7.36 | 22.53 | 20.7 |
| 1985 | 130.58 | 2 004.25 | 6.52 | 4.27 | 17.8 |
| 1986 | 168.03 | 2 204.91 | 7.62 | 28.68 | 10.0 |
| 1987 | 179.33 | 2 262.18 | 7.93 | 6.72 | 2.6 |
| 1988 | 220.89 | 2 491.21 | 8.87 | 23.18 | 10.1 |
| 1989 | 261.86 | 2 823.78 | 9.27 | 18.55 | 13.3 |
| 1990 | 303.10 | 3 083.59 | 9.83 | 15.75 | 9.2 |
| 1991 | 343.60 | 3 386.62 | 10.15 | 13.36 | 9.8 |
| 1992 | 424.58 | 3 742.20 | 11.35 | 23.57 | 10.5 |
| 1993 | 535.77 | 4 642.30 | 11.54 | 26.19 | 24.1 |
| 1994 | 729.43 | 5 792.62 | 12.59 | 36.15 | 24.8 |
| 1995 | 872.68 | 6 823.72 | 12.79 | 19.64 | 17.8 |
| 1996 | 1 040.80 | 7 937.55 | 13.11 | 19.26 | 16.3 |
| 1997 | 1 137.16 | 9 233.56 | 12.32 | 9.26 | 16.3 |
| 1998 | 1 326.77 | 10 798.18 | 12.29 | 16.67 | 16.9 |
| 1999 | 1 525.68 | 13 187.67 | 11.57 | 14.99 | 22.1 |
| 2000 | 1 787.58 | 15 886.50 | 11.25 | 17.17 | 20.5 |
| 2001 | 2 197.32 | 18 902.58 | 11.62 | 22.92 | 19.0 |
| 2002 | 2 979.42 | 22 053.15 | 13.51 | 35.59 | 16.7 |
| 2003 | 3 437.68 | 24 649.95 | 13.95 | 15.38 | 11.8 |
| 2004 | 4 059.91 | 28 486.89 | 14.25 | 18.10 | 15.6 |
| 2005 | 4 835.43 | 33 930.28 | 14.25 | 19.10 | 19.1 |
| 2006 | 5 639.05 | 40 422.73 | 13.95 | 16.62 | 19.1 |

资料来源：《中国统计年鉴（2007）》，因2006年政府收支分类的改革，故该项支出具体数据截至2006年。

从表 6-1 中可以看出，我国行政管理支出增长的趋势非常明显[①]，从总量来看，1979 年仅为 57.24 亿元，2006 年增加到 5 639.05 亿元，增长了 99 倍，相比之下，财政支出在同一时段内只增长了 32 倍。从相对量来看，行政管理支出占财政支出的比重从 1979 年的 4.47% 增加到 2006 年的 13.95%，增加了 9.48 个百分点，如图 6-1 所示；行政管理支出占 GDP 的比重则从 1979 年的 1.4% 增长到了 2006 年的 2.6%，增加了 1.2 个百分点。至于行政管理支出的增长率，从图 6-2 的比较中可以看出，行政管理支出增长率虽与财政支出增长率保持一致，但总是略高于财政支出增长率。行政管理支出的增长是有必要的，自改革开放以来，我国政府职能不仅没有缩小，反而随着各种改革措施的实施不断扩大，相应的政府机构和人员的扩充也就不可避免。但不得不承认，若与其他各项财政支出相比，行政管理支出的增长明显太快了。行政管理支出的快速增长，会带来一系列的问题，例如，挤占其他财政支出项目；行政效率下降；收费收入、罚没收入等预算外收入增长等。因此，控制和压缩我国行政管理支出是调整支出结构的重点内容之一。

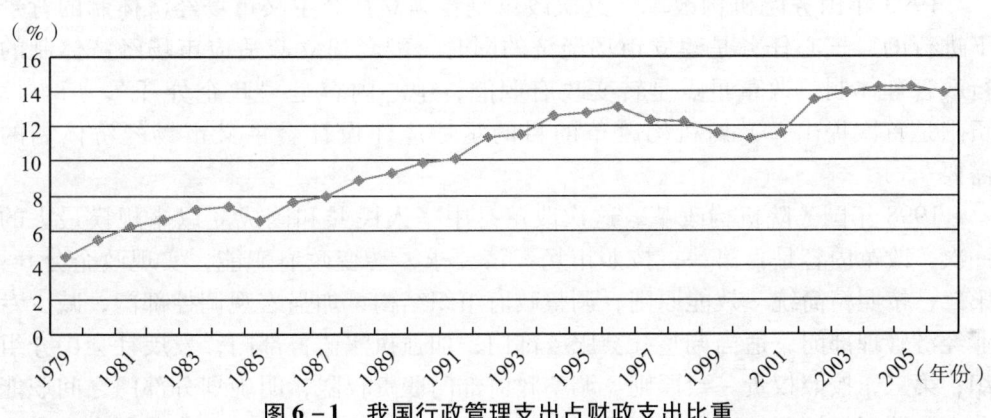

图 6-1　我国行政管理支出占财政支出比重

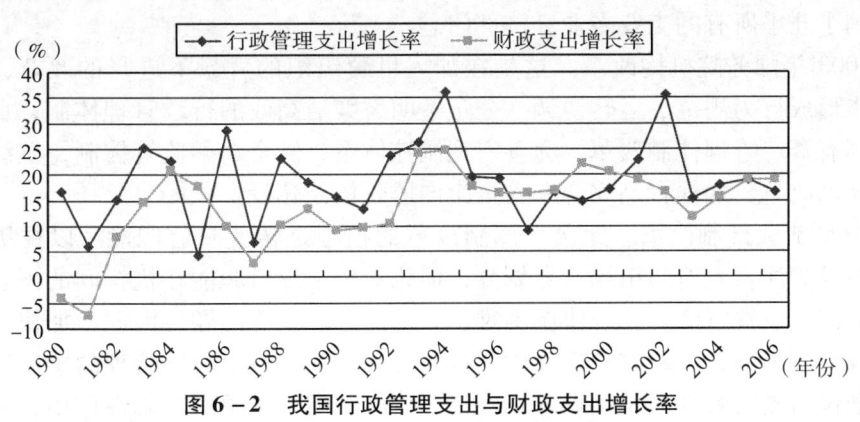

图 6-2　我国行政管理支出与财政支出增长率

---

① 2007 年政府收支分类改革之后，支出功能大类中不再单独列行政管理支出一项，但分散在各大类下加以反映，以 2011 年为例，如外交下有外交管理事务 6.28 亿元，一般公共服务 10 987.78 亿元，教育下有教育管理事务 292.57 亿元，社会保障和就业下有人力资源和社会保障管理事务 412.03 亿元及民政管理事务 344.69 亿元，等等。故该性质的支出规模还是很庞大的。

2. 六次政府机构改革。为控制和压缩行政管理支出，从改革开放至今，我国已经进行了六次政府机构改革。从前五次政府机构改革的效果来看，政府机构设置和人员编制始终摆脱不了"精简—膨胀—再精简—再膨胀"的恶性循环。

1982年国务院机构改革。这次改革明确规定了各级各部门领导班子的职数、年龄和文化结构，减少副职；干部队伍"四化"方针开始落实，即革命化、年轻化、知识化、专业化，建立起了正常的干部离退休制度；较大幅度、撤并了经济管理部门。

1988年国务院机构改革。这是一次弱化专业经济部门分钱、分物和直接干预企业经营活动的职能，以达到增强政府宏观调控能力和转向行业管理目的的改革。其贡献是首次提出"转变政府职能是机构改革的关键"，改革重点是那些与经济体制改革关系密切的经济管理部门，使这些部门从直接管理为主转变为间接管理为主。

1993年国务院机构改革。这次改革是在确立社会主义市场经济体制的背景下进行的，核心任务是建立市场经济的同时，配套建立起适应市场经济体制的行政管理体制。改革重点是转变政府职能，中心内容是"政企分开"，历史性贡献是首次提出"政府机构改革的目的是适应建设社会主义市场经济体制的需要"。

1998年国务院机构改革。这次改革是中华人民共和国成立以来规模最大的一次，改革内容是：第一，按照市场经济要求，转变政府职能，实现政企分开；第二，按照精简统一效能原则，调整政府组织结构，加强宏观调控部门，减少专业经济管理部门，适当调整社会服务部门，加强执法监督部门，发展社会中介组织；第三，按照权责一致原则，调整政府部门职责权限，明确划分部门之间职能分工；第四，按照依法行政要求，加强行政体系的法制建设。此次改革突出表现是撤销了几乎所有的工业专业经济部门。

2003年国务院机构改革。这是在加入世贸组织的背景下进行的改革，目标是逐步形成行为规范、运转协调、公正透明、廉洁高效的行政管理体制，重点是深化国有资产管理体制改革，完善宏观调控体系，健全金融监管体制，继续推进流通体制改革，加强食品安全和安全生产监管体制建设。

2008年大部制改革。此次大部制改革的核心是转变政府职能。以往历次机构改革较为注重政府与市场边界划分，但相对忽视政府职能在机构间的配置，造成政府部门设置过细、综合协调困难、管理成本过高等问题。因此，加快推进政企分开、政事分开、政府与市场中介组织分开，把不该由政府管理的事项转移出去，把该由政府管理的事项管好，确定市场经济配置资源的基础性作用，发挥社会和民间组织作用，是大部制改革的关键。

专栏 6-1

## 深化党和国家机构改革方案

2018年3月,《深化党和国家机构改革方案》(以下简称《方案》)全文对外公布,此前,《方案》中涉及国务院机构改革的内容已由全国人大审议通过。《方案》指出:在新的历史起点上深化党和国家机构改革,必须全面贯彻党的十九大精神,坚持以马克思列宁主义、毛泽东思想、邓小平理论、"三个代表"重要思想、科学发展观、习近平新时代中国特色社会主义思想为指导,牢固树立政治意识、大局意识、核心意识、看齐意识,坚决维护以习近平同志为核心的党中央权威和集中统一领导,适应新时代中国特色社会主义发展要求,坚持稳中求进工作总基调,坚持正确改革方向,坚持以人民为中心,坚持全面依法治国,以加强党的全面领导为统领,以国家治理体系和治理能力现代化为导向,以推进党和国家机构职能优化协同高效为着力点,改革机构设置,优化职能配置,深化转职能、转方式、转作风,提高效率效能,积极构建系统完备、科学规范、运行高效的党和国家机构职能体系,为决胜全面建成小康社会、开启全面建设社会主义现代化国家新征程、实现中华民族伟大复兴的中国梦提供有力的制度保障。

《方案》中涉及机构改革内容有:组建国家监察委员会;组建中央全面依法治国委员会;组建中央审计委员会;中央全面深化改革领导小组、中央网络安全和信息化领导小组、中央财经领导小组、中央外事工作领导小组改为委员会;组建中央教育工作领导小组;组建中央和国家机关工作委员会;组建新的中央党校(国家行政学院);组建中央党史和文献研究院;中央组织部统一管理中央机构编制委员会办公室;中央组织部统一管理公务员工作;中央宣传部统一管理新闻出版工作;中央宣传部统一管理电影工作;中央统战部统一领导国家民族事务委员会;中央统战部统一管理宗教工作;中央统战部统一管理侨务工作;优化中央网络安全和信息化委员会办公室职责;不再设立中央维护海洋权益工作领导小组;不再设立中央社会治安综合治理委员会及其办公室;不再设立中央维护稳定工作领导小组及其办公室;将中央防范和处理邪教问题领导小组及其办公室职责划归中央政法委员会、公安部;组建全国人大社会建设委员会;全国人大内务司法委员会更名为全国人大监察和司法委员会;全国人大法律委员会更名为全国人大宪法和法律委员会;组建自然资源部;组建生态环境部;组建农业农村部;组建文化和旅游部;组建国家卫生健康委员会;组建退役军人事务部;组建应急管理部;重新组建科学技术部;重新组建司法部;优化审计署职责;组建国家市场监督管理总局;组建国家广播电视总局;组建中央广播电视总台;组建中国银行保险监督管理委员会;组建国家国际发展合作署;组建国家医疗保障局;组建国家

> 粮食和物资储备局；组建国家移民管理局；组建国家林业和草原局；重新组建国家知识产权局；国务院三峡工程建设委员会及其办公室、国务院南水北调工程建设委员会及其办公室并入水利部；调整全国社会保障基金理事会隶属关系；改革国税地税征管体制；组建全国政协农业和农村委员会；全国政协文史和学习委员会更名为全国政协文化文史和学习委员会；全国政协教科文卫体委员会更名为全国政协教科卫体委员会；整合组建市场监管综合执法队伍；整合组建生态环境保护综合执法队伍；整合组建文化市场综合执法队伍；整合组建交通运输综合执法队伍；整合组建农业综合执法队伍；公安边防部队改制；公安消防部队改制；公安警卫部队改制；海警队伍转隶武警部队；武警部队不再领导管理武警黄金、森林、水电部队；武警部队不再承担海关执勤任务等。
>
> 其中，将全国社会保障基金理事会由国务院管理调整为由财政部管理，承担基金安全和保值增值的主体责任；将省级和省级以下国税地税机构合并，具体承担所辖区域内各项税收、非税收入征管等职责。

## 二、国防支出

国防支出是公共财政用于国防建设和军队建设方面的费用。国家的一项重要职能就是防御外敌入侵、保卫国家安全，因此，建立军队和军事设施是必需的，这就决定了国防支出是国家的一项基本支出。

### （一）国防支出的性质和范围

每个国家都有安全的需要，安全是生存与发展的基础，因此，国防支出是少数的纯公共产品之一，在各个国家一般都由中央政府通过财政拨款建立国防体系来满足。狭义的国防支出是一个财政年度内用于由国防部管理的所有项目上的支出，广义的国防支出是一个特定国家在一定时期内用于与国家安全防卫有关的人员与项目上的所有资源耗费的总和。但若要准确界定国防支出的内涵则比较困难，因为不同的国家总是根据它们自己的需求对国防支出进行界定。目前，世界上有三种国防支出的定义被广泛使用，分别是由北大西洋公约组织、国际货币基金组织和联合国提出的。这三种定义中都包括了下列内容：军人及军事组织内有关技术人员、官员的薪金福利支出；武器装备采购支出；军队基础设施建设支出；军事研究与开发支出；对他国军事援助支出；军队活动维持支出等。

### （二）影响国防支出规模的因素

一般而言，国防支出的水平高低取决于以下四个因素。

1. 经济发展水平。在正常情况下，一国经济发展水平的高低，是确定国防支出的物质基础。经济实力越强，用于国防方面的支出就可以越大；经济实力越弱，国防开支就会受到很大的限制。据瑞典斯德哥尔摩国际和平研究所报告称，2017年全球军费开支为17 390亿美元，其中，美国以6 100亿美元居于首位，排在美国之后的依次是中国、沙特阿拉伯、俄罗斯、印度、法国、英国、日本、德国，国防支出大国也都是经济大国。

2. 国家管辖范围。一个国家领土越大，人口越多，用于保卫国土、保护国民安全的防护性开支就会越大。从世界各国的情况来看，国防开支排名前十位的国家基本上都是大国。

3. 国际环境及国际形势。国际环境的变化对国家安全会产生潜在的影响，适应复杂的国际环境，确定必要的国防军事对策，对每一个主权国家都有极为重要的战略意义。因此，一国所处的国际安全环境以及所感受到的国际压力大小是决定一国国防支出水平最重要的因素。如果国家处于对抗的国际环境中，随时都有爆发战争的可能性，国家安全受到很大威胁，相应地就会把较多GDP投入国防建设中。如果国家处于对话的国际环境中，受到外敌入侵的可能性比较小，国家安全有所保障，就可以适度削减国防支出。另外，国际安全态势还决定了一个国家国防支出结构，例如，在冷战期间，世界各国所面临的威胁主要来自两大军事集团之间的大规模冲突，因此，当时的各个国家都把国防建设的重点设定为组建机械化兵团上；冷战结束后，非对称战争如恐怖主义、武装海盗等凸显，因此，各个国家开始把组建快速反应部队作为国防支出重点。

4. 技术水平。技术水平虽然可以大幅度提高国防能力，但也造成了国防支出的负担。国防科技进步会使现有武器装备及军人智力资本加速折旧，更新速度加快。总体来说，国防科技的进步导致了国防支出规模的不断膨胀。

(三) 我国国防支出现状及变化趋势

我国国防支出的增长及其占财政支出的比重，存在变化波动大的特点，不过，在改革开放之后则呈现出不断降低的趋势。若与国际范围内发达国家相比，我国的国防规模还是比较低的。

从表6-2中可以看出，我国国防支出存在的问题就是国防支出不足。从图6-3和图6-4中可以看出，我国国防支出占财政支出的比重持续下降，从1979年的17%下降到2016年的5%，减少了12个百分点。当然，自1979年后，我国的国际环境尤其是周边环境相对好转，和平的环境态势使国防支出有所减少，从而将资源转移到经济建设上。但一味地降低国防支出以支持经济建设，也是不可取的。国力增强了，而国防力量却相对弱了，其后果更是不堪设想。而且，自2008年全球经济危机以来，国际环境趋向复杂多变，其中也包括了我国周边安全形势。若与其他各国相比，我国国防支出不足的问题就更加明显。世界各国军费平均水平约占GDP的3%，而我国只有1.5%左右。2009年美国国防支出为6 120亿美元，我国国防支出只有702亿美元，是当年美国国防支出的11%。至于我国人均国防支出，更与其他国家无法相比。2009年美国人均国防支出竟是我国人均国防支出的45倍。为此，我们必须根据国防发展的战略目标、国家安全态势，以国家面对的安全威胁、新军事变革的方向和军事斗争的需求为导向和牵引，适度增加国防支出规模。

表 6-2　　　　　　　　　　我国国防支出分析

| 年份 | 国防支出（亿元） | 财政支出（亿元） | 国防占财政支出比重（%） | 国防支出增长率（%） | 财政支出增长率（%） |
|---|---|---|---|---|---|
| 1979 | 222.64 | 1 281.79 | 17.37 | — | 14.2 |
| 1980 | 193.84 | 1 228.83 | 15.77 | -12.94 | -4.1 |
| 1981 | 167.97 | 1 138.41 | 14.75 | -13.35 | -7.5 |
| 1982 | 176.35 | 1 229.98 | 14.34 | 4.99 | 8.0 |
| 1983 | 177.13 | 1 409.52 | 12.57 | 0.44 | 14.6 |
| 1984 | 180.76 | 1 701.02 | 10.63 | 2.05 | 20.7 |
| 1985 | 191.53 | 2 004.25 | 9.56 | 5.96 | 17.8 |
| 1986 | 200.75 | 2 204.91 | 9.10 | 4.81 | 10.0 |
| 1987 | 209.62 | 2 262.18 | 9.27 | 4.42 | 2.6 |
| 1988 | 218.00 | 2 491.21 | 8.75 | 4.00 | 10.1 |
| 1989 | 251.47 | 2 823.78 | 8.91 | 15.35 | 13.3 |
| 1990 | 290.31 | 3 083.59 | 9.41 | 15.45 | 9.2 |
| 1991 | 330.31 | 3 386.62 | 9.75 | 13.78 | 9.8 |
| 1992 | 377.86 | 3 742.20 | 10.10 | 14.40 | 10.5 |
| 1993 | 425.80 | 4 642.30 | 9.17 | 12.69 | 24.1 |
| 1994 | 550.71 | 5 792.62 | 9.51 | 29.34 | 24.8 |
| 1995 | 636.72 | 6 823.72 | 9.33 | 15.62 | 17.8 |
| 1996 | 720.06 | 7 937.55 | 9.07 | 13.09 | 16.3 |
| 1997 | 812.57 | 9 233.56 | 8.80 | 12.85 | 16.3 |
| 1998 | 934.70 | 10 798.18 | 8.66 | 15.03 | 16.9 |
| 1999 | 1 076.40 | 13 187.67 | 8.16 | 15.16 | 22.1 |
| 2000 | 1 207.54 | 15 886.50 | 7.60 | 12.18 | 20.5 |
| 2001 | 1 442.04 | 18 902.58 | 7.63 | 19.42 | 19.0 |
| 2002 | 1 707.78 | 22 053.15 | 7.74 | 18.43 | 16.7 |
| 2003 | 1 907.87 | 24 649.95 | 7.74 | 11.72 | 11.8 |
| 2004 | 2 200.01 | 28 486.89 | 7.72 | 15.31 | 15.6 |
| 2005 | 2 474.96 | 33 930.28 | 7.29 | 12.50 | 19.1 |
| 2006 | 2 979.38 | 40 422.73 | 7.37 | 20.38 | 19.1 |
| 2007 | 3 554.91 | 49 781.35 | 7.14 | 19.32 | 23.2 |
| 2008 | 4 178.76 | 62 592.66 | 6.68 | 17.55 | 25.7 |

续表

| 年份 | 国防支出（亿元） | 财政支出（亿元） | 国防占财政支出比重（%） | 国防支出增长率（%） | 财政支出增长率（%） |
|---|---|---|---|---|---|
| 2009 | 4 951.10 | 76 299.93 | 6.49 | 18.48 | 21.9 |
| 2010 | 5 333.37 | 89 874.16 | 5.93 | 7.72 | 17.8 |
| 2011 | 6 027.91 | 109 247.80 | 5.52 | 13.02 | 21.6 |
| 2012 | 6 691.92 | 125 953.00 | 5.31 | 11.02 | 15.3 |
| 2013 | 7 409.96 | 139 744.30 | 5.30 | 10.73 | 10.9 |
| 2014 | 8 289.54 | 151 785.56 | 5.50 | 9.60 | 15.9 |
| 2015 | 9 087.84 | 175 877.77 | 5.20 | 7.50 | 6.8 |
| 2016 | 9 765.84 | 187 755.21 | 5.20 | 7.50 | 6.8 |

资料来源：《中国统计年鉴（2017）》，国防支出增长率根据统计年鉴数据测算。

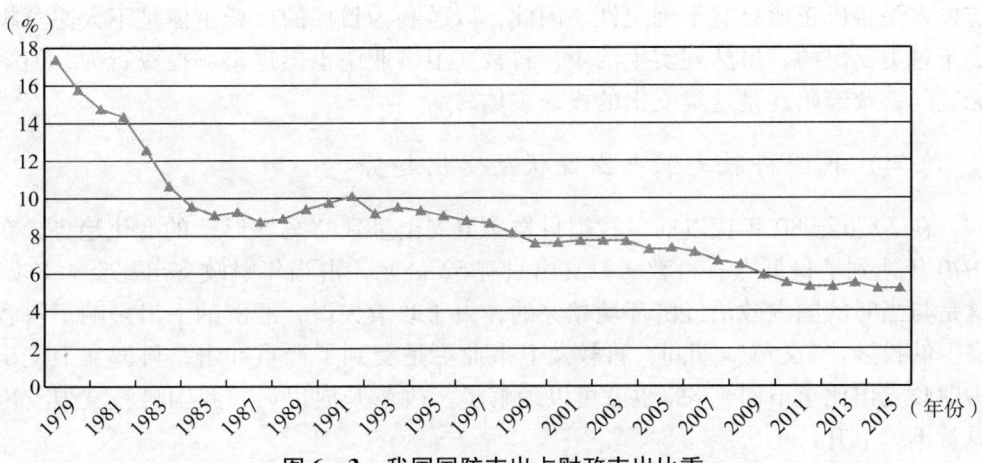

图 6-3 我国国防支出占财政支出比重

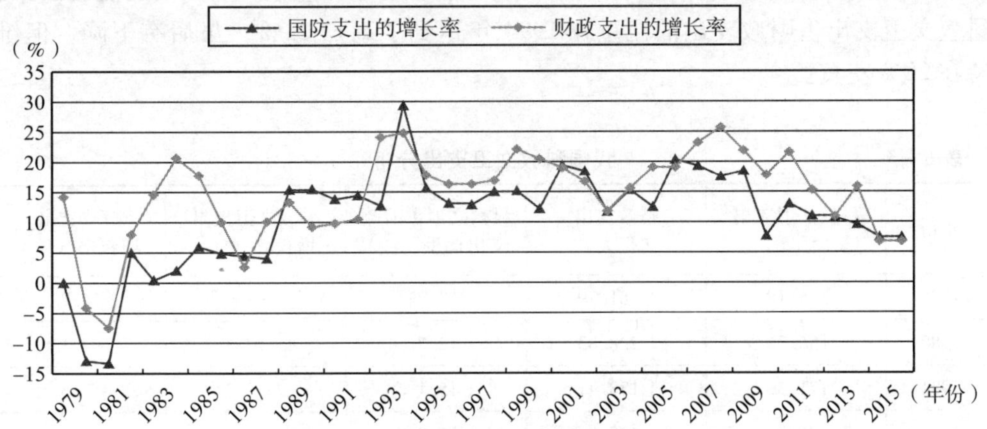

图 6-4 我国国防支出与财政支出增长率

## 三、科教文卫支出

科教文卫支出,是对科学、教育、文化、卫生事业支出的简称,是指国家财政用于科学、教育、文化、卫生事业的经费支出。

### (一)科教文卫支出的性质和范围

科教文卫支出属于非生产性的社会消费支出,这类支出具有非常明显的外部性。如科学支出就具有强烈的外部溢出效应,一项针对某一领域或某一环节的科研成果,在使这一领域或这一生产环节的生产发生重大变化的同时,也可能改变人们甚至整个社会发展的进程。教育支出更是如此,好的教育既能为一国经济发展提供雄厚的人力资源,更有利于社会治安和社会公平。另外,这类支出尤其是科学、教育支出,还存在一定的风险性,即教育或科研的投入是否有成果或成果与投入是否成正比具有不确定性。因此,以盈利为目标的市场主体是不太愿意投资于这类支出的。虽然现实生活中,科教文卫事业中也出现市场投资行为,但毫无疑问,政府始终是这类支出的投入主体。

### (二)我国科教文卫支出现状及变化趋势

在20世纪80年代以前,我国科教文卫支出呈现"马鞍形"的变化趋势,在1970年达到了最低点,科教文卫支出只有52亿元,占当年财政支出比重为8%。这是与当时的国内政治经济环境相关的,由于政策失误,经济的下滑影响了科教文卫的投入,"文革"期间,科教文卫事业更是受到了严重冲击,科教文卫支出占财政支出比重下滑到8%也就可以理解了。改革开放以后,我国科教文卫支出总量迅速上升。

从表6-3中可以看出,1980年我国科教文卫支出只有156亿元,2006年增加到7 425亿元,绝对数增加了约48倍,这从图6-5和图6-6中也能看出来,科教文卫支出占财政支出的比重在1994年达到了高点22%,虽后有下降,但维持在20%左右。

表6-3　　　　　　　　我国科教文卫支出分析

| 年份 | 科教文卫支出(亿元) | 财政支出(亿元) | 科教文卫占财政支出比重(%) | 科教文卫支出增长率(%) | 财政支出增长率(%) |
| --- | --- | --- | --- | --- | --- |
| 1979 | 175.18 | 1 281.79 | 13.7 | — | 14.2 |
| 1980 | 156.26 | 1 228.83 | 12.7 | -10.8 | -4.1 |
| 1981 | 171.36 | 1 138.41 | 15.1 | 9.7 | -7.5 |
| 1982 | 196.96 | 1 229.98 | 16.0 | 14.9 | 8.0 |
| 1983 | 223.54 | 1 409.52 | 15.9 | 13.5 | 14.6 |

续表

| 年份 | 科教文卫支出（亿元） | 财政支出（亿元） | 科教文卫占财政支出比重（%） | 科教文卫支出增长率（%） | 财政支出增长率（%） |
| --- | --- | --- | --- | --- | --- |
| 1984 | 263.17 | 1 701.02 | 15.5 | 17.7 | 20.7 |
| 1985 | 316.70 | 2 004.25 | 15.8 | 20.3 | 17.8 |
| 1986 | 379.93 | 2 204.91 | 17.2 | 20.0 | 10.0 |
| 1987 | 402.75 | 2 262.18 | 17.8 | 6.0 | 2.6 |
| 1988 | 486.10 | 2 491.21 | 19.5 | 20.7 | 10.1 |
| 1989 | 553.33 | 2 823.78 | 19.6 | 13.8 | 13.3 |
| 1990 | 617.29 | 3 083.59 | 20.0 | 11.6 | 9.2 |
| 1991 | 708.00 | 3 386.62 | 20.9 | 14.7 | 9.8 |
| 1992 | 792.96 | 3 742.20 | 21.2 | 12.0 | 10.5 |
| 1993 | 957.77 | 4 642.30 | 20.6 | 20.8 | 24.1 |
| 1994 | 1 278.18 | 5 792.62 | 22.1 | 33.5 | 24.8 |
| 1995 | 1 467.06 | 6 823.72 | 21.5 | 14.8 | 17.8 |
| 1996 | 1 704.25 | 7 937.55 | 21.5 | 16.2 | 16.3 |
| 1997 | 1 903.59 | 9 233.56 | 20.6 | 11.7 | 16.3 |
| 1998 | 2 154.38 | 10 798.18 | 20.0 | 13.2 | 16.9 |
| 1999 | 2 408.06 | 13 187.67 | 18.3 | 11.8 | 22.1 |
| 2000 | 2 736.88 | 15 886.50 | 17.2 | 13.7 | 20.5 |
| 2001 | 3 361.02 | 18 902.58 | 17.8 | 22.8 | 19.0 |
| 2002 | 3 979.08 | 22 053.15 | 18.0 | 18.4 | 16.7 |
| 2003 | 4 505.51 | 24 649.95 | 18.3 | 13.2 | 11.8 |
| 2004 | 5 143.65 | 28 486.89 | 18.1 | 14.2 | 15.6 |
| 2005 | 6 104.18 | 33 930.28 | 18.0 | 18.7 | 19.1 |
| 2006 | 7 425.98 | 40 422.73 | 18.4 | 21.7 | 19.1 |

资料来源：《中国统计年鉴（2007）》。

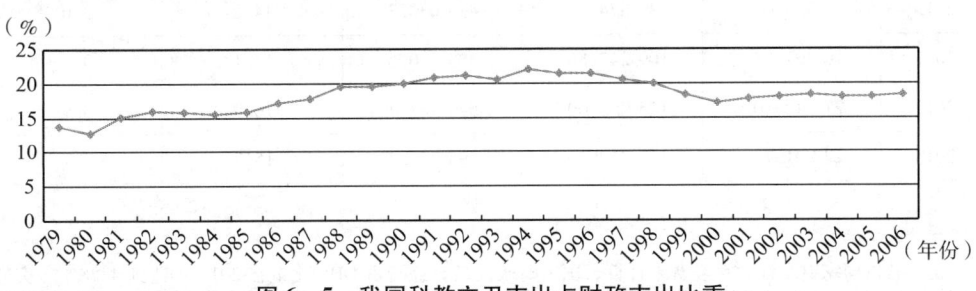

图6-5 我国科教文卫支出占财政支出比重

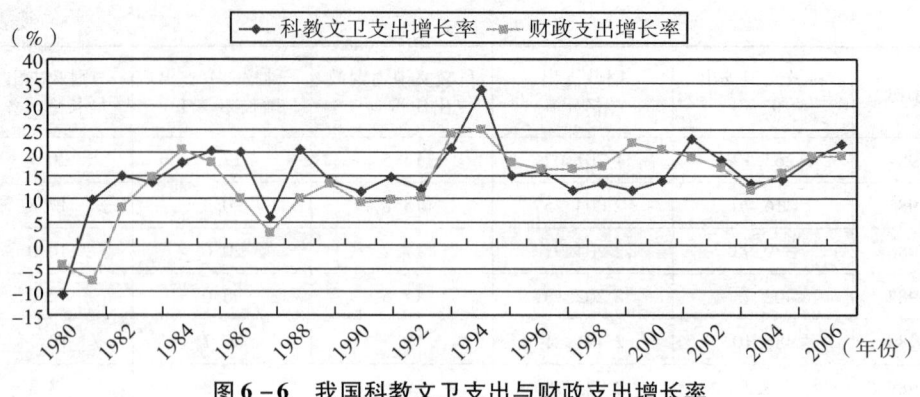

图 6-6　我国科教文卫支出与财政支出增长率

不过，若是分别从教育、科学方面来看，科教文卫支出不足的问题就会暴露出来，应增加科技、教育、文化、卫生支出的财政投入。

1. 教育方面。自 20 世纪 90 年代起，我国财政性教育经费支出占 GDP 的比重就呈持续下滑趋势，1990 年财政性教育经费支出占 GDP 比重为 2.32%，2006 年为 2.27%，这一比重不仅一直未达到 2004 年教育部提出的确保国家财政性教育经费支出达到 GDP 4% 的目标，而且远低于世界发达国家 9% 和发展中国家 4% 的平均水平。若按人均情况来看，那我国财政性教育经费支出就更不足了。按照教育支出增长规律来看，教育支出的增长率应该略高于 GDP 增长率，因为随着经济的发展，教育对经济的促进作用越来越大，而教育投入的回报周期又很长，若不在教育上超前投入，是很难获得较好收益的。不过，近些年来，随着财政开始向民生转移，教育支出所占比重也在不断上升，应继续加以保持①如表 6-4 所示。

表 6-4　　　　　　　　　　2007 年以后教育支出变化情况

| 年份 | 教育支出（亿元） | 财政支出（亿元） | GDP（亿元） | 教育支出占财政支出比重（%） | 教育支出占 GDP 比重（%） |
| --- | --- | --- | --- | --- | --- |
| 2007 | 7 122.32 | 49 781.35 | 270 232.3 | 14.3 | 2.6 |
| 2008 | 9 010.21 | 62 592.66 | 319 515.5 | 14.4 | 2.6 |
| 2009 | 10 437.54 | 76 299.93 | 349 081.4 | 13.7 | 3.0 |
| 2010 | 12 550.02 | 89 874.16 | 413 030.3 | 14.0 | 3.0 |
| 2011 | 16 497.33 | 109 247.80 | 489 300.6 | 15.1 | 3.4 |
| 2012 | 21 242.10 | 125 953.00 | 540 367.4 | 16.9 | 3.9 |
| 2013 | 22 001.76 | 140 212.10 | 595 244.4 | 15.7 | 3.7 |

---

① 若以国家财政性教育经费来计算，国家财政性教育经费占 GDP 比重在 2012 年达到 4.28%，突破 4% 的占比目标。所谓国家财政性教育经费包括公共财政预算教育经费，各级政府征收用于教育的税费，企业办学中的企业拨款，校办产业和社会服务收入用于教育的经费。

续表

| 年份 | 教育支出（亿元） | 财政支出（亿元） | GDP（亿元） | 教育支出占财政支出比重（%） | 教育支出占GDP比重（%） |
|---|---|---|---|---|---|
| 2014 | 23 041.71 | 151 785.56 | 643 974.0 | 15.2 | 3.6 |
| 2015 | 26 271.88 | 175 877.77 | 689 052.1 | 15.0 | 3.8 |
| 2016 | 28 072.78 | 187 755.21 | 744 127.2 | 15.0 | 3.8 |

资料来源：《中国统计年鉴（2017）》，表中教育支出为一般公共预算支出下的教育支出，其数值小于国家财政性教育经费。

2. 科技方面。我国科技支出由 1990 年的 139 亿元增加到了 2005 年的 1 334 亿元，绝对量上有了较大增长，但科技支出占 GDP 的比重却有小幅度的下降，从 1990 年的 0.75% 下降到 2005 年的 0.73%。若从研究与开发（R&D）支出来看，虽然上升幅度非常明显，2006 年的 R&D 占 GDP 的比重还达到了高水平的 1.4%，但这一比例还是不占优势。与其他国家相比，同期美国 R&D 占 GDP 的比重为 2.7%，日本为 3.2%，世界平均水平则为 2.3%。至于人均科技支出，那就更无法相比，1987~1998 年我国科技人员人均 R&D 仅为 1 万美元，而美国为 20 万美元，德国为 22 万美元，英国为 17 万美元。由于科技关乎一国的经济增长和民族振兴，故提高科技的财政投入是必要的，如表 6-5 所示。

表 6-5　　　　　　　　2007 年以后科学技术支出变化情况

| 年份 | 科学技术支出（亿元） | 财政支出（亿元） | GDP（亿元） | 科学技术支出占财政支出比重（%） | 科学技术支出占GDP比重（%） |
|---|---|---|---|---|---|
| 2007 | 1 783.04 | 49 781.35 | 270 232.3 | 3.6 | 0.7 |
| 2008 | 2 129.21 | 62 592.66 | 319 515.5 | 3.4 | 0.7 |
| 2009 | 2 744.52 | 76 299.93 | 349 081.4 | 3.6 | 0.8 |
| 2010 | 3 250.18 | 89 874.16 | 413 030.3 | 3.6 | 0.8 |
| 2011 | 3 828.02 | 109 247.8 | 489 300.6 | 3.5 | 0.8 |
| 2012 | 4 452.63 | 125 953 | 540 367.4 | 3.5 | 0.8 |
| 2013 | 5 084.30 | 140 212.10 | 595 244.4 | 3.6 | 0.9 |
| 2014 | 5 314.45 | 151 785.56 | 643 974.0 | 3.5 | 0.8 |
| 2015 | 5 862.57 | 175 877.77 | 689 052.1 | 3.3 | 0.9 |
| 2016 | 6 563.96 | 187 755.21 | 744 127.2 | 3.5 | 0.9 |

资料来源：《中国统计年鉴（2017）》，表中科学技术支出为一般公共预算支出下的科学技术支出。

## 第二节 政府投资性支出

投资是经济增长的动力,是经济增长的主要因素之一。在任何社会,社会总投资都可以分为政府投资和非政府投资两部分。由于社会经济制度和经济发展阶段不同,这两部分投资在各国社会总投资中所占的比例存在相当大的差异。一般而言,影响这两部分比例的因素主要有两个:一是经济体制的差异。实行市场经济的国家,非政府投资在社会总投资中所占的比例要高一些;在实行计划经济的国家,政府投资所占的比例要高一些。二是经济发展阶段的差异。在经济增速后的发达国家,政府投资占社会总投资比例较小;经济正在增速的发展中国家,政府投资占社会总投资比例较大。

### 一、政府投资的特点和标准

政府投资包括生产性投资和非生产性投资,生产性投资按财政支出项目来说包括基本建设支出、增拨流动资金、挖潜改造资金和科技三项费用以及支农支出,非生产性投资主要是用于国家党政机关、社会团体、文教、科学、卫生等部门的办公用房建设。

非政府投资是由具有独立经济利益和法人身份的微观经济主体去执行的,因为这类投资具有如下特点:(1)目标营利性。非政府投资的目标就是利润最大化,它不可能顾及投资的社会效益。(2)资金有限性。微观经济主体往往依靠自己积累和社会筹资寻找资金,故投资规模是受到限制的。(3)投资短期性。利润动机使微观经济主体将资金主要投向那些投资额小、资金周转快、见效快的短期投资项目。

(一) 政府投资的特点

相比而言,政府投资有着完全不同的特点。

1. 政府投资的公共性、基础性特点。马克思把固定资本分为了两类:一类是以机器的形式直接进入生产过程的固定资本;另一类是具有铁路、建筑物、农业基础设施等形式的固定资本。他指出,后一类固定资本作为共同生产条件的固定资产,不能被单个生产者独家使用,也不会独占性地处在某个特殊的生产过程之中,更不会被当作商品一次性的整个出售。也就是说,这一类固定资本具有公共性、基础性的特征,这些特征决定了它也属于公共产品的范畴,因而只能或主要由国家财政来提供。此外,一些处于生产上游的基础产业,如农业、能源等,它们所生产的产品是其他部门所必需的投入品,因而它们的生产波动和价格波动具有较强的连锁效应,也是政府投资的选择内容之一。

2. 政府投资的开发性和战略性特点。某些高科技、高风险领域的研究开发以及对落后地区的开发等，由于具有耗资大、风险高等特点，私人部门是不感兴趣的，市场机制下往往会造成这类供给短缺，只能由政府主导，利用政府投资来解决。至于那些关系国计民生的部门、行业或企业，更应该通过政府投资加强资本控制，以使政府具有事关全局的战略影响作用。

3. 政府投资的社会效益特点。社会效益是政府投资的出发点和归宿，政府投资是不可能也不应该把营利性作为投资选择的前提条件。说不可能，是因为从政府投资的项目上来看，很难确定盈利的多少，从而衡量投资的好坏。说不应该，是因为政府投资毕竟是对市场失灵的一种补充，是对社会公正、公平的追求，而不是社会总投资的主体，市场经济下，社会总投资的主体应是营利性的非政府投资。当然，政府投资的社会效益特点也不是说政府投资就不计成本收益，这是两个不同的范畴。政府投资也要计算成本收益，但这里的成本收益则是指社会成本和社会收益，不是单纯的经济成本和经济收益。

（二）政府投资的原则

政府投资是社会总投资中不可或缺的一个组成部分，但这不意味着政府投资的范围越广越好、规模越大越好。事实上，在市场经济体制下，政府投资的范围和规模都应受到限制。

1. 政府投资不能对市场的资源配置功能造成扭曲和障碍。政府投资应建立在尊重市场经济运行规律、有利于充分发挥市场功能的基础上，凡是市场能够解决的问题，政府就应减少干预；凡是市场解决不了的或是市场解决缺陷太大的，政府就要责无旁贷。这样，对建立良性的、互补的政府与市场关系也是有利的。

2. 政府投资不宜干扰、影响民间的投资选择和投资偏好。简要地说，就是在社会投资主体多元化、投资来源多渠道化、投资决策分散化的条件下，政府投资既要为非政府投资创造必需的好的外部环境或基础条件，又要考虑其对非政府投资带来的影响。

3. 政府投资要着眼于有利于社会经济效益和投资效益的增进。政府投资既然是一种公共性、基础性的投资，那么，它的社会效益、宏观经济效益和投资效益情况，它的外部效应和乘数效应，都应成为政府投资选择的出发点和归宿。

## 二、政府投资性支出内容

（一）基本建设投资

基本建设投资也被称为基础设施投资，是财政用于固定资产扩大再生产和一部分简单再生产的资金，是政府投资的主要内容之一。

在市场经济下，一国的基础设施越发达，该国的国民经济运行就越顺畅、越有效，人民的生活也越便利，经济增长质量和生活质量都会提高不少。基础设施特别是大型的基础设施，大多属于资本密集型行业，需要大量资本的投入，而且它们的建设周期很长，投资形成生产能力和回收投资的时间往往需要许多年，这些特点决定了大型基础设施很难由个别企业的独立投资完成，尤其在经济发展的初期阶段，没有政府强有力支持，很难有效推动基础设施的建设。在经济发展过程中，各国政府均对基础设施实行强有力的干预政策，不过干预的程度在发展的不同阶段有较大差别。由于经济发达国家经历了工业化发展阶段，基础设施已建设的满足需求，因而政府在基础设施的投入上就会相应减少。而经济欠发达国家在经济增长过程中常常受到基础设施的"瓶颈"困扰，政府只能通过财政集中动员社会经济资源，加快基础设施建设，以解决社会经济发展中的"瓶颈"。1998年后我国实施的积极财政政策，主要措施就是通过增发国债，将筹集的资金集中用于大江大河的治理、农林水利、交通通信、环境保护、城乡电网改造、粮食仓库和城市公用事业等基础设施建设，既大大改善了我国基础设施状况，又刺激了经济增长，取得了很好的效果。

从我国现实来看，基础设施建设集中在农村基础设施和城市基础设施建设上。参照新农村建设的相关法规文件，农村基础设施建设包括农业生产基础设施、农村生活基础设施、生态环境建设和农村社会发展基础设施四大类。城市基础设施是为城市生产和居民生活提供公共服务的工程设施，是城市生存和发展以及顺利进行各种经济活动和其他社会活动所必须具备的基础设施和社会性基础设施的总称。它对生产单位尤为重要，是达到经济效益、环境效益和社会效益的必要条件之一。城市基础设施主要包括能源供应系统、交通运输系统、邮电通信系统、供水排水系统、环保环卫系统和防卫防灾系统六大类。

从经济性质上来看，基础设施总体上说归为准公共产品，可以由政府提供，可以由市场提供，也可以采取混合提供方式。但在发展中国家，关系国计民生的大型工程一般是采取多种形式的以政府为主、吸收社会资本参与的混合提供。重要的提供方式有：第一，政府筹资建设。由政府独资建设的项目主要是一些关系国计民生、维护国家安全的重大项目，如大型水电站、宇航事业、南水北调等。第二，政府与民间共同投资。对具有一定外部效应、盈利率较低的项目，政府可以采取投资参股、优惠贷款、提供借款担保、低价提供土地使用权、部分补贴和减免税收等方式，与民间共同投资，混合提供，如高速公路、高新技术产业等基础设施。第三，BOT 投资方式（建设—经营—转让投资方式）。BOT 投资方式是21世纪初以来在我国开始采用的一种基础设施提供方式，是公共产品市场化供给的主要模式之一。BOT 是指政府将一些拟建基础设施项目通过招商转让给某一财团或公司，组建项目经营公司进行建设经营，并在双方协定的一定时期内，由项目经营公司通过经营，偿还债务，收回投资并盈利，协议期满，项目产权收归政府。BOT 方式的基本思路是：首先，由政府或所属机构对项目的建设和经营提供一种特许权协议作为项目融资的基础。其次，由本国公司或外国公司作为项目投资者和经营者安排融资，承担风险，并在有限时间内经营项目获取利润。最后，根据协议将该项目转让给政府。这一方式在西方国家实行了较长时间，在实际运作中，由于基础设施种类、融资回报方式、项目财产权利形态的不同，BOT

方式也出现了不同的变体，主要的有 BOOT（建设—拥有—经营—转让）、BTO（建设—转让—经营）、BOO（建设—拥有—经营）、DBOT（设计—建设—融资—经营）、BLT（建设—租赁—移交）等。第四，PPP（public-private partnership）方式。PPP 方式是指政府部门和私人部门合作完成基础设施的投资和建设，满足经济与社会发展对基础设施的要求。简而言之，PPP 方式就是政府部门与私人部门建立伙伴关系提供公共产品或服务的一种方式。这种方式是在英国首先发展起来的特许经营制度，由英国政府于 1992 年提出，当时界定为政府与微观经济个体签订长期协议，授权个体代替政府建设、运营或管理公共基础设施并向公众提供公共服务。通过 PPP 方式，合作各方可以达到与预期单独行动更为有利的结果，合作各方参与某个项目时，政府并不是把项目的责任全部转移给投资方，而是与参与各方共同承担责任和融资风险。2013 年以来，我国 PPP 方式进入加速发展期。根据全国 PPP 综合信息平台项目管理库公开的数据，截至 2018 年 5 月，入库 PPP 项目数为 7 224 个，入库 PPP 项目金额为 142 985 亿元。

（二）财政投融资

财政投融资是政府为实现一定的产业政策或其他政策目标，通过国家信用方式筹集资金，由财政统一掌握管理，并根据国民经济和社会发展规划，以出资或融资方式，将资金投向急需发展的部门、企业或事业的一种资金融通活动，也被称为政策性融资。财政投融资是采取将财政融资的良好信誉与金融投资的高效运作有机地结合起来的办法进行的融资和投资，是发挥政府在基础产业部门投资中的作用的最佳途径。国外建立财政投融资制度，比较成功的经验是发展政策性银行。实际上，政策性银行既不是银行也不是制定政策的机关，而是执行有关长期性投融资政策的机构，类似开发署的性质。我国于 1994 年成立了三家政策性银行：中国国家开发银行、中国农业发展银行、中国进出口银行。

1. 财政投融资的特征。总结起来，财政投融资的特征有：（1）在大力发展商业性投融资渠道的同时构建，将一些专业银行的政策性业务分离出来。（2）财政投融资的目的性很强，范围有严格限制，主要提供公共产品部门融资，为需要政府给予扶植或保护的产品或直接由政府控制定价的基础性产品融资。（3）不完全脱离市场，而应以市场参数作为配置资金的重要依据，如利率的确定等。（4）方式和资金来源多样化，既可通过财政的投资预算取得资本金，也可通过信用渠道融通资金；既可通过金融机构获取资金，也可通过资本市场筹措资金，部分资金甚至还可以从国外获得。

2. 我国政策性银行。我国政策性金融体系是在计划经济向市场经济过度的过程中产生的。1994 年，作为金融体制改革的一项重大举措，国家决定设立国家开发银行、中国进出口银行和中国农业发展银行。同时将原四大国有银行所负有的政策性职能分离出来，切断基础货币与政策性业务的联系，为加速国有银行的商业化和确立中央银行的独立性创造条件。由此，政策性金融作为一个独立的金融体系在我国正式建立。

国家开发银行成立于1994年3月7日,该行是一家以国家重点建设为主要投融资对象的政策性银行,办理政策性国家重点建设贷款及贴息业务。除了财政拨付的资本金之外,国家开发银行的资金来源主要是通过发行财政担保债券和由金融机构认购金融债券筹措,此外还包括部分中国人民建设银行吸收的存款。国家开发银行现为三家政策性银行中最大的一家,直属国务院领导。2004年,国家开发银行发行了总量为3 600亿元的债权,累计发行人民币金融债权已突破2万亿元。外币资金则主要来源于出口信贷、境内外发行外币债券、国际银团贷款及国外政府贷款。2004年,国家开发银行在纽约成功发行了价值6亿美元的10年期美元债券和价值3.25亿欧元的5.5年期欧元债券,这是国家开发银行首次发行欧元债券,成为继财政部之后国内第二家发行欧元债券的实体。2007年年末,国家开发银行信贷业务贷款余额22 616.8亿元,基础设施、基础产业和支柱产业领域贷款余额22 301.6亿元,中西部地区贷款余额10 777亿元,东北老工业基地贷款余额2 167.9亿元。

中国农业发展银行成立于1994年11月18日,承担国家粮棉油储备和农副产品合同收购、农业开发等业务中的政策性贷款、代理财政支农资金的拨付及监督使用。资金来源除财政核拨资金外,主要面向金融机构发行金融债券,并使用农业政策性贷款企业的存款。中国农业发展银行的运营资金长期以来主要依靠中国人民银行的再贷款,截至2005年6月末,中国农业发展银行向中国人民银行再贷款余额5 692亿元,金融债券余额810亿元。中国农业发展银行各项贷款余额为7 293亿元,其中,粮油贷款6 033亿元,棉花贷款1 165亿元。截至2008年底,该行发放农业开发和农村基础设施建设贷款逾1 235亿元,支持项目1 550个,有力地支持了新农村建设。

中国进出口信贷银行成立于1994年7月1日,作为贯彻国家外贸政策的政策性银行,其主要业务是为大型机电设备进出口提供买方信贷和卖方信贷,为成套机电产品出口提供信贷贴息及信用担保。其资金来源除国拨资金外,主要以财政专项资金和金融债券为主,其业务活动由有关部门组成监事会进行监督。

### (三) 农业财政投资

农业财政投资是指财政用于扶持、发展农业方面的支出。对农业进行扶持和保护是各国政府普遍采取的政策,这主要是由于农业与其他行业相比所具有的特殊性决定的:农业部门的社会经济效益大而直接经济效益小,大量经济效益要通过加工、流通部门辗转折射出来;农业对自然条件和基础设施的依赖性较强;农业是风险产业,既有自然风险,又有市场风险;农产品需求弹性小,市场扩张处于不利地位。

1. 农业投入资金来源。农业发展的根本途径是提高农业生产率,提高农业生产率的必要条件之一就是增加对农业的投入。因此,安排好农业投资的资金来源是一个必须解决的重要问题。要使农业部门和农户自身的积累成为农业投资的主要资金来源,有两个条件:第一,农产品的销售收入必须高于农业生产的投入成本，否则，农业部门的积累无从产生；第二，农业投资的收益率必须高于，至少不低于全社会平均的投资收益率，否则，农业部门即便产生了利润也不会向农业投资转化。我国上述两个条件都得不到满足。政府必须投入。信贷资金对农业的投入也可以成为农业投入资金来源的一部分。这一来源的保证，也应满足上述两个条件，所以除非政府给金融机构的农业贷款以财政补贴，或者专门成立以农业部门为贷款对象的政策性金融机构，否则农业难以得到金融部门的支持，仍需财政拿出资金。

2. 我国农业财政投资情况。我国支农支出包括支援农村生产支出和农林水利气象部门事业费、农业基本建设支出、农业科技三项费用和农村救济费。农村救济费应属于社会保障的内容，但我国的农村救济工作是围绕农业生产开发进行的，故很多文献中是将农村救济工作算作财政支农支出的。从表6-6中可以看出，十几年来，我国支农支出是不断增长的，支出增长速度也比较快，但支农支出占财政支出的比重波动较大。虽然我们已经进行了农村税费改革、新农村建设，但围绕着"三农"还存在较多问题，对"三农"不能放松。因此，针对农业的财政投资必须加强，在明确财政支农的范围后突出重点，改善"三农"状况，缓解"三农"问题。

表 6-6　　　　　　　　　　我国财政农业投入

| 年份 | 支农支出（亿元） | 支农支出占财政支出比重（%） | 支援农村生产支出和农林水利气象部门事业费（亿元） | 农业基本建设支出（亿元） | 农业科技三项费用（亿元） | 农村救济费（亿元） |
|---|---|---|---|---|---|---|
| 1991 | 384 | 10.26 | 243.55 | 75.49 | 2.93 | 25.6 |
| 1992 | 376 | 10.05 | 269.04 | 85.00 | 3.00 | 19.0 |
| 1993 | 440 | 9.49 | 323.42 | 95.00 | 3.00 | 19.0 |
| 1994 | 533 | 9.20 | 399.70 | 107.00 | 3.00 | 23.3 |
| 1995 | 575 | 8.43 | 430.22 | 110.00 | 3.00 | 31.7 |
| 1996 | 700 | 8.82 | 510.07 | 141.51 | 4.94 | 43.9 |
| 1997 | 766 | 8.30 | 560.77 | 159.78 | 5.48 | 40.4 |
| 1998 | 1 155 | 10.69 | 626.02 | 460.70 | 9.14 | 58.9 |
| 1999 | 1 086 | 8.23 | 677.46 | 357.00 | 9.13 | 42.2 |
| 2000 | 1 232 | 7.75 | 766.89 | 414.46 | 9.78 | 40.4 |
| 2001 | 1 457 | 7.71 | 917.96 | 480.81 | 10.28 | 47.7 |
| 2002 | 1 581 | 7.17 | 1 102.70 | 423.80 | 9.88 | 44.4 |
| 2003 | 1 754 | 7.12 | 1 134.86 | 527.36 | 12.43 | 79.8 |
| 2004 | 2 338 | 8.21 | 1 693.79 | 542.36 | 15.61 | 85.9 |
| 2005 | 2 450 | 7.22 | 1 792.4 | 512.63 | 19.9 | 125.4 |
| 2006 | 3 173 | 7.85 | 2 161.35 | 504.28 | 21.42 | 182.0 |

资料来源：《中国统计年鉴（2007）》。

## 第三节 转移性支出

政府转移性支出主要包括社会保障支出、财政补贴和税式支出，政府之所以提供转移性支出主要是为了促进社会公平。

### 一、社会保障支出

社会保障是指国家依据一定的规定，通过国民收入的再分配，对社会成员的基本生活权利予以保障的一项重大社会政策。这是劳动者因年老、疾病、伤残等丧失劳动能力或就业机会后国家向其提供的必不可少的基本生活保障和社会服务。它具有以下基本特征：(1) 广泛性，从原则和道义来讲，任何一个社会成员都不应被排斥或遗漏在社会保障之外；(2) 强制性，某种保障项目确定后，符合条件的社会成员必须按照相关规定参与该项社会保障，缴纳一定的保障费用，并按规定条件享受社会保障；(3) 福利性，保障的最终目的是维护社会成员的基本生存权利，不断提高其生活质量和健康水平，增进全民的福利；(4) 立法性，需要把国家、集体、个人在社会保障中所发生的各种关系用法律形式固定下来；(5) 互济性，社会成员之间需要互相调剂。

#### (一) 社会保障理论依据

1. 德国新历史学派。传统经济学认为，国家的职能就是维护社会秩序和国家安全，而不是干预经济。但德国新历史学派认为，国家除了维护社会秩序和国家安全外，还有一个文化和福利的目的。国家是集体经济的最高形式，在进步的文明社会中，国家的公共职能应不断扩大和增加，凡是个人努力所不能达到或不能顺利达到的目标，都应由国家实现。他们从改良社会主义观点出发，提出要增进社会福利，实行社会改革，并通过工会组织来调整劳资之间的矛盾，主张由国家来制定劳动保险法、孤寡救济法等。这些主张成为德国政府实行社会保障制度的依据。德国推出了世界上第一部《疾病社会保险法》，并随之颁布实施了一系列重要的社会保险法律。新历史学派的社会改良主张被俾斯麦政府所接受，从而成为德国率先实施社会保险的理论依据。

2. 福利经济学说。1912 年，庇古出版《财富和福利》一书，1920 年又把该书扩展为《福利经济学》，这本书系统地论述了福利经济学理论。作为现代经济学的一个重要分支，福利经济学不仅在发展过程中衍生出公共选择经济学和产权经济学，也对社会保障理论的发展起着特别重要的作用。庇古认为，经济福利的增大取决于两个因素，即国民收入总量的增大和国民收入分配的平均程度。这是检验社会福利的两个标准。庇古关于国民收入分配越平均福利越大的论点，基于边际效用递减规律。他认为，把收入从相对富裕的人转移到相对贫穷的人手中，从整体来说，就一定能够得到更大的满足。他从中得出结论：在不减少国民收入总量的前提下，提高穷人所获得的实际收入的绝对份额，一般来说，将增加经济福利。同时，他提出由国家举办社会福利设施、失业津贴、社会救济等措施，实施财富由富人向穷人的转移，以达到收入的均等化。

3. 瑞典学派。瑞典学派产生于19世纪末20世纪初的斯德哥尔摩大学，其奠基人是维克塞尔等人。瑞典学派关于国家调节经济生活的政策主张和关于"自由社会民主主义"的经济制度理论，在西方经济学界有着重大影响，成为瑞典福利制度的理论基础。维克塞尔主张改革当时的瑞典经济制度，改善无产阶级的状况，增进全社会的福利。例如，他提出要扩大公共经济成分，由国家执行收入再分配政策，以弥补初次分配造成的收入不平等。维克塞尔认为，应当由社会规定适当价格和最低工资，以提高穷人和富人的交换能力，从而增加社会总效用。瑞典学派强调收入和财富分配均等化，主张用累进税率来解决分配问题。他们认为，一个理想的社会应当把福利普遍给予社会的成员，使人人得到幸福。为此，国家应当担负起环境保护、公共产品和劳务的供应、经济稳定、收入和财富的分配等方面的责任。

4. 凯恩斯的有效需求理论。在凯恩斯的国家干预思想中，社会保障占有相当重要的地位，他主张通过累进税和社会福利等办法重新调节国民收入分配，他还提出消除贫民窟以及制定最低工资法和限制工时立法等主张。他倡导积极国家，反对自由主义的消极国家，强调维护资产阶级民主制度。第二次世界大战以后，凯恩斯宏观经济理论占绝对主导地位，成为建立国家的重要思想基础和资本主义各国制定公共政策的主要理论依据。

5. 罗斯福的社会保障思想。罗斯福为摆脱经济危机，积极推行新政，新政的内容其中之一就是制定了一套反危机的社会保障政策。正是在他的提倡和努力下，美国于1935年通过《社会保障法》，开始建立正式的社会保障体系。在社会保障领域，罗斯福反对保守政策，主张政府干预，把充分就业作为新政的首要目标，以扩大政府支出刺激经济复苏。罗斯福在论述社会保障制度时，提出了一系列原则和主张，其中一些思想至今仍为各国政府所推崇。

6. 贝弗里奇的福利计划。在第二次世界大战期间的1942年，英国政府责成以W. H. 贝弗里奇为主席的社会保险和联合事业部际委员会提出了一个题为《社会保险及有关服务》的报告，即著名的"贝弗里奇报告"。报告指出当时的英国存在的五大弊病，即贫困、疾病、无知、脏乱和懒惰。报告建议社会保障计划包括三种社会保障政策，分别运用于满足不同的社会需求：社会保险、社会救济和自愿保险。社会保险用以满足居民的基本要求；社会救济用以满足特殊情况的需要；自愿保险用以满足收入较多的居民的较高需要。前两种保障方式都是以满足基本生活需求为目的的。报告认为整个社会保障制度是全面社会改革的一部分，主要是针对贫困的，同时提出了6条改革原则：对相同情形的受保对象发放基本生活资料补贴标准一致的原则；缴纳保险费用标准一致的原则；对受保对象提供的补助金必须充分，能保证其基本生活的原则；全面和普遍的原则，保障范围和对象应全面，能覆盖全体社会成员；管理责任统一的原则；区别对待的原则。

7. 马斯洛的需求层次论。需求层次论是美国人本主义心理学家马斯洛提出的一种很有影响的社会学思想。在马斯洛所著的《激励与个人》一书中，他把人的需要按发生的顺序由低级到高级呈梯状分为五个层次，即生理需要—安全需要—社交需要—尊重需要—自我实现需要，每一个层次的需要均包含若干具体的内容。第五级需要为自我实现需要，如胜任感、成就感；第四级需要为尊重需要，如自尊、能力、权威、地位；第三级需要为社交需要，如友谊、情感、归属；第二级需要为安全需要，如人身安全、职业安全、经济安全；第一级需要为生理需要，如衣食、住房、基本生活保障等。马斯洛认为，在低层次需要获得相对满足之后，才能发展到较高层次的需要；但高层次的需要发展后，低层次的需要仍然继续存在。马斯洛的需求层次论确实反映了绝大多数人的一般需求规律，这种规律揭示了社会保障的重要性，在现代社会里，社会成员的需要的满足，客观上离不开社会保障制度的保障；越是低层次的需要，就越是离不开社会保障；社会保障制度的建立，正是促使社会成员的需要获得满足并由低级向高级转移的良好的社会机制。

（二）我国社会保障内容

1. 我国传统社会保障。1951年制定和实施的《中华人民共和国劳动保险条例》标志着中国建立了包括养老、工伤、医疗、生育保险等在内的社会保险制度。经过不断扩展，这套制度最终几乎覆盖了全体城镇居民。与此同时，救灾救济制度、国家福利计划纷纷确立，城镇居民享受到了全面的社会保障。农村的集体分配中包含了福利分配的份额，不仅如此，还建立了合作医疗保障制度和乡村"五保户"制度。到20世纪80年代，已形成了一套与计划经济体制相适应的社会保障体系。这套体系由三部分组成，即国家保障子系统、企业保障子系统及乡村集体保障子系统。

国家保障子系统，即国家机关事业单位工作人员的退休制度、公费医疗、工伤及生育保障、国家救济、国家福利事业、军人保障、物价补贴、住房福利、教育福利等。

企业保障子系统，即职工劳动保险（含退休保险、医疗保险、工伤与生育保险等）、职工福利、职工生活困难补助等。

乡村集体保障子系统，即农民合作医疗、"五保户"制度、军属优待、集体救济等。

中国传统的社会保障体系是计划经济下的以国家、单位为社会保障主体的体系，属于国家保障型的社会保障。随着经济体制改革的深入，这种社会保障体系越来越不适应新形势的需要。

2. 我国现代社会保障。20世纪80年代后，中国开始推行经济体制改革，这为社会保障制度改革提供了大好机会。社会保障制度改革的目标是建立和完善与市场经济相适应的社会保障体系，以减少市场竞争所带来的负面效应，如贫富差距拉大，失业就业困难，养老医疗的费用提高等，这些实际上涉及每个公民的公共问题，已经发展到严重影响社会的继续发展和改革的进行。到20世纪末，中国新型的社会保障体系已现雏形。

（1）社会保险，是以国家或社会为主体，在以工资收入为主的劳动者遇到年老、疾病、伤残、失业、死亡等特殊事件时，运用法律手段，动员社会力量，给劳动者提供一定程度的收入损失补偿，以保证劳动者及其家庭维持基本生活的一种制度，属于我国现代社会保障制度的核心内容。社会保险内容包括：职工养老保险、失业保险、医疗保险、工伤保险、生育保险，以及公务员养老保险、居民养老保险。社会保险作为一种为丧失劳动能力或暂时失去工作的人提供的收入保险制度，一般是由政府举办，强制从业职工在其就业年份里拨出一部分收入缴纳保险税（费）作为保险基金，投保者缴纳社会保险税（费）满一定期限后，一旦由于保险计划规定的原因丧失劳动能力而收入中断或减少时，即可按规定获得一定的保险收入。从20世纪80年代中期开始的国企改革促进了我国社会保险制度的改革，改革始于养老社会保险。1991年，国务院颁布了《关于企业职工养老保险制度改革的决定》，奠定了社会养老保险制度的基本框架，建立多层次养老保险体系，个人缴费改现收现付制为部分积累制，1997年国务院又发布决定，对养老保险制度进行了完善。1998年，国务院颁布了《关于建立城镇职工基本医疗保险制度的决定》，全面启动医疗保险制度改革。1999年，国务院颁布了《失业保险条例》，正式建立失业保险制度。2004年，《工伤保险条例》正式实施。1988年，国务院颁布了《女职工劳动保护规定》，自1995年起试行《企业职工生育保险试行办法》，推动了生育保险的改革。

（2）社会救助，是公民在其收入低于贫困线或因自然灾害，发生其他不幸事故生活困难时，国家和社会按照法定标准，向其提供满足最低生活需求的一种帮助制度。社会救助内容包括：自然灾害救济、最低生活保障制度、乡村"五保户"制度等。从社会救助的资金来源来说，它主要来源于政府的财政资金，因此，在资金的提供方面要避免过分依赖中央政府财政的现象，增加各级地方财政对社会救济的投入。一般来说，可以按照分税制的财政管理体制以及事权和财权统一的原则，建立国家分级管理救助体制，即中央政府负责对特大自然灾害进行适当补助，地方政府负责一般的自然灾害救济及当地的贫困救济、孤寡病残救济支出，这些支出根据物价上涨幅度进行适度调整，以维护社会的稳定。

（3）社会福利，是以国家为主体，通过现金补贴和提供服务等方式以满足全体社会成员的各种需要，并且使社会成员的生活质量随着社会经济水平的发展而不断提高的制度。社会福利内容包括：全民保健、残疾人福利、老年人福利、妇女儿童福利、教育福利、住房福利。

（4）社会优抚，是国家以法定的形式，通过政府行为，对社会有特殊贡献者及其家属实行的具有褒扬和优待抚恤性质的社会保障措施。社会优抚制度与其他社会保障制度的不同之处是其保障对象的特殊性，它是针对特殊社会成员所实行的优待抚恤。社会优抚内容包括：第一，抚恤。这是政府对因公伤残人员、因公牺牲及病故人员家属采取的一种物质抚慰方式，包括伤残抚恤和死亡抚恤。第二，优待。优待是指从政治上和物质上给予优待对象良好的物质或资金待遇、优先照顾与专项服务。第三，优抚社会化服务。国家和社会筹资建造服务设施，如革命伤残军人休养院、荣复军人慢性病疗养院等。

---

专栏 6-2

## 21世纪中国人口老龄化发展趋势

21世纪是人口老龄化的时代，自1982年第三次人口普查到2004年的22年间，中国老年人口平均每年增加302万，年平均增长速度为2.85%，高于1.17%的总人口增长速度。2004年年底，中国60岁及以上老年人口达到1.43亿，占总人口的10.97%。老龄化水平超过全国平均值的有上海、天津、江苏、北京、浙江、重庆、辽宁、山东、四川、湖南和安徽等11个省市。若进一步预测的话，从2001~2100年，中国的人口老龄化发展趋势可以划分为三个阶段：2001~2020年的快速老龄化阶段。这一阶段，中国将平均每年增加596万老年人口，年均增长速度达到3.28%，大大超过总人口年均0.66%的增长速度，人口老龄化进程明显加快。到2020年，老年人口将达到2.48亿，老龄化水平将达到17.17%，其中，80岁及以上老年人口将达到3 067万人，占老年人口的12.37%。2021~2050年的加速老龄化阶段。伴随着20世纪60年代到70年代中期的中华人民共和国成立后第二次生育高峰人群进入老年，中国老年人口数量开始加速增长，平均每年增加620万人。同时，由于总人口逐渐实现零增长并开始负增长，人口老龄化将进一步加速。到2050年，老年人口总量将超过4亿，老龄化水平推进到30%以上，其中，80岁及以上老年人口将达到9 448万，占老年人口的21.78%；2051~2100年的稳定重度老龄化阶段。2051年，中国老年人口规模将达到峰值4.37亿，约为少儿人口数量的2倍。这一阶段，老年人口规模将稳定在3亿~4亿，老龄化水平基本稳定在31%左右，80岁及以上高龄老人占老年总人口的比重将保持在25%~30%，进入一个高度老龄化的平台期。人口老龄化给中国的经济、社会、政治、文化等方面的发展带来了深刻影响，庞大老年群体的养老、医疗、社会服务等方面需求的压力也越来越大。

---

（三）社会保障资金来源与筹资方式

1. 社会保障资金来源。社会保障资金的来源，世界上大多数国家实行由国家、企业和个人三方负担的办法，或者依据具体情况，由这三种来源的不同组合构成。国家财政负担是由国家在财政预算中安排一部分资金，用于社会保障事业方面的开支，这是社会保障资金中重要的、稳定的来源。由于财政负担来自税收，一些国家则是通过社会保障税，从而使财政负担与税收关系更直接。企业缴纳社会保障费用，是社会保障资金又一个重要来源，劳动者为某一企业提供劳动力，创造了相当的社会财富，为供职人所在的企业也提供了相应的成果，雇用的企业单位有义务为其缴纳社会保障费用，这些费用可以列入企业经营成本。个人负担一部分社会保障费用是必要的，可以有助于减少个人收入之间的差距，收入高的多缴纳一些，收入低的少缴纳一些，发挥了社会保障的调节作用。

2. 社会保障资金筹资方式。

(1) 基金制模式。基金制是采用预筹积累方式来筹集资金，在若干年里，按规定的一定比例逐年逐月缴纳以积累形成社会保障资金，这是我国目前采用的形式。其基本原则是事先提留、逐年积累、到期使用。具体办法是采用个人账户，在社会保障机制中引入激励机制，积累多者多受益。这种筹资的优点是费率高、对应性强、能形成预筹资金、不存在支付危机等。但也存在基金受通货膨胀威胁、保值增值、对系统要求高的问题。

(2) 社会保险税模式。社会保险税是为筹集特定的社会保险款项，对一切发生工薪收支关系的雇主、雇员，就其支付、取得的工资、薪金收入为课税对象而征收的一种税。这是一种现收现付方式，即当年筹集的保险资金只用于满足当年支出的需要，而不为以后年度的社会保险储备基金。社会保险税方式具有税率调整灵活、社会供给性强、易于操作、资金不受通货膨胀和利率波动影响的优点。但同时存在税率不稳定、代际转嫁的缺陷。特别是人口老龄化的情况下，就必须调高养老保险税的税率，从而不断加重在职人员的负担。

(3) 混合制模式。混合制是指根据社会保障内容的不同特征，资金的筹集一部分采用基金制方式，另一部分采用社会保险税方式。在一定程度上，这种方式可以尽量避免单一实行上述两种筹集方式的缺点。但采用混合制，可能会提高社会成本，也就是要有一部分人从事社会保险税征收，另一部分人去管理个人账户。

(四) 社会保障功能

1. 社会保障的社会性功能。社会保障的社会性功能有：第一，补偿性功能。实行社会保障首先的是要保障最低的生活标准，也就是根据最低的生活水准来判断贫困者，然后给予适当救济，使其能维持必要的基本生活。这是社会保障的基本功能。这一功能主要通过社会救助和社会保险来体现。社会救助的目的就是保障最低生活水平，具有鲜明的扶贫特征。社会保险的直接功能就是对劳动者在其生命周期遇到各种失去收入的风险后进行的一种补偿，以保障基本生活需要。第二，稳定性功能。社会保障作为一种社会安全体系具有稳定社会生活的功能，从而避免因社会成员生存无保障而导致的社会不安定。因此，世界各国实施社会保障，都把它视为社会震动的减震器和安全网。第三，公平性功能。社会保障通过资金的筹集和待遇的给付，把一部分高收入社会成员的收入转移到另一部分生活陷入困境的社会成员手中，达到促进社会公平的目标。在市场经济下，受竞争规律的支配,优胜劣汰在所难免,市场机制会承认竞争的结果,但不会向公平倾斜。国家通过社会保障向竞争的失败者或弱者提供生存保护,是对社会公平目标的实现。

2. 社会保障的经济性功能。社会保障的经济性功能有:第一,调节投融资功能。社会保障的资金是直接来自保险费、财政负担以及资金运用增值的收入,具有较高的稳定性。经过几十年的积累,社会保障基金在许多国家的财政运用上的作用已不可忽视。如庞大的养老金基金都正在被广泛地运用在财政投融资上,发挥了重要的作用,这虽然是从增值保障基金考虑的行动,但客观上已成为国家调节投资的一大支柱。在发达国家,由于向全体国民征收年金保险费的积累额十分庞大,对于这些国家产业基础的调整更是起了很大作用,成为对本国经济实行计划和合理控制的有效手段。在一些发展中国家,社会保障调节投融资的功能也很明显,社会保障基金往往通过向国家基础设施和重点项目投融资,不仅支持了国家建设,而且基金本身增值很快。第二,平衡需求功能。社会保障通常还被称为调节经济的蓄水池,具有非常有效的平衡需求的作用。当经济衰退而失业增加时,由于失业给付和社会救济,抑制了个人收入减少的趋势,给失去职业和生活困难的人们购买力,从而具有扩大有效需求的效果,一定程度上促进了经济复苏。而当经济高涨、失业率下降时,社会保障支出相应缩减,社会保障基金规模因此增大,可以抑制社会需求急剧膨胀,最终使社会的总需求与总供给达到平衡。可见,社会保障支出自动地随着国民经济运行变化情况呈现出反方向增减变动,这就是社会保障支出内在稳定器的功能。第三,收入再分配功能。社会保障对低收入阶层给予生活所需要的给付,或者在老年、失业、伤病、残废等情况发生时实施必要的收入给付,结果对市场经济活动所造成的收入分配不公平进行了再分配。可以说这是社会保障的最主要功能,社会保障对收入再分配有垂直性再分配和水平性再分配两种方式。前者是进行从高收入向低收入阶层的收入转移,后者是在劳动时与非劳动时,健康正常时与伤残时之间进行的所得转移。社会保障正是通过上述两种再分配手段来实现对收入的再调节,尽量缩小贫富差距,缓和社会矛盾。第四,保护和配置劳动力的功能。在市场经济条件下,社会保障是保护劳动力再生产和促进劳动力合理流动及有效配置的重要制度之一。一方面,在市场竞争中,受优胜劣汰规律的支配,必然造成部分劳动者退出劳动力市场,这部分劳动者及其家属因失去收入而陷入生存危机,社会保障通过提供各种帮助而使这部分社会成员维持基本生活需要,从而保护劳动力的生产和再生长;另一方面,通过建立全社会统一的社会保障网络,打破了靠血缘维持的家庭保障格局,超越了企业保障的局限,使劳动者在变换工作和迁徙时无后顾之忧,从而促进了劳动力的合理流动,实现劳动力要素的有效配置。

### (五) 我国社会保障支出现状及变化趋势

从表6-7中可看出,自1990年后,财政上用于抚恤、救助和福利的支出增长速度是比较快的,从1990年的51亿元增加到2006年的907亿元,平均增速达到了20%。但若从占财政支出比重来看,则不尽理想,2006年,财政上用于抚恤、救助和福利的支出总额占财政支出比重只有2%，占GDP比重更是少到了0.4%。按人口数算，财政上用于抚恤、救助和福利的人均支出额仅有68元，这个保障水平是非常低的。至于三类支出的分布情况，以2006年为例，可看出具有社会救助性质的社会救济福利费和救灾支出之和占到了总额的54%，具有社会优抚性质的抚恤支出占到了21%（见图6-7）。

表6-7　　　　　　国家财政用于抚恤和社会福利的支出　　　　　　单位：亿元

| 年份 | 合计 | 抚恤支出 | 离退休费 | 社会救济福利费 | 救灾支出 | 其他 |
| --- | --- | --- | --- | --- | --- | --- |
| 1990 | 51.61 | 16.61 | 9.60 | 12.07 | 13.33 | |
| 1991 | 67.32 | 17.21 | 10.32 | 13.18 | 22.51 | 4.10 |
| 1992 | 66.45 | 18.45 | 12.40 | 14.36 | 15.89 | 5.35 |
| 1993 | 75.27 | 20.78 | 14.09 | 17.01 | 15.40 | 7.99 |
| 1994 | 95.14 | 24.78 | 20.12 | 20.55 | 19.42 | 10.27 |
| 1995 | 115.46 | 29.11 | 22.78 | 24.19 | 27.27 | 12.11 |
| 1996 | 128.03 | 32.78 | 10.67 | 28.98 | 39.06 | 16.54 |
| 1997 | 142.14 | 37.62 | 13.51 | 36.57 | 34.51 | 19.93 |
| 1998 | 171.26 | 40.38 | 16.24 | 35.29 | 52.32 | 27.03 |
| 1999 | 179.88 | 54.57 | 19.68 | 48.52 | 34.05 | 23.06 |
| 2000 | 213.03 | 59.72 | 23.72 | 59.71 | 28.73 | 41.15 |
| 2001 | 266.68 | 69.86 | 30.26 | 89.99 | 35.17 | 41.40 |
| 2002 | 372.97 | 60.03 | 41.28 | 141.63 | 32.93 | 97.10 |
| 2003 | 498.82 | 99.15 | 42.19 | 217.69 | 55.71 | 84.08 |
| 2004 | 562.65 | 107.92 | 49.57 | 266.58 | 49.04 | 89.54 |
| 2005 | 716.39 | 148.28 | 55.57 | 324.22 | 62.97 | 125.35 |
| 2006 | 907.68 | 187.47 | 66.11 | 421.42 | 70.99 | 161.69 |

资料来源：《中国统计年鉴（2007）》。

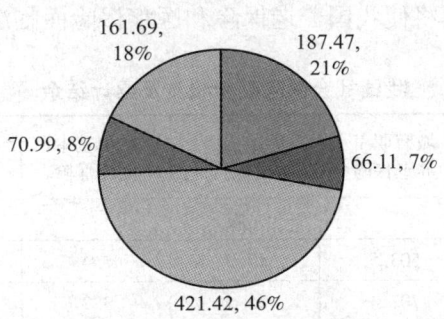

图6-7　2006年我国财政上用于抚恤、救助和福利的支出

2007 年政府收支分类改革后,有关抚恤、救助和福利的支出很多安排在社会保障和就业项目下反映,以 2011 年为例,行政事业单位离退休费为 2 737.75 亿元,抚恤费为 448.26 亿元,社会福利费为 233.01 亿元,城市居民最低生活保障费为 675.06 亿元,其他城镇社会救济费为 63.32 亿元,农村最低生活保障费为 665.48 亿元,其他农村社会救济费为 185.24 亿元,自然灾害生活救助费为 231.65 亿元。可以看出,一是关于社会抚恤、救助和福利的具体支出项目在不断增加;二是各支出项目的总量增长也是很快的。

表 6-8　　　　　　　　　2007 年以后社会保障和就业支出变化情况

| 年份 | 社会保障和就业支出（亿元） | 财政支出（亿元） | GDP（亿元） | 社会保障和就业占财政支出比重（%） | 社会保障和就业占 GDP 比重（%） |
|---|---|---|---|---|---|
| 2007 | 5 447.16 | 49 781.35 | 270 232.3 | 10.94 | 2.0 |
| 2008 | 6 804.29 | 62 592.66 | 319 515.5 | 10.87 | 2.1 |
| 2009 | 7 606.68 | 76 299.93 | 349 081.4 | 9.97 | 2.2 |
| 2010 | 9 130.62 | 89 874.16 | 413 030.3 | 10.16 | 2.2 |
| 2011 | 11 109.40 | 109 247.79 | 489 300.6 | 10.17 | 2.3 |
| 2012 | 12 585.52 | 125 952.97 | 540 367.4 | 9.99 | 2.3 |
| 2013 | 14 490.54 | 140 212.10 | 595 244.4 | 10.33 | 2.4 |
| 2014 | 15 986.85 | 151 785.60 | 643 974.0 | 10.53 | 2.5 |
| 2015 | 19 018.69 | 175 877.77 | 685 505.8 | 10.81 | 2.8 |
| 2016 | 21 591.45 | 187 755.21 | 744 127.2 | 11.50 | 2.9 |

资料来源:《中国统计年鉴(2017)》。

至于社会保险的情况,从表 6-9 中可看出,1993~2012 年五个保险的收入都是超过支出的。2016 年,五大保险收入合计为 53 562 亿元,而其支出合计为 46 888 亿元。可以说,截至目前,基本未出现社会保险入不敷出的情况[①]。至于社会保险基金累计结余额每年都超过了收支差额,是因为社会保险基金可用于投资,以期获得收益。这也反映出我国社会保险未来的压力是比较大的,一方面,我国社会保险内容本身不健全,有很大的人群还未进入社会保险范围内;另一方面,人口老龄化的发展将使我国养老保险和医疗保险面临沉重的支付负担。

表 6-9　　　　　　　　我国社会保险基金收支及累计结余　　　　　　　　单位:亿元

| 年份 | 合计 | 城镇职工养老保险 | 失业保险 | 城镇基本医疗保险 | 工伤保险 | 生育保险 |
|---|---|---|---|---|---|---|
| 收入 ||||||| 
| 1993 | 526.1 | 503.5 | 17.9 | 1.4 | 2.4 | 0.8 |
| 1994 | 742 | 707.4 | 25.4 | 3.2 | 4.6 | 1.5 |

① 2016 年当年生育保险收入小于支出。

续表

| 年份 | 合计 | 城镇职工养老保险 | 失业保险 | 城镇基本医疗保险 | 工伤保险 | 生育保险 |
|---|---|---|---|---|---|---|
| 1995 | 1 006 | 950.1 | 35.3 | 9.7 | 8.1 | 2.9 |
| 1996 | 1 252.4 | 1 171.8 | 45.2 | 19 | 10.9 | 5.5 |
| 1997 | 1 458.2 | 1 337.9 | 46.9 | 52.3 | 13.6 | 7.4 |
| 1998 | 1 623.1 | 1 459 | 72.6 | 60.6 | 21.2 | 9.8 |
| 1999 | 2 211.8 | 1 965.1 | 125.2 | 89.9 | 20.9 | 10.7 |
| 2000 | 2 644.5 | 2 278.5 | 160.4 | 170 | 24.8 | 11.2 |
| 2001 | 3 101.9 | 2 489 | 187.3 | 383.6 | 28.3 | 13.7 |
| 2002 | 4 048.7 | 3 171.5 | 215.6 | 607.8 | 32 | 21.8 |
| 2003 | 4 882.9 | 3 680 | 249.5 | 890 | 37.6 | 25.8 |
| 2004 | 5 780.3 | 4 258.4 | 291 | 1 140.5 | 58.3 | 32.1 |
| 2005 | 6 975.2 | 5 093.3 | 340.3 | 1 405.3 | 92.5 | 43.8 |
| 2006 | 8 643.2 | 6 309.7 | 402.5 | 1 747.1 | 121.8 | 62.1 |
| 2007 | 10 812.3 | 7 834.2 | 471.7 | 2 257.2 | 165.6 | 83.6 |
| 2008 | 13 696.1 | 9 740.2 | 585.1 | 3 040.4 | 216.7 | 113.7 |
| 2009 | 16 115.6 | 11 490.8 | 580.4 | 3 671.9 | 240.1 | 132.4 |
| 2010 | 18 822.8 | 13 419.5 | 649.8 | 4 308.9 | 284.9 | 159.6 |
| 2011 | 24 043.2 | 16 894.7 | 923.1 | 5 539.2 | 466.4 | 219.8 |
| 2012 | 28 909.5 | 20 001.0 | 1 138.9 | 6 938.7 | 526.7 | 304.2 |
| 2013 | 35 252.9 | 24 732.6 | 1 288.9 | 8 248.3 | 614.8 | 368.4 |
| 2014 | 39 827.7 | 27 619.9 | 1 379.8 | 9 687.2 | 694.8 | 446.1 |
| 2015 | 46 012.1 | 32 195.5 | 1 367.8 | 11 192.9 | 754.2 | 501.7 |
| 2016 | 53 562.7 | 37 990.8 | 1 228.9 | 13 084.3 | 736.9 | 521.9 |
| | | | 支出 | | | |
| 1993 | 482.2 | 470.6 | 9.3 | 1.3 | 0.4 | 0.5 |
| 1994 | 680 | 661.1 | 14.2 | 2.9 | 0.9 | 0.8 |
| 1995 | 877.1 | 847.6 | 18.9 | 7.3 | 1.8 | 1.6 |
| 1996 | 1 082.4 | 1 031.9 | 27.3 | 16.2 | 3.7 | 3.3 |
| 1997 | 1 339.2 | 1 251.3 | 36.3 | 40.5 | 6.1 | 4.9 |
| 1998 | 1 636.9 | 1 511.6 | 56.1 | 53.3 | 9 | 6.8 |

续表

| 年份 | 合计 | 城镇职工养老保险 | 失业保险 | 城镇基本医疗保险 | 工伤保险 | 生育保险 |
|---|---|---|---|---|---|---|
| 1999 | 2 108.1 | 1 924.9 | 91.6 | 69.1 | 15.4 | 7.1 |
| 2000 | 2 385.6 | 2 115.5 | 123.4 | 124.5 | 13.8 | 8.3 |
| 2001 | 2 748 | 2 321.3 | 156.6 | 244.1 | 16.5 | 9.6 |
| 2002 | 3 471.5 | 2 842.9 | 186.6 | 409.4 | 19.9 | 12.8 |
| 2003 | 4 016.4 | 3 122.1 | 199.8 | 653.9 | 27.1 | 13.5 |
| 2004 | 4 627.4 | 3 502.1 | 211 | 862.2 | 33.3 | 18.8 |
| 2005 | 5 400.8 | 4 040.3 | 206.9 | 1 078.7 | 47.5 | 27.4 |
| 2006 | 6 477.4 | 4 896.7 | 198 | 1 276.7 | 68.5 | 37.5 |
| 2007 | 7 887.8 | 5 964.9 | 217.7 | 1 561.8 | 87.9 | 55.6 |
| 2008 | 9 925.1 | 7 389.6 | 253.5 | 2 083.6 | 126.9 | 71.5 |
| 2009 | 12 302.6 | 8 894.4 | 366.8 | 2 797.4 | 155.7 | 88.3 |
| 2010 | 14 818.5 | 10 554.9 | 423.3 | 3 538.1 | 192.4 | 109.9 |
| 2011 | 18 054.6 | 12 764.9 | 432.8 | 4 431.4 | 286.4 | 139.2 |
| 2012 | 22 181.6 | 15 561.8 | 450.6 | 5 543.6 | 406.3 | 219.3 |
| 2013 | 27 916.3 | 19 818.7 | 531.6 | 6 801.0 | 482.1 | 282.8 |
| 2014 | 33 002.7 | 23 325.8 | 614.7 | 8 133.6 | 560.5 | 368.1 |
| 2015 | 38 988.1 | 27 929.4 | 736.4 | 9 312.1 | 598.7 | 411.5 |
| 2016 | 46 888.4 | 34 004.3 | 976.1 | 10 767.1 | 610.3 | 530.6 |
| 累计结余 | | | | | | |
| 1993 | 303.7 | 258.6 | 40.8 | 0.4 | 3.1 | 0.8 |
| 1994 | 365.7 | 304.8 | 52 | 0.7 | 6.8 | 1.4 |
| 1995 | 516.8 | 429.8 | 68.4 | 3.1 | 12.7 | 2.7 |
| 1996 | 696.1 | 578.6 | 86.4 | 6.4 | 19.7 | 5 |
| 1997 | 831.6 | 682.8 | 97 | 16.6 | 27.7 | 7.5 |
| 1998 | 791.1 | 587.8 | 133.4 | 20 | 39.5 | 10.3 |
| 1999 | 1 009.8 | 733.5 | 159.9 | 57.6 | 44.9 | 13.9 |
| 2000 | 1 327.5 | 947.1 | 195.9 | 109.8 | 57.9 | 16.8 |
| 2001 | 1 622.8 | 1 054.1 | 226.2 | 253 | 68.9 | 20.6 |
| 2002 | 2 423.4 | 1 608 | 253.8 | 450.7 | 81.1 | 29.7 |

续表

| 年份 | 合计 | 城镇职工养老保险 | 失业保险 | 城镇基本医疗保险 | 工伤保险 | 生育保险 |
|---|---|---|---|---|---|---|
| 2003 | 3 313.8 | 2 206.5 | 303.5 | 670.6 | 91.2 | 42 |
| 2004 | 4 493.4 | 2 975 | 386 | 957.9 | 118.6 | 55.9 |
| 2005 | 6 073.7 | 4 041 | 519 | 1 278.1 | 163.5 | 72.1 |
| 2006 | 8 255.9 | 5 488.9 | 724.8 | 1 752.4 | 192.9 | 96.9 |
| 2007 | 11 236.6 | 7 391.4 | 979.1 | 2 476.9 | 262.6 | 126.6 |
| 2008 | 15 176.0 | 9 931.0 | 1 310.1 | 3 431.7 | 384.6 | 168.2 |
| 2009 | 19 006.5 | 12 526.1 | 1 523.6 | 4 275.9 | 468.8 | 212.1 |
| 2010 | 22 985.0 | 15 365.3 | 1 749.8 | 5 047.1 | 561.4 | 261.4 |
| 2011 | 29 001.9 | 19 496.6 | 2 240.2 | 6 180.0 | 742.8 | 342.5 |
| 2012 | 35 804.4 | 23 941.3 | 2 929.0 | 7 644.5 | 861.9 | 427.6 |
| 2013 | 45 588.1 | 31 274.5 | 3 685.9 | 9 116.5 | 996.2 | 514.7 |
| 2014 | 52 462.3 | 35 644.5 | 4 451.5 | 10 644.8 | 1 128.8 | 592.7 |
| 2015 | 59 532.5 | 39 937.1 | 5 083.0 | 12 542.8 | 1 285.3 | 684.4 |
| 2016 | 66 349.7 | 43 965.2 | 5 333.3 | 14 964.3 | 1 410.9 | 675.9 |

资料来源:《中国统计年鉴(2017)》。

总而言之,我国社会保障正处于建设过程中,制度不健全、未来压力大成为突出问题,中央政府和地方政府在社会保障上应统一认识,把社会保障支出放到非常重要的地位,加大社会保障财政投入,加快社会保障制度建设。

## 二、财政补贴支出

财政补贴是指一国政府根据一定时期政治经济形势及制定的方针政策,为了有计划地调节社会供求和社会经济生活,通过资金再分配给予生产者和消费者的一种财政性特定补助。作为国民收入的一种分配形式及调节国民经济的一个经济杠杆,财政补贴具有以下的特征:政策性、时效性、灵活性。

### (一) 财政补贴支出分类

按财政补贴的项目和形式划分有:(1) 价格补贴,是指国家财政在商品购销价格倒挂的情况下对工商企业支付的补贴和购销价格顺挂情况下对消费者支付的补贴,如农副产品价格补贴、工矿产品价格补贴等。(2) 企业亏损补贴,也称为计划亏损补贴,是指国家为了使国有企业能够按照国家计划生产经营一些社会需要但由于客观原因生产经营中将出现亏损的产品而向这些企业拨付的财政补贴。企业亏损补贴与价格补贴相比,在补贴对象上、补贴的直接受益人上、补贴的环节上、补贴的用途上都有不同。(3) 财政贴息,是指国家财政对使用某些规定用途的银行贷款的企业,对其支付的贷款利息提供的补贴,也就是政府代替企业支付部分或全部贷款利息。在我国政府的财政统计中,财政补贴主要是价格补贴和企业亏损补贴两大类。

按财政补贴的用途划分有生产补贴、生活补贴。

按财政补贴的环节划分有生产环节的补贴、流通环节的补贴、分配环节的补贴、消费环节的补贴。

按财政补贴的内容划分有实物补贴、现金补贴。

按财政补贴的透明度划分有明补、暗补。

## (二) 财政补贴的经济效应

财政补贴可以改变相对价格结构。财政补贴对相对价格结构的改变是通过改变供求结构实现的。财政补贴可以改变需求结构。决定人们需求结构的因素主要有两个:一是人们所需要的商品和劳务的种类;二是各种商品和劳务的价格。一般来说,价格的高低可以影响需求结构,那么,能够影响价格水平的财政补贴便有影响需求结构的作用。财政补贴还可以改变供给结构。这一作用是通过改变企业购进的产品价格从而改变企业盈利水平发生的。

财政补贴可以弥补既定经济制度及其运行机制的缺陷。任何一个国民经济的实际运行都是由一套稳定的经济制度(包括财产制度、价格制度、收入分配制度、财政收支制度等)所规定的运行机制和一套灵活的调节手段体系共同发挥作用的综合结果。从主导方面来说,国民经济的正常运行主要是依赖既定的经济制度及运行机制的有规律的自动作用,它保证了社会经济能够实现自己的主要社会目标。但是,社会经济所要实现的目标是多重的,有些次要目标也并非是无须顾及的,而既定的经济制度及其运行机制即便十分完善,也只能实现一个或几个主要的社会目标。也就是说,任何经济制度及其运行机制都存在着固有的缺陷。为了克服这些缺陷,全面实现社会目标,作为宏观调控主体的政府,有必要运用调节手段体系去纠正既定经济的运行机制所产生的不利后果,或部分地修正既定的经济运行机制;财政补贴既然有调节需求结构和供给结构的作用,政府将其作为经济运行的政策手段来运用是理所当然的。从这个意义上说,财政补贴有其存在的必然性,是不能也不应被取消的。

财政补贴可以推动产业结构调整。财政补贴一直在产业结构优化过程中扮演着重要角色。在1998年启动的积极财政政策实施中,各级政府共对近900个技术改造项目进行了财政贴息,带动更多的银行配套贷款,极大地支持了企业技术改造行为,启动了一批对产业结构调整有重大影响的项目。自2014年经济新常态以来,财政补贴在结构调整中继续发挥着重要作用。

财政补贴可以消除挤出效应。所谓的挤出效应,是指政府支出增加所引起的私人消费或投资降低的效果。如我国实施积极财政政策后,政府大量增加公共工程支出,在货币供应量不变的前提下,这会造成货币供不应求,从而抬高市场利率。微观经济主体面对上升的贷款利率,自然会减少市场投资行为,这就是政府投资行为对私人投资行为的挤出效果。但通过财政贴息办法,可以减少微观经济主体的融资成本,消除这种挤出效果。

财政补贴可以稳定社会经济。在我国的财政补贴中,处于社会经济稳定的考虑往往是首要目的。如在2003年的SARS危机、2008年的汶川地震后,中央和地方政府都出台了各种针对产业、区域、企业和个人的补贴政策,对稳定社会经济起到了极其有力的作用。

### (三) 我国财政补贴现状

从表6-10中可以看出,财政补贴占财政支出的比重是不断下降的,1995年为9.7%,2006年只有3.9%,这说明我国对财政补贴的使用是较为慎重的,这也是市场经济体制不断深化的一个例证。至于财政补贴的构成,在1995年以前,企业亏损补贴的数额是要大于价格补贴的,在那之后,企业亏损补贴不断下降,而价格补贴则持续增长(见图6-8)。到2006年,价格补贴达到1 387亿元,企业亏损补贴却只有180亿元,这与国有企业改革是保持一致的,也证明了我国市场经济体制的不断成熟。

表6-10　　　　　　　　　　我国的财政补贴

| 年份 | 价格补贴<br>(亿元) | 企业亏损补贴<br>(亿元) | 补贴合计<br>(亿元) | 补贴合计占财政<br>总支出比重(%) |
| --- | --- | --- | --- | --- |
| 1980 | 117.7 |  | 117.7 | 9.6 |
| 1985 | 261.8 | 507.0 | 768.8 | 30.6 |
| 1990 | 380.8 | 578.9 | 959.7 | 26.2 |
| 1995 | 364.9 | 327.8 | 692.7 | 9.7 |
| 1996 | 453.9 | 337.4 | 791.3 | 9.7 |
| 1997 | 552.0 | 368.5 | 920.5 | 9.6 |
| 1998 | 712.1 | 333.5 | 1 045.6 | 9.4 |
| 1999 | 697.6 | 290.0 | 987.6 | 7.3 |
| 2000 | 1 042.3 | 278.8 | 1 321.1 | 8.2 |
| 2001 | 741.5 | 300.0 | 1 041.5 | 5.4 |
| 2002 | 645.1 | 259.6 | 904.7 | 4.2 |
| 2003 | 617.3 | 226.4 | 843.7 | 3.4 |
| 2004 | 795.8 | 217.9 | 1 013.7 | 3.5 |
| 2005 | 998.5 | 193.3 | 1 191.8 | 3.5 |
| 2006 | 1 387.5 | 180.2 | 1 567.7 | 3.9 |

资料来源:《中国统计年鉴(2007)》。

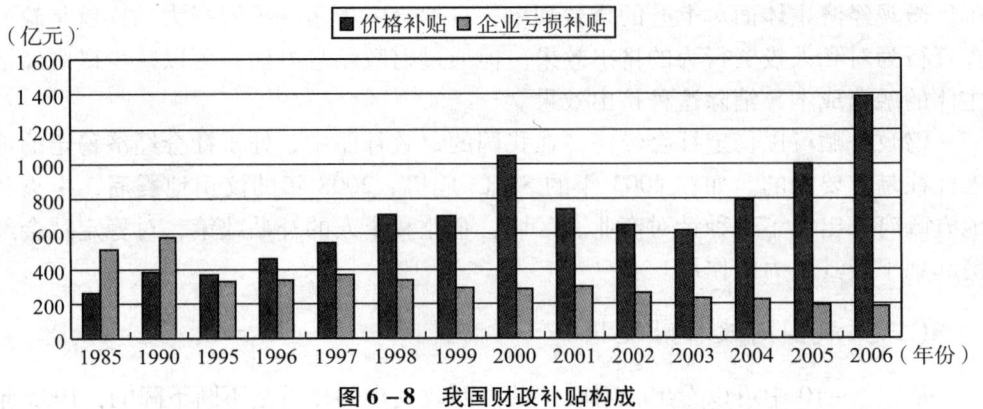

图6-8 我国财政补贴构成

### 三、税式支出

税式支出可以定义为是以特殊的法律条款规定的、给予特定类型的活动或纳税人以各种税收优惠待遇而形成的收入损失或放弃的收入。它是政府的一种间接性支出，属于财政补贴性支出。经济体制改革以来，随着税收制度的建立和完善，我国对税收优惠措施的运用越来越广泛，国家以税收优惠形式提供的财政补助的数额与日俱增。1978年，我国税收减免仅为6亿元，1985年达到了74亿元。当税收减免的情况越来越普遍时，专门研究该问题就变得有必要了。税式支出概念的出现也是如此，既要充分发挥税收优惠的调节作用，又要防止税收优惠的无效投入，因此，20世纪70年代美国所创造的"税式支出"一词迅速在西方国家使用起来。

从税式支出发挥的作用来看，税式支出可分为照顾性税式支出和刺激性税式支出。照顾性税式支出，主要是针对纳税人由于客观原因在生产经营上发生临时困难而无力纳税所采取的照顾性措施。这类税式支出带有明显的财政补贴性质，目的在于扶植国家希望发展的亏损或微利企业以及外贸企业，以求国民经济各部门的发展保持基本平衡。刺激性税式支出，主要是指用来改善资源配置、提高经济效率的特殊减免规定，主要目的在于正确引导产业结构、产品机构、进出口结构以及市场供求，促进纳税人开发新产品、新技术以及积极安排劳动就业等。

税式支出具体形式包括：（1）税收豁免，是指在一定时期内，对纳税人的某些所得项目或所得来源不与课税，或对其某些活动不列入课税范围等，以豁免其税收负担；（2）纳税扣除，是指准许企业把一些合乎规定的特殊之处，以一定的比率或全部从应税所得中扣除；（3）税收抵免，是指允许按税人从其某种合乎奖励规定的支出中，以一定比率从其应纳税额中扣除；（4）优惠税率，是对合乎规定的企业课以更低的税率；（5）延期纳税，也称税负延迟缴纳，是允许纳税人对那些合乎规定的税收，可以延迟缴纳或分期缴纳；（6）盈亏相抵，是指准许企业以某一年度的亏损，抵消以后年度的盈余，以减少其以后年度的应纳税款；（7）加速折旧，指在固定资产使用年限的初期提列较多的折旧；（8）退税，指国家按规定对纳税人已纳税款的退换。

## 基本概念

消费性支出　投资性支出　政府投资　BOT　PPP　财政投融资　社会保障　财政补贴　税式支出

## 思考与练习

1. 我国行政管理支出快速增长的原因是什么？
2. 政府投资与私人投资有哪些区别？
3. 简述我国社会保障制度的内容及存在的问题。

# 第七章 财政收入概论

**【本章概要】**
　　财政作为以国家为主体的分配活动,其主要行为之一的财政收入首先应理解为一个过程,这一过程是财政分配活动的一个阶段或一个环节,在其中形成特定的财政分配关系。这一财政分配关系将影响甚至决定其他各种分配关系,正是有了分配的结果,才会有相应的支出行为和目的。因此,只有了解了财政收入的类型和适宜规模,才能理解各类经济主体的行为关系。

**【学习目标】**
1. 掌握财政收入的各种形式及区别。
2. 掌握我国财政收入增长变化。
3. 了解财政收入改革趋势。

## 引　言

　　就一般意义而言,财政是由两个阶段的活动组成的:一个是政府以其所取得的资源来提供公共产品或服务,即财政支出阶段,这在前面两章已作了讨论;另一个是政府将私人资源转移到公共部门的过程,即财政收入阶段。虽然受政府非破产性的影响,政府不如个人和企业严格按照"量入为出"处理收入与支出间的关系,但获取各种收入是政府进行各项支出的前提条件,同时,各项支出也是政府获取各种收入的最终目的,即所有的财政收入从本质上讲都是一种交换,个人和企业让渡自己的收入,以换取政府提供必需的公共产品和服务。因此,政府获取各种收入都是有偿的。

## 第一节　财政收入及其分类

　　财政收入(public revenue)是指政府为履行其职能而取得的所有社会资源的总和。它有狭义和广义之分,狭义的财政收入是指政府依法取得的非偿还性财政收入;广义的财政收入是政府取得的全部资金和实物,自然包括政府的债务收入。在以下的讨论中，我们所谈及的财政收入都是指广义的财政收入。

## 一、财政收入原则

财政收入的基本问题就是如何把政府提供的公共产品的成本恰当地分配给社会成员，为此，经济学家们提出了许多原则，其中最重要的两个原则是利益原则和支付能力原则。

### （一）利益原则（benefit principle）

利益原则指的是政府所提供的公共产品（或劳务）成本费用的分配，要与社会成员从政府提供的公共产品（或劳务）中获得的利益相联系。按照利益原则，公共产品的成本负担应当和使用者从这种使用中得到的利益联系起来。从一定意义上来说，利益原则是成本负担分配的一项公平原则。遵循利益原则的好处是，政府提供的公共产品的单位成本可以同这些产品的边际效益挂钩。而如果所有的使用者都依据其从公共产品的消费中所得边际效益缴纳税收，那么林达尔均衡就会形成，也就不存在"免费搭车"问题。但在实际生活中，利益原则只适用于有限的范围。这是因为，政府提供的公共产品具有非排他性，一些人的使用并不会影响另一些人的使用，也不能拒绝某些人的使用，所以难以在个人之间准确划分从公共产品的消费中获得的利益，从而无法准确地分配成本的负担，即一般意义上的税收负担。利益原则更不能适用于再分配性质的支出，例如政府用于贫困救济的支出就不能要求受救济者按照个人所得到的利益来分担这一支出的份额。

因此，按照利益原则分配税收负担，普遍适用于那些在政府提供的公共产品中能大致确定个人所得利益的场合，如实行"指定用途税"的场合。"指定用途税"是专门向特定公共产品的受益者征收的一种税收，用于筹措为提供这些公共产品所需要的资金。"指定用途税"一般能够较好地把政府提供公共产品的支出负担同个人从中得到的利益联系起来。例如，使用公路的利益和汽油与汽车部件的消费直接相关，因此，征收汽油税与汽车部件税来筹措公路建设资金，就把使用公路的利益和分配政府公路建设支出的负担直接联系起来。不过，尽管"指定用途税"可以把个人从政府支出中得到的利益和分配政府支出的负担联系起来，符合利益原则的基本要求，但是过多采用"指定用途税"往往造成政府公共支出的僵化，不利于政府把财政收入在各种需要的用途之间进行适当的支配。

### （二）支付能力原则（ability-to-pay principle）

在实际生活中，支付能力原则是被广泛运用的税收负担之公平分配原则，该原则在税收负担分配上是把个人或家庭的支付能力与政府支出负担联系起来。

由于支付能力原则要求按照个人的经济能力来分配政府支出的负担，而同个人从政府支出中得到的利益没有直接联系，那么，在实际税收负担分配中运用该原则就要受到一定的条件限制，即只有在能够确定税收负担者及其支付能力大小的情况下该原则才是适用的。而在不能确定税收负担者及其支付能力大小的情况下，则难以对纳税人的税收负担分配进行调整。在财政收入理论中，对于支付能力的衡量标准主要有三个。

第一，以个人收入水平作为衡量其支付能力的基础。收入水平表示个人在一定时期内取得的对经济资源的支配权，客观地反映了个人的现实的支付能力。

第二，以个人消费水平作为衡量其支付能力的基础。消费支出表明个人在一定时期内实际上使用的经济资源，客观地反映了个人真实的支付能力。

第三，以个人财产存量作为衡量其支付能力的基础。财产存量表示个人已经拥有的对经济资源的支配权，客观地反映了个人潜在的支付能力。

应该说，无论是收入，还是消费或者财产，都可以作为衡量个人支付能力的标准。但是，在实践中，各国往往选择以收入作为衡量个人支付能力的标准。大多数经济学家认为，收入包含的内容比消费更为广泛，收入不仅反映了个人现实的消费能力，而且代表着其潜在的消费能力，以此衡量个人支付能力既是客观的也是比较公平的。因为如果个人的部分消费是靠借债维持的，那么把这部分消费也视为支付能力显然不妥。

当然，一些经济学家认为，就衡量支付能力的基础来说，消费优于收入。因为对消费课税可以避免对储蓄收入课税，有利于鼓励私人储蓄和刺激私人投资的增长，加速社会资本的形成，提高生产力并加速经济增长。近年来，一些经济学家提出以个人支出税（该税以个人消费支出为税基）替代个人所得税的观点，主要的理论依据也在于此。

至于就衡量支付能力的基础来说，财产标准是否优于收入标准，多数经济学家认为，财产是个人收入的资本化价值，如果对全部的收入已经课税，那么对收入的资本化价值就不需要再课税。不过，也有人认为，对收入的课税实际上并不是按照全面的、完整的收入概念进行的，而有些收入并未包括在课税范围之内。所以，在衡量个人支付能力的时候，财产标准至少可以作为收入标准的补充。全面的收入应该包括各种来源与各种形式的收入，不仅是货币收入，还应包括不经过市场交易取得的实物收入或者推算出来的收入，以及未实现的资本增益（如股票、债券、房地产等价格的上涨）。但是，实际上人们难以对那些不经过市场交易的和未实现的收入进行全面的计算，从而只以个人货币收入作为支付能力的衡量标准就不可能是全面的。同样，对消费水平的计算，对财产存量的计算也有类似的问题。

按照支付能力原则分配负担包含了两种公平概念：横向公平（horizontal equity）和纵向公平（vertical equity）。横向公平原则要求支付能力相等的纳税人应当缴纳相等的税款；纵向公平原则要求支付能力不相等的纳税人应当缴纳不相等的税款，即支付能力较高者应当按照公平观念缴纳较多的税款。在科学规定衡量个人支付能力标准的情况下，实践中同时贯彻横向公平原则和纵向公平原则是有可能的。不过，相比之下，努力贯彻纵向公平原则更为重要。

## 二、财政收入结构

财政收入的取得有各种具体的形式,财政收入的形式就是指国家取得财政收入的具体形式,即国家采用什么方法取得财政收入。在历史上,由于经济的不断发展和国家职能需要的不断增加,财政收入的形式也不断变化。

### (一)财政收入形式

1. 税收收入。税收是政府为履行职能,凭借其政治权力,按照特定标准,强制、无偿取得财政收入的一种形式。特定标准是指税收的对象和比例事先由法律确定,时间上是连续的,数量上是有限的。强制性是指纳税是纳税人必须履行的法律义务。无偿性是指国家征税后不直接偿还给纳税人,也不提供任何报酬。税收收入是现代政府最重要的财政收入形式,因为征收税收收入有以下特点:(1)财政支出受益的模糊性。由财政支出所提供的公共产品,大部分不具有排他性,在实际操作过程中这些公共产品的具体消费者是无法确定的,或者说了解的成本太高。因此,每个成员要承担的公共产品费用,是无法确定的。故大部分财政收入只能通过无偿性的税收方式来筹集,以法律为保障,强制向一定的对象征收一定比例税额。(2)财政收入的可靠来源。税收征收保证了政府可以及时、稳定、可靠、足额地获得财政收入。(3)政府调节宏观经济的手段。由不同的税收政策所确定的不同的税收制度、课税主体、税率大小等经济因素,对经济的调节作用是各不相同的。因此,利用税收来调节经济是政府财政政策的一个重要组成。(4)适应各种经济形式的需要。现代商品经济是由不同所有制构成的混合经济,就财政分配而言,要保持各种所有制并存的混合经济的共同发展,就要在国家与企业及个人的分配关系中采取平等纳税的原则,一视同仁,对各种所有制实行公平负担政策,使各种所有制具有平等竞争能力。

2. 公债收入。国家采用信用形式,以债务人的身份向国内和国外举借各种债款,就获得了公债收入。因此,公债是政府举借的债,是政府为履行其职能的需要,依据信用原则,有偿、灵活地取得财政收入的一种形式。从将私人部门占有的一部分资源转移到公共部门这点来说,公债同税收的功能是无差别的。但它毕竟不同于税收,有着自己的特点:第一,与税收相比,公债的特殊之处就在于不仅具有偿还性,而且具有自愿性。对于公债,买不买、买多少完全由资金持有者视本身情况来自主决定。第二,公债的发行并不以财产或收益作为担保,它的发行依靠的是政府的信誉。第三,公债是政府调节经济的杠杆。因为公债的发行很灵活,所以政府可以根据财政支出的状况,也可以根据当前经济的运行状况,来灵活地加以确定何时发行,发行多少等问题。

3. 政府费收入。这是各级政府部门所收取的各种费用和基金性收入,包括行政执法过程中收取的各种规费和公共财产使用费。概括起来,大体有以下五类:(1)规费收入。这是指政府部门为公民或组织提供某些特殊服务或实施行政管理所收取的手续费和工本费。规费收入通常包括：一是行政规费，如商标注册费、工商执照费、公证费等；二是司法规费，如民事诉讼费、财产转让登记费等。规费收入数量虽不大，但涉及面广，政策性强，主要作用是为了便于对某些行为进行管理和统计，建立良好的经济秩序。

(2) 使用费。对政府提供的特定公共设施的使用者按照一定标准收取使用费也是政府费收入之一。

(3) 特别课征。这是指政府为新增加或是改造旧有公共设施，根据公众受益大小而按比例课征的收入，目的是用以补充工程费用的全部或一部分。

(4) 各种摊派费。这是指政府以各种名义征收的基金，如电力建设基金、交通建设基金以及各种强制性摊派收入。这类收入，从严格意义上讲，由于它们不具备有偿性特点，因此不再是真正意义上的收入，而是一种捐赠。

(5) 特许金。这是政府给予个人或企业某种行为或营业活动的特许权所取得的收入，如娱乐场所的开设等。取得特许权必须按照规定缴纳特许金，不缴纳或缴纳未清而进行该种活动，就是违法行为。

4. 国有资产收益。国有资产收益是国家凭借国有资产所有权所应获取的经营利润、租金、股息等收入的总称。在现代企业制度下，企业是独立于投资者享受民事权利、承担民事责任的经济实体，有法人资格。企业中的国有资产属于国家，企业拥有包括国家在内的出资者投资形成的全部法人财产权。具体来讲，所有权是所有者对财产享有的占有、使用、收益和处置的权利；财产权是由所有者委托或授权，企业对营运的财产形式上的占有、使用、收益和处置的权力。在所有权与财产权分离的情况下，财政分配主体与企业分配主体也产生分离，以政府为主体的财政分配中不再包含以企业为主体的财务分配，财政不再为企业的盈亏负担。但政府依然是国有资产的所有者，拥有对国有资产的所有权。考虑到我国拥有的庞大的国有资产总量，这也是我国财政与西方财政最显著的一个区别，即：西方政府是以一元的社会管理身份从事财政收支行为，其国有资产的存在更多是为公共需求服务；我国财政则是以二元的社会管理和国有资产管理身份从事财政收支行为，国有资产的存在不仅是为了公共需求服务，同时也是市场经济中的经营主体。因此，虽然我们要按照现代企业制度对国有资产进行改革，但不能放弃对国有资产收益的获取，更不能将国有企业的改革归为去国有化。

(二) 财政收入分类

为了研究影响财政收入的各种因素，寻求增加财政收入的途径和加强对财政收入的管理，需要对财政收入进行不同的分类。

1. 按管理权限分类。在市场经济体制下，各级政府应当有自己的收入，以满足本级政府的支出需要，为此，需将整个财政收入按政府级次来分配。管理权限就是指该项财政收入是由谁来管理，包括立法权、征收权等。

(1) 中央收入。中央收入是指按照预算法和财政管理体制的规定，由中央政府集中筹集和支配使用的财政资金。中央收入主要来源于国家税收中属于中央的部分，中央和地方共享收入中的中央分成收入，地方政府向中央政府的上解收入，以及公债收入等。中央收入在一国财政结构中居于主导地位，因此，中央政府一般都对财源稳定、充沛和涉及宏观调控的税收和非税收入进行直接控制。

（2）地方收入。地方收入是指按照预算法和财政管理体制的规定，划归地方政府集中筹集和支配使用的财政资金。这类收入一般归为三种：第一种是由国家统一制定法规，地方负责征收，并归入地方财政的税种，如农业税、营业税等；第二种是由地方自行按宪法和其他法律规定立法，自行组织征收的费用等财政收入；第三种是中央财政取得的收入中，按财政管理体制划拨给地方政府或地方政府参与分享的收入。

2. 按管理形式分类。

（1）预算收入。预算收入也称作预算内收入，是指列入国家预算管理的财政收入。这些收入经过预算管理程序才能安排政府的各项支出，并纳入国库管理。

（2）预算外收入。预算外收入是指按现行制度不纳入预算管理的财政收入。预算外收入由各级政府自行安排，用于国家某些特定用途，如市场管理费、养路费、电力建设资金等。这些收入虽然不纳入国家预算，但由于它们是以政府名义征收的，因此也属于财政收入范畴。

3. 按财政收入稳定程度分类。

（1）经常性收入。经常性收入是指每个财政年度都连续不断、稳定取得的财政收入。

（2）临时性收入。临时性收入是指在财政年度之间不经常或不够规律取得的财政收入，主要包括公债收入和捐赠等。

4. 按是否为税收分类。

（1）税收收入。在现代市场经济条件下，税收收入是政府预算内收入的主要形式，承担着政府提供公共物品筹集资金的重任，目前我国税收收入占预算内财政收入的比重在80%以上。

（2）非税收入。至于非税收入，财政部在2004年下发了《财政部关于加强政府非税收入管理的通知》，对非税收入的范围和管理问题作了明确规定。非税收入主要反映各级政府及其所属部门根据法律、行政法规以及中共中央、国务院有关文件规定，向公民、法人和其他组织无偿征收的具有专项用途的财政资金。具体包括：政府性基金收入、专项收入、彩票资金收入、行政事业性收费收入、罚没收入、国有资本经营收入、国有资源有偿使用收入、其他收入。从收入形式上看，大部分收费收入都属于非税收入。

从该规定来看，非税收入的一般性质与财政收入的一般性质是一样的，都是以政府为主体的分配行为。但由于非税收入具体涵盖的收入类型较多，故非税收入的具体性质很难界定。可以说，非税收入概念的提出，更多的是从加强管理的角度考虑，期望能起到统一我国财政收支内容的作用，消除预算内收支与预算外收支并行的混乱状态，使我国财政管理更加科学规范。因此，非税收入概念提出的关键是规范各类非税收入。具体手段有：第一，成立政府职能部门，负责非税收入管理事项，如一些地方政府已经成立的非税收入征收管理局。第二，坚持各项税费改革，减少非税收入。就是将可以改为税收形式的收费改为税收，对应当保留的收费规范管理，坚决取缔乱收费、乱摊派、乱集资。基本思路有：税费改革必须与规范费同时并举，税收和收费是财政收入的两种形式，是不能相互替代的；税费改革应从中央政府做起；先清理，后规范。基本内容有农村税费改革、公路交通费税改革、房地产费税改革和社会保障费税改革。第三，出台相关法规，如现已出台的《湖南省非税收入管理条例》《安徽省政府非税收入暂行管理办法》等。

5. 按收入性质分类[①]。

按收入性质分类，可分为六大类：税收收入，下设 20 款；社会保险基金收入，下设 6 款；非税收入，下设 8 款；贷款转贷回收本金收入，下设 4 款；债务收入，下设 2 款；转移性收入，下设 8 款。

## 第二节 财政收入规模的影响因素

财政收入规模是说一国政府在一定时期内，通过税收、公债等形式获得的财政收入总水平。它是衡量政府公共事务范围和一国公共财政状况的基本指标。

### 一、财政收入规模的衡量指标

#### （一）财政收入的绝对值

财政收入的绝对值就是一定时期内财政收入的实际数量。绝对量反映的是一国在一定时期内的经济发展水平和财力集散程度，体现了政府运用各种财政收入手段调控经济运行、参与收入分配和资源配置的范围。衡量绝对值的指标是财政总收入，根据不同分类标准财政总收入可以细分成一系列具体的指标，这些指标具体反映了财政收入的来源、构成、形式和数量。

#### （二）财政收入的相对值

相对值是在一定时期内财政收入与有关经济和社会指标的比例。衡量相对值的指标通常有两个：一是财政收入占 GDP 的比重；二是税收占 GDP 的比重。

### 二、影响财政收入规模的因素

财政收入的规模要同国民经济的发展以及人民生活的改善相适应。财政收入

---

① 关于按收入性质分类的详细内容参见第十二章第四节。

的比例增大了，必然要压缩社会消费水平。相反，财政收入所占比重过低，就会影响到国家的经济建设以及国防、科教文卫、支援农业和必要的物资储备等方面，从而延缓经济的发展速度。因此，财政收入的规模必须适当，它受政治经济水平的制约，具体的因素有经济发展水平、生产技术水平和制度因素。

### （一）经济发展水平

一国财政收入的规模最终受到经济发展水平的制约，而经济发展水平主要体现在 GDP 上，它是财政收入形成的基础。一般而言，GDP 越大，财政收入总额就越大。

### （二）生产技术水平

生产技术水平是内涵于经济发展水平之中的，一定的经济发展水平总是与一定的生产技术水平相适应。因此，对生产技术水平制约财政收入规模的分析，事实上是对经济发展水平制约财政收入规模研究的深化，简单地说，技术进步对财政收入规模的制约体现在两方面：一是技术进步往往促使经济发展水平提高，GDP 总量增加，那么财政收入的增长就有了充分的财源；二是技术进步带来物耗比例下降，经济效益增加，从而增加财政收入。

### （三）制度因素

制度主要是指一个国家的基本社会经济制度。由于不同的制度对政府财政职能的要求有很大不同，进而会影响到财政收入的分配程度。马斯格雷夫曾对制度进行区分：古典的自由资本主义；新古典的国家干预资本主义；正统的计划经济社会主义；自由的市场经济社会主义。在古典的自由资本主义制度下，政府的职能最小，需要的财政收入也是最少；在正统的计划经济社会主义制度下，政府的职能最大，财政收入规模也是最大的。

## 三、财政收入增长规律

随着社会经济发展，公共活动越来越多，世界各国的财政收入在总体上呈增长之势。究其原因，主要有以下两个方面。

### （一）公共产品需求的扩大是财政收入增长的根本原因

在市场经济的前期自由竞争阶段，政府只需要做到保护国家安全、保护个人安全和建设公共基础设施，在那个时期，对公共产品的需求主要集中在国防、基础设施建设等方面。到了市场经济成熟的国家干预阶段，政府职能除了上述三项外，又增加了反垄断、调节收入差距、宏观经济调控等多项职能，对公共产品的需求从国防和基础设施建设开始向社会的方方面面扩展。而且，随着市场经济的进一步发展，社会共同需要的内容还在不断增多，政府必须提供的公共产品也会不断增长，这必然导致财政收入规模的扩大。

（二）公共选择的制度性缺陷是财政收入增长的重要原因

1. 公共选择规则的局限。公共选择的规则一般有一致同意规则和多数通过规则。从一致同意规则来看，虽然这是最理想的公共选择规则，但实行该规则存在成本问题，这里的成本主要是指决策成本。决策成本是指为了使决策形成所进行磋商、谈判和协调过程中所必须付出的成本。一致同意要求参与投票的人都要赞成，这需要很高的决策成本，不仅是信息沟通需要成本，更重要的是对个人偏好的调和需要付出很大代价。如此之高的决策成本往往会使一致同意规则实际上无法运转。从多数通过规则来看，该规则本身就有内在的扩大财政收入规模的趋势。在多数通过规则下，议案的通过一般只要求得到半数以上的投票者支持。虽然这会大大降低决策成本，但通过的议案又会造成不赞成的那部分人的利益损失。由于那些不赞成的只是少数者，所以他们不得不付出高于其真实意愿的税收份额，这样会导致公共产品的过量提供，财政收入规模内在扩大化。

2. 公共选择过程中参与者行为目标的差异。从选民的角度来看，尽管每个选民都同等拥有一个投票权，但在决策过程中个人发挥作用的能力是不相同的。很多选民会因自己的选票对公共选择结局有微乎其微的影响，从而事不关己听之任之。这种理性的无知会使选民在公共决策中发挥不了积极监督的作用，也就容易使财政收入扩大的行为得以发生。

从管理者的角度来看，由于政府机构在提供公共产品方面处于垄断地位，公共产品本身又是非市场性的，这使得政府机构之外的人对政府收支的监督变得十分困难。而且，公共产品的供给成本来自税收，其受益面向大众，这导致对政府机构的收支无法形成硬约束。因此，追求公共预算最大化就成为政府机构运行的目标。在缺乏有效考核和约束情况下，这种公共预算最大化的倾向在实际中往往能够得逞，造成政府财政收入的不断扩大。

从政治家角度来看，为了实现当选或连任，政治家将倾向于扩大财政收入规模，这是因为：首先，每一个公共项目都与一定社会群体的利益相联系，利益集团将通过各种方式影响政治家，增加公共项目；其次，每个公共项目的管理者都会利用其信息优势来影响政治家决策，而这些管理者的行为目标是本部门规模的最大化；最后，财政收入规模越大，政府能做的事情就越多，就越能突出政府的政绩。

## 第三节 我国财政收入规模及结构

### 一、我国财政收入总量分析

表7-1和图7-1~图7-3所列为预算内财政收入，从变化趋势来看，财政

收入绝对数额逐年增加,但增长速度有所差异。我国财政收入在1999年突破1万亿元,2003年时达到2万亿元以上,此后每增加1万亿元所需时间间隔越来越短,2005年突破3万亿元,2007年直接跳跃至5万亿元以上,2008年又增加至6万亿元以上。可以说,自1993年之后,我国财政收入的增长速度就远远快于GDP的增长速度。至于财政收入占GDP比重,也是呈现先下降、后上升的变化趋势,在1995年达到最低点10.3%,2016年已恢复到20%以上。

表7-1　　　　　　　　我国财政收入规模

| 年份 | GDP（亿元） | 财政收入（亿元） | 财政收入增长率（%） | 财政收入占GDP比重（%） |
|---|---|---|---|---|
| 1979 | 4 062.6 | 1 146.38 | 1.2 | 28.2 |
| 1980 | 4 545.6 | 1 159.93 | 1.2 | 25.5 |
| 1981 | 4 891.6 | 1 175.79 | 1.4 | 24.0 |
| 1982 | 5 323.4 | 1 212.33 | 3.1 | 22.8 |
| 1983 | 5 962.7 | 1 366.95 | 12.8 | 22.9 |
| 1984 | 7 208.1 | 1 642.86 | 20.2 | 22.8 |
| 1985 | 9 016.0 | 2 004.82 | 22 | 22.2 |
| 1986 | 10 275.2 | 2 122.01 | 5.8 | 20.7 |
| 1987 | 12 058.6 | 2 199.35 | 3.6 | 18.2 |
| 1988 | 15 042.8 | 2 357.24 | 7.2 | 15.7 |
| 1989 | 16 992.3 | 2 664.90 | 13.1 | 15.7 |
| 1990 | 18 667.8 | 2 937.10 | 10.2 | 15.7 |
| 1991 | 21 781.5 | 3 149.48 | 7.2 | 14.5 |
| 1992 | 26 923.5 | 3 483.37 | 10.6 | 12.9 |
| 1993 | 35 333.9 | 4 348.95 | 24.8 | 12.3 |
| 1994 | 48 197.9 | 5 218.10 | 20 | 10.8 |
| 1995 | 60 793.7 | 6 242.20 | 19.6 | 10.3 |
| 1996 | 71 176.6 | 7 407.99 | 18.7 | 10.4 |
| 1997 | 78 973.0 | 8 651.14 | 16.8 | 11.0 |
| 1998 | 84 402.3 | 9 875.95 | 14.2 | 11.7 |
| 1999 | 89 677.1 | 11 444.08 | 15.9 | 12.8 |
| 2000 | 99 214.6 | 13 395.23 | 17 | 13.5 |
| 2001 | 109 655.2 | 16 386.04 | 22.3 | 14.9 |
| 2002 | 120 332.7 | 18 903.64 | 15.4 | 15.7 |
| 2003 | 135 822.8 | 21 715.25 | 14.9 | 16.0 |
| 2004 | 159 878.3 | 26 396.47 | 21.6 | 16.5 |
| 2005 | 183 217.4 | 31 649.29 | 19.9 | 17.3 |
| 2006 | 211 923.5 | 38 760.20 | 22.5 | 18.3 |
| 2007 | 257 305.6 | 51 321.78 | 32.4 | 19.9 |

续表

| 年份 | GDP（亿元） | 财政收入（亿元） | 财政收入增长率（%） | 财政收入占GDP比重（%） |
|---|---|---|---|---|
| 2008 | 300 670.0 | 61 330.35 | 19.5 | 20.4 |
| 2009 | 340 902.8 | 68 518.30 | 11.72 | 20.1 |
| 2010 | 401 512.8 | 83 101.51 | 21.28 | 20.7 |
| 2011 | 473 104.1 | 103 874.43 | 25.00 | 21.96 |
| 2012 | 519 470.1 | 117 253.52 | 12.88 | 22.57 |
| 2013 | 568 845.2 | 129 209.64 | 10.14 | 22.70 |
| 2014 | 643 974.0 | 140 370.03 | 8.6 | 21.80 |
| 2015 | 685 505.8 | 152 269.23 | 8.5 | 22.20 |
| 2016 | 744 127.2 | 159 604.97 | 4.8 | 21.44 |

资料来源：《中国统计年鉴（2017）》。

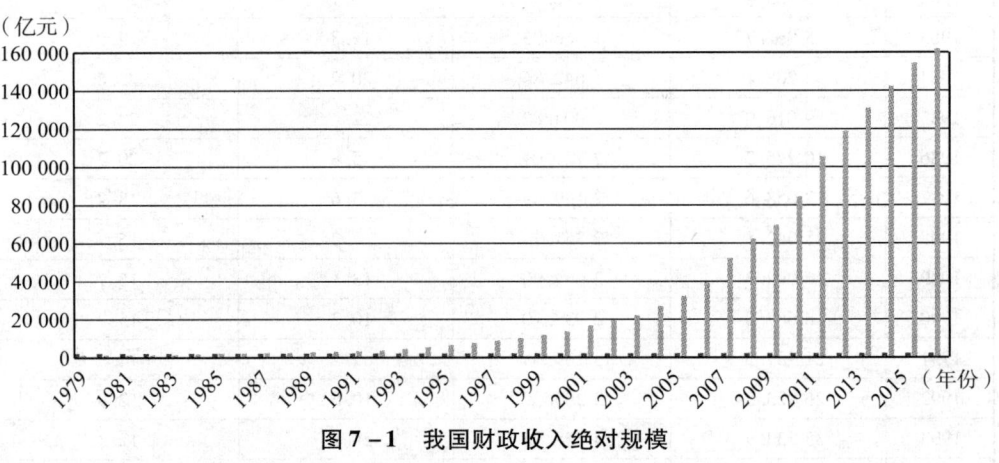

图7-1 我国财政收入绝对规模

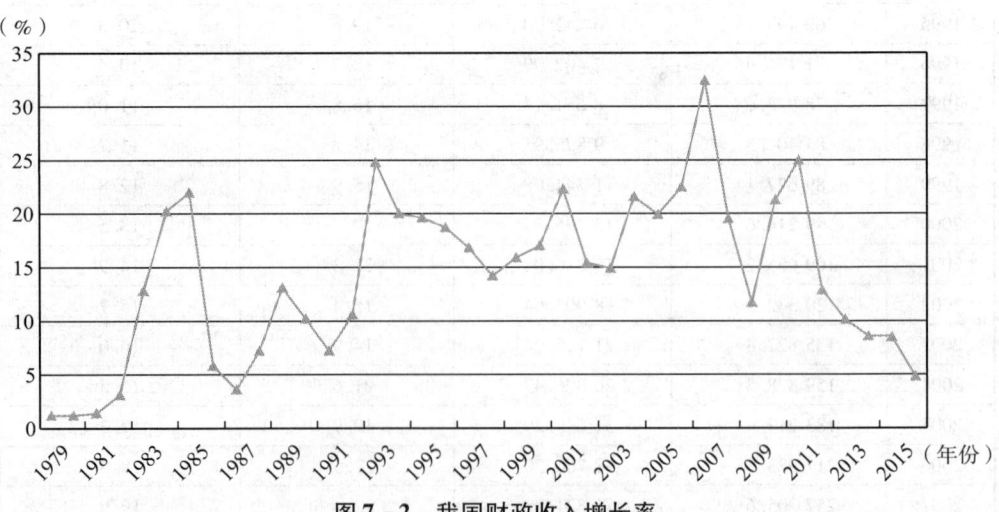

图7-2 我国财政收入增长率

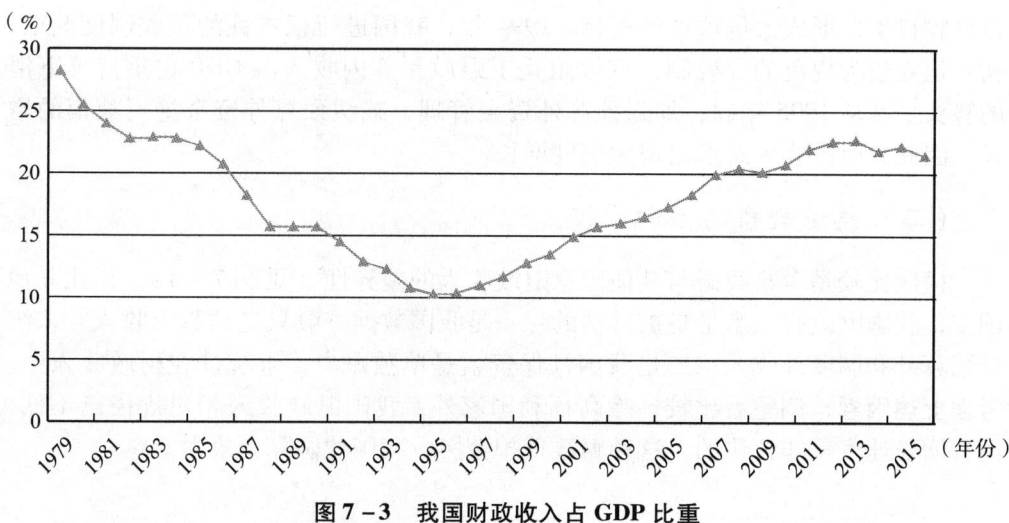

图 7-3 我国财政收入占 GDP 比重

预算外收入没有准确数据,估测 2006 年是在 2 万亿元;制度外收入则没有估测值。不过,有人认为,政府收入中,预算内收入、预算外收入和制度外收入各占 1/3。

总体来看,政府所掌握的全部财政性质收入已超过 GDP 30%,财政资金紧张的说法不客观。如 2005 年征税收入总额为 28 778.54 亿元,社保基金征缴收入为 7 531 亿元,具有杂税性质的政府型基金和行政性收费为 3 781.39 亿元,其他非税收入为 8 515.09 亿元,债务收入为 6 922.87 亿元[①],合计为 55 528.89 亿元,已占到当年 GDP 的 30%。

### (一) 总量规模的纵向比较

财政收入总量的纵向比较,主要是分析自 1979 年以来我国财政收入总量规模变化情况。

1978~1995 年财政收入占 GDP 比重下降了 20 个百分点,最低时将近 10% 左右。1995 年之后,这种下降趋势开始反转。之所以会出现这样的现象,与我国经济体制和财政体制改革的特定环境密不可分。

改革开放前,我国处于高度集中的计划经济时期,政府收入集中度高,社会资金主要由国家集中安排和使用,基本上都进入财政预算。因此,财政收入相对比重较大。

自 1978 年中国进行经济体制改革以来,政府掌握的财政性质资金的总量和结构都发生了较大变化。其中,1979~1993 年政府多次进行放权让利改革,使财政预算内收入占 GDP 比重不可避免地呈下降趋势。同时,这一时期通过扩大各部门财务自主权,把一些本应纳入预算内管理的财政收入和支出交给各部门,实

---

① 此处 2005 年相关数据摘自杨斌:《财政学》,东北财经大学出版社 2007 年版,第 9 页。

行自收自支，形成大量预算外资金。1994年，我国进行根本性的税收制度改革，初步建立较为规范的分税制，有效阻止了财政预算内收入占GDP比重持续下滑的势头。并从1995年起，加强预算外资金管理，减缓预算外资金绝对规模的增长。因此，财政收入总量出现大幅度增长。

### （二）总量规模的横向比较

横向比较是考察我国与其他国家财政收入的差异性（见图7-4）。相比其他国家，我国财政收入水平是被低估的：一是我国数据一般只是预算内收入，未统计预算外和制度外收入；二是我国社保资金是单独账户，未统计在财政收入中。考虑上述因素，调整后比较，除高福利国家外，我国财政收入相对规模已不低，而且增长速度是非常快的，这种财政负担会影响我国的国际竞争力。

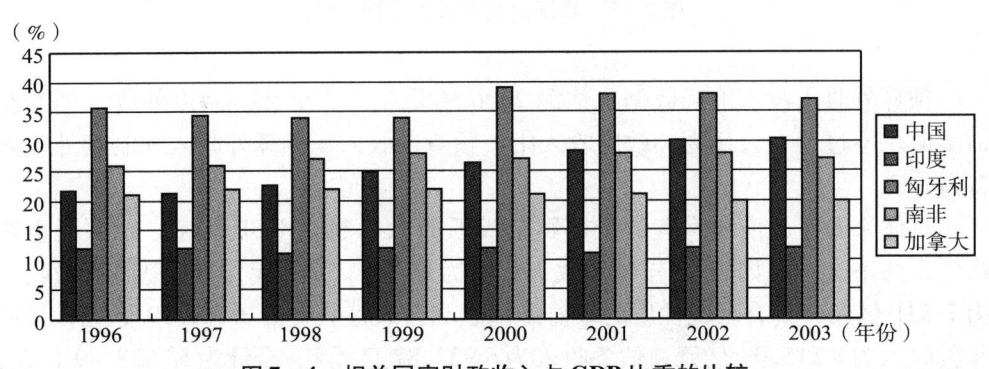

图7-4 相关国家财政收入占GDP比重的比较

## 二、我国财政收入结构分析

从财政收入构成上来看，税收收入占预算内财政收入的主体地位（见表7-2和图7-5）。

表7-2 我国财政收入与税收收入

| 年份 | 财政收入（亿元） | 税收收入（亿元） | 税收收入占财政收入比重（%） |
| --- | --- | --- | --- |
| 1980 | 1 159.93 | 571.70 | 49.29 |
| 1985 | 2 004.82 | 2 040.79 | 101.79 |
| 1990 | 2 937.10 | 2 821.86 | 96.08 |
| 1991 | 3 149.48 | 2 990.17 | 94.94 |
| 1992 | 3 483.37 | 3 296.91 | 94.65 |
| 1993 | 4 348.95 | 4 255.3 | 97.85 |
| 1994 | 5 218.10 | 5 126.88 | 98.25 |
| 1995 | 6 242.20 | 6 038.04 | 96.73 |

续表

| 年份 | 财政收入（亿元） | 税收收入（亿元） | 税收收入占财政收入比重（%） |
|---|---|---|---|
| 1996 | 7 407.99 | 6 909.82 | 93.28 |
| 1997 | 8 651.14 | 8 234.04 | 95.18 |
| 1998 | 9 875.95 | 9 262.8 | 93.79 |
| 1999 | 11 444.08 | 10 682.58 | 93.35 |
| 2000 | 13 395.23 | 12 581.51 | 93.93 |
| 2001 | 16 386.04 | 15 301.38 | 93.38 |
| 2002 | 18 903.64 | 17 636.45 | 93.30 |
| 2003 | 21 715.25 | 20 017.31 | 92.18 |
| 2004 | 26 396.47 | 24 165.68 | 91.55 |
| 2005 | 31 649.29 | 28 778.54 | 90.93 |
| 2006 | 38 760.20 | 34 804.35 | 89.79 |
| 2007 | 51 321.78 | 45 621.97 | 88.89 |
| 2008 | 61 330.35 | 54 223.79 | 88.41 |
| 2009 | 68 518.30 | 59 521.59 | 86.87 |
| 2010 | 83 101.51 | 73 210.79 | 88.10 |
| 2011 | 103 874.43 | 89 738.39 | 86.39 |
| 2012 | 117 253.52 | 100 614.28 | 85.81 |
| 2013 | 129 209.64 | 110 530.70 | 85.54 |
| 2014 | 140 370.03 | 119 175.31 | 84.90 |
| 2015 | 152 269.23 | 124 922.20 | 82.04 |
| 2016 | 159 604.97 | 130 360.73 | 81.68 |

资料来源：《中国统计年鉴（2017）》。

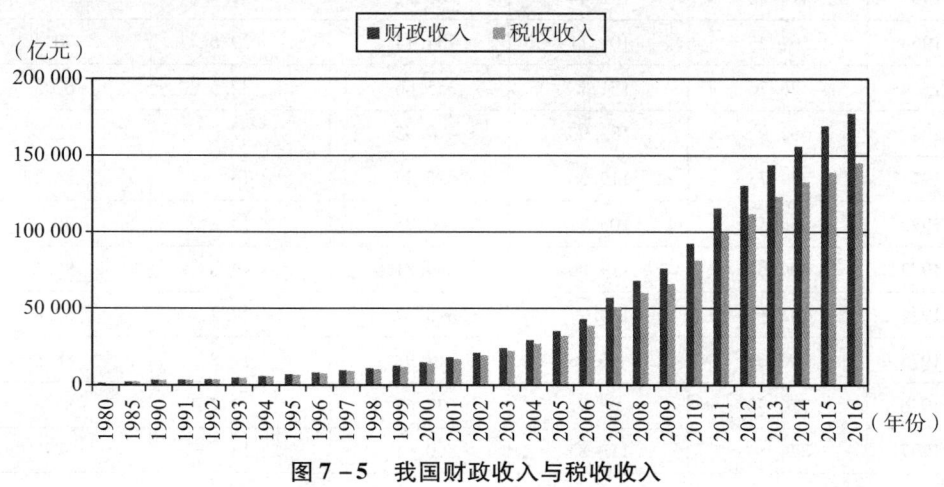

图 7-5　我国财政收入与税收收入

至于财政收入在中央和地方政府间的分配,从变化趋势来看,趋向于合理,中央政府应占较大比重。但省以下四级地方政府间分配状况不尽理想。另外,需要注意的是,中央政府与地方政府在财政收入的分配上近似为各占一半,但在财政支出上,中央政府支出额度占财政支出总额不到两成,地方政府则占八成以上。当然,中央政府与地方政府在收入和支出上的缺口主要是通过财政转移支付体系来弥补的,如表7-3所示。

表7-3　　　　　　　　我国财政收入在政府间配置

| 年份 | 绝对数(亿元) | | | 比重(%) | |
| --- | --- | --- | --- | --- | --- |
| | 全国 | 中央 | 地方 | 中央 | 地方 |
| 1953 | 213.24 | 177.02 | 36.22 | 83 | 17 |
| 1954 | 245.17 | 187.72 | 57.45 | 76.6 | 23.4 |
| 1955 | 249.27 | 193.44 | 55.83 | 77.6 | 22.4 |
| 1956 | 280.19 | 222.1 | 58.09 | 79.3 | 20.7 |
| 1957 | 303.2 | 222.94 | 80.26 | 73.5 | 26.5 |
| 1958 | 379.62 | 305.26 | 74.36 | 80.4 | 19.6 |
| 1959 | 487.12 | 118.78 | 368.34 | 24.4 | 75.6 |
| 1960 | 572.29 | 142.8 | 429.49 | 25 | 75 |
| 1961 | 356.06 | 76.65 | 279.41 | 21.5 | 78.5 |
| 1962 | 313.55 | 93.07 | 220.48 | 29.7 | 70.3 |
| 1963 | 342.25 | 78.92 | 263.33 | 23.1 | 76.9 |
| 1964 | 399.54 | 100.81 | 298.73 | 25.2 | 74.8 |
| 1965 | 473.32 | 156.07 | 317.25 | 33 | 67 |
| 1966 | 558.71 | 196.49 | 362.22 | 35.2 | 64.8 |
| 1967 | 419.36 | 132.44 | 286.92 | 31.6 | 68.4 |
| 1968 | 361.25 | 107.11 | 254.14 | 29.6 | 70.4 |
| 1969 | 526.76 | 171.1 | 355.66 | 32.5 | 67.5 |
| 1970 | 662.9 | 182.95 | 479.95 | 27.6 | 72.4 |
| 1971 | 744.73 | 119.36 | 625.37 | 16 | 84 |
| 1972 | 766.56 | 105.81 | 660.75 | 13.8 | 86.2 |
| 1973 | 809.67 | 119.86 | 689.81 | 14.8 | 85.2 |
| 1974 | 783.14 | 134.77 | 648.37 | 17.2 | 82.8 |
| 1975 | 815.61 | 96.63 | 718.98 | 11.8 | 88.2 |
| 1976 | 776.58 | 98.91 | 677.67 | 12.7 | 87.3 |
| 1977 | 874.46 | 113.85 | 760.61 | 13 | 87 |

续表

| 年份 | 绝对数（亿元） | | | 比重（%） | |
|---|---|---|---|---|---|
| | 全国 | 中央 | 地方 | 中央 | 地方 |
| 1978 | 1 132.26 | 175.77 | 956.49 | 15.5 | 84.5 |
| 1979 | 1 146.38 | 231.34 | 915.04 | 20.2 | 79.8 |
| 1980 | 1 159.93 | 284.45 | 875.48 | 24.5 | 75.5 |
| 1981 | 1 175.79 | 311.07 | 864.72 | 26.5 | 73.5 |
| 1982 | 1 212.33 | 346.84 | 865.49 | 28.6 | 71.4 |
| 1983 | 1 366.95 | 490.01 | 876.94 | 35.8 | 64.2 |
| 1984 | 1 642.86 | 665.47 | 977.39 | 40.5 | 59.5 |
| 1985 | 2 004.82 | 769.63 | 1 235.19 | 38.4 | 61.6 |
| 1986 | 2 122.01 | 778.42 | 1 343.59 | 36.7 | 63.3 |
| 1987 | 2 199.35 | 736.29 | 1 463.06 | 33.5 | 66.5 |
| 1988 | 2 357.24 | 774.76 | 1 582.48 | 32.9 | 67.1 |
| 1989 | 2 664.9 | 822.52 | 1 842.38 | 30.9 | 69.1 |
| 1990 | 2 937.1 | 992.42 | 1 944.68 | 33.8 | 66.2 |
| 1991 | 3 149.48 | 938.25 | 2 211.23 | 29.8 | 70.2 |
| 1992 | 3 483.37 | 979.51 | 2 503.86 | 28.1 | 71.9 |
| 1993 | 4 348.95 | 957.51 | 3 391.44 | 22 | 78 |
| 1994 | 5 218.1 | 2 906.5 | 2 311.6 | 55.7 | 44.3 |
| 1995 | 6 242.2 | 3 256.62 | 2 985.58 | 52.2 | 47.8 |
| 1996 | 7 407.99 | 3 661.07 | 3 746.92 | 49.4 | 50.6 |
| 1997 | 8 651.14 | 4 226.92 | 4 424.22 | 48.9 | 51.1 |
| 1998 | 9 875.95 | 4 892 | 4 983.95 | 49.5 | 50.5 |
| 1999 | 11 444.08 | 5 849.21 | 5 594.87 | 51.1 | 48.9 |
| 2000 | 13 395.23 | 6 989.17 | 6 406.06 | 52.2 | 47.8 |
| 2001 | 16 386.04 | 8 582.74 | 7 803.3 | 52.4 | 47.6 |
| 2002 | 18 903.64 | 10 388.64 | 8 515 | 55 | 45 |
| 2003 | 21 715.25 | 11 865.27 | 9 849.98 | 54.6 | 45.4 |
| 2004 | 26 396.47 | 14 503.1 | 11 893.37 | 54.9 | 45.1 |
| 2005 | 31 649.29 | 16 548.53 | 15 100.76 | 52.3 | 47.7 |
| 2006 | 38 760.2 | 20 456.62 | 18 303.58 | 52.8 | 47.2 |
| 2007 | 51 321.78 | 27 749.16 | 23 572.62 | 54.1 | 45.9 |
| 2008 | 61 330.35 | 32 680.56 | 28 649.79 | 53.3 | 46.7 |
| 2009 | 68 518.3 | 35 915.71 | 32 602.59 | 52.4 | 47.6 |

续表

| 年份 | 绝对数（亿元） | | | 比重（%） | |
|---|---|---|---|---|---|
| | 全国 | 中央 | 地方 | 中央 | 地方 |
| 2010 | 83 101.51 | 42 488.47 | 40 613.04 | 51.1 | 48.9 |
| 2011 | 103 874.43 | 51 327.32 | 52 547.11 | 49.4 | 50.6 |
| 2012 | 117 253.52 | 56 175.23 | 61 078.29 | 47.9 | 52.1 |
| 2013 | 129 209.64 | 60 198.48 | 69 011.16 | 46.6 | 53.4 |
| 2014 | 140 370.03 | 64 493.45 | 75 876.58 | 46.0 | 54.0 |
| 2015 | 152 269.23 | 69 267.19 | 83 002.04 | 45.5 | 54.5 |
| 2016 | 159 604.97 | 72 365.62 | 87 239.35 | 45.3 | 54.7 |

资料来源：《中国统计年鉴（2017）》。

## 基本概念

财政收入　财政收入结构　非税收入　财政收入规模

## 思考与练习

1. 简述财政收入的原则。
2. 简述财政收入的形式。
3. 试分析我国财政收入变化趋势。

# 第八章 税收理论

【本章概要】

税收是财政收入的主要形式,占财政收入的绝大部分。若要对财政有更多的理解,则必须清楚税收的相关理论:何为税收?有何特性?有何分类?对经济生活会产生怎样的影响?……这一系列的问题都将在本章得到解答,以期从整体上对税收有一个初步的认知。

【学习目标】

1. 了解税收的概念、特性。
2. 理解税收的各种分类。
3. 了解西方税收原则,理解并掌握我国税收原则。
4. 理解税收负担,掌握税负转嫁和税负归宿理论。
5. 了解税收的经济影响,理解并掌握税收的经济效应。

## 引 言

在原始社会初期,生产力的发展水平十分低下,人们共同劳动,共同分享劳动产品,可以说是一种按需分配的社会。马克思曾经指出:"这种原始类型的合作生产或集体生产显然是单个人的力量太小的结果,而不是生产资料公有化的结果"。① "生产关系一定要适应生产力的发展"这一客观规律决定了,原始的生产关系必然随着生产力的发展而改变。到了原始社会的末期,由于社会生产力的发展、剩余产品的出现,特别是随着社会的三次大分工和商品生产与商品交换的发展,逐渐产生了生产资料的私有化,出现了阶级与阶级矛盾。为了更好地缓解阶级矛盾,国家产生了,所以我们一般认为国家是阶级统治的工具。国家的存在有其必需的物质成本,为了维护统治阶级的地位和实现其职能,就必须凭借政治权利,参与社会产品的分配,并从中占有一定的份额,于是税收便产生了。

---

① 《马克思恩格斯全集》(第19卷),人民出版社2006年版,第434页。

## 第一节 税 收 概 述

美国著名的政治家本杰明·富兰克林（Benjamin Franklin）曾经说过一句名言："世界上只有两件事是不可避免的，那就是税收和死亡。"税收是人们熟知的但又古老的一个经济范畴。从原始社会到资本主义社会，直至今天的社会主义社会，税收依旧存在，已经有了几千年的历史。马克思认为"赋税是政府机器的经济基础，而不是其他任何东西"①"国家存在的经济体现就是捐税"②。可见，只要阶级存在，国家就存在，相应地税收也会一直存在。

### 一、税收概念的界定

#### （一）税收定义的描述

在西方国家，税收一词起源于古希腊语"tax"，其本意为"忍受"；在我国历史上，用以表示税收的名称有贡、助、彻、赋、租、役、银、课、调等，"税"字由"禾"（稻谷）与"兑（送达）"组成，其本来含义是社会成员向国家缴纳一部分农产品，后经常与"赋""租""捐"等字连用，形成了"赋税""税赋""租税""捐税"等词语，表明"税"曾与"赋""租""捐"相通或相关。而"税收"一词在我国首次出现是1916年贾士毅所著的《民国财政史》一书中，其一般意义就是指税的收入，其中，"税"指社会产品中归国家支配的那一部分，"收"是收入的意思。随着社会的进步，税收内容的不断丰富，"税收"一词的性质也发生了变化，动词化的税收主要表示税的课征或征收，现已与"课税""征税""收税"通用，名词化的税收则指对社会产品的筹集。

17世纪英国著名哲学家托马斯·霍布斯（T. Hobbes）的"利益交换说"认为"人们为公共事业缴纳的税款，无非是为了换取和平而付出的代价"，"间接税和直接税就是为了不受外敌入侵，人们以自己的劳动向拿起武器监视敌人的人们提供的报酬"③。税收就是人们为了享受政府提供的公共事业服务而付出的代价，是政府与公民之间的一种利益交换，政府与公民之间的权力与义务是对等的关系。

被称作"现代经济学之父"的18世纪英国著名经济学家亚当·斯密（Adam Smith）在其著作《国民财富的性质和原因的研究》（简称《国富论》）一书中提出，税收是"人民拿出一部分自己私人的收入，给君主或国家，作为一

---

①② 《马克思恩格斯全集》（第19卷），人民出版社2006年版，第32、342页。
③ 霍布斯：《利维坦》，商务印书馆1936年版，第96页。

笔公共收入"。①

社会政策学派财政学的集大成者、资产阶级近代财政学的创造者、德国19世纪新历史学派的代表人物阿道夫·瓦格纳给税收下的定义是："所谓租税，从财政意义上讲，就是公共团体为满足其财政上的需要，凭借其主权，作为对公共团体的事务性设施的一般报偿，依据一般原则和准则，以公共团体单方面所决定的方法及数额，强制地征自个人的赋课物；再从社会政策的意义来说，所谓赋税，就是满足财政上的必要的同时，或不同财政上有无必要，以纠正国民收入的分配及国民财富的分配，借以矫正个人所得与个人财产的消费为目的所征收的赋课物"。

美国的财政学者塞里格曼在1895年指出："赋税是政府对于人民的一种强制性征收，用以支付谋取公共利益所需的费用，其中不包含是否给予特种利益的关系。"② 日本学者金子宏认为："税收不是作为国家对特别支付的一种报偿，而是国家以实现提供公共服务而筹集资金这一目的，依据法律规定向私人所课的金钱给付。"③ 日本财政学者井手文雄认为："所谓租税，就是国家依据其主权（财政权），无代价地、强制性地获得的收入。"④

除了经济学家对税收概念的论述外，很多国家的经济学工具书中也对税收的定义进行详尽的描述。如《新大英百科全书》中对税收的描述："在现代经济中，税收是国家收入最重要的来源。税收是强制的、固定的征收，它通常被认为是对政府财政收入的捐献。用以满足政府开支的需要，而并不表明是为了某一特定的目的。税收是无偿的，它不是通过交换来取得，这一点与政府的其他收入不大相同，如出售公共财产或发行公债等。税收总是为了纳税人的福利而征收，每一个纳税人在不受利益支配的情况下承担了纳税的义务。"《美国经济学词典》认为："税收是居民个人、公共机构和团体向政府强制转让的货币（偶尔也采取实物或劳务的形式）。其征收对象是财产、收入或资本收益，也可以来自附加价格或大宗的畅销商品。"美国《现代经济学词典》中写道："税收的作用是为了满足政府开支需要而筹集稳定的财政资金。"《中国税务百科全书》把税收定义为："国家为满足社会公共需要，依据其社会职能，按照法律规定，参与国民收入中剩余产品分配的一种规范形式。"

一些国际经济组织也对税收有着自己的描述。如经济合作与发展组织（OECD）的分类中，税收被定义为"对政府的强制性的、无偿的支付"；世界银行则将税收定义为"为公共目的而收取的强制性的、无偿的、不可返还的收入。"

（二）税收定义的理解

从上述对税收定义的描述中，我们可以总结出税收所固有的一些本质特性。

---

① ［英］亚当·斯密：《国民财富的性质和原因的研究》（下卷），北京：商务印书馆1997年版，第383页。
② ［美］塞里格曼：《租税各论》（英文版），第432页。
③ ［日］金子宏著，战宪斌等译：《日本税法》，法律出版社2004年版，第7页。
④ ［日］井手文雄：《日本现代财政学》，中国财政经济出版社1990年版，第254页。

1. 税收的课税权主体是国家，具体包括各级政府和财税部门。中央及地方政府设置具体的专职机关，如国家税务局、地方税务局、海关等，代其执行征税权力，除此之外的任何社会团体、机构、组织均无权征税。

2. 税收课征的依据是国家的政治权利。马克思指出"在我们面前有两种权力：一种是财产权力，也就是所有者的权力；另一种是政治权利，即国家的权利。"① 国家政治权利即国家主权，是任何一个独立的国家所拥有的基本权利。国家课税的权力属于国际法中赋予的一个独立国家的基本权利中的管辖权，一般认为，税收管辖权从属于行政管辖权而以司法管辖权为后盾。因此，我们通常说，税收以政权为后盾。

3. 税收是一系列经济活动的统称。税收并非简单的征纳活动，而是国家参与社会产品或国民收入的分配与再分配的一系列经济活动，包括组织收入、调控经济、监督管理等。

4. 税收是国家财政收入的主要来源。不论是何种制度形态下的国家，取得收入主要有两条途径：凭借政权无偿地取得税收收入；凭借对部分生产资料的所有权取得相应的分配利润。在计划经济体制下，国家掌握较多的生产资料，企业大多归国家所有，国家要求上缴利润凭借的就是生产资料所有权的身份。在当今社会，国家为了行使其职能所需要的财政资金主要来自税收，这是由商品经济、按劳分配等诸多因素共同决定的。

5. 税收的来源是社会总产品或国民收入，或者说税收的课征对象是一部分社会产品或国民收入。我们从社会产品的价值构成角度来分析税收的源泉问题。$C+V+M$，其中，$C$ 是对生产资料的补偿，主要是固定资产、机器设备等的补偿，对 $C$ 征税意味着固定生产资料的减少，而简单再生产（重复再生产）都无法保障，所以 $C$ 通常不被作为征税的对象（在一些特殊情况下，也会对 $C$ 进行课税，如国家进行产业结构调整）；$V$ 是对生产资料的补偿，主要是对劳动力的补偿，因此主要体现为工人的工资。对 $V$ 能否征税取决于社会生产力水平、劳动生产率的高低，税收可直接或者间接地来自 $V$（直接的课征主要是所得税；间接的课征主要是财产税），但 $V$ 不可能成为税收的主要来源；$M$ 是剩余产品，是社会积累的源泉，也是税收的主要来源。对 $M$ 征税不会阻碍简单再生产的进行，同时我们也可以看出税收不能完全地等于 $M$，这样将不能进行扩大再生产。

6. 税收是国家调节宏观经济的重要手段。税收使得一部分经济资源由私人手中转移到政府，对不同私人部门征税的差异以及国家财政支出的结构等都会对私人的经济决策产生影响。正因为税收的这种引导效果，国家利用税收调节经济可以起到"四两拨千斤"的效果。

7. 税收是一种特殊分配关系。税收属于分配关系中的征纳关系，这种分配关系的特殊性体现在：税收活动的征纳双方法律地位是平等的，但是权利与义务是不对等的；税收活动对于纳税人而言，首先体现为成本的加重，而后才会在公

---

① 《马克思恩格斯选集》（第1卷），人民出版社1972年版，第170页。

共产品和社会服务的免费或低付费享受中得到补偿。这种特殊性明显区别于当今市场经济等价交换的规则，因此给人以独特的感觉，这些特性也就成为税收的形式特征。

（三）税收的定义

综上所述，我们将税收定义为：税收是国家为了实现其职能，凭借政治权利，按照法律标准，强制地、无偿地参与一部分社会产品或国民收入的分配与再分配的一系列经济活动。

## 二、税收的特性

税收作为财政收入的主要来源，之所以成为一种独立的收入形式，就在于其区别于公债、规费收入等财政收入形式的强制性、无偿性和固定性。一般被称为"税收三性"，是税收的形式特征。

1. 强制性。税收的强制性是指国家税收以法律形式规定，在税法规定的范围内，任何单位和个人都必须依法纳税，否则将受到法律的制裁。政府凭借行政管辖权，以法律形式确定政府（征税人）和社会成员（纳税人）之间的权利和义务关系：政府拥有征税权并同时承担向社会公众提供公共产品和公共服务的义务；社会成员具有分享政府提供的公共产品和服务利益的权利，同时承担向政府纳税的义务；政府征税是凭借政治权力强制执行，而不是凭借财政权协议解决；征纳双方的关系以法律形式来确定，对双方当事人都具有法律上的约束力。由于政府所提供的公共产品和公共服务具有非排他性，而其消费者不可能自愿出价，因此，只能采用强制征税的方式。

2. 无偿性。税收的无偿性是指国家取得税收收入不承担偿还义务，也不需要支付任何代价。即政府与纳税人之间的权利与义务关系是平等但不对等的。政府向纳税人征税，不是以具体提供何种公共产品和公共服务为依据的，纳税人向政府纳税，也不是以具体分享何种公共产品和公共服务为前提的。

税收的无偿性也是由"税收是作为补偿公共产品和公共服务价值的"这一性质所决定的。尽管税收与政府提供的公共产品和公共服务在价值上应该对等，否则公共产品和公共服务的提供将无法循环，但消费者对公共产品和公共服务并不表现偏好（或就个体而言，偏好不同），政府所提供的公共产品和公共服务对消费者的受益情况也无法测度，因此，不能采用直接的价格形式，而只能采取间接的税收形式，从而也决定了税收的无偿性的特点。无偿性是相对于具体的纳税人而言的。

3. 固定性。税收的固定性是指国家在征税之前，通过法律形式预先规定征税对象、征税标准、征收方法等。具体而言，首先，税收固定性表现在对什么征税、征多少税、由谁缴纳税，这些必须事先明确；其次，税收的标准必须是统一的，条件相同的纳税人所承担的税负也应当相同；最后，税收征纳关系以法律为依据，是相对稳定的。

### 三、税收分类

税收的分类即按一定的标准对各种税作出的归集和划分。由于目前世界上大多数国家都采用的复合税制，使得多个税种并存。对于各个税种从不同的角度进行分类，便于加深对税种的认识和理解，也便于一国的税制在总体上趋于科学化、合理化。本书在此仅就几种常用的分类方式作出说明。

#### （一）按税收缴纳形式不同分类

按税收缴纳形式的不同，可以分为力役税、实物税、货币税三类。

1. 力役税是指纳税人以直接提供无偿劳动的形式缴纳的一类税收。这类税收主要存在于生产力发展水平低下的人类社会早期，在当时，剩余产品较少，直接征收实物或者货币的可能性很小，而直接由劳动者提供无偿劳动来补偿国家对劳动力的需要就成了必然选择。

2. 实物税是指纳税人以各种实物作为缴税形式的一类税收。这类税收主要存在于商品经济欠发达的社会时期，商品交易较多的以实物交换的形式进行，货币并未得到广泛的使用，或者说货币的公信力还不足的情况下，国家直接取得实物税收更有利于国家财政的支付。实物税是我国封建社会时期采用的主要税收形式。

3. 货币税是指纳税人以货币形式缴纳的税收。这是税收缴纳形式发展的高级阶段，是商品经济发展的结果，也是目前各国采用的主要税收形式。

#### （二）按税收计征标准不同分类

按税收计征标准的不同，可以分为从量税和从价税两类。

1. 从量税是按征税对象的重量、数量、容积、面积等物理属性作为计税依据的一类税。这类税的计征与相关商品或劳务的价格没有直接关系，而是按预先确定的物理属性数据，通常采用定额税率计征，因此也被称为"从量定额计征"。正因为此类税不受价格变动的影响，而仅与课税对象的数量等直接相关，因此，体现出税负水平固定、计算简便的特点。我国目前的车船税、土地使用税等属此类税。

2. 从价税是按征税对象的价格或者金额作为标准计征的一类税。这类税以商品或劳务的价格作为计征依据，通常采用比例税率，因而也被称为"从价定率计征"。相比而言，从价税更加适应于商品经济的需要，也是目前各国大多数税种采用的方式。如我国的增值税、消费税等。

#### （三）按税收的管理和收益权限不同分类

按税收的管理和收益权限的不同，可以分为中央税、地方税和中央地方共享税三类。

1. 中央税是指由国家中央政府负责征收与管理，属于中央财政的固定收入，税收收入归中央政府支配的一类税。此类税一般具有税源集中、税收收入较大、对一国的经济全局关联度较大等特点。如我国的消费税、关税等。

2. 地方税是指由地方政府负责征收与管理，属于地方财政的固定收入，税收收入归地方政府支配的一类税。这类税一般与地方经济联系比较紧密、税源相对分散等特点。如我国的土地增值税、房产税、车船税等。

3. 中央地方共享税是指由中央统一立法，收入由中央和地方按照一定的比例共享支配的一类税。这类税的存在主要是考虑中央与地方的事权与财权的划分问题，调节中央与地方的收入分配。如我国的增值税、企业所得税等。

（四）按税负能否转嫁分类

按税负能否转嫁可将税收分为直接税和间接税两类。

1. 直接税是指纳税人不能将税收负担转嫁给他人，而用自己的收入或财产承担税负的一类税。直接税的纳税人同时也是负税人。如我国的个人所得税、企业所得税、房产税等。

2. 间接税是指纳税人能够将依据税法规定而应由自己承担税收转嫁给别人负担的一类税。间接税的纳税人与负税人不同。如我国的增值税、消费税等。

（五）按税收与价格的关系分类

按税收与价格关系的不同可分为价内税、价外税两类。

1. 价内税即税金是价格构成部分的税，换句话说，就是税金包括在买卖双方成交的交易价格之内，卖方无须在交易价格之外再向买方收取税款。就直观形式而言，价内税是由卖方缴纳和承担，税款也是由卖方从自己收到的价款中抽出的，当然现实情况复杂得多，往往是卖方通过税负转嫁在收取价款时已经预收了税金，所以实际承担者一般都是买方。我国现行税制下的消费税就属于价内税。

2. 价外税即税金不构成价格的税，换言之就是由卖方在交易价格之外向买方单独收取与交易价格成一定比例的税款，然后再将税款作为自己的应缴税款上缴国家。一般而言，价外税不属于价格，因此，当一个金额包含了价款和价外税两部分时，我们称为含税价，相应地，通常的价格也可被称为不含税价格。我国现行的增值税就属于价外税。

（六）按课税对象的性质和作用分类

按课税对象的性质和作用的不同，可分为流转税、所得税、资源税、财产税、行为税、特定目的税六类。这种分类是目前使用最为广泛的、最基本的方式。

1. 流转税是以商品或劳务的流转额为征税对象的一类税。此类税属于间接税，具有税源稳定、征收及时便利、税负隐蔽等特点。我国的增值税、消费税、关税等均属此类。

2. 所得税是以所得额为课税对象的一类税。此类税属于直接税，税负不易转嫁，在采用累进税率时，税负具有弹性，因此被称为"内在稳定器"。各国都利用此类税种来体现社会的结果公平。我国的个人所得税、企业所得税均属此类。

3. 资源税是以资源的绝对收益和级差收益为课税对象的一类税。资源税具有课税范围固定、采用差别税额、实行从量定额征收等特点。我国现行的资源税、城镇土地使用税属此税类。

4. 财产税是以财产价值为课税对象的一类税。财产税具有征税范围固定、税负不易转嫁等特点。我国现行的房产税、契税属于此类。

5. 行为税是以某些特定行为作为课税对象的一类税。行为税具有课税对象单一、税源分散、税种灵活等特点。我国现行的印花税、车辆购置税、耕地占用税等属于此类。

6. 特定目的税是国家为了协调经济运行，达到一些特定的经济目标而对一些行为或资源等课征的一类税。我国现行的城市维护建设税、环境保护税等属于此类。

## 第二节 税收原则

税收原则是一国政府在制定本国税收制度、实施税收法规时应遵循的基本准则，同时也是评析一国现行税制优劣、考核一国税务行政管理绩效的根本标准，是税收制度建立、改革和完善所遵循的指导思想。

### 一、西方税收原则

西方历代经济学家关于税收原则思想表述很多，为了便于学习与研究，现将其划分为三个阶段加以说明。

#### （一）古典西方税收原则（19世纪以前）

19世纪以前西方已有多位经济学家提出了关于税收原则的观点，其中最具代表性的当属英国资产阶级古典政治经济学的创始人威廉·配第和英国古典经济学派的代表人物亚当·斯密。

1. 威廉·配第（William Perry）的税收原则。

威廉·配第在其代表作《赋税论》《政治算术》中结合当时英国的政治经济情况深入探讨了国家财税问题，并提出了公平、简便、节省的税收三原则。他认为，公平即无所偏袒，根据纳税人的纳税能力来决定税负的轻重，并且税负不能过重；简便即征税手续简便，税收课征的规定应明确，便于纳税人了解掌握，纳税的形式、时间、地点等应考虑纳税人的方便；节省即征税的费用应尽可能地减少。

2. 亚当·斯密（Adam Smith）的税收原则。

在《国富论》中，斯密提出了著名的税收四原则，即平等原则、确实原则、便利原则、节约原则。

（1）平等原则。国民为了表示对政府的支持，应按照各自在国家保护之下所获取的收益的多寡，依照一定的比例缴纳税收。平等原则其实包含着三层含义：第一，取消免税特权。当时欧洲各国的贵族、僧侣享有免税特权，国家税收实际由中产阶层以及以下的国民负担，税负分配极不公平。平等意味着贵族和平民均应依法纳税。第二，税收应保持"中立"。国民之间自然形成的财富分配形态，不会因国家征税而变更其分配比例，并且对于经济发展所需要的资本形成和积累，也不能因征税而受到阻滞。第三，纳税人应按能力大小，比例课税。需注意的是，此处的"能力"并非现代税收理论中的"量能课税"。此处的能力是指国民在国家保护之下各自获得的利益，即个人的收入。

（2）确实原则。国民应该缴纳的税收的多少，纳税的时间、地点、方式等，必须明确决定，征税者不可肆意征收。该原则其实强调的是依法纳税和依法征税，并且他认为税收法规不确实的危害程度较不公平的税收更严重。

（3）便利原则。税收课征的制度规定上，应多从纳税人的角度出发，选定适当的缴纳时间、地点和简便的缴纳方法。纳税时间的选定应在个人取得足够的收益之后；纳税地点应交通便利，便于纳税人到达；纳税方法应力求简便并容易为纳税人掌握；纳税的形式方面，货币相比实物便于携带、缴付，不会增加额外的纳税费用。

（4）节约原则。国家向国民征税要适度，若对国民的税收过多，反而不利于国家财政收入的增长。这是因为，较多的税收任务必然需要较多的税吏，相应地税吏的薪俸也较多；税收过多会降低国民劳动积极性，减慢国民和国家财政收入的增长速度；税吏频繁的征管和稽查，往往对纳税者造成不必要的麻烦、困扰与压迫。正因为如此，国民所付出的远远超过国家取得的收入，所以国家的税收收入应尽可能地等于国民缴纳的税负。

（二）近代西方税收原则（19 世纪至 20 世纪 30 年代）

这一时期关于税收原则研究的代表人物有法国政治经济学家西斯蒙第和资产阶级近代财政学的创造者阿道夫·瓦格纳。

1. 西斯蒙第（Sismondi）的税收原则。西斯蒙第在其代表作《政治经济学新原理》一书中专篇论述了税收问题，并从经济发展的角度出发，在亚当·斯密的税收四原则基础上，又补充了四条原则：税收不可侵及资本、税收不可以总产品为课税依据、税收不可侵及纳税人的最低生活费用、税收不可驱使财富流向国外。①

（1）税收不可侵及资本。"一切赋税必须以收入而不是以资本为对象，对前者征税，国家只是取走了个人所应支出的东西；对后者征税，就是毁灭了应该用

---

① 《政治经济学研究》（第一卷），北京：商务印书馆1997年版。

于维持个人和国家生存的财富。"

(2) 税收不可以总产品为课税依据。"制定赋税标准时，不应该对每年的总产品和收入混淆不清；因为每年的总产品除了年收入外还包括全部流动资本；必须保留这部分产品，以维持或增加各种固定资本，一切积累起来的产品，保证或提高所有生产工人的生活。"

(3) 税收不可侵及纳税人的最低生活费用。"赋税是公民换得享受的代价，所以不应该向得不到任何享受的人征税；就是说，永远不能对纳税人维持生活所必需的那部分收入征税。"

(4) 税收不可驱使财富流向国外。"绝不应该因征税而使应纳税的财富逃出国外，因此规定赋税时对于最容易逃税的财富应该特别缜密考虑（因为税负高，可能纳税人会将资本投到低税负国家，以获得高收益），赋税绝不应该触及保持这项财富所必需的那部分收入。"

2. 阿道夫·瓦格纳（Adolf Wagner）的税收原则。德国柏林大学教授阿道夫·瓦格纳也是德国19世纪新历史学派的代表，其代表作有《政治经济学教程》和《财政学》。瓦格纳根据其所处政治经济及社会背景，通过吸收、整理、总结以前社会政策学派史泰因、谢夫勒等人的思想及观点，逐步形成了自己的以社会财政、税收思想为核心的理论体系。为了更好地制定和实施他的社会政策税收的目标，瓦格纳提出了著名的"四项九端"税收原则。

(1) 财政政策原则。税收收入要充足，并且能够灵活充分地保证国家的必要开支。瓦格纳将其划分为两条具体原则：第一，充分原则，即税收收入必须能充分满足财政的需要；第二，弹性原则，即税收收入必须能充分适应财政收支的变化，能随着国家财政收支的增加而实现自然或法定增收。

(2) 国民经济原则。为了保证国民经济正常的发展，税收不可危及税源，并在可能的范围内尽量促进资本的形成，促进国民经济的发展。瓦格纳针对此原则又具体提出了税源选择原则和税种选择原则。第一，税源选择原则。税源选择必须适当，不能伤害资本。可作为税源主要有所得、资本和财产三类，若以资本或财产作为税源，则不免会损及税收之本，阻碍国民经济的发展，所以以所得作为税源最为适当。第二，税种选择原则。税种的选择必须考虑税负转嫁问题。谁负担税收要比谁缴纳税收更为重要，因此税负的归宿点应尽可能地着落于应该承担税负的人身上，所以税种的选择最好是不易转嫁的所得税。

(3) 社会公平原则。具体可分为普遍原则和平等原则。第一，普遍原则。对一切有收入的国民，都要普遍征税，不能因身份或社会地位的特殊而例外，要做到不偏不倚。征税应考虑纳税人的负担能力，对劳动所得或收入可减免税收；第二，平等原则。收入和财富的自然分配状态并非合理的，应根据纳税能力的大小课税，所以应采取累进税率，收入多的多纳税，收入少的少纳税，没有收入的免税，对财产所得不劳而获者加重课税以符合各种不同的负担能力的平等课税。

(4) 税务行政原则。具体分为确实原则、便利原则、节约原则。第一，确实原则。税收法规制定时应注意简明确实，减少条文曲解的可能性；税务人员必须具备相应的技术知识,以免课征中出现混乱不清;纳税时间、地点及方式都应明确告知纳税人,使纳税人有所遵循;第二,便利原则。政府征税应为纳税人的方便考虑,纳税的时间、地点和缴纳方式等都尽是给纳税人以方便;第三,节约原则。征管费用应力求节省,以增加国库的实际收入。其中,征管费用并非单纯指征税的费用还包括纳税人因缴税而直接负担或间接负担的费用。

### (三) 当代西方税收原则(20世纪30年代以后)

自20世纪30年代以来,资本主义国家的经济理论和政策普遍受到凯恩斯主义和福利经济学派的影响,因而在现代的资产阶级经济学著作中,关于财政收支指导原则的表述主要体现为两种情况:以财政的资源配置、收入分配和稳定经济职能作为财政收支的指导原则;以公平和效率两项社会福利准则作为评价财政收支的标准。税收原则方面的论述当属美国当代著名财政学家理查德·马斯格雷夫在其代表作《财政理论与实践》中提出的税收原则。

1. 效率原则。"应当对税收办法进行选择,以便尽量不影响有效市场上的经济决策,税收的额外负担应该减少到最低限度。"具体分为:(1)节约。税收的管理和执行费用要最少。(2)保持中性。在完全竞争的市场机制下,税收应尽可能是中性的,即对私人经济活动尽量不会产生干扰。当然"保持中性"只是一种理想化的结果,现实当中税收是不可能做到完全中性的,对纳税人课税后一般会产生两种效应:收入效应、替代效应,由此影响纳税人的经济决策。

2. 公平原则。"税收负担的分配应当公平,应使每个人支付他合理的份额。"可分为:(1)横向公平。凡是有相同纳税能力的人,就应该负担相同数量的税,而不管收入的来源和性质的差异以及个人支出和家庭负担等因素的影响。(2)纵向公平。凡是有不同收入能力的人,就应该负担不同数量的税。若想达到纵向公平,就必须注意两个原则:第一,受益原则,根据纳税人受益的大小和多少,相应地缴纳不同的税额。这实际上将市场交易法则运用到税收领域的结果,其中的收益也主要是指来自政府提供的公共产品或服务的享受,因此带有收费的性质。第二,支付能力原则,根据纳税人支付能力的大小,缴纳不同的税额。

3. 稳定原则。"税收结构应当有利于财政政策的运用,以便达到稳定与增长的目标。"运用税收经济杠杆作用,引导经济趋于稳定主要通过两方面实现:(1)内在稳定器。这是指税收制度本身所具有的内在稳定机制。税收不需要政府随时作出判断和采取措施,就能起到自行稳定经济的效果。主要表现为税收随经济的增长、衰退而自动增减,从而减轻经济周期的波动。在经济的繁荣时期,税收因税基的增长而上升,税负的增长使得经济增长趋缓;在经济萧条时期,税收因税基的减少而自动下降,税负的减少又促使经济衰退趋缓。所以,即使在经济上涨或低落时期税率不变,在某种程度上税负的自动增减也会使经济自动趋于稳定。(2)相机抉择,又称"人为稳定器"作用,是指政府根据经济运行的不同状况,相应采取灵活多变的税收措施,消除经济波动,以谋求低失业、低通胀的经济增长。总的来看,当经济不景气时,应实行减税政策,以鼓励投资,稳定就业水平;当经济过度繁荣时,则应提高税率,防止私人资金的过度投资,引发危机。

4. 政策原则。利用税收政策的调整以实现刺激投资等经济目标时,应尽量不干扰税收的公平。

5. 明确原则。对税收制度进行有效的管理,使得其易于为纳税人所理解。

6. 省费原则。税收的管理及征纳费用应尽可能节省。

## 二、我国的税收原则

### (一) 我国古代的赋税思想

在我国几千年的经济发展史上,涌现出许许多多的思想家,他们结合当时的社会经济发展状况,提出了丰富的赋税思想,代表如管仲、商鞅、桑弘羊、刘晏、王安石和张居正。他们的赋税思想可归纳为以下六方面。

1. 轻税富民。轻徭薄赋、舒养民力、发展生产、扩大财源,不可巧取豪夺、竭泽而渔。如战国时期思想家管仲提出:"凡治国之道,必先富民,民富则易治也,民穷则难治也"。明代思想家丘浚也提出:"理财之道,以生财之道为本"。

2. 区别对待。战国时期商鞅所提出的"不农之征必多,市利之租必重"的主张,则反映了一种以税收限制商业、鼓励农业的区别对待思想。

3. 适度征收。税收应兼顾国家和人民利益,适度征收,不仅要考虑国家需要,同时也要考虑人民的负担能力。如管仲指出:"取之民有度,用之有止,国虽小必安,取之民无度,用之不止,国虽大必危。"唐朝李翱提出:"人皆知重敛之为可以得财,而不知轻敛之得财愈多也。"在他看来,"重敛则人贫,人贫则流者不归而天下之人不来。由是土地虽大,有荒而不耕者,虽耕之而地力有所遗,人日益困,财日益匮""轻敛则人乐其生,人乐其生则居者不流而流者日来。居者不流而流者日来,则土地无荒,桑柘日繁,地有余利,人日益富,兵日益强"。这一思想远早于1974年供给学派代表人物美国经济学家阿瑟·拉弗提出的"拉弗曲线"。

4. 公平税负。按土地等级或地理条件的不同,区别征税,量能负担。如《尚书·禹贡》中写道:"禹别九州,随山浚川,任土作贡。"管仲也提出"相地而衰征"。西晋时期的傅玄提出的税收原则:"至平""积俭而趣公""有常",相比亚当·斯密提出的税收原则提前了1 500多年。

5. 重税思想。如先秦法家韩非所提出的"欲利尔身,先利尔君;欲富尔家,先富尔国"的利君富国思想,唐朝杨炎提出的"量出为入"思想,都是主张重税的思想。

6. 以法治税。说明税收的立法、执法和管理三者关系。如宋代思想家王安石提出"聚财在人,理财在法,守法在吏"。

### (二) 社会主义市场经济时期的税收原则

我国已进入了社会主义市场经济时期,面对新的社会经济环境,在总结我国社会主义实践的基础上，吸收西方市场经济国家比较成熟的税收原则理论，结合我国当今的现实情况，并借鉴了国内经济学者的观点，将新时期我国的税收原则总结如下。

1. 财政原则。此原则的核心是国家财政的资金需求与国民承担税负的可能之间的有机协调，其实质是"量出为入"与"量入为出"两条理财思想的折中使用。国家财政支出的需求与国民税收负担的能力本是一对矛盾，负担能力的大小决定了支出需求的弹性大小，而税收的财政原则就是要在两者之间找到一个平衡点，以兼顾双方权益。可分为以下三个二级原则。

（1）收入适度原则。强调财政组织收入时应取之有度。国家财政收入在满足国家中的正常开支的基础上对突发事件而引起的开支突增有一定的资金准备即可，征收不宜过高而伤害纳税人的劳动积极性和阻碍民间资本的积累。

（2）普遍纳税原则。包括三层含义：第一，凡有纳税能力的人，无论是自然人还是法人，不分国籍、种族、阶级、身份、宗教信仰，均应依法纳税；第二，国家在制定税收法规时，应体现税制的普遍适用性，即对人税的纳税人应该尽可能地包括所有人，对物税的征税对象应尽可能涵盖该物品交易流通的每个环节；第三，减免税规定一般都涉及特定人群，体现普遍纳税原则就必须严防减免税规定的滥用。

（3）可持续性原则。国家财政在取得税收收入的同时，应注重税源的保护和新税源的培养，以保证国家财政收入的可持续性与增长能力。

2. 经济原则。经济的可持续发展是国家经济政策的核心目标。税收经济原则的核心就是贯彻国家的经济政策，充分发挥税收对经济的调节作用。经济是财政的基础，税收是财政的来源，离开了经济发展，税收就成了无源之水，无本之木。因此，税收的经济原则包括以下两个二级原则。

（1）经济公平原则。"公平"是个相对的概念，依据不同的标准可将公平分为：横向公平、纵向公平；起点公平、规则公平、结果公平。税收的经济公平原则可分为：第一，税负公平。强调横向公平和纵向公平，体现量能赋税的思想，相同纳税能力的人在同一税种上的税收负担相同，不同纳税人能力的人在同一税种上的税收负担应体现其能力差异。这就要求在制定税收法规时体现公平，并加强征管立法，堵塞征管漏洞，以减少人为造成的不公出现。其中纳税能力的衡量主要是收入（所得）、财产的多少为标准。第二，机会公平。强调起点公平和规则公平。机会公平是市场经济下最为重要的两种公平形式，是保证经济健康发展的必要条件，体现了一定范围内的"税收中性"。在国家经济政策认可的范围内，保证其中的每个投资者享受到平等的税负，不会因税负差异而改变个人的投资倾向。税收法规不仅不应该造成不公平竞争条件的出现，还应该尽可能地促使公平竞争环境的形成和持续。

（2）适度调节原则。正如之前章节提到的，市场经济存在一定的盲目性，即存在市场失灵的情况，这就需要国家对经济进行宏观调控，税收作为国家手中重要的经济调控工具，充分发挥其调节作用，才能保证经济的可持续性发展。

3. 社会原则。公平可分为起点公平、规则公平、结果公平。其中的结果公平就是税收社会原则所要体现的结果。财富的积累具有"雪球效应"，一般情况下，财富原始存量越多的人，其财富增长速度越快，最终的结果必然是贫富差距拉大。若只强调税收的经济原则，虽然纳税能力强的人需负担的税负比纳税能力弱的人需负担的税负重，但这调节的效果毕竟有限，从社会公平、结果公平的角度出发，税收应该体现财富再分配的职能：对收入（财富）过高的人提高税负等级，加重其税收负担；对于收入（财富）过低的人设置低税率（或零税率）、减免优惠等，以增加其可支配收入（财富）。因此，社会原则又被称为"区别对待原则"。

4. 行政原则。行政原则强调税收的征管中应注重效率，提高征管效益。具体可分为明确、简洁、便利、节省四项二级原则。

（1）明确原则。国家在税收立法中，应对相关的税制要素，如纳税人、征税对象、税率、税基、纳税时间、纳税地点、纳税方式等作出明确的规定，并作出明确的诠释，征纳双方都必须严格执行，不得随意更改变动。

（2）简洁原则。税收立法不易复杂，税种不宜过多，其中对于具体的征管程序、计税方法等的规定应尽可能的简便易行，纳税人便于理解配合，便于征税机关掌握执行。当然，简洁原则对纳税人的纳税意识和征税人员的专业知识有较高的要求，所以还应加强税法的宣传普及工作。

（3）便利原则。针对税种的缴纳方式以及纳税的时间、地点等应该合理地考虑纳税人的现实情况，使纳税人不会应纳税而感到不便。如办税地点应设在交通便利的地方、纳税时间应在纳税人取得足够的收入（所得）之后、纳税的形式应减少实物税而多采用货币税的形式等。

（4）节省原则。征纳双方在征纳过程的费用（成本）主要包括税务行政费用（成本）和纳税人纳税费用（成本）。税务行政费用（成本）主要包括征税人员从计征到税款解缴入库过程中的如人员薪酬、办公经费、税法宣传普及费用、办公设备成本等。纳税人纳税费用（成本）主要指纳税人为了合法、足额、及时地纳税而产生的如购买计税设备成本、报送涉税资料的相关成本等。节省原则就是要求提高办公效率，减少上述费用的发生，缩小纳税人税负成本与国家实际财税收入之间的差额。

上述四项原则并非孤立存在的，它们之间的关系是：财政原则是基础，体现税收为国家筹集收入的基本职能；经济原则和社会原则以财政原则为基础，体现税收的经济和社会职能；行政原则属于税收的技术性原则，是前述三原则实现的前提和保证。在设计税收制度的过程中，只有综合考虑四项原则，才能逐步建立起一套适合我国国情的科学、合理的税收制度。

## 第三节 税收负担、税负转嫁与税负归宿

税负转嫁是我们日常生活中经常遇见的经济现象，我们每一次消费行为中的

讨价还价其实都在进行着税负的转嫁,只是我们并未意识到这一点。有些细心的人可能会发现,在一些外国的大型超市里面购物,取得的发票上经常会写明,某件商品的价格是多少,税金是多少,而支付的实际金额一般是两者的合计,而在我国的超市中的购物发票并未分别注明,仅是写明价格多少(其实质为含税价)。正因为我国零售业购物发票开具的非规范性,使得我国的消费者往往忽视了自己其实是税金的最终承担着(负税人),在承受着税负的转嫁。而要了解税负转嫁,首先应知道何为税负,它与税收有什么关系。

## 一、税收负担

### (一) 税收负担的概念及分类

税收负担可以定义为:由于政府课税而给纳税人或负税人带来的福利的减少、经济利益的损失或转移。从不同的角度对税收负担进行分析,可将其划分为不同的种类。本书仅对几种常用的税负分类进行说明。

1. 宏观税收负担与微观税收负担。按税收与国民经济的关系来划分,可将其分为宏观税收负担和微观税收负担。

(1) 宏观税收负担,是指一定时期内一国政府对其所有纳税人课征的税负总额。研究宏观税负通常是考察其与该国同期国内生产总值和国民收入的比重关系,以及税负总额的内部结构状况。衡量宏观税负的指标主要有两个:国内生产总值税收负担率,简称 GDP 税负率;国民收入税收负担率,简称 NI 税负率。

$$国内生产总值(GDP)税负率 = 税收总额/国内生产总值 \times 100\%$$
$$国民收入(NI)税负率 = 税收总额/国民收入 \times 100\%$$

(2) 微观税收负担,是指一定时期内的单个涉税主体的税负状况。单个涉税主体可以是单个纳税人、某个纳税人集合、单个产品、单个行业、单个市场、单个税种、单个税类等。其反映的是单个涉税主体的税负构成问题。针对不同的情况,衡量微观税负便有不同的指标体系。

2. 名义税收负担与实际税收负担。由于税收优惠、加成征收等的存在,纳税人的实际纳税额往往与税法规定的应纳税额存在着差异,因此,可将税负分为:(1) 名义税负,即纳税人按照税法规定应当缴纳的税负,通常表现为税法规定的名义税率(法定税率)。(2) 实际税负,纳税人实际缴纳的税负,通常表现为纳税人的实际税收负担率。显然,当纳税人享受到减免税的优惠规定时,实际税负会低于名义税负;当纳税人被加成征收时,实际税负会高于名义税负。除了前面提到的合法因素的影响之外,当纳税人进行偷逃税、避税、节税筹划时也可能引起实际税负与名义税负的差异。

3. 直接税收负担与间接税收负担。由于税负转嫁的存在,税负可能在纳税人与负税人之间转化,由此税负可分为:(1) 直接税负,即依据税法规定而直接承担的税负。(2) 间接税负,即由于税负转嫁而承受的比税法固定多的一部分税负。

(二) 税收负担的影响因素

一般来看,影响税收负担水平的主要因素有以下三个。

1. 经济发展水平。一个国家的经济发展情况可以由多方面的指标来衡量,其中使用较多的国民生产总值与人均国民生产总值、国民收入与人均国民收入这两组综合指标。总量指标越大,特别是人均指标较高,总体税收负担能力就越强。众所周知,我国总量指标较大,但人均指标很低,所以我国仍属于发展中国家。

2. 国家宏观经济政策。国家宏观经济政策是指国家或政府为了增进整个社会经济福利、改进国民经济的运行状况、达到一定的政策目标而有意识和有计划地运用一定的政策工具而制定的解决经济问题的指导原则和措施。国家确立的宏观经济政策将会影响到国家预算安排和财政的收支状况,进而影响到一国的税负总量及其构成。

3. 税收征收管理能力。税收征管能力是指税务机关和税务人员贯彻执行税收政策、组织税收征管活动的能力和素养。它是衡量税收征管质量与税收征管效率的重要标尺。税收是国家无偿取得的,征纳双方存在明显的利益冲突,因此税收征收管理的能力,也会对税收负担的大小、构成产生影响。税收征收管理能力强的国家,在制定税收制度时,可以根据社会经济发展的需要设置合理的但是征管技术要求较高的税种,以削弱征纳双方间的矛盾;相反地,税收征收管理能力较差的国家,在制定税制时,就不得不更多地采用征管技术难度较低的,但不一定合理的税种,由此更容易引发征纳双方的矛盾。

## 二、税负转嫁与归宿

(一) 税负转嫁与归宿的概念

税负转嫁是指商品交换过程中,纳税人在名义上缴纳税款之后,通过改变价格的方式,将其缴纳的部分或全部税款转移给购买者或者供应者的一种经济现象。依据转嫁程度的不同,税负转嫁可分为部分转嫁(不完全转嫁)和全部转嫁(充分转嫁)。

对税负转嫁概念的理解需要注意以下五个方面。

1. 税负转嫁的方式主要是通过价格的变动,因此,交易中的价格变动也主要是由税负转嫁引起的。

2. 税负转嫁是相关经济主体之间的税收负担再分配,即经济利益的再分配,其结果必然导致纳税人与负税人的不一致。

3. 课税会侵害到纳税人的经济利益,作为理性的经济人,必然会追求利益的最大化而尽可能地将税负转移给他人,可见,税负转嫁是纳税人在利益驱动下的主动行为。

4. 税收负担是相关经济主体之间的税负（利益）再分配，对于国家课税而言，总量是不会发生变化的。

5. 正因为税负转嫁不会改变国家课税总量而只会引起税负构成的变化，国家税收政策的效果、国家税政立法意图可能因税负转嫁而被扭曲，因此，政府也十分关注税负转嫁问题，注意对其运行规律的分析和研究。

因此，税负转嫁的存在主要由两个因素决定：纳税人具有独立的经济利益是税负转嫁的主观因素；自由价格机制的存在是税负转嫁的客观因素。

税负归宿是由税负转嫁而引起的，是税负转嫁的结果。税负归宿，又称税收归宿，是指处于转嫁过程中的税负的最终归着点。依据税负的实际负担情况可将税收归宿分为法定归宿和经济归宿。法定归宿是指税收法律明确规定纳税人的纳税义务，对应纳税人的概念；经济归宿是指最终实际承担税负的人，对应负税人的概念。两者之间的差额通常用来表示税负转嫁的程度。

影响税负归宿的决定因素是纳税人所提供的商品和劳务的价值实现程度。税负转嫁改变原有的价格与价值关系格局，借以影响税负归宿，但它只是税负归宿最终形成的影响因素之一，我们可以利用转嫁机制使税负归宿合理化。

### （二）税负转嫁的方式

税负转嫁是通过提高销售价格或压低购进价格而在商品交易的前后环节之间转移税负的经济现象。税负转嫁的基本方式有五类，主要有前转和后转两类。

1. 前转（顺转）。前转是指纳税人通过抬高售价将税负转嫁给购买者的税负转嫁方式，是最典型和普遍的转嫁方式。销售方提高已税商品的价格，当加价额度小于商品已纳税额时，税负实现了部分转嫁，销售方还要承担部分税负；当加价额度等于商品已纳税额时，税负实现了完全转嫁；当加价额度大于商品已纳税额时，税负不仅实现了全部转嫁，销售方还因此获得了一部分超额利润。

2. 后转（逆转）。后转是指纳税人通过压低进价将税负转嫁给供货方的税负转嫁方式。这种转嫁方式一般发生在生产要素和一些特殊条件下的商品上。如在劳动力市场上，由于劳动力供给的充足，厂商可以通过压低工资的方式将产品当中的税负转嫁给工人负担；再如竞争激烈的电子产品市场上，经销商可以通过压低进货价格将税负转移给厂商负担。

3. 辗转（混转）。在市场信息不对称的条件下，货物流通的中间环节的经销商可以将税负同时进行前转和后转，即辗转。以旧货市场为例，旧货收购者低价从卖方购入旧货而后以较高的价格将其卖给其他购买者，其承担的税负其实由上级卖方和下家买方共同负担。

4. 消转。商品的价值由社会必要劳动时间决定，价值在商品市场上体现为价格，因此，生产厂家对于自己的产成品销售中的税负，既不前转，也不后转，而是改善经营管理、改进生产技术等，以提高自身的劳动生产率，由此降低产品成本，将税负消化在企业内部，因而被称为"消转"。

5. 税收资本化。税收资本化可将其定义为：纳税人在购买不动产或有价证券时，将以后应纳的税款在买价中预先扣除，以后虽然名义上是买方在按期缴纳税款，但实际上是由卖方负担的税负转嫁形式。税收资本化，即税收可折入资本，冲抵资本价格的一部分。当然，税收资本化是有条件的：(1) 交易的财产必须具有资本价值，可长时间使用，并有年利和租金（即可增值），如房屋、土地等；(2) 冲抵资本的价值可能获取的利益应与转移的税负相同或相近。

作为税负转嫁形式的"税收资本化"其实质是一种特殊的后转，当然两者也有一定的区别：(1) 税负转嫁的"后转"是针对生产要素和一些特殊条件下的商品，而"税收资本化"发生于部分特殊的可增值的资本品；(2) 税负转嫁的"后转"是在商品交易中的当期税款的一次性转移，而"税收资本化"是在商品交易时，将预期累计的所有应纳税在当期一次性转移。

### （三）影响税负转嫁的因素

在市场经济条件下，影响税负转嫁的因素主要有：税收的具体形式；商品的供求弹性；商品市场类型等。

1. **税收的具体形式**。税收的具体形式是影响税负转嫁的首要因素。(1) 并非所有的税负都可转嫁，一般而言，流转税易于转嫁而所得税和财产税不易于转嫁。税负转嫁是通过改变商品价格实现的，由此，与商品价格密切相关的流转税，如增值税、消费税、营业税等显然易于转嫁，而与价格关联度不大的所得税和财产税都较难以进行税负的转嫁。(2) 课税范围越大，税负转嫁越容易；反之，则越难实现。当税负转嫁引起商品价格上涨时，若存在大量的可替代商品，买方可选择其他未被转嫁税负的商品，从而导致税负转嫁的失败；若可替代品较少，或者该税种的征收范围涉及所有同类的可替代商品，买方在无法找到低价可替代品（未被转嫁税负的商品）的情况下，只能承受转嫁的税负。

2. **商品的供求弹性**。商品的供求弹性影响价格，而税负转嫁就是通过改变价格来实现的，所以供求弹性是决定税负转嫁（尤其是转嫁程度）最根本的因素。税负都是在买卖双方之间共同负担，至于分担的比例和之前的情况一样，由供求弹性比较决定。一般地，在其他条件确定的情况下，需求弹性越大，购货方承担的税负越少，销售方承担的税负越多，即不易于前转而易于后转；供给弹性越大，购货方承担的税负越多，销售方承担的税负越少，即易于前转而不易于后转；当供求弹性相等时，税负由双方平均分担。

3. **商品市场类型**。按照竞争程度的不同，市场可分为完全竞争市场、不完全竞争市场两大类。不同类型的市场经济类型下，供求双方对价格的影响力不同，从而对税负转嫁的效果产生影响。供求弹性对税负转嫁影响的分析都是假设供求双方对商品价格无影响力的情况下，即假定为完全竞争市场的条件，下面主要讨论不完全竞争市场下的税负转嫁问题。

(1) 垄断市场下的税负转嫁。垄断市场的特征是某个行业（或某个商品的供销）完全由一家厂商控制，市场上产品的供给量和供给价格完全由其决定，买方只是市场价格的接受者。正因为厂商控制价格（即销售方控制价格），因此，不论政府征收的是定额税还是比例税，纳税人若为厂商，都可以进行完全的税负前转，甚至可以进行超额前转（即不仅转嫁税负，还能获得部分超额利润）；纳税人若为购买方，税负不可能进行后转，则要么买方自己承担，要么向下一个环节的买方转嫁。

（2）垄断竞争市场下的税负转嫁。垄断竞争市场是介于垄断市场和完全竞争市场之间的一种市场类型，具体可分为竞争垄断市场和寡头垄断市场。以寡头垄断市场为例，可分为以下几种情况来考虑税负转嫁问题：税法规定的纳税人是厂商时，第一，市场上的寡头垄断者都相信，对征税的商品进行税负转嫁会使得买方去购买其他竞争者的商品（或其他的可替代品），那么任何一个寡头都不会提高商品的价格，由此税负不会发生转嫁而由寡头厂商承担；第二，市场上的寡头厂商为了相互之间不发生不利于自己的竞争而形成行业协会（或相互协商），对征税的商品进行统一定价，这种情况下，寡头市场相当于垄断市场，不仅可以充分进行税负的前传，并可能获得超额利润；第三，市场上的寡头厂商在没有协商的情况下都对课征的税负进行前转（都提高价格），这样商品上的税负会在厂商和买方直接分担（一般情况下主要由买方承担）。这个结果是各个寡头厂商根据自己对商品的定价（主要是转嫁的税负的多少）与销售利润直接博弈而最后达到的一种均衡状态。

## 第四节 税收经济效应与经济影响

### 一、税收经济效应——收入效应与替代效应

所谓税收经济效应，是指由于国家课税而对纳税人经济行为影响的规律性。具体而言，政府课税会对纳税人的经济选择和经济决策产生影响，即所谓的税收对经济的调节作用。税收的经济效应可分为收入效应和替代效应。

（一）税收收入效应

税收收入效应是指税收使得纳税人的一部分收入转移到政府手中而减少了纳税人的可支配收入，进而降低了纳税人的消费水平。收入效应强调的是税收对纳税人收入的影响进而影响其消费的总量。

假定纳税人的收入是固定的，而其所有收入均不储蓄而全部用来消费甲、乙两种商品，如图 8-1 所示，AB 为纳税人的预算约束线（纵轴的 A 点表示纳税人将全部收入都用来买甲商品时最大的消费量；横轴的 B 点表示纳税人将全部收入都用来买乙商品的最大消费量，由此得到纳税人在固定收入下购买甲、乙两种消费品的消费量的各种组合可能，一种收入状态下只有一条预算约束线）。该纳税人的消费偏好我们用无差异曲线（$I_1$, $I_2$, …）来表示，即一簇向右下方倾斜的

（斜率为负值），两两不相交的，凹向原点的曲线组。（每条曲线表示纳税人的一个偏好满足程度，曲线上的各点是达到这个满足程度的两种商品量的组合）由此一条预算约束线只会与消费偏好集（无差异曲线簇）中的一条相切，而切点则表示在固定收入下，消费甲、乙两种商品带来的最大的满足程度的最优消费量组合（$E_1$）。

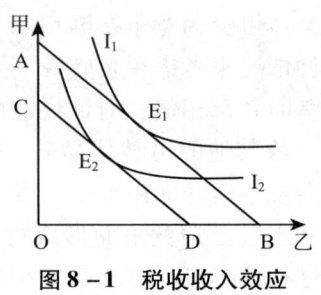

图 8-1　税收收入效应

当政府开始对个人收入征税时，其效果相当于降低了纳税人的实际收入（可支配收入减少），税后收入产生了一条新的预算约束线 CD。显然 CD 是不可能与原来的无差异曲线相切的，实际收入的减少必然使纳税人所能获得的满足程度降低，由此 CD 与新的无差异曲线 $I_2$ 相切于 $E_2$ 点，$E_2$ 点代表的也就是纳税人税后收入消费甲、乙两种商品带来的最大满足程度下的最优消费量组合。其中，政府课税额 = AC × 甲商品价格 = BD × 乙商品价格。

在其他条件不变的情况下（如商品市场上甲、乙两种商品的价格，供给情况等），政府征税对纳税人消费甲、乙两种商品的组合比例并未产生影响，而只是甲、乙两种商品的最大消费可能减少。在图 8-1 中表现为：OA/OB = OC/OD，即预算约束线的斜率未变；OA > OC，OB > OD。此即为税收的收入效应。

### （二）税收替代效应

税收替代效应是指政府对不同的商品区别课税，税负轻重不一时，影响到商品间的相对价格，进而对纳税人的消费倾向产生的影响。替代效应与收入效应不同，强调的是政府课税对纳税人在商品购买选择、消费结构方面的影响。

沿用前例，我们接着来分析税收的替代效应。如图 8-2 所示，当纳税人的收入确定时，对应的预算约束线为 AB，相应地，有无差异曲线 $I_1$，最优选择点 $E_1$。

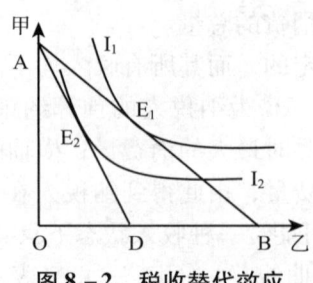

图 8-2　税收替代效应

当政府开始对乙商品征税时，乙商品因为税负而涨价（假定乙商品的税负可以实现前转），表现为消费者在固定收入下购买乙商品的最大可能量减少（由原来的 OB 减少为 OD）。同时甲产品并未被课税，所以消费者对其的最大消费量未变（OA）。因此，在政府对乙商品课税后，消费者得到新的预算约束线 AD。AD 与新的无差异曲线 $I_2$ 相切于 $E_2$ 点即新的最优消费点。其中，政府课税额 = BD × 乙商品价格。

在其他条件不变的情况下，政府对乙商品征税虽未影响到消费者的可支配收入，但由于对甲商品未征税，甲、乙商品的相对价格发生了变化（乙商品的相对价格上涨，甲商品的相对价格下跌），消费者改变了甲、乙两种商品的消费比重。显然，消费者对甲商品的消费量增加而对乙商品的消费量减少。在图 8 - 2 中表现为：OA/OD > OA/OB，说明预算约束线 AB 与 AD 的斜率不等，甲商品的相对价格降低。此即为税收的替代效应。

（三）税收效应综合体现

前面我们对税收收入效应和替代效应的分析是单一的，实际情况下，政府不论是对消费者直接征税还是对某种商品征税其实都存在着两种效应，而征税的最终影响也是两种效应共同作用的结果。

当政府对消费者的收入直接征收所得税时，除了会直接减少纳税人的可支配收入外，由于实际收入的减少，纳税人在消费选择时可能会更多地考虑甲、乙这两种可替代商品之中价格较便宜的，以此来减少政府课税对自己生活质量的负面影响，因此，在现实情况下，政府对消费者收入的直接课税也会产生替代效应，只是此时替代效应的影响小于收入效应的影响，而最终会体现出收入效应的影响结果。

当政府对某种商品课税时，消费者在购买商品时会发现，被征税商品价格上涨了，而感觉上未被征税的价格下跌了，在可替代的情况下，会增加未涨价的商品的消费量而减少涨价商品的消费量，此时体现出的是税收的替代效应。同时，消费者在准备购买被征税商品时，由于发现其价格上涨，还会感觉到好像自己的收入减少了（可购买的被课税的商品的量减少了），虽然实际上的收入并未减少。由此商品税同样产生了收入效应。

对于税收效应的综合影响的分析，我们以政府课征商品税的情况为例：假设消费者的收入固定，因此对应预算约束线 AB，且 AB 与无差异曲线 $I_1$ 相切于 $E_1$ 点，如图 8 - 3 所示。

当政府对乙商品课税时，乙商品的相对价格上涨，而甲商品的相对价格下降，由此消费者购买更多的甲商品，由此有新的预算约束线 AF 与新的无差异曲线 $I_2$ 相切于 $E_2$ 点。而 $E_1E_2$ 之间的距离（x）即反映为政府课征商品税后的综合影响。那么其中替代效应和收入效应各自的影响是多少呢？

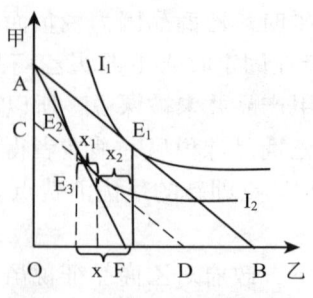

图 8-3 商品税的税收效应

我们对预算约束线 AB 作一条平行线 CD，CD 与无差异曲线 $I_2$ 相切于 $E_3$ 点，结合之前的税收收入效应的分析，我们可以看出 $E_3$、CD、$I_2$ 此时反映的是税收收入效应的影响，即之前分析的，政府对商品直接课税也会使消费者感觉到自己可支配收入的减少。则 $E_1E_3$ 之间的距离（$x_2$）表示的是政府课税而引起的税收收入效应。就 $E_2$ 与 $E_3$ 而言，这两点处于同一消费者满足程度下，而只是改变了两种商品的消费比重，且为甲商品的消费量增加，乙商品的消费量减少，此正是因为政府对乙商品课税使乙商品价格上涨而改变消费者的消费结构的结果，因此 $E_2E_3$ 之间的距离（$x_1$）表示的是政府课征商品税的替代效应。

显然，我们之前分析的政府课税的综合影响 $E_1E_2(x)$ 是由税收的收入效应 $E_1E_3(x_2)$ 与替代效应 $E_2E_3(x_1)$ 共同作用形成的，即 $x = x_1 + x_2$。读者可根据前例的分析，试着分析下当政府课征所得税时，税收效应的综合影响的构成情况。

## 二、税收的微观经济影响

税收对微观经济的影响主要体现于税收对厂商和家庭两个市场构成要素在投资、劳动供求、生产、消费、储蓄五个方面的影响。下面关于税收的微观经济影响的分析我们将假定在完全竞争市场的环境下进行。

（一）税收对投资的影响

厂商为了获取更多的利益，在进行投资决策时，首先要在当前资源状况下选定投资项目，综合考虑不同的风险程度下的不同投资报酬率。此时政府课税会改变项目的风险程度以及报酬率，厂商投资的收益也为税后利润，因此税收是企业投资需要考虑的一个重要因素。

投资与消费是一对替代性的经济活动（对于企业主要体现为利润分配时的资本积累或者当期利润分配之间的关系），换句话说，投资就是为了未来可以消费的更多而牺牲现在的消费转移到未来。政府对投资征税会产生收入效应和替代效应，具体而言，税收对投资的收入效应是当对投资收益征税时，直接减少投资收益，如果投资者为了保证原本的收益额（未征税时的），就必须进一步放弃现在的消费而用于投资（即增加投资额）；税收对投资的替代效应是当政府对投资收益征税时,由于预期收益的减少,投资与消费的相对价格上升,投资的边际效用与消费的边际效用反响变化(投资的边际效用下降,消费的边际效用上升),投资者的投资偏好降低的情况下,可能减少投资而更多地进行消费。由此可见,对投资而言,税收的两个效应的作用方向是相反的,则总效应的结果由收入效应与替代效应的作用孰强孰弱来决定,所以,税收对投资既可能是激励也可能是抑制。

前面关于投资的分析主要是针对厂商而言,对家庭而言,投资主要包括有价证券的购买、资本品(使用时间较长的,如房屋、汽车等)的购买,其他投资品(如邮票、艺术品等)的购买。对家庭投资的政府课税包括投资行为的征税(购买环节的课税)和投资收益的征税(收益或者保有阶段的课税),其效应与企业投资的税收效应基本相同。

### (二) 税收对劳动力供求的影响

1. 税收对劳动力供给的影响。工作与闲暇是一对可相互替代的经济行为。税收对劳动力的供给的影响主要是政府对家庭(劳动力供给方)课税(主要是所得税),减少了个人因提供劳动所获取的报酬,因此劳动者需要对工作与闲暇的时间进行分配以达到个人福利(总效用)的最大化。

一般而言,工资越高即工作报酬越多,劳动力的供给越充分,相应的闲暇倾向越小,但是工作与闲暇的总时间是固定的(如一天只有24个小时),所以当达到一定程度时,工资再增加也不会带来劳动力供给的增加。

如图8-4所示,纵轴 W 表示工资率,横轴 H 表示工作时间。A 点对应最大的劳动供给量(工作时间)$H_0$,此时的工资率为 $W_0$;B、C 两点对应一样的劳动供给量 $H_1$,但是显然工资率有差异,其中 B 点对应的工资率为 $W_1$,C 点对应工资率 $W_2$。曲线 CAB 为劳动力供给曲线。

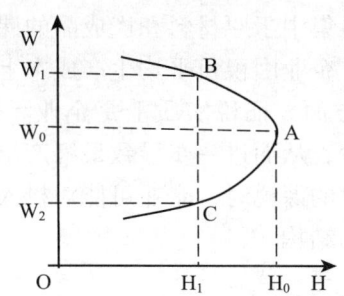

图8-4 向上背弯的劳动力供给曲线

收入(劳动报酬)和闲暇的边际效用都是递减的。劳动力供给曲线 CAB 在 CA 段,工作时间会随着工资的上涨而增加,此时劳动报酬带来的福利的增加大于闲暇,劳动者会提供更多的劳动以增加收入;到最大点 A 后,AB 段工资上涨只会减少劳动的供给,这是因为收入的边际效用随着工资的上涨而递减并低于闲暇的边际效用,劳动者取得了足够的收入后更希望休息以增大个人福利状况。

政府对收入课征所得税，只会降低实际工资率，对劳动力供给的影响也反映为收入效应和替代效应两种结果。税收对劳动力供给的收入效应体现为，政府征收所得税，降低了劳动报酬率（工资率），如果劳动者想获得更多的收入（未征税时的收入预期）就必须提供更多的劳动，相应地减少闲暇的时间。税收对劳动力供给的替代效应体现为，政府对收入征税，减少了提供劳动的回报（尤其是所得税为累进税率时），劳动报酬的边际效用因为征税而递减得更快，劳动者追求个人福利的最大化，势必会减少工作的时间而增加闲暇。

显然，税收对劳动供给的两个效应的作用方向是相反的，劳动供给的增减由两种效应共同作用后的总效应决定，如果结合图8-4，我们可以说，在AC段时，收入效应大于替代效应，表现为劳动力供给的增加；在AB段时，替代效应大于收入效应，表现为劳动力供给的减少。

2. 税收对劳动力需求的影响。对于劳动力的购买者厂商而言，劳动力与生产设备、原材料等都是为了实现生产经营的基本投入。政府征收的社保税等相关税种会增加厂商的劳动力成本，相应地也体现为收入效应（为取得足够的劳动力而增加劳动力的购买）、替代效应（为降低生产成本而使用更多的机器设备或者提高生产技术，减少对劳动力的使用）。当劳动力价格较高时，政府课征社保税可促进企业由劳动力密集型向资本密集型的转变，提高企业的自动化程度，促进高新技术的应用，同时会减少市场上的劳动力需求；当劳动力价格较低时则反之。以我国与美国的劳动力市场为例，由于我国是人口大国，目前尚未开征社保税，劳动力供给充裕，劳动力成本相对较低，因此在我国存在大量的劳动力密集型产业；相反，美国劳动力成本较高，其企业主要是资本密集型、高新技术应用较广泛的产业。

### （三）税收对生产的影响

政府对生产的课税主要集中于原材料和产成品的课税。税收对生产的收入效应是指政府征税：一方面，企业因税负平均生产成本上升，边际收益减少，最终产出水平有所下降；另一方面，征税实质上是企业无偿地向国家单方面转移利益，企业的可支配资源减少，从而进一步导致最终产出的减少。税收对生产的替代效应是指政府进行选择性的课税时，企业可能对投入的原材料或者产成品进行选择，从而改变企业的产品结构。

### （四）税收对消费的影响

税收对于消费的影响也主要体现为收入效应和替代效应，之前本书在介绍这两个效应时分析的就是税收对消费的影响，因此不再重复。显然，通过政府的税收政策可以对消费进行调节，如降低税负可以刺激消费，提高税负可以抑制消费，如对汽油柴油的课税；有选择的课税或者加重税负可以改变消费结构和引导消费倾向，如对烟酒的课税；在不同的环节、时间、地点课税可以改变消费预期和消费偏好，如对房产课征房产税等。

## （五）税收对储蓄的影响

储蓄是影响经济增长的重要因素，直接影响投资的规模，间接影响供求的平衡。此处我们重点讨论家庭储蓄的情况，主要针对家庭的银行存款而言。

对于家庭而言，储蓄与消费是此消彼长的，具有替代性，所以储蓄是为了增加未来的消费（储蓄）而牺牲当期的消费。税收对储蓄的收入效应表现为政府对储蓄利息课税时，降低了纳税人的利息收益，为了维持预期消费水平，家庭必须减少当期消费而增加储蓄。例如，家庭定期存款10万元，年利率5%，家庭的年终预期消费为10.5万元，但由于政府课征利息税，税率20%，则家庭实际未来消费只有10.4万元，为了保持10.5万元的未来消费就必须增加近0.1万元储蓄额（即定期存款为10.1万元），此时则需要减少即期消费0.1万元。税收对储蓄的替代效应表现为，政府对储蓄利息课税，储蓄的收益减少，储蓄的边际效用相对于消费的边际效用降低，为了实现效用的最大化，家庭会减少储蓄而增加消费，即用消费替代储蓄。

综上所述，税收对储蓄的收入效应会增加储蓄，而替代效应会减少储蓄，即两个效应的作用方向相反，总效应由两种效应的综合结果决定。

## 三、税收的宏观经济影响

税收作为国家的重要收入手段和经济调节工具，与一国宏观经济的发展关系密切。不同的经济学流派在研究税收的宏观经济影响时，由于条件假设、分析工具、理论依据等的不同提出了各自的观点，本书主要介绍凯恩斯主义和供给学派在该问题上的主要观点。

### （一）税收与宏观经济关系——凯恩斯主义的主要观点

凯恩斯主义认为，生产和就业的水平决定于总需求的水平，总需求是整个经济系统里对商品和服务的需求的总量，总需求的减少是经济衰退的主要原因。市场机制不能很好地解决供求失衡的情况，政府若对经济不加干预，就等于放任有效需求不足继续存在，放任失业与危机继续存在。凯恩斯主义把财政税收看做是国家干预和调节经济并使经济平衡发展的重要工具，合理制定国家的财税政策可以刺激有效需求以促进经济增长；调节经济以"烫平"经济波动；发挥"自动稳定器"的功效以调节收入分配。

1. 税收可以刺激有效需求以促进经济增长。凯恩斯主义主张国家采用扩张性的经济政策（扩大政府开支、实行财政赤字等），刺激经济，通过增加需求促进经济增长，维持繁荣。年度财政收支平衡不应作为国家经济政策的最终目标，为了促进就业，增加国民收入，维持经济平稳增长，国家可以通过发行公债，实行赤字财政以刺激需求。增加政府投资，以弥补私人投资的不足。同时国家可以制定合理的财税政策以引导消费倾向，增加消费。该学派主张政府通过设置累进税制将富人手中的财富集中于国家,再通过转移支付等方式提高穷人实际可支配收入,又或者政府直接投资于公共事业以促进消费和有效需求的增长,同时可实现供求平衡和增加就业等目标,保证经济的繁荣。

2. 税收可以调节经济以"熨平"经济波动。税收中的比例税率和累进税率都有如此效果:经济繁荣时,收入增长较快,相应税负增加以增加成本,由此使增长趋缓,为繁荣"降温";反之经济衰退时,收入增速减慢甚或减少,相应税负减少而降低成本,由此使衰退趋缓,为衰退的经济注入新的活力。对于税收对经济的调节作用,凯恩斯主义为应对经济波动提出了更加详细的政策主张——补偿税收政策。

该理论的观点主要有两层:(1) 关于年度财政收支平衡这一经济目标,应该理解为经济周期的收支平衡,即不应该追求每个年度的收支平衡,而是繁荣和衰退的一个经济周期中的收支平衡。就经济的整体发展状况而言,年度收支平衡实不足取。在经济繁荣时,政府增收不增支,形成财政盈余;经济衰退时,政府增支不增收,形成财政赤字。繁荣时的盈余与衰退时的赤字相平衡,实现经济周期内的收支平衡,同时削弱经济波动,保证经济的平稳发展。(2) 对于调节经济的理想税种,如社会保障税、营业税等,可以设置机动的税率制度。当经济处于扩张时期时,随着逐步的繁荣,在繁荣的前期税负不应发生过大的调整以促进经济的发展;而在繁荣的后半期逐步提高这些税种的税负率,以此逐步建立储备基金;在繁荣达到顶点时,税负率也达到最大。顶点过后,经济进入衰退期时,这些税种应该停止征收,并且提用之前的储备基金,具体的提用方法就是将基金退还纳税人,以增加其手中的资本量,若直接退还存在困难则可运用此项基金来弥补该时期政府在公共事业方面的财政赤字。

3. 税收的"自动稳定器"可以调节收入分配。所谓"自动稳定器"是指失业补助金、生活保证金等社会福利性转移支付和自动改变的税收制度。如前所述,比例税率和累进税率都能达到"自动稳定"的效果,但是相对而言,累进税率的效果更佳。以所得税采用累进税率为例,随着经济的增长与衰退,税收可以一定程度上自动调节。经济繁荣期,收入增加,累进税率使得税负上升,尤其对高收入阶层的税负会明显加重,一定程度缩小的高低收入者的税后收入差距;经济一旦进入衰退期,收入下降,累进税率同时下降且下降幅度更大于收入减少的幅度,如此在缩小收入差距的同时,不仅不会打击还能刺激劳动者的积极性。不过,这种"自动稳定器"的作用也是有限的,政府的财税政策应是斟酌使用。

(二) 税收与宏观经济关系——供给学派的"拉弗曲线"与减税政策

20世纪60年代以后,西方国家的经济陷入"滞胀"状态,凯恩斯主义的经济理论无法提出对付这一进退维谷处境的对策,西方经济学界对凯恩斯主义提出了挑战,货币学派、理性预期学派、供给学派等纷纷提出了自己的理论和政策,这里主要介绍供给学派的思想。

1. 供给学派简介。供给学派是20世纪70年代在美国兴起的一个经济学流派。其先驱者是加拿大籍、美国哥伦比亚大学教授芒德尔。针对20世纪60年代以后西方国家出现"滞胀",他提出同凯恩斯主义相反的论点,主张降低税率、鼓励生产,同时恢复金本位、稳定美元价值来抑制通货膨胀。拉弗、万尼斯基和吉尔德等十分赞赏芒德尔的论点,并作了进一步发展和研究。供给学派并未建立其独立的理论和政策体系,该学派强调经济的供给方面,认为需求会自动适应供给的变化,并认为1929~1933年大危机并非有效需求不足,而是当时的西方各国实行了一系列的错误政策造成的。因此萨伊定律是正确的,凯恩斯主义理论主张是错误,造成了"滞胀"的发生。供给学派在重新肯定萨伊定律的基础上,提出资本和劳动力等生产要素的供给和充分利用决定了生产的增长,其中资本尤为重要,资本的积累决定着生产增长的速度,因而应鼓励储蓄和投资。

2. 拉弗曲线。"拉弗曲线"理论是由供给学派的代表人物阿瑟·拉弗提出的。其原理并不复杂,基本命题是:总是存在产生同样政府收入的两种税率,因此政府必须选择合理的税率,才能保证较好的财政收入。与拉弗同时代也同为供给学派经济学代表人物的裘德·万尼斯基对此作出的解释是:"当税率为100%时,货币经济(与主要是为了逃税而存在的以物易物活动不同)中的全部生产都停止了,如果人们的所有劳动成果都被政府所征收,他们就不愿意在货币经济中工作,因此由于生产中断,没有什么可供征收100%税额,政府的收益就等于零。"

图8-5中,横轴t表示税率,横轴T表示税收收入,曲线OAB即拉弗曲线,表示了税收收入与税率之间的函数关系。原点O时,税率为0,税收收入为0;B点时,税率为100%,税收收入也为0;在A点时,税收收入达最大$T_0$,此时的税率为$t_0$;在C和D点时,税收收入同样为$T_1$,而税率可以有两种选择$t_1$和$t_2$,显然$t_2 > t_1$。当税率由原点O逐渐上升时,税收收入也随之增加;当税率达到$t_0$时,税收收入达到最大$T_0$;当税率继续上升时,税收不仅没有增加反而会减少;当税率达到100%时,税收收入减少到最少0。

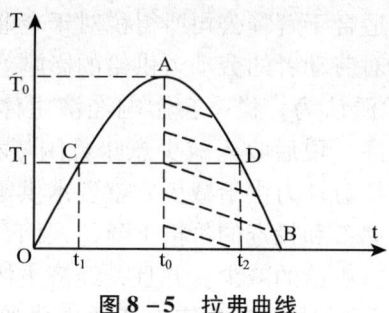

图8-5 拉弗曲线

当税率超过$t_0$后,由于税负过重,经济主体的劳动和投资的意愿逐步降低,当税率达到100%时,意味着所有的生产要素的报酬都被征税而税收的收益为0,因此经济主体不再愿意劳动和投资,使得税收收入降为0,可见高税率并不代表高税收收入,高税收收入也并不一定需要高税率。

图 8-5 中，C、D 两点的情况说明的是拉弗曲线的基本命题：总是存在产生同样政府收入的两种税率，政府为了取得相应的税收收入，合理的税率选择应是 $t_1$ 而非 $t_2$，从长远角度来看，C 点税负低，刺激了经济主体的劳动力供给、储蓄和投资的意愿，进而促进了经济的增长，随着经济的增长，税基的扩大，税收收入自动增加，可见低税率是固定税收收入下的最优选择。

图 8-5 中阴影区域被拉弗称为"税收禁区"，即选择合理税率的区域为 $0 \sim t_0$，而 $t_0 - 100\%$ 则应是政府尽量避免出现的情况。当一国的税率设计已经处于税收禁区时，降低税率不仅可以增加税收收入，同时还会因为低税负而刺激经济的发展。可见税率、税收收入和经济增长三者之间相互影响，互为制约，保持适度的税负水平可以促进经济增长，而低税率更可鱼与熊掌兼得——税收收入和国民收入的增长。

拉弗曲线作为分析税率与政府税收收入之间的关系的一种工具，具有其理论的局限性。具体表现为：(1) 拉弗曲线的成立需要满足两个前提条件——完全竞争的市场经济体系和封闭的市场环境，显然这两个条件在现实中都不存在。(2) 拉弗曲线反映的只是税率与税收收入之间的长期影响关系，而在短期内，各种税收政策从制定、实施直至结果具有一定的"时滞性"，正因为这种"时滞"的作用，在短期内税率上升必然会带来税收收入的增加，即使在"税收禁区"也表现为单调递增的函数关系。(3) 拉弗曲线虽然关注税负与生产要素报酬之间的关系，并未对生产要素报酬进行具体的划分，尤其是劳动者报酬在高低收入阶层之间受到税负影响的差异。就累进税而言，各国普遍采用的是超额累进税率，对于低收入阶层并不存在高税负的情况，"税收禁区"所反映的情况只在部分高收入阶层才会体现出高税负不良的影响。(4) 拉弗曲线的分析完全站在功利角度，而劳动报酬的高低并不能绝对地决定劳动者的劳动意愿。(5) 拉弗曲线将劳动者的收入全部认定为劳动收入而忽略了非劳动收入的存在。例如对劳动收入课征低税负，对非劳动收入课征高税负，可以促使人们更多的劳动，提高劳动的积极性。综上所述，拉弗曲线适合于解释公司所得税对于企业投资经营的影响，而不太适应于解释个人所得税对劳动者的劳动力供给的影响。

3. 减税政策。供给学派认为，税率会影响经济主体行为间的相对价格。就劳动力供给而言，税率提高、税后收入减少意味着闲暇相对于工作的价格下降，人们会更多地选择闲暇使得劳动力供给减少。就资本供给而言，税率提高，税后收益减少则意味着消费对储蓄和投资的价格下降，人们会更乐意将收入用作消费而非储蓄和投资，造成资本供给的减少。并且，经济主体为了逃避高税率，还会把经济活动从市场转入地下。这些都会使生产要素供给减少，资源使用效率低下，生产能力下降。因此，减税特别是降低边际税率可以促进经济增长。

同时他们认为高税负打击了人们的劳动积极性，严重阻碍了企业与个人的投资和储蓄意愿，势必造成生产率的增长缓慢、生产的滞缓，因此出现商品供给不足，物价上涨的情况。此时若再人为地扩大需求，刺激消费，通货膨胀将更为严重，使得储蓄和投资进一步萎缩，生产更加滞缓，同时通胀使得纳税人的适用更高的税率级次，名义收入增加而实际收入不仅不会增加并可能减少，税收负担进一步加重。因此，减税特别是降低边际税率可以抑制通货膨胀。

## 基本概念

税收　强制性　无偿性　固定性　从量税　从价税　中央税　地方税　共享税　直接税　间接税　价内税　价外税　流转税　所得税　财产税　税收原则　财政原则　经济原则　社会原则　行政原则　税收负担　税负转嫁　前转　后转　辗转　消转　税收资本化　需求弹性　供给弹性　收入效应　替代效应　拉弗曲线

## 思考与练习

1. 简述税收的概念、特征及分类。
2. 思考并讨论教材中所述的社会主义市场经济条件下的税收原则。
3. 简述税负转嫁的影响因素及其效果，并思考税负转嫁对于政府制定税收制度的影响。
4. 简述税收的微观经济影响。
5. 结合实践，论述税收的宏观经济影响。

# 第九章 税收制度

【本章概要】

本章由两部分内容组成：一是税收制度的概述，包括税制与税法的联系与区别、税制构成及其特点、税制要素、我国税制的发展历程；二是我国现行税收制度的介绍，具体为流转税类、所得税类和其他税类三部分。

【学习目标】

1. 了解我国现行税收制度的结构及特点。
2. 了解税收制度的构成要素。
3. 理解并掌握我国现行的税收制度。

## 引 言

在现有的讨论税收相关问题的文献之中，经常出现"税收体系""税收制度""税收体制"三个含义相近，易于混淆的名词。实际上，"体系""制度""体制"三者既相互联系又互有区别，粗略地说，体系即框架，制度即框架中每个具体的关节点，体制即前两者构成的总体。就经济学领域，特别是税收角度来说，所谓税收体系，是指为了达到相近的课税目的，而具备类似的课税要素的和课税属性的一系列税种的组合；所谓税制，广义上是指国家在税收领域的规范性和规则的统称，狭义上是指针对具体税种，为了达到课征目的而制定的相关法规；所谓税收体制即两者的结合。

## 第一节 税制概述

税收制度，简称税制，是国家向纳税人征税的制度依据，是国家征税机关税收活动的工作规则，也是纳税人向国家履行纳税义务的法定准则。

### 一、税制与税法

（一）税制

从立法角度而言，税制包括一个课税主权（一个国家）之下的所有税收法律、法规、条例等；从构成上来看，它是国家各种税种组成的税收体系。广义的税制是指一国的税收法律法规、税收管理体制、税收征管制度、税务工作规程；狭义的税制是指国家各个税种的税收法规、管理制度，包括具体税种的税收条例、实施细则、征管办法和其他相关的税收规定等。

关于税收制度的定义，一种观点认为：税法体系即税收制度。从法律角度来讲，一个国家在一定时期内、一定体制下以法定形式规定的各种税收法律、法规的总和，被称为税法体系。但从税收工作角度而言，所谓税法体系往往被称为税收制度。即一个国家的税收制度是指在既定的管理体制下设置的税种以及与这些税种的征收、管理有关的具有法律效力的各级成文法律、行政法规、部门规章等的总和。

## （二）税法

税法是国家制定的用以调整国家与纳税人之间在征纳税方面的权利及义务关系的法律规范的总称。它是国家及纳税人依法征税、依法纳税的行为准则，其目的是保障国家利益和纳税人的合法权益，维护正常的税收秩序，保证国家的财政收入。

税制是税收本质的具体体现；税法是税制的法律表现形式；税制是税法所确定的具体内容。

税收立法是指有权的机关依据一定的程序，遵循一定的原则，运用一定的技术，制定、公布、修改、补充和废止有关税收法律、法规、规章的活动。根据我国《宪法》《全国人民代表大会组织法》《国务院组织法》等的规定，我国税收的立法体制如图9-1所示。

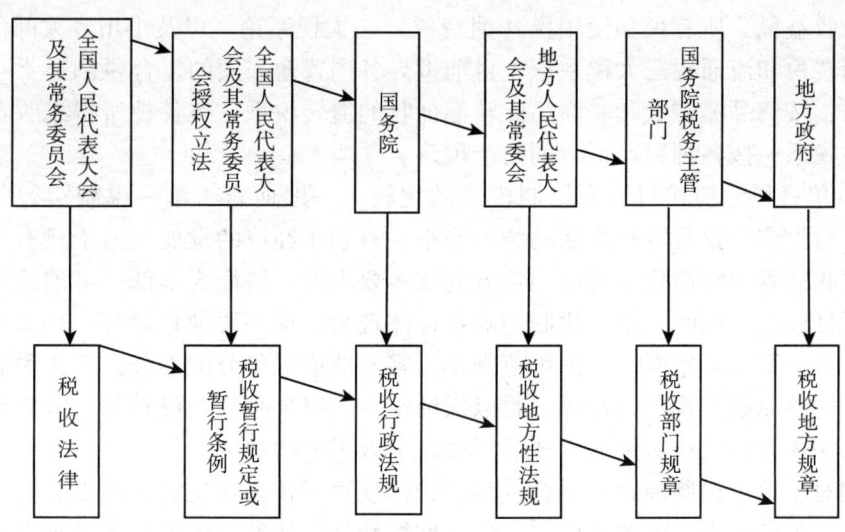

图9-1 我国立法权限机关及其所立法律的地位关系

## 二、税制构成

一国税制的构成主要是考察其税制结构特点。税制结构是指根据各国的国情,为实现税收的职能目标,由各种具有不同性质、作用的税种组成的有主有次、相互补充、互相影响的税制体系。

### (一) 税制模式的选择

以一国税制体系中的税种数量为依据,可将税制结构分为单一税制模式和复合税制模式。

1. 单一税制模式。单一税制模式即国家税制体系中只有一个税种。西方税制发展史上,曾有人极力主张单一税制模式,并在不同时期、不同的政治经济背景下提出了不同的单一税制理论。税制发展历史中的单一税制模式思想主要有:单一土地税模式、单一所得税模式、单一财产税模式(单一资本税模式)和单一消费税模式。但就实际情况而言,单一税制主要存在于理论上,现实中世界各国几乎从未实行过单一税制。

2. 复合税制模式。复合税制模式是指一国税制体系由多个税种共同构成,相互影响、互为补充的复合体系。目前世界上绝大多数国家采用的都是复合税制。就复合税制的构成,主要有两大税系说和三大税系说。两大税系说认为整个税制由直接税和间接税两大税系构成。三大税系说又有两种划分:一种是在直接税和间接税并列的基础上提出第三大税系与之并列,例如斯泰因将所得税作为第三种税系与直接税、间接税并列,又如康拉德提出的直接税、间接税和补充税三大税系论;另一种是突破了直接税和间接税的束缚,直接并列三大税系,例如瓦格纳的收益税、所有税和使用税(消费税)三大税系论,以及小川乡太郎的所得税、消费税和流通税三大税系论。目前世界各国普遍采用的复合税制通常包括三大税系:按商品流转额和非商品流转额征收的流转税系;按各种所得或收益征收的收益税系;按各种财产征收的财产税系。

3. 单一税制模式与复合税制模式的比较。一般而言,单一税制实行一次性课税,对生产、投资等经济活动的影响小,有利于经济的发展;由于只有一个税种,税收征管手续简化、对征纳双方的技术要求低、稽征成本低;可消除重复征税的不良影响。同时,单一税制的缺点也体现为:单一税种只对某一环节或某一类纳税人、征税对象课征,征税范围小,容易造成税负分配不公,有违税收的公平和普遍性原则;税负弹性小,难以保证足额的财政收入;仅对某一方面课税易于引发相关方面的应对策略,造成财税政策效果的扭曲。

相对于单一税制模式,复合税制模式体现出了正好相反的优缺点。其优点主要是:多税种使得税源覆盖面广,税负伸缩性强,能够灵活充分地满足财政收支的需要;各税种功能互补,相互作用,减少纳税人的应对性策略对财税政策效果的扭曲,有效地调节经济运行;普遍性课征,降低了纳税人的偷逃税动机,缩小财富积累差距，体现了社会公平。其缺点主要是：税种过多，加重了重复征税的不良影响；税制复杂，对征纳双方的知识、技术的要求高，征纳难度较大，征管成本高；对经济产生多方面的影响，不利于市场对经济自动调节机制作用的发挥。

（二）税制结构类型

一般而言，只有在复合税制下才会涉及税制结构的问题。一个国家税制结构中占主要地位、起主导作用的税种即所谓的主体税种。确定的主体税种是税制结构类型的划分依据。从理论上讲，复合税制结构中的主体税种可以是一个或者多个，因此，复合税制结构相应地分为：单一主体税制结构、双重主体税制结构和多重主体税制结构。从当今世界各国复合税制结构的选择来看，目前主要存在两大税制结构模式。

1. 以所得税为主体的税制结构。以所得税为主体的税制结构即个人所得税和公司所得税的普遍课征且占主导地位，并成为税收收入的主要组成部分，在商品税、财产税等的辅助下实现对社会经济的调节。所得税自身的特点决定了以此为主体税种的税制结构具有如下优点：

（1）能够保证稳定可靠的财政收入。所得税是对人税，属直接税，不易转嫁，且具有较高的收入弹性，尤其在经济增长、收入水平提高的情况下更能聚集较多的财政收入。

（2）能够更好地体现税收公平。首先，所得税的课税对象是所得而非收入，课征时完全考虑了成本扣除（以个人所得税为例，应税所得一般是在收入的基础上扣除了个人、配偶、子女等生活成本），同时，从世界各国税制实践来看，所得税多采用累进税率，高所得意味着较高的边际税负率，充分体现了税收公平的量能课税原则；然后，所得税中的个人所得税通常采用源泉扣缴的征收方式，能够有效地监控税源，减少避逃税，提高对收入的调节效果。

（3）能够有效促进宏观经济的稳定。经济学中提到的税收的"自动稳定器"即所得税稳定经济作用的体现：经济繁荣时，收入增加，所得税负加重，减少消费，抑制需求，以此对经济降温；经济衰退时，收入减少，所得税负减轻，促进消费，刺激需求，使经济回暖。

相应地，以所得税为主的税制结构也体现出一些局限性：

（1）有碍于经济效率的体现。众所周知，公平与效率很难兼顾。所得税的高边际税率虽然有利于实现公平，但是会抑制纳税人的工作、储蓄、投资的积极性，损害经济效率。

（2）公平的实现程度有限。相对于商品税而言，所得税对征管的技术要求较高，程序复杂，造成征管成本增加；所得的表现形式可能是实物或者是货币，非货币性所得的课税合理性难以把握；所得税是直接税，纳税人同时也是负税人，纳税人直接感受到了税负的痛苦，避逃税的利益冲动增大。这些都使得所得税体现公平的效果大打折扣。

2. 以商品税为主体的税制结构。以商品税为主体的税制结构即以增值税、消费税、关税等作为主体税种,同时也是国家税收收入的主要来源,对社会经济运行起主要调节作用。具体可分为以全额商品税为主体的税制结构和以增值税为主体的税制结构。

(1) 以全额商品税为主体的税制结构。全额商品税又称全额流转税,其课税对象为全部流转额。如周转税多环节、多阶段、全额征税,销售税就单一环节全额征税。这种税制结构税基宽广,税收收入高,对课征条件要求较低,征管成本低;但存在明显的重复征税,税负过重,且不考虑纳税人的负税能力,有悖公平。目前只有部分经济基础较差的国家和地区采用,如乌干达、哥斯达黎加等。我国1994年税制改革之前实行的商品税也主要是这种模式。

(2) 以增值税为主体的税制结构。增值税虽然也是多环节课征,但仅针对各环节的增值额,故不会引发重复征税,同时税基宽广,体现了"税收中性"。但增值税对征管环境的要求较高,需要较为完善的会计制度的配合,征管技术较复杂,造成征管成本相对于周转税而言偏高;同时,增值税易于转嫁,税负的最终归宿完全不考虑其实际的负税能力,同样也不符合税收公平。因此在实施中需要所得税和财产税等的补充与配合。

(三) 税制结构的影响因素

影响一国税制结构的因素是多方面的,就整体而言,主要受社会经济因素的影响;从局部分析,主要是税收相关因素的影响。

1. 社会经济因素。社会经济因素具体包括生产力发展状况、经济发展水平、经济管理体制三个方面。

(1) 生产力发展状况。税制结构是一国在一定时期社会经济状况在税收领域的反映。随着人类社会经济发展,在奴隶社会、封建社会,生产力低下,国民经济主要体现为农业和极少的商业、手工业,由此决定了当时的税制结构只能是以农业税为主附之以人头税、徭役等。今天的世界各国均是工业部门占主导地位,商业、服务业高度发展,生产力相对于之前的社会形态得到了长足的发展,社会新增价值充溢,使得税源充足,税基广泛,税制结构的选择范围也相对扩大,各国可根据各自的现实情况选择不同主体税种的税制结构类型。

(2) 经济发展水平。若将当今世界各国的经济状况简单地划分为发达和欠发达,国家和地区也相应地可以区分为发达国家和欠发达国家,对其相应的经济状况进行总结并与之税制结构比较我们可以得到如下结论:经济越发达,人均国民收入越高,税源就越充裕,税基就越广泛,同时,商品化、市场化、货币化、城市化、公司化程度越深越有利于所得税的征管。因此,一般而言,发达国家大多采用以直接税尤其是所得税为主的税制结构,相应地,欠发达国家因为条件的差异决定了不适于以所得税为主,故大多采用以间接税,尤其是商品税中的增值税、消费税等为主的税制结构。

(3) 经济管理体制。经济管理体制对税制结构的影响是显而易见的。从我国经济体制发展历程来看,从1949~1978年的高度集中的计划经济体制下,国家对经济的调控主要是运用行政手段。税收仅是财政收入的一种取得手段，且由于大量国有经济的存在，税收收入甚至不能成为主要的财政收入来源，并随着多次的税制改革后，税收体系简化，实际存在的税种只有工商税，税制结构近乎单一税制。随着经济体制的改革，由原来的高度集中的计划经济体制到后来的有计划的商品经济，直至现在的市场经济体制，国家开始承认市场自身对经济的调节功能，调控手段逐渐地趋向于较为柔和的经济工具，税制结构也发生了相应变化，现代企业制度的逐步建立等经济发展实践要求与之配合的税制结构。

2. 税收相关因素。与税制结构相关的税收方面的因素主要有财税政策目标、税收征管水平和税收文化。

（1）财税政策目标。财税政策目标主要有三个：收入、效率、公平。其中收入是基本目标，需要一定的经济基础，通常各国在考虑制定财税政策时，较多的是考虑效率与公平的选择问题。一般而言，发达国家经济发展水平较高，其首先需要关注的并非收入的增长而是收入的分配，即公平问题，因此发达国家通常选用以所得税为主的复合税制结构；欠发达国家面临的主要问题首先是增加收入以改善国民生活状况，所以通常优先考虑效率问题，税制结构选择中也通常是以商品税为主的复合税制结构。以我国为例，就经济总量而言，已经达到并超过了一些发达国家的总体水平，但是人均情况却处于欠发达国家的阶段，此时反映出的特点是：富人阶层逐步壮大的同时部分国民仍然挣扎在温饱的边缘，即我们通常所说的收入差距过大的问题。在财税政策目标的选择上，效率和公平同等重要。因此，目前我国的税制结构体现为流转税与所得税双重并重的复合税制结构。就税收收入比例来看，流转税的收入大于所得税的税收收入，因此，可以说，两者之中更加注重效率。

（2）税收征管水平。税收征管水平主要体现征管技术水平、征管人员的业务素质、征管相关环节的完善程度等。如前所述，一般情况下，所得税相对于商品税对征管水平的要求更高。因此，具有现代化征管手段，税务征管人员文化素质较高，税务审计、税收监督与制约机制、税务咨询等相关方面发展较好的国家采用所得税作为主体税种也不会造成过高的征管成本，但未具备良好条件的国家则更适宜选择征管简便，征管成本较低的商品税作为主体税种。

（3）税收文化。税收文化主要是指纳税人的文化素质、法制意识等在税收方面的表现，通常也被叫做纳税质素。税收文化对税制结构的影响主要体现为：若以所得税为主体税种，鉴于所得税不易转嫁，纳税人可以之间感受到税负对自身带来的利益损害，在纳税素质较高的国家，国民因为具备相应的知识，理解国家课税的目的性，较易接受税负；相反，在纳税素质较低的国家，国民可能会更多地考虑避逃税等手段来减轻自身税负，因此，在这类国家更适宜以商品税这类易于转嫁，税负具备隐蔽性的税种为主体税种。

### 三、税制要素

税制要素，即税收制度的组成要素，也被称为税收要素或税收术语等，是指构成每一个具体税种的基本要素。在任何一个国家里，不论采用什么样的税收制度，构成税种的要素都不外乎以下几项：纳税人、征税对象、税率、税目、计税方法、纳税环节、纳税期限、纳税地点、减免税和法律责任。其中，纳税人、征税对象、税率三个最为基础，也为税制要素的核心，通常被称为"税收基本要素"。

（一）纳税人

纳税人是纳税义务人的简称，法律术语称为课税主体，是享有法定权利并负有纳税义务，直接缴纳税款的单位或个人。从法律角度划分，纳税人包括法人和自然人两种。

1. 自然人。自然人，是指基于出生而依法在民事上享有权利，承担义务的人，包括本国的公民和居住在所在国的外国公民。在税收领域自然人又分为自然人个人和自然人企业。

（1）自然人个人即个人，是指一般意义上的自然人，作为纳税人必须是本国公民以及在所在国居住或从事经济活动的外国公民。

（2）自然人企业是指不具备法人资格的企业（如独资企业、合伙企业），以个人名义直接行使企业权利，并由个人承担义务，企业不独立纳税，而是由财产所有者作为自然人纳税。

2. 法人。法人，是指依法成立并能以自己名义独立参与民事活动，享有民事权利和承担民事义务的社会组织。其需要具备的条件是：必须经国家认可的组织；能够独立取得和处理财产；能够独立地承担民事上的财产义务以及能以自己的名义参加民事活动和诉讼。包括从事生产经营的企业和非营利性公益组织等。

3. 相关概念。与纳税人概念相近、易于混淆的概念主要有两个，即扣缴义务人和负税人。

（1）扣缴义务人。扣缴义务人是依据税法规定，负有代扣代缴或代收代缴税款并向国家缴纳税款的单位和个人。扣缴义务人可按税法规定取得代扣或代收税款一定比例的手续费收入，同时其必须依法履行代扣或代收税款的义务，若不履行就要承担相应的法律责任。

（2）负税人。负税人是因税负转嫁行为而出现的一个概念，是指最终负担税款的单位和个人，即税负的最终归宿。纳税人是法律上的纳税主体，负税人是经济上的负税主体，两者可以统一，也可能分离，完全取决于税负转嫁的存在与否。

（二）征税对象

征税对象又称课税对象、课税基础、税基、计税依据等，是税法规定的征税的目的物，法律术语称为课税客体。课税对象是一个税种区别于另一种税种的主要标志。每一种税都必须明确规定对什么征税，体现着税收范围的广度。一般来说，不同的税种有着不同的课税对象，不同的课税对象决定着税种所应有的不同性质。

就征税对象、课税对象、课税基础、税基、计税依据几个概念而言，有一种观点是，税基可区分为广义、中义、狭义三种，而上述含义分别针对不同范畴的税基而言存在差异。本书中不具体区分税基的类型，故认为上述各种名称的概念相同可互换使用。

1. 广义税基。广义税基是从宏观角度出发的抽象意义上的课税基础，主要包括：（1）国民收入型，课税基础指向国民收入的各类税收，以所得税类为主；（2）国民消费型，课税基础指向居民消费支出的各类税收，以商品税类为主；（3）国民财富型，课税基础指向社会财富的各类税收，以财产税类为主。

2. 中义税基。中义税基是从微观角度出发的针对具体税种的课税基础，又称为课税对象，是最常用的税基概念。以我国现行税制具体税种而言：（1）以商品或劳务的销售额为课税基础，如消费税；（2）以商品或劳务的增值额为课税基础，如增值税；（3）以企业利润为课税基础，如企业所得税；（4）以个人收入为课税基础，如个人所得税；（5）以财产价值为课税基础，如财产税类；等等。

3. 狭义税基。狭义税基相对于中义税基范围更窄，主要由于现行税制中在计税时一般含有各种扣除，使得实际上的课税基础比理论上的小，只是其中的部分，又称为计税依据。如个人所得税中工资薪金所得的费用扣除标准为每人3 500元/月，则实际计税依据是月工资收入扣除3 500元后的部分。

对税基的理解需与税源相区别。税源是指税收的最终来源，从价值构成来看，税基可以是国民生产总值型的 $C+V+M$，国民收入型的 $V+M$，或社会纯收入型的 $M$，又或历年货币累积的国民财富型，但税源只是 $V+M$，其中主要是 $M$。

## （三）税率

税率是税额与税基的比率（税率 = 税额/税基），是计算应纳税额的尺度，是影响并决定政府税收和纳税人税负的最重要的因素，它体现征税的深度。税率可按形式分为累进税率、比例税率、定额税率。也可从理论分析和实证研究的角度分为：累进税率与累退税率、边际税率与平均税率、名义税率与实际税率。

1. 累进税率。税率随着税基的扩大呈上升的税率形式。按征税对象数额的大小划分若干等级，每个等级由低到高规定相应的税率，征税对象数额越大税率越高，数额越小税率越低。累进税率因计算方法和依据的不同又分以下几种：

（1）全额累进税率，把税基全部数额作为计税依据，按最高适用边际税率计算税额的税率形式。目前采用这种税率的税种较少。

（2）超额累进税率，把税基全部数额作为计税依据，并分别按税基各等级所适用的相应税率计算税额的税率形式。如我国现行个人所得税工薪所得税目的九级超额累进税率。

（3）全率累进税率，类似于全额累进税率，其差别在于，全额累进税率的累进依据是税基全部数额，全率累进税率的累进依据通常是某种比率，如销售利润率等。目前采用这种税率的税种很少。

（4）超率累进税率，类似于超额累进税率，相比全率累进税率，超率累进税率的累进依据也是某种比率。如我国现行土地增值税是以土地增值额与扣除项目的比率为累进基率,实行四级超率累进税率。

在以上四种不同形式的税率中,全额累进税率和全率累进税率的优点是计算简便,但在两个级距的临界点税负不合理。超额累进税率和超率累进税率的计算比较复杂,但累进程度缓和,税收负担较为合理。

2. 比例税率。这是一种税率随着税基的扩大保持不变的税率形式。对同一征税对象不论数额大小,都按同一比例征税。比例税率的优点表现在:同一课税对象的不同纳税人税收负担相同,能够鼓励先进、鞭策落后,有利于公平竞争;计算简便,有利于税收的征收管理。但是,比例税率不能体现量能课征的原则。

(1) 单一比例税率,即对一个税种只设置一个比例税率,对适用该税种的所有课税对象均采用此种税率。可分为:行业比例税率即按不同行业规定不同的税率,同一行业采用同一税率;产品比例税率即对不同产品规定不同税率,同一产品采用同一税率。如我国现行增值税小规模纳税人3%的征收率。

(2) 差别比例税率,即对一个税种的不同税目设置不同的税率,不同的纳税人的不同课税对象分别按各自的比例税率计算纳税的税率形式。如我国消费税中小汽车税目根据气缸容量的大小分为多档税率。具体可分为:地区差别比例税率,即对不同地区实行不同税率;幅度比例税率,即中央只规定一个幅度税率,各地可在此幅度内,根据本地区实际情况,选择、确定一个比例作为本地适用税率。如我国"营改增"之前的营业税娱乐业税目适用5%~20%的幅度税率。

3. 定额税率。即按课税对象的物理实物属性计算税额的税率形式。物理实物属性常见的包括:重量(吨、千克等);容积(升等);外包装(箱、盒等)。它不是按照课税对象规定征收比例,而是按照征税对象的计量单位规定固定税额,所以又称为固定税额,一般适用于从量计征的税种。定额税率的优点是:从量计征,有利于鼓励纳税人提高产品质量和改进包装,计算简便。但是,由于税额的规定同价格的变化情况脱离,在价格提高时,不能使国家财政收入随国民收入的增长而同步增长,在价格下降时,则会限制纳税人的生产经营积极性。

具体可分为:(1) 地区差别税额,即为了照顾不同地区的自然资源、生产水平和盈利水平的差别,根据各地区经济发展不同情况分别制定不同税额;(2) 幅度税额,即中央只规定一个税额幅度,由各地根据本地区实际情况,在中央规定的幅度内,确定一个执行数额;(3) 分类分级税额,即把课税对象划分为若干个类别和等级,对各类各级由低到高规定相应的税额,等级高的税额高,等级低的税额低,具有累进税的性质。

4. 累进税率与累退税率(用于分析税率调节效果)。累退税率相对于前述的累进税率的概念,随着税基的扩大,税率呈下降的税率形式。现实中的累退税率并非明确的累退形式,例如,随着个人收入的增加,生活必须消费支出在收入中的比重相对降低,就消费税的比例税率而言,相对于收入其具有累退的特点。

5. 边际税率与平均税率(用于分析税率调节效应)。边际税率是指最后一个单位的税基所适用的税率;平均税率是指全部税额与收入之间的比率。累进税率下,平均税率随边际税率的上升而增加,但平均税率低于边际税率;累退税率下，平均税率随边际税率的下降而下降，但平均税率高于边际税率；比例税率下，平均税率等于平均税率。就调节效应来看，边际税率偏重于分析税收的替代效应，分析税收对人们选择决策的影响；平均税率偏重于分析税收的收入效应，分析税收损失的弥补方式。

6. 名义税率与实际税率（用于分析税收负担）。名义税率（法定税率）是税法规定的税率；实际税率是税收实际负担率。名义税率与实际税率一般存在着差异：当存在大量的税前扣除时，名义税率一般高于实际税率；在累进税率下，存在通货膨胀会使名义税率低于实际税率。

### （四）税目

税目是课税对象的具体项目。设置税目的目的，一是体现公平原则，根据不同项目的利润水平和国家经济政策，通过设置不同的税率进行税收调控；二是体现"简便"原则，对性质相同、利润水平相同且国家经济政策调控方向也相同的项目进行分类，以便按照项目类别设置税率。有些税种不分课税对象的性质，一律按照课税对象的应税数额采用同一税率计征税款，因此，没有必要设置税目，如企业所得税。有些税种具体课税对象复杂，需要规定税目，如消费税，一般都规定有不同的税目。

### （五）纳税环节

纳税环节指对处于运动过程中的课税对象选择应当缴纳税款的环节。任何税种都有确定的纳税环节，有些税种的纳税环节容易确定，但有些税种则需要在较多的流转环节中选择确定适宜的纳税环节。就商品而言，其由生产到消费一般都会经历多个环节（生产—运输—批发—零售），对一种商品征税可以选择在某一环节征税，即"一次课征制"，当然也可以"两次课征制"或"多次课征制"。

确定纳税环节，是流转课税的一个重要问题。它关系到税制结构和税种的布局，关系到税款能否及时足额入库，关系到地区间税收收入的分配，也关系到企业的经济核算和是否便利纳税人缴纳税款等问题。因此，选择确定纳税环节，必须和价格制度、企业财务核算制度相适应，同纯收入在各个环节的分布情况相适应，有利于及时稳妥地集中税款，符合纳税人纳税规律，便于征纳，有利于经济发展和控制税源。

### （六）纳税期限

纳税期限是税法规定的单位和个人缴纳税款的期限，体现了税收在时间上的固定性和强制性。具体可分为纳税间隔期、纳税义务发生时点和纳税申报期三种时间概念。

1. 纳税间隔期。这是指税法规定的计算和报缴税款的间隔时间。一般有两种方法：按期计税和按次计税。

2. 纳税义务发生时点。这是指纳税人就其应税行为承担纳税义务的具体法定时点,也是确定纳税间隔期的起点。不同税种的纳税义务发生时点的确定各不相同。

(1) 商品税类,分为买方和卖方的纳税义务发生时点。①买方,一般有三种选择:购入货物或接受劳务的时点;支付价款的时点;办理确认交易的法定手续的时点。②卖方,一般有三种选择:收取价款的时点;发出货物或提供劳务的时点;签订交易合同的时点。每种选择对纳税人和税务机关各有利弊,具体的选择都是结合实际情况确定的,如卖方纳税义务时点的确定一般以货款的结算方式为准。

(2) 所得税类,一般有三种选择:纳税人应当取得所得的时点;支付单位支付所得的时点;税法规定的时点。

(3) 财产税类,对于静态财产税和动态财产税,其纳税义务时点的确认各不相同:静态财产税通常为定期征收;动态财产税则通常为财产产权发生转移的时点。

3. 纳税申报期。纳税申报期通常为纳税义务产生后的一段时期,是纳税人办理纳税手续、解缴税款的期间。若期限的最后一天恰遇法定节假日,则自动延长至节假日结束后的次日。(1) 商品劳务税类,一般以纳税间隔期为基础确定。无论是按固定期限纳税还是按次纳税的商品劳务税,纳税申报期通常为期满后若干天。(2) 所得税类,根据取得所得的方式是一次性或是年终有不同的规定。(3) 财产税类,与所得税类相似。

(七) 纳税地点

不同税类的纳税地点的规定各有不同。

1. 商品劳务税类。采用交易发生地原则。一般为商品销售地或劳务提供地,若销售者属于固定机构,则应在机构所在地缴纳;若为非固定业户,则应就地缴税。

2. 所得税类。原则上是纳税人的住所或营业机构所在地。但实行扣缴计征的,扣缴义务人应将扣缴税款向扣缴人所在地主管税务机关申报缴纳。

3. 财产税类。一般根据财产的形态决定。不动产一般应向不动产所在地主管税务机关申报纳税;有形动产与商品税的纳税地点相同;无形资产一般向机构所在地税务机关申报纳税。

(八) 减免税

减免税是税制中对某些纳税人和课税对象给予鼓励和照顾的一种规定。减税是对应纳税额少征一部分;免税是对应纳税额全部予以免征。把减免税作为税制构成要素之一,是因为国家的税收制度是根据一般情况制定的,具有普遍性,不能照顾不同地区、部门、单位的特殊情况。设置减免税,可以把税收的严肃性和必要的灵活性结合起来,体现因地制宜和因事制宜的原则,更好地贯彻税收政策。减免税主要包括三种情况。

1. 起征点。这是税基达到一定标准后开始征税的界限。当税基未达起征点时不征税，等于或超过时对税基全额征税。如现行增值税规定的起征点。

2. 免征额。这是税法规定在课税对象总额中免予征税的数额，是按一定标准从全部课税对象总额中预先减除的部分。免征额部分不征税，超过免征额的部分征税。如个人所得税工资薪金所得每月 3 500 元的免征额。

3. 减免税规定。这是对特定的纳税任何特定的课税对象所做的某种程序的减征税款或全部免征税款的规定。一般有两类：政策性减免税，通常为列举项目，统一实行；临时性减免税，通常是结合纳税人实际情况和相关政策规定灵活机动地实行。

### （九）违章处理

违章处理是对有违反税法行为的纳税人采取的惩罚措施，包括加收滞纳金、罚款、送交人民法院依法处理等。违章处理是税收强制性在税收制度中的体现，纳税人必须按期足额的缴纳税款，凡有拖欠税款、逾期不缴税、逃税等违反税法行为的，都应受到法律的制裁。

## 四、我国税制发展历程

中华人民共和国成立 60 多年来，随着国家政治、经济形势的发展，我国税收制度的建立和发展也经历了一个曲折与不断完善的过程。

### （一）1994 年之前的税制沿革

1950 年 1 月 30 日，中央人民政府政务院发布《全国税政实施要则》，规定全国共设 14 种税收，即货物税、工商业税（包括营业税和所得税两个部分）、盐税、关税、薪给报酬所得税、存款利息所得税、印花税、遗产税、交易税、屠宰税、房产税、地产税、特种消费行为税和使用牌照税。此外，还有各地自行征收的一些税种，如农业税、牧业税等。

1958 年，我国进行了中华人民共和国成立以后第一次大规模的税制改革，其主要内容是简化工商税制，试行工商统一税，一度在城市国营企业试行"税利合一"，在农村人民公社试行"财政包干"。至此，我国的工商税制共设 9 个税种，即工商统一税、工商所得税、盐税、屠宰税、利息所得税（1959 年停征）、城市房地产税、车船使用牌照税、文化娱乐税（1966 年停征）和牲畜交易税（无全国性统一法规）。1962 年，开征了集市交易税，1966 年以后各地基本停征。

1973 年，我国进行了中华人民共和国成立以后第二次大规模的税制改革，其核心仍然是简化工商税制。至此，我国的工商税制一共设有 7 种税，即工商税（包括盐税）、工商所得税、城市房地产税、车船使用牌照税、屠宰税、工商统一税和集市交易税。对国营企业只征收一道工商税。对集体企业只征收工商税和工商所得税两种税，城市房地产税、车船使用牌照税、屠宰税仅对个人和极少数单位征收，工商统一税仅对外适用。

从 1980 年 9 月至 1981 年 12 月,我国第五届全国人民代表大会先后通过并公布了中外合资经营企业所得税法、个人所得税法和外国企业所得税法。同时,对中外合资企业、外国企业和外国人继续征收工商统一税、城市房地产税和车船使用牌照税。这样,就初步形成了一套大体适用的涉外税收制度,适应了我国对外开放初期引进外资、开展对外经济技术合作的需要。

1983 年,国务院决定在全国试行国营企业利改税,即将中华人民共和国成立以后实行了 30 多年的国营企业向国家上缴利润的制度改为缴纳企业所得税的制度,并取得了初步的成功。为了加快城市经济体制改革的步伐,经第六届全国人民代表大会及其常委会批准,国务院决定从 1984 年 10 月起在全国实施第二步利改税和工商税制改革,发布了关于征收国营企业所得税、国营企业调节税、产品税、增值税、营业税、盐税、资源税的一系列行政法规。这是我国改革开放以后第一次、中华人民共和国成立以后第四次大规模的税制改革。

1991 年,第七届全国人民代表大会第四次会议将中外合资企业所得税法与外国企业所得税法合并为外商投资企业和外国企业所得税法。至此,我国的工商税制共有 32 种税收,即产品税、增值税、营业税、资源税、盐税、城镇土地使用税、国营企业所得税、国营企业调节税、集体企业所得税、私营企业所得税、城乡个体工商业户所得税、个人收入调节税、国营企业奖金税、集体企业奖金税、事业单位奖金税、国营企业工资调节税、固定资产投资方向调节税、城市维护建设税、烧油特别税、筵席税、特别消费税、房产税、车船使用税、印花税、屠宰税、集市交易税、牲畜交易税、外商投资企业和外国企业所得税、个人所得税、工商统一税、城市房地产税和车船使用牌照税。

## (二) 1994 年税制改革

1994 年税制改革的主要内容是:第一,全面改革了流转税制,实行了以比较规范的增值税为主体,消费税、营业税并行,内外统一的流转税制;第二,改革了企业所得税制,将过去对国营企业、集体企业和私营企业分别征收的多种所得税合并为统一的企业所得税;第三,改革了个人所得税制,将过去对外国人征收的个人所得税、对中国人征收的个人收入调节税和个体工商业户所得税合并为统一的个人所得税;第四,对资源税、特别目的税、财产税、行为税作了大幅度的调整,如扩大了资源税的征收范围,开征了土地增值税,取消了盐税、奖金税、集市交易税等 7 个税种,并将屠宰税、筵席税的管理权下放到省级地方政府,新设了遗产税和证券交易税(但是一直没有立法开征)。

经过 1994 年税制改革和多年来的逐步完善,我国已经初步建立了适应社会主义市场经济体制需要的税收制度,对于保证财政收入,加强宏观调控,深化改革,扩大开放,促进经济与社会的发展,起到了重要的作用。

## (三) 1994 年以后的税制改革与发展

自 1994 年以后,我国的税制一直未进行重大的税制改革,期间对部分具体税种的征收制度作出了一定的调整，主要如下。

2005年12月29日，第十届全国人民代表大会常务委员会第十九次会议决定，自2006年1月1日起，废止1958年6月3日通过的《中华人民共和国农业税条例》。

2007年3月16日，第十届全国人民代表大会第五次会议决定，自2008年1月1日起，开始施行《中华人民共和国企业所得税法》，1991年的《外商投资企业和外国企业所得税法》和1993年12月国务院发布的《企业所得税暂行条例》同时废止。

2008年12月19日，财政部、国家税务总局联合下发了《关于全国实施增值税转型改革若干问题的通知》，国务院决定自2009年1月1日起，在全国实施增值税转型改革。自此，生产型增值税改为更加适合当前经济发展的消费型增值税。

2012年1月1日，在上海市交通运输业和部分现代服务业开展营业税改征增值税试点。2012年7月25日，国务院决定扩大营业税改征增值税试点范围，自2012年8月1日起，将交通运输业和部分现代服务业营业税改征增值税试点范围，由上海市分批扩大至北京、天津、江苏、浙江、安徽、福建、湖北、广东和厦门、深圳10个省（直辖市、计划单列市）。2013年8月1日起，将交通运输业和部分现代服务业"营改增"试点在全国范围内推开，适当扩大部分现代服务业范围，将广播影视作品的制作、播映、发行等纳入试点。2014年1月1日起，"营改增"试点扩大到了铁路运输和邮政业，2014年6月1日起，"营改增"试点又扩大到了电信业。2016年3月18日召开的国务院常务会议决定，自2016年5月1日起，我国全面推开"营改增"试点，将建筑业、房地产业、金融业、生活服务业全部纳入"营改增"试点，增值税制度将更加规范。这是自1994年分税制改革以来，财税体制的又一次深刻变革。2017年11月19日，国务院令第691号出台了关于废止《中华人民共和国营业税暂行条例》和修改《中华人民共和国增值税暂行条例》的决定，至此，营业税彻底退出历史舞台，下一步加快增值税立法工作，从根本上保障增值税制度的规范化、法治化。

2016年12月25日，全国人民代表大会常务委员会制定出台了《环境保护税法》，自2018年1月1日开始施行。至此，我国新的税制体系包括18个税种，具体为增值税、消费税、企业所得税、个人所得税、房产税、车船税、契税、资源税、城镇土地使用税、耕地占用税、土地增值税、印花税、城市维护建设税、车辆购置税、烟叶税、关税、船舶吨税、环境保护税。

2018年3月21日，中共中央印发《深化党和国家机构改革方案》，提出要改革国税地税征管体制。为降低征纳成本，理顺职责关系，提高征管效率，为纳税人提供更加优质高效便利服务，将省级和省级以下国税地税机构合并，具体承担所辖区域内各项税收、非税收入征管等职责。为提高社会保险资金征管效率，将基本养老保险费、基本医疗保险费、失业保险费等各项社会保险费交由税务部门统一征收。国税地税机构合并后，实行以国家税务总局为主与省（自治区、直辖市）政府双重领导管理体制。改革国税地税征管体制。2018年6月15日上午,全国各省(自治区、直辖市)级以及计划单列市国税局、地税局合并且统一挂牌,这标志着国税地税征管体制改革迈出阶段性的关键一步。

## 第二节 流转税制

### 一、流转税制概述

(一) 流转税的概念

流转税是以流转额为征税对象而设计征收的税种的统称,也称商品劳务税。流转额包括商品流转额与劳务流转额两类,其中,商品流转额是指在商品生产和经营过程中,由于销售或购买商品而发生的交易额;劳务流转额是指从事非商品生产经营的劳务的提供或购得时而发生的交易额。流转税是我国现行税制结构中的主体税类,对保持我国财政收入的稳定增长发挥了积极的作用。

(二) 流转税的特点

1. 课征范围广。流转税以商品或劳务的交易并形成经济利益的转移为课税前提。在商品经济社会环境下,社会化大生产强调社会分工、专业化生产,而商品和劳务是社会生产、交换、分配和消费的对象,人们为了满足自己的需求就必须进行商品的交换,尤其货币的广泛使用降低了商品交易的交易成本,促进了市场交易行为的发生和流转额的形成,也使得流转税的课征范围大为拓展。

2. 税收负担间接性。流转税具有间接税的特点,这种间接负担使得一般由企业承担纳税义务的流转税额一般都会发生转移,在市场价格机制的调节下,税收负担大多最终归属于消费者,故流转税负本身通常不会给纳税人的福利带来损失。

3. 税负隐蔽性。流转税的纳税人均为单位和个人,我国现行流转税的纳税人主要是单位,主要是从事生产经营或提供应税劳务的企业。由于流转税负的间接性,纳税人通常与负税人分离,企业单位负担的流转税额通常都转嫁给消费者个人负担,使得企业感觉不到税负成本带来的利益损失;同时由于流转税较多属于价内税,且消费者个人由于相关知识的匮乏,纳税意识较为薄弱,承担了税负而不会明显感到个人福利的损失。正因为流转税的隐蔽性,其推行的阻力也明显小于所得税。

4. 税收征管便利性。流转税以企业征税为主,相对于个人而言,企业规模较大,税源相对集中。同时,流转税以商品和劳务的销售额为课税依据,相对于所得税而言,基本上不需要考虑成本、费用、利润、通货膨胀等因素,在核算和管理上都比较简单。

## 二、增值税

增值税是我国税收体系中最主要的税种,占国家税收收入的比重最高。由于增值税体现税收"中性"等优点,减少了政府对市场配置资源的干预。

(一) 增值税概述

1. 增值税的概念。增值税最早产生于英国,在法国推行成功。我国于1979年引进、试点增值税,1984年正式建立,1994年税制改革时作了调整,2009年起由生产型转为消费型,2012年起进行"营改增"的试点。

增值税即对增值额征税。对于我国现行增值税而言,增值税是在我国境内销售货物、提供加工、修理修配劳务,销售服务、无形资产或者不动产以及进口货物的单位和个人,就其取得的货物或劳务的销售额以及进口货物的金额,计算税款,并采用购进扣除法的一种流转税。

2. 增值税的类型。增值税以增值额为税基,增值额一般体现为收入与法定扣除项目之差,但由于理论上对增值额理解的差异,税制设计中对法定扣除项目的设定存在差异,进而将增值税分为三种类型。

(1) 生产型增值税:按抵扣制计算纳税人的应纳税额时,不允许扣除任何外购固定资产的已纳税金(法定增值额 = 当期工资 + 奖金 + 利润 + 利息 + 租金 + 股息等理论增值额 + 折旧额)。该类型的增值税由于扣除项目少,税基大,保证了财政收入的充裕,但存在对固定资产价值的重复征税问题。

(2) 收入型增值税:在计算纳税人应纳增值税额时,对外购固定资产的已纳税金只允许将当期计入产品价值的折旧费所应分摊的那部分税金扣除(法定增值额 = 当期工资 + 奖金 + 利润 + 利息 + 租金 + 股息等理论增值额)。该类型的增值税从理论角度而言,其增值额的设定最为合理,故也是理论上最优的增值税类型,但是,由于对固定资产上税负的逐年抵扣需要分年逐次计算,较为烦琐,相应地造成了较大的征管成本。

(3) 消费型增值税:在计算纳税人应纳增值税额时,允许将当期购入固定资产的已纳税金一次性扣除[法定增值额 = 当期销售收入总额 − 外购生产资料(流动资产和固定资产)总价款]。该类型的增值税税基较前两者为小,但由于外购固定资产上的增值税准予当期扣除,避免了固定资产上的重复征税,降低了资本密集型企业的成本,且可有效刺激固定资产投资。

3. 增值税的特点。通过对增值税概念的理解,其课税对象是增值额,也就是 V + M。就目前各国实行的增值税与其他商品税相比,其特点表现为:(1) 课税对象为增值额,与大多数商品税以销售额为税基相区别;(2) 征税对象范围广,税源稳定充足;(3) 实行多环节征收,但由于税基的特点,并未发生重复课征;(4) 体现了税收的中性原则,不会扭曲市场的资源配置职能;(5) 税负实现充分转嫁,税负最后由最终消费者承担,最终消费者能对自身负担的税负有合理准确的预期。

除了上述增值税的普遍特点外,我国现行增值税制还体现出以下特点:(1)价外税的性质使得税负转嫁明显,最终负税人更清楚自己的税收负担;(2)购进扣税法(或者说税款抵扣制)的统一规范化实行;(3)就不同的经营状况区分纳税人身份分别课征。

### (二) 增值税征税范围

1. 征税范围的一般规定。增值税针对销售和进口货物、提供加工、修理修配劳务以及销售服务课征。其中,货物是指有形动产,包括电力、热力、气体在内;加工是指受托加工,即委托方提供原料或主要材料、受托方按照委托方的要求制造货物并收取加工费的业务;修理修配是指受托对损伤和丧失功能的货物进行修复,使其恢复原状和功能的业务;销售服务、无形资产或不动产是指有偿提供服务、有偿转让无形资产或不动产;销售服务是指提供交通服务、邮政服务、电信服务、建筑服务、金融服务、现代服务、生活服务。

2. 征税范围的特殊项目。

(1) 货物期货(包括商品期货和贵金属期货),应当征收增值税,在期货的实物交割环节纳税;

(2) 银行销售金银的业务,应当征收增值税;

(3) 典当业的死当物品销售业务和寄售业代委托人销售寄售物品的业务,均应征收增值税。

3. 征税范围的特殊行为。

(1) 视同销售货物。单位或个体经营者的下列行为视同销售货物:

①将货物交付其他单位或者个人代销;

②销售代销货物;

③设有两个以上机构并实行统一核算的纳税人,将货物从一个机构移送其他机构用于销售,但相关机构设在同一县(市)的除外;

④将自产、委托加工的货物用于集体福利或个人消费;

⑤将自产、委托加工或购买的货物分配给股东或投资者;

⑥将自产、委托加工或购买的货物作为投资,提供给其他单位或个体工商户;

⑦将自产、委托加工或购买的货物无偿赠送其他单位或者个人;

⑧单位或者个体工商户向其他单位或者个人无偿提供服务,但以公益活动为目的或者以社会公众为对象的除外;

⑨单位或个人向其他单位或者个人无偿转让无形资产或者不动产,但以公益活动为目的或者以社会公众为对象的除外;

⑩财政部和国家税务总局规定的其他情形。

(2) 混合销售。一项销售行为如果既涉及货物又涉及服务,为混合销售。从事货物的生产、批发或者零售的单位和个体工商户(包括以从事货物的生产、批发或者零售为主,并兼营销售服务的单位和个体工商户在内)的混合销售行为,按照销售货物缴纳增值税;其他单位和个体工商户的混合销售行为,按照销售服务缴纳增值税。

(3) 兼营行为,指的是纳税人既销售应税货物同时地提供应税劳务和销售服务、无形资产或不动产,且这些增值税、应税项目和劳务之间没有直接的关联关系。

纳税人兼营销售货物、劳务、服务、无形资产或者不动产,适用不同税率或者征收率的,应当分别核算适用不同税率或者征收率的销售额;未分别核算的,从高适用税率。

(三) 增值税纳税人

增值税的纳税人总体来说包括单位和个人,具体而言:单位是指一切从事销售或者进口货物、提供应税劳务的单位都是增值税纳税义务人。包括国有、集体、私有、股份制、外商投资、外国企业、其他企业和行政单位、事业单位、军事单位、社会团体及其他单位。个人是指凡从事货物销售或进口、提供应税劳务的个人都是增值税的纳税义务人。包括个体经营者及其他个人。承租人和承包人是指企业租赁或承包给他人经营的,以承租人或承包人为纳税义务人。扣缴义务人是指境外的单位或个人在境内销售应税劳务而在境内未设有经营机构的,其应纳税款以代理人为扣缴义务人;没有代理人的,以购买者为扣缴义务人。

《增值税暂行条例》将纳税人按其经营规模大小及会计核算健全与否划分为小规模纳税人和一般纳税人。

1. 小规模纳税人。增值税小规模纳税人标准为年应征增值税销售额 500 万元及以下。年应税销售额,是指纳税人在连续不超过 12 个月或 4 个季度的经营期内累计应征增值税销售额,包括:纳税申报销售额,稽查查补销售额,纳税评估调整销售额,税务机关代开发票销售额,免税销售额。

2. 一般纳税人。简单地说,不属于小规模纳税人的其他企业、单位都是一般纳税人。由前述的小规模纳税人认定标准,相应地可知一般纳税人的认定。年应税销售额未超过规定标准的纳税人,会计核算健全,能够提供准确税务资料的,可以向主管税务机关办理一般纳税人登记。

(四) 增值税税率与征收率

1. 税率。增值税税率采用比例税率,除了基本税率 16% 外,还有两档低税率分别为 10% 和 6%。

(1) 基本税率 16%。针对销售货物、进口货物、提供加工、修理修配劳务以及有形动产租赁服务。

(2) 低税率 10%。主要包括:提供交通运输业服务、邮政业服务、基础电信服务、建筑、不动产租赁服务、销售不动产、转让土地使用权;农产品(含粮食)、自来水、暖气、石油液化气、天然气、食用植物油、冷气、热水、煤气、居民用煤炭制品、食用盐、农机、饲料、农药、农膜、化肥、沼气、二甲醚、图书、报纸、杂志、音像制品、电子出版物。

(3) 6%税率。包括提供现代服务业服务，增值电信服务、金融业等、生活服务业等。

(4) 零税率。纳税人出口货物，境内单位和个人提供的国际运输服务，航天运输服务等，税率为零；国务院另有规定的除外。

2. 征收率。

(1) 小规模纳税人的征收率为3%，财政部和国家税务总局另有规定的除外。

(2) 销售自行开发、取得、自建的不动产；不动产经营租赁服务；提供劳务派遣服务选择差额纳税等，征收率为5%。

(五) 增值税起征点（仅适用于个人）

销售额未达起征点的，免征增值税。起征点幅度规定如下：

1. 销售货物的，为月销售额5 000～20 000元；
2. 销售应税劳务的，为月销售额5 000～20 000元；
3. 按次纳税的，为每次（日）销售额300～500元。

省、自治区、直辖市财政厅（局）和国家税务局应在规定的幅度内，根据实际情况确定本地区适用的起征点，并报财政部、国家税务总局备案。

(六) 增值税减免税规定

现行增值税规定的免税项目包括：农业生产者销售自产农业产品；避孕药品和用具；古旧图书；直接用于科学研究、科学实验和教学的进口仪器、设备；外国政府、国际组织无偿援助的进口物资和设备；对符合国家产业政策要求的国内投资项目，在投资总额内进口的自用设备（特殊规定不予免税的少数商品除外）；由残疾人的组织直接进口供残疾人专用的物品；销售自己使用过的物品。自2012年1月1日起，对从事蔬菜批发、零售的纳税人销售的蔬菜，免征蔬菜流通环节增值税。2012年10月1日起，免征部分鲜活肉蛋产品流通环节增值税。对增值税小规模纳税人中月销售额未达到2万元的企业或非企业性单位，免征增值税；2020年12月31日前，对月销售额2万元（含本数）至3万元的增值税小规模纳税人，免征增值税。

(七) 增值税应纳税额的计算

增值税的计算，对于一般纳税人应纳税额等于销项税额减进项税额，其中销项税额即不含税销售额与适用税率之积。进项税额对前一征税环节而言属于其销项税额，故计算一般纳税人的应纳税额首先应确定销售额。对于小规模纳税人应纳税额等于不含税销售额与适用征收率之积。综上所述，增值税的计算首先是销售额的计算问题。

1. 销售额。确定销售额重点是区分销售额和价外费用。销售额一般可认为即单价与数量之积。价外费用（实属价外收入）包括价外向购买方收取的手续费、补贴、基金、集资费、返还利润、奖励费、违约金、滞纳金、延期付款利息、赔偿金、代收款项、代垫款项、包装费、包装物租金、储备费、优质费、运输装卸费以及其他各种性质的价外收费。

（1）特殊销售形式下的销售额的确定。折扣销售是指销货方在销售货物或应税劳务时，因购货方购货数量较大等原因而给予购货方的价格优惠。现金折扣，例如九折，即购货的价款折扣10%而只收90%；实物折扣，例如买十赠一，即实际取得货物11件而只需要支付10件的价格。现金折扣只有当折扣额与销售额分别注明在同一张发票上的时候才可以折扣后的金额作为销售额计税；实物折扣税法规定应被视为一种赠送他人的行为，而属于增值税中的"视同销售"计税，即赠送的货物的价款不得从所收取的销售额中扣除。需要区分与之相近的几个概念：折扣销售（包括现金折扣和实物折扣）、销售折扣、销售折让。

以旧换新是指纳税人在销售自己的货物时，有偿收回旧货的行为。税法规定以旧换新销售货物的，应税销售额根据新货的同期销售价格确定，即不得扣减旧货的收购价格。特例：金银首饰以旧换新业务，可以按销售方实际收到的不含税的销售额征收增值税。

还本销售是指纳税人在销售货物后，到一定期限由销售方一次或分次退还给购货方全部或部分价款。这种方式实际上是一种筹资，以货物换取资金的使用价值，到期还本不付息的方式。税法规定，还本销售方式销售的货物，其应税销售额即货物的销售额，不得从销售额中扣减还本支出。

以物易物是一种较特殊的购销方式，是指购销双方不以货币结算，而是以同等价格的货物相互结算，实现货物购销的方式。其计税方法是，购销双方都应作购货、销货两个行为处理，即以己方发出的货物核算销售额计算销项税额，又以己方收到的货物核算购货额并计算进项税额。应注意只有当双方分别开具合法票据才能抵扣进项税额。

视同销售的销售额的确定——组成计税价格。税法规定，对视同销售征税而无销售额的按下列顺序确定：第一，按纳税人最近时期同类货物的平均销售价格确定；第二，按其他纳税人最近时期同类货物的平均销售价格确定；第三，按组成计税价格确定。组成计税价格＝成本×（1＋成本利润率），若货物缴纳消费税等价内税，则组价公式中应包括价内税：组价＝成本×（1＋成本利润率）＋消费税＝[成本×（1＋成本利润率）＋消费税从量税]÷（1－消费税税率）。

组成计税价格公式中的成本，销售自产货物时指实际生产成本，销售外购货物时指实际采购成本。其中的成本利润率国家规定为10%，但若货物属于缴纳消费税的，其中的成本利润率按消费税中规定的成本利润率确定。

（2）含税销售额的换算。增值税作为价外税，要求纳税人在填写纳税凭证时应分项记录不含税销售额、销项税额、进项税额。但在实际工作中，常常会出现纳税人将销售额与销项税额合并定价收款的情况（如商业零售额等），即含税销售额（又叫含税价）。按照税法相关规定计税时，就要求将此类销售额换算为不含增值税的销售额，即应税销售额（不含税价）：

$$应税销售额＝含税销售额÷（1＋税率）$$

(3) 全面"营改增"有关销售额事项的确定。

贷款服务，以提供贷款服务取得的全部利息及利息性质的收入为销售额。

直接收费金融服务，以提供直接收费金融服务收取的手续费、佣金、酬金、管理费、服务费、经手费、开户费、过户费、结算费、转托费等各类费用为销售额。

金融商品转让，按照卖出价扣除买入价后的余额为销售额（金融商品的买入价，可以按照加权平均法或者移动加权平均法进行核算，选择后36个月不得变更）。金融商品转让，不得开具增值税专用发票。

经纪代理服务，以取得的全部价款和价外费用，扣除向委托方收取并代为支付的政府性基金或者行政事业性收费后的余额为销售额。向委托方收取的政府性基金或者行政事业性收费，不得开具增值税专用发票。

融资租赁或者融资性售后回租服务，"营改增"试点纳税人根据2016年4月30日前签订的有形动产融资性售后回租合同，在合同到期前提供的有形动产融资性售后回租服务，可继续按照有形动产融资租赁服务缴纳增值税。

试点纳税人中的一般纳税人提供客运场站服务，以其取得的全部价款和价外费用，扣除支付给承运方运费后的余额为销售额。

试点纳税人提供建筑服务适用简易计税方法的，以取得的全部价款和价外费用扣除支付的分包款后的余额为销售额。

试点纳税人从全部价款和价外费用中扣除的价款，应当取得符合法律、行政法规和国家税务总局规定的有效凭证。否则，不得扣除。

2. 销项税额。销项税额是指纳税人销售货物或提供应税劳务，按照销售额或应税劳务收入和规定的税率计算并向购买方收取的增值税税额。需注意的是，纳税人在未抵扣进项税额前，销项税额并非其纳税额：

$$销项税额 = 不含税销售额 \times 适用税率$$

3. 进项税额。进项税额是指纳税人购进货物或接受应税劳务所支付或负担的增值税额。增值税的实际纳税额等于增值税的销项税额与进项税额之差。

(1) 准予扣除的进项税额。一般扣除的条件有：从销售方取得的增值税专用发票上注明的增值税额；从海关取得的完税凭证上注明的增值税额；此外，购进免税农产品按照农产品买价和扣除率计算进项税额，从当期销项税额中扣除。

(2) 不得抵扣的进项税额。根据税法规定，下列项目的进项税额不得从销项税额中扣除：用于简易计税方法计税项目、免征增值税项目、集体福利或者个人消费的购进货物、接受加工修理修配劳务或者应税服务；非正常损失的购进货物及相关的加工修理修配劳务或者交通运输业服务；非正常损失的在产品、产成品所耗用的购进货物（不包括固定资产）、加工修理修配劳务或者交通运输业服务；接受的旅客运输服务；购入货物或劳务，但未按规定取得并保存增值税扣税凭证或增值税扣税凭证填写不规范等。其中，非正常损失是指因管理不善造成被盗、丢失、霉烂变质的损失，以及被执法部门依法没收或者强令自行销毁的货物。自2013年8月1日起，纳税人自用的应征消费税的摩托车、小汽车、游艇，其进项税额也允许以票抵扣。

4. 一般纳税人应纳增值税额：

$$当期应纳税额 = 当期销项税额 - 当期进项税额$$

其中，当期是指税务机关依照税法规定对纳税人确定的纳税期限，只有在纳税期限内实际发生的销项税额、进项税额，才是法定的当期销项税额或当期进项税额。

5. 小规模纳税人应纳税额：

$$应纳税额 = 销售额（不含税）\times 征收率$$

其中，销售额与一般纳税人相同，包括价款和价外费用。

小规模纳税人含税销售额：

$$不含税销售额 = 含税销售额 \div (1 + 征收率)$$

## （八）增值税纳税期限

增值税的纳税期限分别为1日、3日、5日、10日、15日、1个月或者1个季度。纳税人的具体纳税期限由主管税务机关根据纳税人应纳税额的大小分别核定。以1个季度为纳税期限的规定适用于小规模纳税人以及财政部和国家税务总局规定的其他纳税人。不能按照固定期限纳税的，可以按次纳税。

纳税人以1个月或者1个季度为1个纳税期的，自期满之日起15日内申报纳税；以1日、3日、5日、10日或者15日为1个纳税期的，自期满之日起5日内预缴税款，于次月1日起15日内申报纳税并结清上月应纳税款。

## （九）增值税纳税地点

税法中对增值税的纳税地点作出如下规定。

1. 固定业户应当向其机构所在地主管税务机关申报纳税。总机构和分支机构不在同一县（市）的，应当分别向各自所在地主管税务机关申报纳税；经国家税务总局或其授权税务机关批准的，也可由总机构汇总向总机构所在地主管税务机关申报纳税。

2. 固定业户到外县（市）销售货物的，应当向其机构所在地主管税务机关申请开具外出经营活动税收管理证明，向其机构所在地主管税务机关申报纳税。未持有其机构所在地主管税务机关核发的外出经营活动税收证明而到外县（市）销售货物或应税劳务的，应向销售地主管税务机关申报纳税；未向销售地主管税务机关申报纳税的，由其机构所在地主管税务机关补征税款。

3. 非固定业户销售货物或应税劳务，应向销售地主管税务机关申报纳税。

4. 进口货物，应由进口人或其代理人向报关地海关申报纳税。

## （十）例题

某工业企业为增值税一般纳税人，生产销售的产品适用16%税率，2018年9月发生以下经济业务。

（1）购进原材料一批，取得增值税专用发票注明的价款为400 000元，增值税64 000元；取得货物运输业增值税专用发票注明运费20 000元，增值税2 000元；

(2) 接受外单位投资转入材料一批，取得增值税专用发票注明的价款为 100 000 元，增值税 16 000 元，材料未到；

(3) 购进低值易耗品一批，取得增值税专用发票注明价款 50 000 元，增值税 8 000 元，款项已经支付，低值易耗品尚未验收入库；

(4) 销售产品一批，开出增值税专用发票，价款 900 000 元，税款 144 000 元；

(5) 将产品投资入股 200 000 元（成本价），无同类产品售价；

根据上述资料，计算该企业 9 月应纳增值税额（本月取得的相关发票均在本月认证并抵扣）。

解答：

当月销项税额 = 144 000 + 200 000 × (1 + 10%) × 16% = 179 200（元）

当月进项税额 = 64 000 + 2 000 + 16 000 + 8 000 = 90 000（元）

当月应纳税额 = 179 200 - 90 000 = 89 200（元）

## 三、消费税

消费税是指对消费品和特定的消费行为按消费流转额征收的一种商品税。消费税的历史悠久，在我国最早可追溯到公元前 81 年，汉昭帝为避免酒专卖"与商人争市利"，改酒专卖为普遍征税，每升四文，于销售环节课征。我国现行消费税主要依据是 2008 年 11 月 5 日修订通过的《中华人民共和国消费税暂行条例》和 2008 年 12 月 15 日发布的《中华人民共和国消费税暂行条例实施细则》。

### （一）消费税概述

1. 消费税的概念。我国现行消费税是对在我国境内从事生产、委托加工和进口应税消费品，以及国务院特别确定的销售应税消费品的单位和个人，就其应税消费品征收的一种流转税。我国消费税选择部分消费品课征，属于特别消费税。

2. 我国消费税的特点。

(1) 征收范围具有选择性。我国的消费税属于特别消费税，即征税范围为部分消费品，目前共设置了 15 类应税消费品，且具体品目采用列举法，课税界限清晰。

(2) 征税环节单一。为了加强税源监控，防止税款流失，减轻纳税人税负及逃避税动机，防止重复征税，我国消费税选择了单一环节课征，除卷烟在生产和批发环节都课征，超豪华小汽车在生产和零售环节都课征外，一般在生产、委托加工或进口环节（个别消费品在零售环节）课征。

(3) 平均税率高但税目间差异大。消费税课征的目的就在于对国家对消费行为的调节，为了能够充分发挥消费税的作用，对于需要调节的消费品均课征消费税且税率相对较高，故整体税率水平较高。又根据需要调节程度的大小对不同税目设置高低差异较大的税率。我国现行消费税与增值税配合课征，在增值税普遍征收的基础上再就其部分商品加征消费税，从而对消费进行交叉调节。

(4) 税负可转嫁。依据消费税的作用特点，其税负应该由消费者承担，但作为消费税，其征税环节多为产制环节或进口环节，即法定纳税人为生产企业或者销售商，则消费税作为价内税，作为价格的构成部分之一，随着商品的交易流通，向着下一个购买者转移，最终由消费者所负担。

### （二）消费税的征税范围

消费税的征税对象是部分货物（有形动产），其征税范围主要包括生产、委托加工、进口以及零售应税消费品。

1. 生产应税消费品。消费税是单一环节课税，其中以生产应税消费品为主要环节，纳税人将生产的应税消费品对外销售、以物易物换取生产资料或消费资料、以实物投资入股或偿还债务又或将其用于生产应税消费品以外的其他方面都应缴纳消费税。

2. 委托加工应税消费品。此处的委托加工与增值税应税劳务委托加工的形式相同，即由委托方提供原料或主要材料，受托方按要求加工并仅收取加工费的形式。加工产成品为应税消费品的，应就该应税消费品缴纳消费税，此消费税的纳税人为委托方而由受托方代收代缴。自2012年9月1日起，委托方将收回的应税消费品，以不高于受托方的计税价格出售的，为直接出售，不再缴纳消费税；委托方以高于受托方的计税价格出售的，不属于直接出售，需按照规定申报缴纳消费税，在计税时准予扣除受托方已代收代缴的消费税。

3. 进口应税消费品：单位和个人进口应税消费品在进口环节应缴纳消费税，税收由海关代征。

4. 零售应税消费品：国家规定金银首饰消费税在零售环节征收。

### （三）消费税的纳税人

消费税的纳税人在我国境内从事生产、委托加工和进口应税消费品，以及国务院特别确定的销售应税消费品的单位和个人。单位是指企业、行政事业单位、军事单位、社会团体及其他单位；个人是指个体工商户及其他个人。

### （四）消费税税目及税率

消费税税目税率如表9-1所示。

表9-1　　　　　　　　　　　消费税税目税率

| 税目 | | 税率 |
|---|---|---|
| 烟 | 1. 卷烟 | |
| | （1）甲类卷烟 | 56% +0.003元/支（生产环节）<br>11% +0.005元/支（批发环节） |
| | （2）乙类卷烟 | 36% +0.003元/支（生产环节）<br>11% +0.005元/支（批发环节） |

续表

| 税目 | | 税率 |
|---|---|---|
| 烟 | 2. 雪茄烟 | 36% |
| | 3. 烟丝 | 30% |
| 酒 | 1. 白酒 | 20% +0.5 元/500 克（或者 500 毫升） |
| | 2. 黄酒 | 240 元/吨 |
| | 3. 啤酒 | |
| | （1）甲类啤酒 | 250 元/吨 |
| | （2）乙类啤酒 | 220 元/吨 |
| | 4. 其他酒 | 10% |
| 高档化妆品 | 不含增值税价格在 10 元/毫升（克）或 15 元/片（张）及以上 | 15% |
| 贵重首饰及珠宝玉石 | 1. 金银首饰、铂金首饰和钻石及钻石饰品 | 5% |
| | 2. 其他贵重首饰和珠宝玉石 | 10% |
| 鞭炮、焰火 | | 15% |
| 成品油 | 1. 汽油 | 1.52 元/升 |
| | 2. 柴油 | 1.2 元/升 |
| | 3. 航空煤油 | 1.2 元/升（暂免） |
| | 4. 石脑油 | 1.52 元/升 |
| | 5. 溶剂油 | 1.52 元/升 |
| | 6. 润滑油 | 1.52 元/升 |
| | 7. 燃料油 | 1.2 元/升 |
| 摩托车 | 1. 气缸容量（排气量，下同）在 250 毫升的 | 3% |
| | 2. 气缸容量在 250 毫升以上的 | 10% |
| 小汽车 | 1. 乘用车 | |
| | （1）气缸容量（排气量，下同）在 1.0 升（含 1.0 升）以下的 | 1% |
| | （2）气缸容量在 1.0 升以上至 1.5 升（含 1.5 升）的 | 3% |
| | （3）气缸容量在 1.5 升以上至 2.0 升（含 2.0 升）的 | 5% |
| | （4）气缸容量在 2.0 升以上至 2.5 升（含 2.5 升）的 | 9% |
| | （5）气缸容量在 2.5 升以上至 3.0 升（含 3.0 升）的 | 12% |

续表

| 税目 | | 税率 |
|---|---|---|
| 小汽车 | (6) 气缸容量在3.0升以上至4.0升（含4.0升）的 | 25% |
| | (7) 气缸容量在4.0升以上的 | 40% |
| | 2. 中轻型商用客车 | 5% |
| | 3. 超豪华小汽车 | 10%（零售环节） |
| 高尔夫球及球具 | | 10% |
| 高档手表 | | 20% |
| 游艇 | | 10% |
| 木制一次性筷子 | | 5% |
| 实木地板 | | 5% |
| 电池 | | 4% |
| 涂料 | | 4% |

### （五）消费税应纳税额的计算

1. 消费税税基的确定。

（1）从价计征的税基：

$$应纳税额 = 应税消费品销售额 \times 适用税率$$

消费税的征税范围是部分有形动产，即其征税范围属于增值税征税范围的一部分，所以消费税的销售额的相关规定与增值税相同，在此不再赘述。

（2）从量计征的税基：

$$应纳税额 = 应税消费品销售量 \times 单位税额$$

销售量是指纳税人生产、加工和进口应税消费品的数量。具体包括：销售应税消费品为销售数量；自产自用应税消费品为移送使用数量；委托加工应税消费品为纳税人收回的应税消费品数量；进口应税消费品为海关核定的应税消费品进口征税数量。

（3）复合计征的税基。现行消费税中，只有卷烟和白酒采用复合计征的方法。其税基包括销售额和销售数量，确定方式同上。即：

$$应纳税额 = 应税消费品销售额 \times 适用税率 + 应税消费品销售量 \times 单位税额$$

在无销售额或者交易价格明显偏低且无正当理由的情况下，销售额的确定类似于增值税视同销售货物售价的确定原则，即按照纳税人当月、上月或最近月份生产的同类消费品的销售价格计算，若无，则用组成计税价格计算：

$$组成计税价格 = 成本 + 利润 + 价内税$$
$$= [成本 \times (1 + 成本利润率) + 消费税从量税] \div (1 - 消费税税率)$$

其中，成本利润率依据国家税务总局颁发的《消费税若干具体问题的规定》来确定应税消费品的平均成本利润率。

2. 自产自用应税消费品的计税。所谓自产自用是指纳税人生产应税消费品后，不直接对外销售，而是用于自己连续生产应税消费品或其他非应税方面。

（1）纳税人自产自用应税消费品，用于连续生产且最终产成品为应税消费品的，自用的中间产品上的消费税不征收，其价值转移到最终产成品上，而对最终产品征收消费税，以体现消费税不重复课征的特点。

（2）纳税人将自产的应税消费品用于除了连续生产应税消费品以外的其他方面的，在移送使用时纳税。自产的应税消费品用于非应税方面则说明该消费品已被最终消费，则应对其课税。

（六）消费税纳税期限

消费税纳税期限分别为 1 日、3 日、5 日、10 日、15 日、1 个月或者 1 个季度。纳税人的具体期限由主管税务机关根据纳税人应纳税额的大小分别核定，也可按次纳税。纳税人以 1 个月或者 1 个季度为纳税期限的，自期满之日起 15 日内申报纳税；其他为期满之日起 5 日内预缴税款，于次月 1 日起 15 日内申报纳税并结清上月应纳税款。进口应税消费品的自海关填发海关进口消费税专用缴款书之日起 15 日内缴纳税款。

（七）消费税纳税地点

纳税人销售或自产自用应税消费品的，除国家另有规定外，向纳税人核算地主管税务机关申报纳税；委托加工的，由委托方向其机构所在地或者居住地主管税务机关申报纳税。除此之外，由受托方向所在地主管税务机关代收代缴消费税；进口的，由进口人或者其代理人向报关地海关申报纳税；到外县（市）销售或委托外县（市）代销的，于销售后向机构所在地或居住地主管税务机关申报纳税。

（八）例题

某汽车制造企业为增值税一般纳税人，生产某种品牌的小轿车（消费税税率为 5%），每辆统一不含税价格为 10 万元，2018 年 9 月发生如下业务：

（1）与某特约经销商签订了 40 辆小轿车的代销协议，代销手续费 5%，当月收到经销商返回的 30 辆小轿车的代销清单及销货款（已扣除手续费）和税款，考虑与其长期业务关系，汽车厂开具了 40 辆小轿车的增值税专用发票；

（2）赠送给某协作单位小轿车 3 辆，并开具了增值税专用发票；

（3）用一辆小轿车与空调生产厂家交换了 30 台空调，用于改善办公条件，考虑双方等价交换，故均未开具增值税专用发票，也不再进行货币结算；

（4）将本企业售后服务部使用 3 年的 2 辆小轿车（每辆原入账价值 8 万元），每辆定价 4 万元销售给了某企业。

（5）提供汽车修理服务，开具普通发票上注明的销售额为 5.8 万元。

要求：计算该企业当月应缴纳的消费税。

解答：

该企业当月应缴纳消费税 = (40 + 3 + 1) × 10 × 5% = 22（万元）

## 第三节 所得税制

所得税是以实现的所得为课税对象，向取得所得的纳税人课征的一种税。

"所得"一般是指纳税人从事生产经营、提供劳务以及进行各项投资而取得的收入在扣除了成本和费用后的余额。被课税的所得一般具有三个特点：能够以货币计量；能够反映纳税人纳税能力；属于纳税人的净收入。

### 一、所得税制概述

#### （一）所得税的特点

1. 所得税以所得额为税基，能够较准确地反映国民收入的增减变动情况。所得税考虑了纳税人的纳税能力，按照量能课税的原则，对于收入高（所得多）的纳税人征税较多，相应地，收入低（所得少）的纳税人征税较少，在体现税收公平的同时反映了纳税人收入的状况，并从整体上体现了一国国民的收入状况。

2. 所得税税负不易转嫁。所得税属直接税，纳税人也是负税人，税负一般不能转嫁，保证了国家财税政策目标的实现。

3. 所得税多采用累进税率，部分选用比例税率。累进税率会随着税基的增加，税负比重逐步加大，由此体现出税收的结果公平原则，但由于累进的特点，其边际税率一般较高，容易影响纳税人创造价值的积极性；比例税率不论税基如何变动，税负比重不变，相对而言，其税负实际上反映为累退性，虽有失公平，但刺激了纳税人创造价值的积极性。这两种税率各有优劣，互为补充。

4. 所得税征管难度较大。所得税采用的税率形式较多，计算较为复杂。另外，所得税不易转嫁，直接由纳税人承担，给纳税人带来的痛苦指数较高，增加了纳税人逃避税负的冲动，管理难度较大。

#### （二）所得税制的类型

所得税依据纳税人的特点可以分为企业所得税和个人所得税，除此之外还有具有特定目的如资本利得税、社会保障税等。

1. 企业所得税。企业是以营利为目的，从事生产经营活动，进行独立核算的经济组织。作为国民经济的基本单位，依据组织形式的特点可以区分为：独资企业、合伙企业和公司制企业。企业所得税即对企业所得课征的税收。该税不区分企业性质和组织形式，将上述三类企业都作为纳税人。

2. 个人所得税。个人所得税以个人所得为课税对象，按课税方式的差异可区分为以下三种。

（1）综合个人所得税：把个人各种形式的所得综合到一起按照一个标准课税。其优点体现在税基较大、累进征收的公平效果较好；缺点体现在需要个人自行申报，汇总计算，由纳税人意识的强弱决定了税款流失的多少。

（2）分类个人所得税：把个人的各类收入区分对待，按不同的标准课税。其优点有源泉课征、征管简便，税收流失少；缺点表现为拥有多种收入渠道的个人一般收入水平较高，但是享受抵免扣除较多，从而影响了税收公平的实现。

（3）混合个人所得税：将个人收入按不同类型，部分实行分类所得税，部分实行综合所得税，又或者综合与分类相结合，先分类征收再综合征收或者反之。其优点结合前述两类，但缺点也显而易见，计税复杂，对证税人员的专业能力要求较高，征管难度较大。

3. 资本利得税。资本利得通常是指资本品，如股票、债券、房产、土地或土地使用权等，在出售时发生收入大于成本支出而取得的收益，即资产的增值。资本利得税即对资本利得课征的税收。对资本利得征税也体现了税收的公平原则。资本利得区别于企业的生产经营收益，属于资本品的自然增值，可能是资本品本身价值的增加又或者是通货膨胀等因素造成，并非劳动创造的价值。其中的股票、债券增值在国际税收中也被认定为消极投资所得。在实践中，对资本利得的课税的方式主要有三种：按普通所得征税、单独课税和免税。

4. 社会保障税。社会保障税是为一国筹集社会保障资金而课征的税。社会保障对国家政治经济的稳定和发展影响巨大，相应地，社会保障税也充分体现了税收的"稳定器""安全网"的功能。一般认为，社会保障税的税基为个人收入，且就开征该税种的各国实践来看，多为比例税率，体现为税负的累退性，这也反映出社保水平的统一标准，即社保不会因个人财富的多少而提供有较大差异的社保补偿标准。

## 二、企业所得税制

### （一）企业所得税的概念

企业所得税是对我国境内的企业和其他取得收入的组织的生产经营所得和其他所得征收的所得税。我国现行企业所得税是2007年3月16日第十届全国人民代表大会第五次全体会议通过的《中华人民共和国企业所得税法》（2017年2月24日修订）和2007年11月28日国务院第197次常务会议通过的《中华人民共和国企业所得税法实施条例》。

### (二) 企业所得税的纳税人与征税对象

1. 企业所得税的纳税人。企业所得税的纳税人是在我国境内的企业和其他取得收入的组织。根据我国《企业所得税法》的规定，除了个人独资和合伙制企业以外，我国境内的企业和其他取得收入的组织都属于企业所得税的纳税人。依据注册地标准和实际管理机构标准，企业所得税的纳税人又可区分为居民企业和非居民企业。

(1) 居民企业。居民企业是指依法在我国境内成立或依照外国（地区）法律成立但实际管理机构在我国境内的企业。具体包括国有企业、集体企业、私营企业、联营企业、股份制企业、外商投资企业、外国企业以及有生产经营所得和其他所得的组织。

(2) 非居民企业。非居民企业是指依照外国（地区）法律成立且实际管理机构不在中国境内但在中国境内设有机构、场所或者在境内未设有机构、场所，但有来源于境内所得的企业。"机构、场所"是指在中国境内从事生产经营活动的机构、场所，如管理机构、营业机构、办事机构，工厂、农场、开采自然资源的场所，提供劳务的场所，从事建筑、安装、装配、修理、勘探等工程作业的场所等。非居民企业委托营业代理人在我国境内从事生产经营活动的，该营业代理人视为非居民企业在我国境内设立的机构、场所。

2. 企业所得税的征税对象。企业所得税的征税对象包括企业的生产经营所得、其他所得和清算所得。按照纳税人划分：

(1) 居民企业的征税对象包括企业来源于境内外的各种所得。

(2) 非居民企业的征税对象分为在境内设立机构、场所的，应就其机构在境内取得的所得以及发生在境外，但与其设在境内的机构有实际联系的所得缴纳企业所得税；在境内未设立机构、场所的，应就其来源于境内的所得缴纳企业所得税。

另外，对于不同所得的来源地的确定原则不同，如销售货物所得为交易活动发生地；提供劳务为劳务发生地；转让财产所得，不动产为不动产所在地，动产为动产转让机构所在地，权益性资产为被投资企业所在地；股息、红利等为分配所得的企业所在地；利息、租金、特许权使用费所得为支付该所得的机构所在地。

### (三) 企业所得税税率

企业所得税采用比例税率，考虑到纳税人身份的特点，区分为两档。

1. 基本税率：25%。适用于居民企业和在我国境内设有机构、场所而取得所得的非居民企业。

2. 低税率：20%。适用于非居民企业中，在我国境内未设立机构、场所，或虽设有机构、场所，但取得的所得与机构、场所没有直接联系的。

### (四) 企业所得税税收优惠

企业所得税的税收优惠主要包括免税、减税、加计扣除、加速折旧、减计收入、税额抵免等。

1. 企业所得税税收减免。企业从事农、林、牧、渔项目的所得享受免征或减征,如花卉、茶以及其他饮料作物、香料作物、海水养殖、内陆养殖均减半征收;蔬菜、谷物等种植,农产品新品种选育,中药材种植,林木培育、种植及林产品的采集,家禽、牲畜的饲养,灌溉、农产品初级加工、农技推广等农、林、牧、渔业的服务项目,远洋捕捞均免征企业所得税。

企业从事国家重点扶持的公共基础设施项目或者属于环境保护、节能节水项目的投资经营所得,自项目取得第一笔生产经营收入的纳税年度起,第1年至第3年免税,第4年至第6年减半征收。

一个纳税年度内,居民企业转让技术所有权所得不超过500万元的部分免税,超过500万元的部分减半征收。

2. 高新技术企业优惠。符合条件的国家需要重点扶持的高新技术企业减按15%的税率征收企业所得税。

3. 小型微利企业优惠。小型微利企业是指,工业企业年应纳税所得额30万元及以下,从业人数100人及以下,资产总额3 000万元及以下;其他企业年应纳税所得额30万元及以下,从业人数80人及以下,资产总额1 000万元及以下的企业,此类企业减按20%的税率征收企业所得税。自2018年1月1日至2020年12月31日,对年应纳税所得额低于10万元(含100万元)的小型微利企业,其所得减按50%计入应纳税所得额,按20%的税率缴纳企业所得税。

4. 加计扣除优惠。企业为开发"三新"(新产品、新技术、新工艺)所发生的研究开发费用,未形成无形资产而计入了当期损益的,在按照规定据实扣除的基础上,按照研费的50%加计扣除(即研发费的扣除为实际发生额的150%),形成无形资产的,按照无形资产的成本的150%进行摊销。对科技型中小企业开展研发活动中实际发生的研发费用,未形成无形资产计入当期损益的,在按规定据实扣除的基础上,在2017年1月1日至2019年12月31日期间,再按照实际发生额的75%在税前加计扣除;形成无形资产的,在上述期间按照无形资产成本的175%在税前摊销。

企业安置符合《中华人民共和国残疾人保障法》规定的残疾人员的,在按照支付给残疾职工工资据实扣除的基础上,按照支付给残疾职工工资的100%加计扣除。

5. 非居民企业优惠。非居民企业减按10%的税率征收企业所得税。另外,非居民企业取得的外国政府向中国政府提供贷款取得的利息所得,取得的国际金融组织向中国政府和居民企业提供优惠贷款取得的利息所得,其他经国务院批准的所得,免征企业所得税。

(五)企业所得税应纳税额的计算

企业所得税的计算基础是企业应纳税所得额,因此,要计算企业所得税就首先要确定应纳税所得额。

1. 应纳税所得额的确定。

直接计算法：　　　应纳税所得额＝收入总额－不征税收入－免税收入
　　　　　　　　　　　　　　　－各项扣除－以前年度亏损

间接计算法：　　　应纳税所得额＝会计利润±调整项目

调整项目主要是财务会计处理与税法规定不一致的项目。

应纳税所得额的确定以权责发生制为原则。

（1）收入总额的确定。除了企业所得税税法及其实施细则规定的以外，企业销售收入的确定以权责发生制和实质重于形式为原则。企业收入包括各种以货币形式和非货币形式取得的收入。具体包括销售货物收入、提供劳务收入、转让财产收入、股息红利等权益性投资收益，以及利息收入、租金收入、特许权使用费收入、接受捐赠收入和其他收入。

企业取得的货币形式的收入包括：现金、存款、应收账款、应收票据、准备持有到期的债券投资、债务豁免等；非货币形式的收入包括：固定资产、生物资产、无形资产、股权投资、存货、不准备持有到期的债券投资、劳务、有关权益等。非货币收入应按照公允价值确定收入额。

（2）不征税收入和免税收入。不征税收入主要有财政拨款，依法收入并纳入财政管理的行政事业性收费、政府性基金，以及国务院规定的其他不征税收入。免税收入包括国债利息收入，符合规定的居民企业间的股息、红利等权益性收益，在我国境内设有机构场所的非居民企业从居民企业取得的与该机构场所有实际联系的股息、红利等权益性投资所得，符合条件的非营利组织的收入。

（3）各类扣除与不得扣除项目。企业申报扣除的项目及其金额应该是真实和合法的。所谓合法即要求当其他法规与税法不一致时应以税收法规未判定扣除的标准。此外，税前扣除还应当遵循权责发生制原则、配比原则、相关性原则、确定性原则和合理性原则。

企业所得税法规定，可以企业所得税前扣除的项目包括：成本，即企业生产经营活动中发生的销售成本、销货成本、业务支出等耗费；费用，即企业为生产经营发生的销售费用、管理费用、财务费用；税金，即企业发生的除了企业所得税和允许抵扣的增值税之外的其他税金及附加，包括消费税、城市维护建设税、关税、资源税、土地增值税、房产税、车船税、土地使用税、印花税、教育费附加等；损失，即企业生产经营过程中发生的固定资产和存货的盘亏、毁损、报废损失，财产转让、呆账、坏账损失，自然灾害等不可抗力造成的损失等；其他与企业生产经营有关的各种合理支出。

企业所得税对于某些扣除项目规定为限额扣除，即税法对扣除项目设定扣除上限，当实际发生额超过限额时，超过的部分不得扣除；当实际发生额低于限额时，按照实际发生额扣除。如企业发生的广告费和业务宣传费，在年度销售收入的15%内的部分可以税前扣除，超过的部分，准予在以后纳税年度结转扣除；业务招待费按照发生额的60%扣除，但最多不得超过年度销售收入的5%；公益救济性捐赠，在年度利润总额12%以内的部分，准予在计算应纳税所得额时扣除；超过年度利润总额12%的部分，准予结转以后3年内在计算应纳税所得额时扣除；"三费"扣除（职工福利费、工会经费、职工教育经费）按照实发工资的14%、2%、8%扣除，其中，职工教育经费超过的部分，准予在以后纳税年度结转扣除。

企业所得税法规定的不得扣除的项目主要是与取得收入无关的各种支出、违法的各项罚没支出、各种超标扣除项目、与企业生产经营无关的各种非广告性的赞助支出、不符合法规的各种减值准备、企业所得税税负及税后的利润分配等。

（4）亏损弥补。企业亏损是指企业依据税收法律，按照收入总额扣除不征税收入、免税收入、各项扣除后的余值小于零的数额。税法规定企业某一年度发生的亏损可以用下一年度的所得弥补，下一年度的所得不足弥补的，可以逐年延续弥补，但最长不得超过5年。另外，企业汇总纳税的，其境外营业机构的亏损不得抵减境内机构的盈利。

2. 企业应纳所得税额的计算。企业所得税的计算按照纳税人身份的划分，分别由居民企业纳税人应纳税额的计算和非居民企业纳税人应纳税额的计算两种。

（1）居民企业应纳税额的计算：

$$应纳税额 = 应纳税所得额 \times 适用税率 - 减免税额 - 抵免税额$$

其中，减免税额主要是各种税收优惠带来的企业的税收减免。抵免税额主要是指企业取得的已在境外缴纳所得税的税额。要确定境外所得抵免税额，应优先确定该税额对应的抵免限额。抵免限额计算如下：

$$抵免限额 = 中国境内外所得依据我国国内税法计算的应纳所得税总额 \\ \times 来源于某国（地区）的应纳税所得额 \times 中国境内外应纳税所得额总额 \\ = 中国境外应纳税所得额 \times 依据我国税法适用的企业所得税税率$$

由抵免限额的计算可见，我国采用的分国抵免限额。并且，根据税法规定，中国境外所得在境外缴纳的企业所得税税额超过限额时，只能按抵免限额确认抵免税额，超过的部分可以在以后5个年度内，以每年抵免限额超过当年抵免税额的余额进行抵补。

部分居民企业存在的一些实际情况导致无法自行申报纳税的，《企业所得税法》和《税收征管法》及其实施细则规定了核定征收企业所得税。如依法可以不设置账簿或应设未设的，或擅自销毁或拒不提供纳税资料的，或虽设账簿但账目混乱、资料不全难以查账的，或应纳税而未按期申报且责令申报仍未申报的，或申报计税依据明显偏低但无正当理由的。核定征收主要有参照同类企业税负水平核定；按照应税收入额或成本费用支出额定率核定；按照耗用的原材料、燃料、动力等推算或测算核定；采用应税所得率方式核定等。

（2）非居民企业应纳税额的计算。非居民企业的应纳企业所得税额区分不同性质的所得：股息、红利等权益性投资和利息、租金、特许权使用费所得，以收入全额为应纳税所得额；转让财产所得，以收入总额减除财产净值后的余额为应纳税所得额；其他所得参照前两项的方法计算应税所得。应纳所得税额计算如下：

$$应纳所得税额 = 应纳税所得额 \times 适用税率$$

## （六）企业所得税的纳税期限和纳税地点

1. 企业所得税的纳税期限。企业所得税的缴纳采用按年计征，分月或分季预缴，年终汇算清缴，多退少补。纳税年度一般是公历年1月1日至12月31日，自年度终了5个月内，纳税人向税务机关报送年度企业所得税纳税申报表并汇算清缴。若中间开业或合并、关闭等原因终止经营等，经营期不足12个月的，按其实际经营期为一个纳税年度，年度中间终止经营的，应自实际经营终止之日起60日内，向税务机关办理汇算清缴。企业清算的，以清算期为一个纳税年度，企业应在办理注销登记前，就其清算所得向税务机关申报并缴税。

按月或季预缴的，应自月份或季度终了之日起60日内，向税务机关预缴企业所得税纳税申报表，预缴税款。企业无论在纳税年度内盈利或亏损都应向税务机关报送预缴企业所得税申报表、年度企业所得税纳税申报表、财务会计报告和税务机关规定应当报送的其他有关资料。

2. 企业所得税的纳税地点。居民企业以企业登记注册地为纳税地点，若登记注册地在境外的，以实际管理机构所在地为纳税地点。居民企业在中国境内设立不具备法人资格的营业机构的，应当汇总计算并缴纳企业所得税。非居民企业在境内设立机构、场所的，以机构、场所所在地为纳税地点，在境内设立两个或两个以上机构、场所的，可由其主要机构、场所汇总缴纳。非居民企业在中国境内未设立机构、场所虽设有，但所得与机构、场所无关的，以扣缴义务人所在地为纳税地点。

## （七）例题

某企业为居民企业，2018年发生如下经营业务。

（1）取得产品销售收入4 000万元；

（2）发生产品销售成本2 600万元；

（3）发生销售费用770万元（其中广告费650万元）；管理费用480万元（其中业务招待费25万元）；财务费用60万元；

（4）销售税金160万元（含增值税120万元）；

（5）营业外收入80万元，营业外支出50万元（含通过公益性社会团体向贫困山区捐款30万元，支付税收滞纳金6万元）；

（6）计入成本、费用中的实发工资总额200万元、拨缴职工工会经费5万元、发生职工福利费31万元、发生职工教育经费18万元。

要求：计算该企业2018年度实际应纳的企业所得税。

解答：

（1）会计利润 = 4 000 + 80 − 2 600 − 770 − 480 − 60 − 40 − 50 = 80（万元）

（2）广告费和业务宣传费调增所得 = 650 − 4 000 × 15% = 650 − 600 = 50（万元）

（3）业务招待费调增所得 = 25 − 25 × 60% = 25 − 15 = 10（万元）

4 000 × 5‰ = 20（万元）大于 25 × 60% = 15（万元）

（4）捐赠支出应调增所得 = 30 − 80 × 12% = 20.4（万元）

(5) 工会经费应调增所得 = 5 - 200 × 2% = 1（万元）

(6) 职工福利费应调增所得 = 31 - 200 × 14% = 3（万元）

(7) 职工教育经费应调增所得 = 18 - 200 × 8% = 2（万元）

(8) 应纳税所得额 = 80 + 50 + 10 + 20.4 + 6 + 1 + 3 + 2 = 172.4（万元）

(9) 2014 年应缴企业所得税 = 172.4 × 25% = 43.1（万元）

### 三、个人所得税制

#### （一）个人所得税概述

1. 个人所得税的概念。个人所得税是以自然人取得的各类应税所得为计税依据的一种所得税。个人所得税最早出现于 18 世纪末的英国。当时的英国为了解决因与法国交战而紧张的国家财政，提出了对高收入者征收所得税，并于 1799 年开征个人所得税。战争结束后，该税种一度停征，后因其优点而再次开征。

我国现行个人所得税是以 1980 年 9 月 10 日第五届全国人民代表大会第三次会议制定、于 2011 年 6 月 30 日修订的《中华人民共和国个人所得税法》和 2011 年 7 月 19 日修订的《中华人民共和国个人所得税法实施条例》为依据。

2. 个人所得税的作用。个人所得税的作用主要体现为三个方面。

（1）筹集财政收入。个人所得税针对所得课税，在现代商品经济的大背景下，以所得作为税源具有涉税范围广、开发潜力大等优势。目前发达国家多以所得税为主体税种，其中个人所得税对财政的贡献度非常高。

（2）收入再分配。市场经济作为最有效的资源配置方式，其竞争进而优胜劣汰的自然法则使得人类社会的物质文明飞速发展。但同时，因其按要素投入的质和量决定收入分配的方式容易造成收入差距且会越来越大，不利于实现社会的和谐发展。个人所得税直接对所得课税，高收入者税负明显重于低收入者，从而改变了收入分配结构，在一定程度上缩小了高低收入差距，缓解了社会矛盾。

（3）调节经济。个人所得税对劳动力供给、个人储蓄、投资趋势、消费倾向等都会产生影响。其稳定经济的作用表现为"内在稳定器"和"相机决策"两方面，即不调整税率就可对高低收入进行调节；采取与经济发展逆向的税收政策调整便可"烫平"经济波动。

#### （二）个人所得税的纳税人

个人所得税的纳税人包括中国公民、个体工商业户、在中国有所得的外籍人员（含无国籍人士）、港澳台同胞。我国的个人所得税也引入了国际上的通用做法，将纳税人区分为居民和非居民两类；个人独资企业和合伙企业的个人投资者也为个人所得税的纳税人。

1. 居民纳税人。我国的居民纳税人对我国（即居住国）负有无限纳税义务，即其需就全球任何所得向居住国政府纳税。现行税法中的"中国境内"均指中国大陆地区，不含港澳台地区。

根据我国《个人所得税法》的规定，判断居民身份的标准主要有两类：在中国境内有住所；虽然在中国境内无住所但在境内居住满一年的个人。所谓"住所"是指因户籍、家庭、经济利益等关系，在中国的习惯性居所（住所与居所的差异：住所时间长于居所，住所是习惯性居所，居所是因工作、学习、旅游等原因而在某地居住）。所谓"境内居住满一年"是指在中国境内居住满一个纳税年度（即一个公历年从1月1日至12月31日）。

2. 非居民纳税人。非居民纳税人是在中国境内无住所又不居住或者无住所但居住，居住时间不满一年的个人。我国的非居民对我国（即非居住国）负有有限的纳税义务，即仅就来源于我国境内的所得向我国政府纳税。

因为非居民纳税人仅就来源于中国境内的所得向中国政府纳税，所以收入来源地的确定对于非居民纳税人意义重大。各类所得的收入来源地的确定规范为：工薪所得以纳税人受雇的单位所在地为收入来源地；生产、经营活动以活动的实现地为收入来源地；劳务报酬以实际提供劳务地为收入来源地；转让不动产以不动产所在地为收入来源地；转让动产以动产实现转让地为收入来源地；财产租赁以被租财产使用地为收入来源地；股息、利息、红利以支付方所在地为收入来源地；特许权使用费以特许权使用地为收入来源地。需要注意的是，收入来源地并不等同于收入支付地。

3. 居住时间的确定。对于临时离境（即一个纳税年度内，一次不超过30日，多次不超过90日的离境）的，仍视为未离境计算在我国的居住天数；在中国境内无住所的个人入境、离境、往返或多次往返境内外的当日，均按一天计算在华实际居住天数；对于在中国境内外机构同时任职，或者仅在境外机构任职的我国境内无住所的个人入境、离境、往返或者多次往返境内外的当日，均按半天计算在华实际居住天数。

（三）个人所得税的税目、税率与应纳税额的计算

我国个人所得税共有11个税目，税率设置不同，应税所得额的确定也各异，下面就各个税目分别说明其税率和计算方法。

1. 工资、薪金所得。工资、薪金是指个人因任职或受雇而取得的工资、薪金、奖金、年终加薪、劳动分红、津贴、补贴以及其他所得。不包括独生子女补贴、执行公务员工资制度未纳入基本工资总额的补贴、津贴差额和家属成员的副食品补贴、托儿补助费、差旅费津贴、误餐补贴。

（1）工资、薪金所得税率，如表9-2所示。

表9-2　　　　　　　　　　工资薪金所得税率

| 级数 | 月应纳税所得额 | 税率（%） | 速算扣除数 |
|---|---|---|---|
| 1 | 不超过1 500元的部分 | 3 | 0 |
| 2 | 超过1 500~4 500元的部分 | 10 | 105 |

续表

| 级数 | 月应纳税所得额 | 税率（%） | 速算扣除数 |
|---|---|---|---|
| 3 | 超过 4 500 ~ 9 000 元的部分 | 20 | 555 |
| 4 | 超过 9 000 ~ 35 000 元的部分 | 25 | 1 005 |
| 5 | 超过 35 000 ~ 55 000 元的部分 | 30 | 2 755 |
| 6 | 超过 55 000 ~ 80 000 元的部分 | 35 | 5 505 |
| 7 | 超过 80 000 元的部分 | 45 | 13 505 |

（2）工资薪金费用扣除标准。

工资薪金的费用扣除标准为每人每月 3 500 元。另外，附加减除规定：在中国境内的外商投资企业和外国企业中工作取得工薪所得的外籍人员；应聘在中国境内的企事业单位、社会团体、国家机关中工作取得工薪所得的外籍专家；在中国境内有住所而在中国境外任职或受雇取得工薪所得的个人；港澳台同胞；财政部确定的其他人员。上述五类纳税人享受的费用扣除额在 3 500 元的基础上增加 1 300 元，即为 4 800 元。自 2017 年 7 月 1 日起，对个人购买符合规定的商业健康保险产品的支出，允许在当年（月）计算应纳税所得额时予以税前扣除，扣除限额为 2 400 元/年（200 元/月）。

（3）工资、薪金应纳税额的计算。

$$应纳税额 = 应纳税所得额 \times 适用税率 - 速算扣除数$$
$$= (每月应税工薪收入 - 3\,500\ 元或\ 4\,800\ 元)$$
$$\times 适用税率 - 速算扣除数$$

2. 个体工商业户生产、经营所得。个体工商业户的生产、经营所得主要有两类：一类是纯生产性、经营性所得；另一类是独立劳动所得。个体工商业户和从事生产、经营的个人取得的与生产、经营无关的各项收入应按照税法规定的其他个人所得税税目缴税。个体工商业户和从事生产、经营的个人以企业资金为本人、家庭成员以及其相关人员支付与企业生产、经营无关的各项支出应视为利润分配，视为"个体工商业户生产、经营所得"计税。

（1）个体工商业户生产、经营所得的税率，如表 9 - 3 所示。

表 9 - 3　　　个体工商业户、承包、承租的生产、经营所得税率

| 级数 | 全年应纳税所得额 | 税率（%） | 速算扣除数 |
|---|---|---|---|
| 1 | 不超过 15 000 元的部分 | 5 | 0 |
| 2 | 超过 15 000 ~ 30 000 元的部分 | 10 | 750 |
| 3 | 超过 30 000 ~ 60 000 元的部分 | 20 | 3 750 |
| 4 | 超过 60 000 ~ 100 000 元的部分 | 30 | 9 750 |
| 5 | 超过 100 000 元的部分 | 35 | 14 750 |

（2）个体工商业户的应纳税所得额。个体工商业户的生产、经营所得，以每一纳税年度的收入总额，减除成本、费用、损失后的余额为应纳税所得额。成本、费用、损失的确定类似于企业所得税。若纳税人不能提供完整、准确的纳税资料，不能正确计算应纳税额的，由主管税务机关核定应税所得以计税。

个人独资企业的投资者以全部生产经营所得为应税所得。合伙制企业的各个投资者按全部生产经营所得和合伙协议约定的比例分配，确定应税所得，协议中无约定比例的，平均分配计算各个投资者的应税所得。合伙制企业应税所得包括分配的所得和留存的利润。

（3）个体工商业户生产、经营所得应纳税额的计算。

$$应纳税额 = 应纳税所得额 \times 适用税率 - 速算扣除数$$
$$= （全年应税收入总额 - 成本、费用及损失）$$
$$\times 适用税率 - 速算扣除数$$

3. 企事业单位承包、承租经营所得。企事业单位承包、承租经营所得是指个人承包经营或承租经营以及转包、转租取得的各项所得。

（1）企事业单位承包、承租经营所得的税率。承包、承租人对企业经营成果不拥有所有权，仅按合同规定取得一定收入的，其所得按"工资、薪金"所得项目的3%~45%七级超额累进税率计算；承包、承租人按合同规定仅向发包、出租方交纳一定费用，经营成果拥有所有权的，其所得按"个体工商业户、承包、承租经营"所得项目的5%~35%的五级超额累进税率计算。

（2）企事业单位承包、承租经营应纳税所得额。企事业单位承包、承租经营所得，以每一纳税年度应税收入总额减除必要费用后的余额。其中，减除的必要费用是每月3 500元。

（3）企事业单位承包、承租经营应纳税额的计算。

$$应纳税额 = 应纳税所得额 \times 适用税率 - 速算扣除数$$
$$= （全年应税收入总额 - 必要费用）$$
$$\times 适用税率 - 速算扣除数$$

若承包、承租经营期不足一个纳税年度的，以实际经营期确认纳税年度和按月的必要费用扣除。

4. 劳务报酬所得。劳务报酬所得是指个人独立从事各种非雇用的各种劳务所取得的所得。如设计、装潢、安装、制图、化验、医疗、法律、测试、会计、咨询、讲学、新闻、广播、翻译、审稿、书画、雕刻等。劳务报酬与工薪所得的主要区别在于是否存在雇用关系，若是雇用则报酬为工薪所得；反之则为劳务报酬。

（1）劳务报酬所得的税率。劳务报酬适用20%的比例税率。对于劳务报酬所得一次性收入畸高的适用加成征收，即一次性劳务报酬收入超过25 000元（应税所得20 000元）的部分加五成征收（税率30%），一次性劳务报酬收入超过62 500元（应税所得50 000元）的部分加十成征收（税率40%），如表9-4所示。

表9-4　　　　　　　　　劳务报酬所得个人所得税税率

| 级数 | 每次应纳税所得额 | 税率（%） | 速算扣除数（元） |
|---|---|---|---|
| 1 | 不超过20 000元的部分 | 20 | 0 |
| 2 | 超过20 000~50 000元的部分 | 30 | 2 000 |
| 3 | 超过50 000元的部分 | 40 | 7 000 |

（2）劳务报酬的应税所得额。劳务报酬的减除标准：每次收入低于4 000元的，定额减除费用800元；每次收入高于4 000元的，定率减除费用20%。

劳务报酬是按次计税的，税法中对"次"的概念作出了明确的规定：只有一次性收入的，以取得该项收入为一次；属于同一事项连续取得收入的，以一个月内取得的收入为一次。

（3）劳务报酬所得应纳税额的计算。

每次收入不超过4 000元的：

　　应纳税额=应纳税所得额×适用税率=（每次应税收入-800）×20%

每次收入超过4 000元的：

　　应纳税额=应纳税所得额×适用税率=每次应税收入×（1-20%）×20%

每次收入超过20 000元的：

　　应纳税额=应纳税所得额×适用税率-速算扣除数

　　　　　=每次应税收入×（1-20%）×适用税率-速算扣除数

5. 稿酬所得。稿酬所得是指个人因其作品以图书、报刊形式出版、发表而取得的所得。因为出版、发表的特殊性（普遍性、报酬相对较低等），税法则不以图书、报刊形式出版、发表的翻译、审稿、书画所得归类于劳务报酬所得。

（1）稿酬所得的税率。稿酬所得适用20%的比例税率，并按应纳税额减征30%，即其实际税率为14%。

（2）稿酬的应税所得额。稿酬的减除标准：每次收入低于4 000元的，定额减除费用800元；每次收入高于4 000元的，定率减除费用20%。

稿酬是按次计税的，税法中对"次"的概念作出了明确的规定：稿酬所得以每次出版、发表取得的收入为一次；同一作品再版所得视为另一次稿酬所得计税；同一作品在报刊上连载，然后再出版，或先出版，再连载的，视为两次收入分别计税，即连载一次，出版一次；同一作品在报刊上连载取得的收入，以连载完成后取得的所有收入合并为一次计税；同一作品在出版和发表时，以预付稿酬或分次支付稿酬等形式的，合并为一次计税；同一作品出版、发表后，因添加印数而追加稿酬的，应与以前出版、发表时取得的稿酬合并为一次计税。

（3）稿酬应纳税额的计算。

每次收入不超过4 000元的：

　　应纳税额=应纳税所得额×适用税率×（1-30%）

　　　　　=（每次应税收入-800）×20%×（1-30%）

每次收入超过 4 000 元的：

$$应纳税额 = 应纳税所得额 \times 适用税率 \times (1-30\%)$$
$$= 每次应税收入 \times (1-20\%) \times 20\% \times (1-30\%)$$

6. 特许权使用费所得。特许权使用费所得是指个人提供专利权、商标权、著作权、非专利技术以及其他特许权的使用权取得的所得。其中，提供著作权的使用权取得的所得不包括稿酬。另外需强调的是，一般而言，提供上述各类特许权的使用即使用权的转移，转让上述各类特许权即所有权的转移。对于著作权（版权）、商标权、专有技术或技术秘密、技术诀窍、专利权的提供和转让所得都属于该税目的课税范围。

（1）特许权使用费所得的税率。特许权使用费所得适用 20% 的比例税率。

（2）特许权使用费的应税所得额。特许权使用费的减除标准为：每次收入低于 4 000 元的，定额减除费用 800 元；每次收入高于 4 000 元的，定率减除费用 20%。

特许权使用费所得是按次计税的，税法中对"次"的概念作出了明确的规定：特许权使用费所得以某项使用权的一次提供所取得的收入为一次；若该项使用权的收入分次支付的，以合计收入计为一次收入计税。

（3）特许权使用费应纳税额的计算。

每次收入不超过 4 000 元的：

$$应纳税额 = 应纳税所得额 \times 适用税率 = (每次应税收入 - 800) \times 20\%$$

每次收入超过 4 000 元的：

$$应纳税额 = 应纳税所得额 \times 适用税率 = 每次应税收入 \times (1-20\%) \times 20\%$$

7. 股息、利息、红利所得。股息、利息、红利所得是指个人因拥有债权、股权而取得的利息、股息、红利所得。其中，利息即债权利息，包括存款利息、贷款利息和各种债券利息；股息即股权按照一定的比率对每股发给的息金；红利即股权对应的公司、企业应分配的利润，按股份分配的。

（1）股息、利息、红利所得的税率。股息、利息、红利所得适用 20% 的比例税率。其中，个人银行存款利息自 2008 年 10 月 9 日起暂免征收个人储蓄存款利息税。

（2）股息、利息、红利应税所得额。股息、利息、红利应税所得额以每次收入额为应纳税所得额。自 2015 年 9 月 8 日起，个人从公开发行和转让市场取得的上市公司股票，持股期限在 1 个月以内（含 1 个月）的，其股息红利所得全额计入应纳税所得额；持股期限在 1 个月以上至 1 年（含 1 年）的，暂减按 50% 计入应纳税所得额；上述所得统一适用 20% 的税率计征个人所得税。

股息、利息、红利所得以支付利息、股息、红利时取得的收入为一次。

（3）股息、利息、红利应纳税额的计算。

$$应纳税额 = 应纳税所得额 \times 适用税率 = 每次应税收入 \times 适用税率$$

8. 财产租赁所得。财产租赁所得是指个人出租建筑物、土地使用权、机器设备、车船及其他财产取得的所得。其中，个人取得的财产转租收入属于该税目征税范围。

(1) 财产租赁所得的税率。财产租赁所得适用20%的比例税率。从2001年起,对个人按市场价格出租的居民住房取得的所得,减按10%的税率征收个人所得税。

(2) 财产租赁应税所得额。财产租赁所得的减除标准:每次收入低于4 000元的,定额减除费用800元;每次收入高于4 000元的,定率减除费用20%。

财产租赁所得以一个月内取得的收入为一次。

(3) 财产租赁所得应纳税额的计算。

每次收入不超过4 000元的(含4 000元):

应纳税额 = 应纳税所得额 × 适用税率
= [每次应税收入 − 准予扣除项目(相关税金和教育费附加) −
修缮费用(800元为限) − 800] × 适用税率

每次收入超过4 000元的:

应纳税额 = 应纳税所得额 × 适用税率
= [每次应税收入 − 准予扣除项目(相关税金和教育费附加) −
修缮费用(800元为限)] × (1 − 20%) × 适用税率

9. 财产转让所得。财产转让所得是指个人转让有价证券、股权、建筑物、土地使用权、机器设备、车船以及其他财产取得的所得。此处的转让即转让财产的所有权,实为财产交易的买卖行为。股票转让所得不征收个人所得税;个人出售住房按财产转让所得征税;个人转让自用5年以上并且是家庭唯一生活用房取得的所得,免征个人所得税。

(1) 财产转让所得的税率。财产转让所得适用20%的比例税率。

(2) 财产转让的应税所得额。财产转让所得是以财产转让收入减除财产原值和合理费用后的余额。

(3) 财产转让所得应纳税额的计算。

应纳税额 = 应纳税所得额 × 适用税率
= (应税收入总额 − 财产原值 − 合理费用) × 20%

10. 偶然所得。偶然所得是指个人中奖、中彩、得奖等其他偶然性质的所得。偶然所得的应税所得额等于收入额,无扣除项目,适用20%的比例税率。

应纳税额 = 应纳税所得额 × 适用税率 = 每次应税收入额 × 20%

11. 国务院财政部门确定征税的其他所得。

### (四) 个人所得税税收优惠

个人所得税的减免税规定主要有以下四方面。

1. 免税规定。省级人民政府、国务院部委、中国人民解放军军以上单位、外国组织颁发的科学、教育、技术、文化等方面的奖金;国债和国家发行的金融债券利息;按照国家统一标准发给的津补贴;福利费、抚恤金、救济金;保险赔款;军人转业费、复员费;企业和个人按照省级以上人民政府规定的比例提取并缴付的住房公积金、医疗保险金、基本养老保险金、失业保险金等。

2. 减征规定。残疾、孤老人员和烈属的所得；因严重自然灾害造成重大损失的；其他经国务院财政部门批准的减税的。

3. 暂免征税规定。外籍个人以非现金形式或实报实销形式取得的住房补贴、伙食补贴、搬迁费、洗衣费，按合理标准取得的境内外出差补贴，经税务机关审批合理的探亲费、语言训练费、子女教育费等，从外商投资企业取得的股息、红利等；个人举报、协查各种违法、犯罪行为而获得的奖金；个人办理代扣代缴税款的手续费；个人转让自用达5年以上且是唯一的家庭居住用房取得的所得；达退休、离休年龄，但因工作需要适当延长离退休年龄的高级专家（指享受国家发放的政府特殊津贴的专家、学者），其延长工作期间的工薪所得；个人取得单张有奖发票，奖金800元及以下的免税，超过800元按"偶然所得"全额纳税等。

4. 其他优惠政策。

（1）个人捐赠。个人将其所得通过中国境内的社会团体、国家机关向教育等社会公益事业、遭受严重自然灾害地区、贫困地区捐赠的，捐赠额未超过纳税人申报应税所得30%的部分可以从应税所得中扣除；个人通过非营利的社会团体和国家机关向农村义务教育捐赠的，可在应税所得中全额扣除。

（2）个人资助。个人所得（不含偶然所得和经国务院财政部门确定征税的其他所得）用于资助费关联的科研机构和高等院校开发"三新"（新产品、新技术、新工艺）研发经费，经主管税务机关确定，可于下月（工薪所得）或下次（按次计征的所得）或当年（按年计征的所得）计征个人所得税时，全额从应纳税所得额中扣除，不足抵扣的不得结转。

（五）个人所得税的缴纳方式

个人所得税的缴纳方式主要有自行申报纳税和代扣代缴两种。

1. 自行申报纳税。需要自行申报纳税的纳税义务人有：居民纳税人自2006年1月1日起，年所得在12万元以上的；从中国境内两处或以上取得工薪所得的；居民纳税人从中国境外取得所得的；取得应税所得没有扣缴义务人的；国务院规定的其他情形。

自行申报纳税的申报期限为：年所得在12万元以上的纳税人，自年度终了3个月内；个体工商业户、个人独资企业、合伙制企业在每月或每季终了后的15日内预缴，年终后3个月内汇算清缴；承包、承租经营的自取得所得之日起30日内申报，分次取得的按月15日内预缴，年终3月内汇算清缴；境外所得在取得之日后30日内申报；除上述规定外，其他所得取得后于次月15日内申报。

2. 代扣代缴纳税。代扣代缴是指按照税法规定负有扣缴税款义务的单位和个人，在向个人支付应税所得时，应计算税款，从其所得中扣除并上缴国库，同时向税务机关报送扣缴个人所得税报告表（扣缴义务人向个人支付应纳税所得时，不论纳税人是否属于本单位人员，均应代扣代缴其应纳的个人所得税税款）。其优点是利于控制税源、防止逃漏税。除了个体工商业户、个人独资企业、合伙制企业的所得外,其他所得项目都属于代扣代缴的范畴。扣缴义务人每月所扣缴的税款应当在次月15日内缴入国库,并向主管税务机关报送《扣缴个人所得税报告表》。

### (六)例题

高级工程师王某(中国)2018年10月工资收入5 000元,另有以下三笔收入。
(1) 一次取得建筑工程设计费40 000元;
(2) 取得银行存款利息收入500元;
(3) 取得省人民政府颁发的科技奖20 000元。
要求:计算王某12月需缴纳的个人所得税税额。
解答:
(1) 工资、薪金应纳个人所得税 = (5 000 - 3 500) × 3% = 45(元);
(2) 建筑工程设计费收入应纳个人所得税 = 40 000 × (1 - 20%) × 30% - 2 000 = 7 600(元);
(3) 取得的银行存款利息收入免税;
(4) 省人民政府颁发的科技奖20 000元免税;
(5) 12月合计纳税 = 45 + 7 600 = 7 645(元)。

## 第四节 其他各税简介

我国的税种除了前文所述的在我国税收收入中所占份额最多的两大类,此外,还有城市维护建设税、土地增值税、资源税、房产税、车船税、契税等。这些税种的税制规定较为简单,多为地方税种,创造的税收收入较少,因此,将其作为一节内容简要介绍。

### 一、城市维护建设税税制

城市维护建设税(简称城建税)是对从事工商经营而缴纳增值税、消费税、营业税的单位和个人征收的一种税。现行城建税以1985年2月8日国务院发布并于1985年1月1日实施的《中华人民共和国城市维护建设税暂行条例》为基本规范。

#### (一)城建税的特点

城建税是为了解决城市建设方面的资金不足而开征的税种,其体现以下四种特点。

1. 专款专用。城建税所课征的税款专用于城市公用事业和公共基础设施维护和建设;

2. 附加税。城建税属于附加税,其计税依据不同于别的税种,而是增值税和消费税两税的纳税额,其征管也完全比照两税的规定处理,因此又称为"税上税"。

3. 差别税率。城建税的税负比重依据所处城市的规模及其资金需要而制定,因此体现为城市税率高,县镇税率适中,此外的地区税率低的特点。

4. 征税范围广。作为城建税课税基础的增值税和消费税的征税范围广,决定了城建税的征税范围也相当广泛,对几乎所有的纳税人均课税。

(二) 城建税的纳税人

城建税的纳税人原规定是指负有缴纳增值税和消费税"两税"纳税义务的单位和个人。

(三) 城建税的税率

城建税按纳税人所在地的不同,设置了三档地区差别比例税率:纳税人所在地为市区的,税率为7%;县城、镇的,税率为5%;除上述地区的,税率为1%。另外,由受托方代收(代扣)代缴"两税"的,其代收"代扣"代缴的城建税采用受托方所在地适用税率;流动经营等无固定纳税地点的,在经营地缴纳"两税"的,其城建税的缴纳采用营业地适用税率。

(四) 城建税的计算

城建税以"两税"实纳税额为税基。对于违反"两税"规定加收的滞纳金、罚款等不作为城建税的计税依据,但在查补"两税"时,应相应查补城建税并收取城建税的滞纳金和罚款。"两税"减免时,城建税也相应减免。

应纳税额 = 纳税人实际缴纳的增值税和消费税税额 × 适用税率

(五) 教育费附加概述

教育费附加是对缴纳增值税和消费税的单位和个人,就其实际缴纳的税额计算征收的一种附加费。所以又被称为"税上费"。

教育费附加是为了发展地方教育事业,筹集地方教育经费而征收的专项基金。现行教育费附加是以1986年4月28日颁布的《征收教育费附加的暂行规定》为依据的,于1986年7月1日开始在全国范围内征收,现行教育费附加的计征比率为3%。

应纳教育费附加 = 纳税人实际缴纳的增值税和消费税税额 × 计征比率

(六) 例题

某市区的一家企业2018年10月实际缴纳增值税200 000元,消费税100 000元。计算该企业应纳城建税和教育费附加。

解答：

应纳城建税 =（200 000 + 100 000）×7% = 21 000（元）

应纳教育费附加 =（200 000 + 100 000）×3% = 9 000（元）

## 二、土地增值税税制

土地增值税是对有偿转让国有土地使用权及地上建筑物和其他附着物产权，取得增值收入的单位和个人征收的一种税。现行土地增值税以1993年12月13日国务院颁布的《中华人民共和国土地增值税暂行条例》为规范。

### （一）土地增值税的特点

1. 以土地增值额为税基。土地增值税的增值额与流转税中增值税的增值额不同。前者是土地及其附着物在交易中的价值增加量，后者是商品生产、流通环节中发生的增值；前者的计算类似于利润的计算，即收入减除成本、费用、税金等，后者的计算是以销售额减除相关的进货成本的差额。对土地增值额征税相比于直接就土地及其附属物转让收益更具合理性，准确地体现了纳税的收益状况。

2. 采用超率累进税率。土地增值税采用超率累进税率，根据增值额与扣除项目的比率确定增值率，增值率高则税率高，税负重，反之则税负轻，且由于税基较转让收益小，可指定较高的调节性税率，进而起到对房地产开发和交易环节的调控效果，抑制"炒买炒卖"土地获取暴利的行为。

3. 征税面广、实行按次征收。土地增值税就我国境内转让土地及地上建筑物和附着物取得收益的单位和个人征收，对于外企和外籍人员也同样课征。征税在房地产发生交易转让的环节，实行按次征收。这些课征特点充分地保证了国家财政收入，尤其是地方政府的财政收入，为地方政府积累了充足的经济建设资金。

### （二）土地增值税的纳税人

土地增值税的纳税义务人是转让国有土地使用权、地上建筑物及其附着物（简称房地产）并取得收入的单位和个人。包括各类企业、事业单位、国家机关、社会团体及其他组织、个体经营者、其他个人。

### （三）土地增值税的税率

土地增值税的税率采用四级超率累进税率，如表9-5所示。

表9-5　　　　　　土地增值税四级超率累进税率

| 级数 | 增值率 | 税率（%） | 速算扣除系数（%） |
| --- | --- | --- | --- |
| 1 | 不超过50%的部分 | 30 | 0 |
| 2 | 超过50%~100%的部分 | 40 | 5 |

续表

| 级数 | 增值率 | 税率（%） | 速算扣除系数（%） |
|---|---|---|---|
| 3 | 超过100%~200%的部分 | 50 | 15 |
| 4 | 超过200%的部分 | 60 | 35 |

其中，增值率即增值额与扣除项目金额的比率；速算扣除系数与扣除项目金额的乘积为速算扣除数。

（四）土地增值税的征税范围

土地增值税的征税范围包括转让国有土地使用权；地上建筑物及其附着物连同土地使用权一起转让；存量房地产买卖。判定是否属于土地增值税征税范围的标准有：转让的土地必须是国家所有的；强调转让房地产权属并取得收入，对于未转让房地产权属的行为（如出租行为）或转让行为无收入均不属于土地增值税征税范围。

（五）土地增值税的计算

纳税人转让房地产取得的应税收入包括各种经济收益，如货币收入、实物收入和其他各类收入。

土地增值税的扣除项目包括取得土地使用权所支付的金额、房地产开发成本、房地产开发费用、转让房地产相关的税费、其他扣除项目五个部分。

取得土地使用权所支付的金额是指纳税人为取得土地使用权所支付的地价款和按国家规定缴纳的相关费用（如登记、过户手续费）。

房地产开发成本是指纳税人房地产开发项目的实际成本，如土地征用拆迁补偿费、前期工程费、建筑安装工程费、基础设施费、公共配套设施费、开发间接费用等。

房地产开发费用是指房地产开发项目有关的期间费用，包括销售费用、管理费用、财务费用。

转让房地产相关的税费主要包括转让房地产时缴纳的营业税、城建税、印花税、教育费附加。

其他扣除项目是房地产开发的优惠政策，即从事房地产开发的纳税人（其他纳税人不适用）可加计扣除取得土地使用权所支付的金额和房地产开发成本之和的20%。

特别地，对于转让已使用过的房屋和建筑物，以旧房的评估价格计为收入，以取得土地使用权所支付的金额和转让环节缴纳的税费计为扣除项目，计算应纳土地增值税额。取得土地使用权时未支付地价款或不能提供支付证明的，地价款不得扣除。旧房评估价格是政府认可的房地产评估机构评定的重置成本（按转让时的标准，重建该房屋的成本）与成新度折扣率（按旧房的新旧程度确定折旧率,如六成新,即成新度60%)之积。

土地增值税应纳税额的计算如下:

应纳税额 = 增值额 × 适用税率 − 扣除项目金额 × 速算扣除系数

### (六) 土地增值税的税收优惠

1. 纳税人建造普通标准住宅出售,增值率未超过20%的,免征土地增值税。
2. 因国家建设需要依法征用、收回的房地产,免征土地增值税。
3. 2008年11月1日起,对居民个人销售住房一律免征收土地增值税。

### (七) 土地增值税的征管

土地增值税的纳税地点为房地产所在地,即房地产坐落地。纳税人为法人的,不论其机构所在地与房地产坐落地是否一致,均以房地产坐落地为纳税地点;纳税人为自然人的,居住地与房地产坐落地一致时,以居住地(房地产坐落地)为纳税地点,不一致的,以办理过户手续所在地为纳税地点。

土地增值税纳税人应在转让房地产合同签订的7日内,到纳税地点税务机关办理纳税申报。

### (八) 例题

某房地产公司2018年10月销售房屋取得应税收入1 000万元,其扣除项目金额为400万元,计算其应缴纳的土地增值税。

解答:

1. 增值额 = 1 000 − 400 = 600 (万元)
2. 增值率 = 增值额/扣除项目 = 600/400 = 150%
3. 应纳土地增值税 = 600 × 50% − 400 × 15% = 240 (万元)

## 三、资源税税制

资源税是对在我国境内从事应税矿产品开采和生产盐的单位和个人课征的一种税。资源税的历史悠久,如我国周代时的"山泽之赋"即对自然资源如矿产、盐等的开采生产活动的课税。我国现行资源税是以2011年11月1日修订的《中华人民共和国资源税暂行条例》为依据的。资源税的开征能够促进对自然资源的合理开发和利用,税率设置考虑了资源和产地的实际情况,促进了企业间的公平竞争。自2017年12月1日起,在北京、天津、山西、内蒙古、山东、河南、四川、陕西、宁夏等9个省(自治区、直辖市)扩大水资源税改革试点,对水资源征收资源税。

### (一) 资源税的纳税人

资源税的纳税人是在中华人民共和国境内开采应税矿产品和生产盐的单位和个

人。其中，单位包括外商投资企业和外国企业，个人包括外籍个人。但中外合作开采石油、天然气的，现行规定只征收矿区使用费而不缴纳资源税。另外，收购未税矿产品的单位（包括独立矿山、联合企业和其他企业）为资源税的扣缴义务人。

（二）资源税的税目和税率

表 9-6　　　　　　　　　　资源税税目税率（税额）

| 税目 | | 征税对象 | 税率幅度 |
|---|---|---|---|
| 金属矿 | 铁矿 | 精矿 | 1%～6% |
| | 金矿 | 金锭 | 1%～4% |
| | 铜矿 | 精矿 | 2%～8% |
| | 铝土矿 | 原矿 | 3%～9% |
| | 铅锌矿 | 精矿 | 2%～6% |
| | 镍矿 | 精矿 | 2%～6% |
| | 锡矿 | 精矿 | 2%～6% |
| | 未列举名称的其他金属矿产品 | 原矿或精矿 | 税率不超过20% |
| 非金属矿 | 石墨 | 精矿 | 3%～10% |
| | 硅藻土 | 精矿 | 1%～6% |
| | 高岭土 | 原矿 | 1%～6% |
| | 萤石 | 精矿 | 1%～6% |
| | 石灰石 | 原矿 | 1%～6% |
| | 硫铁矿 | 精矿 | 1%～6% |
| | 磷矿 | 原矿 | 3%～8% |
| | 氯化钾 | 精矿 | 3%～8% |
| | 硫酸钾 | 精矿 | 6%～12% |
| | 井矿盐 | 氯化钠初级产品 | 1%～6% |
| | 湖盐 | 氯化钠初级产品 | 1%～6% |
| | 提取地下卤水晒制的盐 | 氯化钠初级产品 | 3%～15% |
| | 煤层（成）气 | 原矿 | 1%～2% |
| | 黏土、砂石 | 原矿 | 每吨或立方米0.1～5元 |
| | 未列举名称的其他非金属矿产品 | 原矿或精矿 | 从量税率每吨或立方米不超过30元；从价税率不超过20% |
| | 海盐 | 氯化钠初级产品 | 1%～5% |
| 原油 | | | 6%～10% |
| 天然气 | | | 6%～10% |
| 煤炭 | | | 2%～10% |

## （三）资源税应纳税额的计算

资源税的应纳税额，按照从价定率或者从量定额的办法，分别以应税产品的销售额乘以纳税人具体适用的比例税率或者以应税产品的销售数量乘以纳税人具体适用的定额税率计算。

从价计征：

$$应纳税额 = 不含增值税销售额 \times 税率$$

从量计征：

$$应纳税额 = 课税数量 \times 单位税额$$

## （四）资源税的税收优惠

开采原油过程中用于加热、修井的原油免税。纳税人开采或生产应税产品过程中，因意外事故或自然灾害等原因造成重大损失的，由省、自治区、直辖市人民政府酌情减免税。纳税人的减税、免税项目，应当单独计算申报销售额或者销售数量；未单独核算或者不能准确提供销售额或者销售数量的，不予减税或者免税。

## （五）资源税的征管

资源税的纳税地点为应税产品的开采或者生产地。扣缴义务人的纳税地点为收购地。

资源税的纳税期限为 1 日、3 日、5 日、10 日、15 日或 1 个月。以 1 个月为纳税期限的，自期满之日起 10 日内申报纳税；其他的自期满之日起 5 日内预缴税款，次月 1 日起 10 日内申报纳税并结清上月税款。

## （六）例题

某铜矿山 2018 年 10 月生产原油 30 万吨，其中 20 万吨用于外销，销售额 160 000 万元，5 万吨移送所属化工厂进行加工提炼，1 万吨用于加热和修井，还有 4 万吨待销售。另外，在采油过程中还同时回收 4 000 万立方米天然气对外销售，销售额 6 000 万元。计算该油田当月应纳的资源税（原油的税率为 5%，天然气的税率为 5%）。

解答：

原油的资源税 = (20 + 5) × 160 000/20 × 5% = 10 000（万元）
天然气的资源税 = 6 000 × 5% = 300（万元）

## 四、房产税税制

房产税是以房屋为征税对象，按照房屋的计税余值或者租金收入，向产权所有人征收的一种财产税。房产税的历史悠久，早在我国周代便已经出现了该性质的税赋。现行房产税是以 1986 年 9 月 15 日国务院颁布的《中华人民共和国房产税暂行条例》为依据的。

### （一）房产税的特点

我国的房产税属于典型的个别财产税。其征税范围只限于除了农村以外的城市、县城、建制镇、工矿区，且只是针对具有经营性质的房产征税，对于自用房产免税。另外，按照经营方式的差异，区分为自用和出租、出典，设置不同的税率，便于征管并体现了税负公平。

### （二）房产税的纳税人

房产税的纳税人为房产权属所有人。产权归国家所有的，由经营管理单位纳税；产权归集体和个人的，由集体单位和个人纳税；产权出典的，由承典人纳税；产权所有人、承典人不在房屋所在地或者产权未定或租典纠纷未决的，由房屋代管人或使用人纳税；无租使用房产管理部门、免税单位或纳税单位的房产的，由使用人代为纳税；自2009年1月1日起，外商投资企业、外国企业和组织以及外籍个人也应缴纳房产税；居民住宅区内，业主共有的经营性房产（含自营和出租），由实际的代管人或使用人缴纳房产税。

### （三）房产税的征税对象、范围及税率

房产税的征税对象是房产，即有屋面和围护结构（有墙或两边有柱），能够遮风避雨，可供人在其中生产、学习、工作、娱乐、居住或储藏物资的场所。房地产开发企业建造的商品房在出售前不属于房产税征税范围，但出售前已使用、出租或出借的，应缴纳房产税。

房产税的征税范围是城市、县城、建制镇和工矿区，不包括农村。房产税针对自用房屋和出租房屋两种行为征税，其中非经营性自用房屋免税。

自营用房产适用税率1.2%；出租房产适用税率12%。对个人按照市场价格出租的居民住房，可暂减按4%的税率征收房产税。

### （四）房产税应纳税额的计算

根据房产税征税范围和计税方法的划分，房产税应纳税额的计算分为两类。

1. 经营性房屋，从价计征。从价计征的房产税，按照房产原值一次减除10%~30%（具体标准由所在地省、自治区、直辖市人民政府确定）后的余值作为计税依据。

房产原值是指会计账簿"固定资产"科目记载的房屋原价。自2009年1月1日起，对于按照房产原值计税的房产，不论是否记载在会计账簿上，均应按房屋原价计税，房屋原价按会计制度规定核算，未核算并记载的，按规定予以调整或重新评估。

房产原值包括与房屋不可分割的各种附属设备或一般不单独计算价值的配套设施，如暖气、卫生、通风、照明、煤气等设备；各类管线；电梯、过道、晒台等。

纳税人对原房产进行改建、扩建的，应增加房屋原值。

$$应纳税额 = 应税房产原值 \times (1 - 扣除比例) \times 1.2\%$$

2. 出租房产，从租计征。从租计征的房产税，以房产租金收入为计税依据。房产租金收入是指房屋产权所有人出租房产使用权所得的报酬，包括货币收入、实物收入和其他形式。

以劳务或其他形式为报酬抵付房租的，根据所在地同类房产租金水平确定标准租金额计税。

$$应纳税额 = 租金收入 \times 12\% （或 4\%）$$

（五）房产税的税收优惠

国家机关、人民团体、军队自用房产免税；国家财政全额或差额拨付事业经费的单位所有的，本身业务范围内使用的房产免税；宗教、寺庙、名胜古迹自用房产免税；个人所有非营业性用房免税；中国人民银行总行所属分支机构自用房产免税；高校后勤实体免税；非营利性医疗、卫生机构自用房产免税；老年服务机构自用房产免税等。

（六）房产税的征管

房产税的纳税地点为房产所在地。房产税实行按年计算、分期缴纳的方法征税，具体期限由省、自治区、直辖市人民政府确定。

（七）例题

某企业2018年拥有房产原值为7 000万元，其中30%出租，取得年租金300万元，其余自用。当地规定减除比例为20%。计算该企业当年应纳房产税。

解答：

企业自用房产应纳房产税 $= 7\,000 \times (1 - 30\%) \times (1 - 20\%) \times 1.2\%$
$\qquad\qquad\qquad\qquad\quad = 47.04$（万元）

企业出租房产应纳房产税 $= 300 \times 12\% = 36$（万元）

企业当年应纳房产税 $= 47.04 + 36 = 83.04$（万元）

## 五、车船税税制

车船税是以车船为征税对象，向拥有车船的单位和个人征收的一种税。车船税的历史悠久，早在汉代就颁布了征收车船税的规定，当时叫"算商车"。现行的《车船税法》由全国人民代表大会常务委员会第十九次会议于2011年2月25日通过，自2012年1月1日起施行。

车船税的开征有利于国家对车船的管理，并且由于车船的价值较高，生活水平较高的个人才能拥有，所以对车船征税也能够从一定程度上调节贫富差距。当然，车船税作为地方税种，也能有效地筹集地方财政收入。

## (一) 车船税的纳税人与征税范围

车船税的纳税人是指在中华人民共和国境内的车辆、船舶的所有人或管理人。

车船税的征税范围是依法应当在我国车船管理部门登记的车船。具体包括：车辆，指各种机动和非机动车辆。机动车辆是指依靠燃油、电力等能源作为动力运行的车辆，如汽车、拖拉机、无轨电车等；非机动车辆是指依靠人力、畜力运行的车辆，如三轮车、自行车、畜力驾驶车等。

## (二) 车船税的税目与税率

车船税的税率实行定额税率，国家财政及税务主管部门根据实际情况确定税目、子税目及税额幅度，具体的税额由各省、自治区、直辖市人民政府在规定的子税目的税额幅度内确定，如表9-7所示。

表9-7　　　　　　　　　　车船税税目税率

| 税目 | | 计税单位 | 年基准税额 | 备注 |
|---|---|---|---|---|
| 乘用车[按发动机汽缸容量（排气量）分档] | 1.0升（含）以下的 | 每辆 | 60～360元 | 核定载客人数9人（含）以下 |
| | 1.0～1.6升（含）的 | | 300～540元 | |
| | 1.6～2.0升（含）的 | | 360～660元 | |
| | 2.0～2.5升（含）的 | | 660～1 200元 | |
| | 2.5～3.0升（含）的 | | 1 200～2 400元 | |
| | 3.0～4.0升（含）的 | | 2 400～3 600元 | |
| | 4.0升以上的 | | 3 600～5 400元 | |
| 商用车 | 客车 | 每辆 | 480～1 440元 | 核定载客人数9人以上，包括电车 |
| | 货车 | 整备质量每吨 | 16～120元 | 包括半挂牵引车、三轮汽车和低速载货汽车等 |
| 挂车 | | 整备质量每吨 | 按照货车税额的50%计算 | |
| 其他车辆 | 专用作业车 | 整备质量每吨 | 16～120元 | 不包括拖拉机 |
| | 轮式专用机械车 | | 16～120元 | |
| 摩托车 | | 每辆 | 36～180元 | |
| 船舶 | 机动船舶 | 净吨位每吨 | 3～6元 | 拖船、非机动驳船分别按照机动船舶税额的50%计算 |
| | 游艇 | 艇身长度每米 | 600～2 000元 | |

### （三）车船税应纳税额的计算

$$年应纳税额 = 计税单位 \times 单位税额$$
$$月应纳税额 = 年应纳税额 \div 12 \times 应纳税月份数$$

拖船、非机动驳船分别按照机动船舶税额的50%计算。

### （四）车船税的税收优惠

法定免税车船主要有：非机动车船（不包括非机动驳船）、拖拉机、捕捞、养殖渔船，军队、武警专用车船，警用车船，按照有关规定已缴纳船舶吨税的船舶等。

自2012年1月1日起，对节约能源的车船，减半征收车船税；对使用新能源的车船，免征车船税。

### （五）车船税的征管

车船税纳税义务发生时间为取得车船所有权或者管理权的当月。车船税按年申报缴纳。车船税按年申报、分月计算、一次性缴纳。纳税年度为公历1月1日至12月31日。车船税由地方税务机关负责征收。车船税的纳税地点为车船的登记地或者车船税扣缴义务人所在地。依法不需要办理登记的车船，车船税的纳税地点为车船的所有人或者管理人所在地。

### （六）例题

某运输公司2018年拥有载货汽车15辆，货车自重全部为10吨；载人大客车20辆；小客车10辆。计算该公司应纳车船税（载货汽车按自重每吨年税额80元，载人大客车每辆年税额500元，小客车每辆年税额400元）。

解答：

1. 载货汽车应纳税额 = 15 × 10 × 80 = 12 000（元）
2. 乘人汽车应纳税额 = 20 × 500 + 10 × 400 = 14 000（元）
3. 全年应纳车船税额 = 12 000 + 14 000 = 26 000（元）

## 六、契税税制

契税是以在中华人民共和国境内转移土地、房屋权属为征税对象，向产权承受人征收的一种财产税。契税的历史悠久，最早起源于东晋的"估税"。现行契税是以1997年7月7日国务院发布并于1997年10月1日开始实施的《中华人民共和国契税暂行条例》为依据的。

契税相对于其他税种，其特点体现为，对财产的转移课税且由财产的产权承受人（购买方）纳税。

### (一) 契税的征税对象

契税的征税对象是境内转移的土地和房屋权属,具体包括以下内容。

1. 国有土地使用权出让。针对土地使用者向国家交付土地使用权出让费而由支付出让费的一方缴纳契税。

2. 土地使用权的转让。土地使用者以出售、赠与、交换或者其他方式将土地使用权转移给其他单位和个人,由土地使用权的接收方纳税。其中不包括农村集体土地承包经营权的转移。

3. 房屋买卖。以货币为支付媒介,出卖者向购买者过渡房产所有权,购买者纳税。其中,以房产抵债或实物换房屋的视同房屋买卖,由债权方和实物支付方纳税;以房产作投资或作股权转让的,由产权承受方纳税(特别的是,以自有房产作股投入本人独资经营的企业的免税);买房翻建新房或拆料的,由购买方纳税。

4. 房屋赠与。房屋产权所有人将房屋无偿转让给他人所有的,由房屋受赠人纳税。

5. 房屋交换。房屋所有者之间互相交换房屋的,由差价支付方纳税(即无差价不纳税)。

### (二) 契税的纳税人、税率和应纳税额的计算

契税纳税人是我国境内转让土地、房屋权属,承受的单位和个人。单位和个人包括各类中外企业、事业单位、社会团体及其他组织、个体经营者、中国公民和外籍人员。

契税实行3%~5%的幅度比例税率,具体规定由各省、自治区、直辖市人民政府确定。

契税计税依据为不动产价格。国有土地使用权出让、土地使用权出售、房屋买卖以成交价格计税;土地使用权赠与、房屋赠与以税务机关参照市场价计税;土地使用权交换、房屋交换以交换过程中的差额计税,即等价格交换不纳税,不等价格交换由支付补价方纳税。

$$应纳税额 = 计税依据 \times 税率$$

### (三) 契税的税收优惠

契税优惠的一般规定有:国家机关、事业单位、社会团体、军事单位承受土地、房屋用于办公、教学、医疗、科研和军事设施的免税;城镇职工按规定第一次购买公有住房免税;自2008年11月1日起,个人首次购买90平方米以下普通住房的,税率下调到1%;因不可抗力灭失住房而重新购买的,酌情减免;承受荒山、荒沟、荒丘、荒滩土地使用权,用于农、林、牧、渔业生产的免税等。在婚姻关系存续期间,房屋、土地权属原归夫妻一方所有,变更为夫妻双方共有或另一方所有的;房屋、土地权属原归夫妻双方共有,变更为其中一方所有的;

房屋、土地权属原归夫妻双方共有，双方约定、变更共有份额的，免征契税。

### （四）契税的征管

契税的纳税义务发生时间为纳税人签订权属转移合同（或相关性质的凭证）的当天，纳税人应自义务发生10日内申报纳税，纳税地点为土地、房屋所在地。

### （五）例题

居民甲有两套住房，其中一套与居民乙交换，并支付补价100 000元，另一套与居民丙交换住房，收取补价200 000元，分别计算甲乙丙应纳契税税额（假设契税税率3%）。

解答：

甲应纳税额 = 100 000 × 3% = 3 000（元）

乙应纳税额 = 0

丙应纳税额 = 200 000 × 3% = 6 000（元）

## 基本概念

税收制度　税法　单一税制模式　复合税制模式　纳税人　自然人　法人　征税对象　税率　税目　纳税环节　纳税期限　减免税　增值税　视同销售　组成计税价格　消费税　营业税　企业所得税　个人所得税　城市维护建设税　土地增值税　资源税　房产税　车船税　契税

## 思考与练习

1. 比较单一税制模式与复合税制模式的优劣。
2. 论述我国税制结构的特点。
3. 比较超额累进税率与全额累进税率的作用及特点的异同。
4. 比较流转税中增值税、消费税的征税范围，思考二者之间的关系。
5. 我国现行税制中对土地、房屋、建筑物课征的相关税种有哪些，各税种征税对象之间有何差异？

# 第十章 公 债

【本章概要】
作为财政收入的主要来源，除税收外，另一个就是举债。对政府而言，发行公债的主要目的是为了弥补由各种原因造成的开支大于收入的差额，即财政赤字。另外，为了加强公共基础设施建设，政府也可以采用发行公债的办法获得额外财政资金。

【学习目标】
1. 掌握公债的概念和分类。
2. 了解我国债务规模。

## 引 言

长期以来，公债处于经济政策争论的中心。由于政府的持续赤字，使政府举借了大量的资金，这就要求决策者必须作出决定，经济增长获得的盈余是用来偿还现有债务，还是用来减少税收或是增加消费。

## 第一节 公 债 概 述

### 一、公债及其特点

公债（public debt），是政府为履行其职能的需要，以自身的信用为基础，有偿、灵活地取得财政收入的一种形式。公债和税收一样，是财政收入的主要形式之一，在国民经济中起着日益重要的作用。

各国在法律中都规定，当政府在必要时，有权以债务人的身份向个人、企业、社会团体、金融机构以及他国政府借款。借款形成的收入是政府的债务收入，同时也是政府的一种负债，政府必须按借款时的约定方式向债权人支付利息和偿还本金。因此，在公债活动中形成的这种关系是一种双方自愿的交易关系，这完全不同于税收所反映的政府向纳税人单方面进行的强制性与无偿性的征收所形成的征纳关系。

### (一) 公债的产生与发展

在我国历史上,第一次发行的公债是在1898年发行的"昭信股票",其后北洋军阀时期共发行公债27种,国民党统治时期共发行公债45亿元(不包括抗日战争时期国民党政府发行的90亿元公债)。我国新民主主义革命过程中,为了弥补财政收入的不足,各根据地人民政府也发行过几十种公债。

中华人民共和国成立后,我国公债的发展可以分为两个主要阶段。

第一个阶段(1950~1958年):新中国成立后于1950年发行了"人民胜利折实公债",成为中华人民共和国历史上第一种公债。在此后的"一五"计划期间,又于1954~1958年每年发行了一期"国家经济建设公债",发行总额为35.44亿元,相当于同期国家预算经济建设支出总额862.24亿元的4.11%。1958年后,由于历史原因,公债的发行被中止。

第二个阶段(1981年以后):我国于1981年恢复了公债发行,时至今日公债市场的发展又可细分为几个具体的阶段。

1981~1987年,公债年均发行规模仅为59.5亿元,且发行日也集中在每年的1月1日。这一期间尚不存在公债的一、二级市场,公债发行采取行政摊派形式,面向国营单位和个人,且存在利率差别,个人认购的公债年利率比单位认购的公债年利率高4个百分点。券种比较单一,除1987年发行了54亿元3年期重点建设债券外,均为5~9年的中长期公债。

1988~1993年,公债年发行规模扩大到284亿元,增设了国家建设债券、财政债券、特种公债、保值公债等新品种。1988年国家分两批在61个城市进行公债流通转让试点,初步形成了公债的场外交易市场。1990年后公债开始在交易所交易,形成公债的场内交易市场,1990年公债交易额占证券交易总额120亿元的80%以上。1991年我国开始试行公债发行的承购包销;1993年10月和12月上海证券交易所正式推出了公债期货和回购两个创新品种。1994年财政部首次发行了半年和1年的短期公债,1995年公债二级市场交易活跃,特别是期货交易量屡创纪录,但回购债务链问题等违规事件的频频出现致使公债期货交易于5月被迫暂停。

1996年公债市场出现了一些新变化:第一,财政部改革以往公债集中发行为按月滚动发行,增加了公债发行的频度;第二,公债品种多样化,对短期公债首次实行了贴现发行,并新增了最短期限为3个月的公债,还首次发行了按年付息的10年期和7年期附息公债;第三,在承购包销的基础上,对可上市的8期公债采取了以价格(收益率)或划款期为标的的招标发行方式;第四,当年发行的公债以记账式国库券为主,逐步使公债走向无纸化。1996年以后,公债市场出现了托管走向集中和银行间债券市场与非银行间债券市场相分离的变化,呈现出"三足鼎立"之势,即全国银行间债券交易市场、深沪证交所公债市场和场外公债市场。

1998年，为了应对1997年的亚洲金融危机对中国的影响、拉动内需，中国政府实施积极的财政政策，开始发行长期公债，以致公债发行额在1998～2002年均突破4 000亿元。直到2004年积极财政政策向稳健财政政策转型，公债的发行额才适度递减。

2014年，我国修订了《中华人民共和国预算法》（以下简称《预算法》），新《预算法》允许"省一级政府预算中的建设投资资金可以举债"，自此我国公债范围由单一的中央债扩大为中央债和地方债并存，我国公债发展进入新的时期。

另外，在举借内债的同时，我国还谨慎地利用了外债。我国第一次大规模举借外债是在20世纪50年代，向苏联和东欧借款26亿美元。改革开放以后，我国利用外债的规模逐年扩大，截至2004年年底外债余额已经达到2 285亿美元。

（二）公债的特点

公债固有的特性使它与其他财政收入形势有着明显的区别，有以下四种特征。

1. 具有偿还性。偿还性是指通过发行公债筹集的财政资金，政府必须作为债务按期偿还，此外，还要按照事先规定的条件向认购者支付利息。这是公债区别于税收的重要特征。

2. 具有国民收入再分配性质。公债的偿还一般要以税收为基础，即通常情况下公债利息是由纳税人承担的。但是相当一部分纳税人没有认购政府公债的能力，他们在不能获得公债利息补偿的条件下也要承担税负，这就使得公债利息负担的分配有失公平。所以，政府发行的公债具有国民收入再分配性质。当然，政府也可以在不提高税率的情况下来偿还它的债务。因为如果公债资金运用得当，有效地提高了国民收入和财政收入，那么政府也可能在实际上不增加国民税收负担（不变动税率，甚至降低税率）的情况下偿还其公债。

3. 具有自愿性。所谓自愿性是指公债的发行或认购都建立在认购者自愿承受的基础上。是否认购以及认购多少，由认购者视其自身情况自主决定。这一特征也与税收有所不同，税收征收是强制性的，任何单位或个人都必须依法纳税，否则会受到法律制裁。

4. 具有灵活性。所谓灵活性是指公债发行与否以及发行多少都由政府根据具体情况灵活加以确定，这样，中央政府可以根据宏观经济运行状况随时调整公债发行量，也有利于政府经济稳定职能的实现。

## 二、公债种类

（一）按公债的发行地域划分为内债和外债

内债是政府在本国境内发行的公债，其认购主体通常是本国公民和经济实体，内债的债权人是本国公民和法人，债务的发行与还本付息一般以本国货币为计量单位。

外债是政府在本国境外发行的公债，外债的债权人是外国政府、国际金融组织、外国银行、外国企业和个人，债务的发行与还本付息基本上以外币计量。

内外债的区别不仅在于两者所处的地域不同，更主要的差别在于形成债务收入的资金来源不同，内债的资金来自国内资金，这只是国内资金在政府部门与非政府部门间的一种再分配，不会因借债而增加国内资金的总量；而外债的资金来源于国外，所以政府借债可以在一定时期内增加本国可支配的资金总量。因此，在国内和国外发行公债，对本国经济运行会产生不同的影响。需要注意的是，内外债的区分标志只是公债发行地域，它与认购者的国别和认购货币的国别无关。外国公民在发行国境内以外币购买公债，仍然看做内债。

### （二）按债务主体划分为中央债和地方债

中央债是中央政府发行的公债，由中央政府决定发行，所筹集资金由中央政府支配使用，借款期满后由中央政府还本付息；地方债是地方政府发行的公债，发行所筹集资金由地方政府支配使用，借款期满后由地方政府还本付息。按照我国1995年施行的《中华人民共和国预算法》规定，只有中央政府才能发行债券，地方政府不具备发行债券的资格。因此，在2015年之前，公债或国债都是指中央债。不过，这种情况已发生变化，2014年5月财政部发布的《2014年地方政府债券自发自还试点办法》中规定了10个省份作为自发自还地方债试点地区①，而2014年8月表决通过的《预算法修正草案》中也确立了省一级地方政府预算中的建设投资资金可以举债。故在2015年之后（含2015年），我国公债包括中央债、地方债。

### （三）按发行方式划分为国家借款和发行债券

国家借款是指国家以非债券形式举借的债务，是以收款凭证或其他记账方式来确立债权债务关系。国家借款是最早出现的国家举债形式。但它只能在应债主体较少的条件下进行，应用范围较窄。

发行债券是指政府以发行一定面值的公债券供债权人认购的方式举借的债务，是以发达的信用制度为基础的一种举债方式。在这种方式下，债券成为债权债务关系确立的凭证。它具有普遍、安全、持久等优点，也便于公债的流通。

### （四）按偿还期限划分为定期公债和不定期公债

偿债期限是说政府从借入债务到偿还债务的时间，按偿债期限分类，公债可分为定期公债和不定期公债。

---

① 所谓的自发自还指地方政府可以在国务院批准的发债规模限额内，自行组织本地区的政府债券发行、支付利息和偿还本金。

定期公债也称有期公债，它是政府明确规定有偿还期限的公债，是公债的主要形式。定期公债分为三种不同的期限类型：短期公债、中期公债和长期公债。

短期公债通常指 1 年以内的政府债务，其时间一般以周为单位，其内容包括政府向中央银行的直接短期借款、透支和国库券等。其中典型的是国库券，它的特点是用于解决国库由于税收入库与支出拨付在时间上的脱节而造成的财政资金短缺。中期公债一般指 1 年以上 10 年以内的政府借款。中期公债一般可根据期限长短的不同将其用于不同的财政支出项目，因而是弥补年度预算赤字的主要手段。长期公债的期限通常在 10 年以上，有的可长达 20~30 年。长期公债一般多用于特定的公共支出项目融资。

不定期公债也称无期公债，它是发行时尚未规定偿还期限的公债。这种公债的购买者可以定期凭票息获得政府的利息支付，政府在财政资金充裕时可以随时从市场上买回这种债券以消解债务。不定期公债往往可以上市流通，持有人可以在债券市场上抛售债券换回本金。不定期公债由于不受还债期限的约束，还有无限期转移债务负担的缺陷，因此，一般不宜发行。

（五）按利率的确定方式划分为固定利率公债和浮动利率公债

固定利率公债的利息率在发行时就确立下来不再变动，无论今后物价怎么变化也不作调整。浮动利率公债的利息率则可以随时根据物价指数或市场利息率的变动而进行调整。一般情况下，公债大多采用固定利率，仅在通货膨胀严重时采用浮动利率公债。

---

**专栏 10-1**

### 直接隐性债务和或有债务

世界银行专家哈纳·波拉科瓦把政府承担的所有债务分为两类，即直接债务和或有债务。直接债务是指在任何情况下都要承担的债务，不依附于任何事件，是可以根据某些特定的因素来预测和控制的负债，如政府的内外债及由法律规定的养老金负债等。或有债务是指由某一或有事项引发的债务，是否会成为现实，要看或有事项是否发生以及由此引发的债务是否最终要由政府来承担。或有债务的特点说明，或有债务不是政府能够完全控制，同时也不是最终完全转化为财政负担，而是取决于转化的面和转化概率。直接负债和或有负债又可以从债务风险的角度进一步划分为两种类别：显性债务，即被法律或者合同认可的政府债务；隐性债务，即政府反映公众和利益集团压力的道义上的义务。因此，政府债务可以分成四种类型债务：直接显性债务、直接隐性债务、或有显性债务、或有隐性债务，如表 10-1 所示。

表 10 – 1　　　　　　　　　　政府债务分类

| 政府债务 | 直接负债<br>在任何情况下都存在的负债 | 或有负债<br>只在特定事件发生时才产生的负债 |
|---|---|---|
| 显性负债：法律或合同所确定的政府负债 | 国外和国内主权借款<br>由预算法律规定的支出<br>受长期法律约束的预算支出 | 政府对非主权借款和地方政府、公共部门和私营部门实体债务的担保<br>对不同类型贷款的保护性政府担保<br>对贸易与汇率、国外主权政府借款、私人投资的政府担保<br>有关存款、私营养老金基金最低收益、农作物、水灾、战争风险的政府保险体系 |
| 隐性负债：主要反映公众期望和利益集团压力的政府道义上的债务 | 公共投资项目的未来经常性费用<br>如果法律未作规定的未来公共养老金<br>法律未作规定的社会保障计划<br>法律未作规定的未来医疗保健筹资 | 地方政府和公共或私营实体的非担保债务和其他负债的违约<br>对私营化实体负债的清理<br>银行倒闭<br>非担保养老金基金、就业基金、社会保障基金的投资失败<br>中央银行不能履行其职责<br>私人资本流向改变之后而采取的紧急救援行动<br>环境灾害后果的清理、救灾、军事筹资等 |

专栏 10 – 2

## 2013 年全国政府性债务审计结果

近年来，我国审计署常会发布全国政府性债务审计结果，根据 2013 年年底审计署公布的情况，截至 2013 年 6 月底，全国各级政府负有偿还责任的债务 206 988.65 亿元，负有担保责任的债务 29 256.49 亿元，可能承担一定救助责任的债务 66 504.56 亿元。其中，中央政府负有偿还责任的债务 98 129.48 亿元，负有担保责任的债务 2 600.72 亿元，可能承担一定救助责任的债务 23 110.84 亿元；地方政府负有偿还责任的债务 108 859.17 亿元，负有担保责任的债务 26 655.77 亿元，可能承担一定救助责任的债务 43 393.72 亿元①。若具体到各政府层级来看，省级、市级、县级、乡镇政府负有偿还责任的债务分别为 17 780.84 亿元、48 434.61 亿元、39 573.60 亿元和 3 070.12 亿元。公告同时说明，与一些国家的政府债务主要用于消费

---

① 在《预算法》未修订之前，虽地方政府不能发行债券，但不是说没有欠债，从审计署发布的《全国政府性债务审计结果》公告中可知，地方政府债务的主要举借主体是融资平台公司、政府部门和机构、经费补助事业单位。

> 性支出不同，我国政府性债务主要用于经济社会发展和人民生活条件改善相关的项目建设，大多有相应的资产和收入作为偿债保障。目前，国际上对政府性债务负担状况尚无统一评价标准，参考一些国家和国际组织的通常做法，对2012年年底我国政府性债务负担状况进行分析，结果表明，全国政府性债务各项风险指标均处于国际通常使用的控制标准参考值范围内，风险总体可控。

### 三、公债利弊分析

虽然值得信赖的政府可以向其国民借贷，但是不能以为在任何情况下政府借任何规模的款项都是合适的。按照斯密的看法，只有在战争持续的时期，举债制度才优于其他制度。他反对政府在和平期间大量举债，因为这种行为会给经济社会带来种种弊端。

首先，一般情况下，如果政府预见向公众借款比较容易，久而久之政府可能就会不再那么谨慎稳健、精简节约地处理公共事物了，而草率决策、铺张浪费，最终导致国民贡献的财政资源被无效使用。

其次，政府借款的偿还基础主要是税收，虽然在借款之初政府可能不提高，甚至降低税收，而在偿还出现困难时必然要提高税收，或者开征新税种。"……就是最贤明的政府，在税尽了一切适当课税对象以后，遇到紧急需要，也不得不采取不适当的捐税。"①

再次，斯密还认为，国家债务的存在可能会使一些有土地、资本经营能力的人成为食利者，从而放弃对土地、资本的经营，最终对国民经济的发展不利。

最后，更坏的情况是，"当公债增大到某种程度时，公公道道地完全偿还了……几乎没有。国家收入上的负担，如果说曾经全然解除过，那就老是由倒账解除的，有时是明言的倒账，常常是假偿还，但没有一次不是实际的倒账。"② 所谓实际的倒账，通常是指某些国家政府在无法按时偿还公债时，不得不使用诸如增发货币制造通货膨胀、强制性地规定最高借款利率甚至更改公债偿还条件等卑劣手法，借以达到减轻国家债务的目的。这样做，通常会引起国民的不满，甚至造成社会经济生活的动荡。

现代财政理论认为，在一定规模国家税收能够满足政府正常增长的财政开支需要的情况下，部分用于刺激经济增长、实现充分就业的宏观经济目标的社会资本性开支需要，是可以通过发行政府债券的形式向公众进行融资予以解决的。虽然这在政府财政预算方面会经常出现赤字，但是只要这些依靠政府信用聚集的社会资金被合理地用于生产性投资，不仅能够有效促进国民经济的增长，而且未来还本付息也不会成为问题。这就是在一定条件下政府可以实行赤字预算的基本依

---

①② 亚当·斯密：《国民财富的性质和原因的研究》（下卷），商务印书馆1996年版。

据。当然，如果政府的投资效果非常令人满意，政府还可能因此获得额外的收入，这笔收入既可以在不改变现行税收政策的情况下扩大政府开支，也可以在降低政府税收收入的情况下维持同样的政府开支。无论何种情况下，各类财政赤字的规模无疑都可以得到有效削减，最后出现财政盈余也是可能的。

英国经济学家厄休拉·希克斯在其《公共财政》一书中对此提出过类似看法：用于战争筹款的政府债务是社会的一种负担，必然要靠增加税收的办法来弥补。而政府借款投资于高效率的生产性部门，资金回收一般不成问题，并且不需要增加税收。此外，世界银行经济学家也指出：少量的、能长久维持的赤字可以促进经济增长，同时保护穷人在紧缩财政时免于承担沉重的负担。

## 第二节 公债规模分析

公债规模是指国家负债的总水平，是影响财政收入规模的因素之一。公债规模的内容包括当年公债的发行规模、历年公债累积总规模、尚未归还的公债总规模等。

### 一、衡量公债规模的指标

国际上衡量公债适度规模的相对量指标主要有四个：公债依存度、公债负担率、借债率和偿债率。

#### （一）公债依存度

公债依存度是指一国当年公债收入与财政支出的比例关系。其计算公式是：

$$公债依存度 = \frac{当年公债发行额}{当年财政支出额} \times 100\%$$

公债依存度反映了一个国家的财政支出有多少是依靠发行公债来实现的。当公债的发行量过大、公债依存度过高时，表明财政支出过分依赖公债收入，财政处于脆弱的状态，并对财政的未来发展构成潜在的威胁。因为公债毕竟是一种有偿性的收入，国家财政支出主要还是应依赖于税收，公债收入只能是一种补充性的收入。因此，公债规模的合理性主要可以根据这一指标来判断。国际上有一个公认的控制线，即国家财政的公债依存度是15%～20%，中央财政的债务依存度是25%～30%。

#### （二）公债负担率

公债负担率衡量的是一定时期的公债累积余额占同期国内生产总值的比重情况。可用公式表示为：

$$公债负担率 = \frac{当年公债余额}{当年GDP} \times 100\%$$

这是衡量公债规模最为重要的一个指标,因为它是从国民经济的总体和全局而不是仅从财政收支上来考察和把握公债的数量界限。根据世界各国的经验,发达国家的公债积累额最多不能超过当年GDP的45%,由于发达国家财政收入占国民生产总值的比重较高,一般为45%左右,所以公债累积余额大体上相当于当年财政收入总额。而1991年欧盟各成员国之间签订的《马斯特里赫特条约》中则明确规定,公债负担率的最高限为GDP的60%。

### (三) 借债率

借债率是指一个国家当年公债发行额与当年GDP比率,可用如下公式表示:

$$借债率 = \frac{当年公债发行额}{当年GDP} \times 100\%$$

该指标反映了当年GDP对当年公债增量的利用程度,反映当期债务状况。指标值越高,说明一国当年对公债的利用程度越高,但也说明国民负担越重;相反,如果该指标值很低,则说明该国公债的利用不充分。西方发达国家经验表明,该指标一般位于3%~10%,最高不得超过10%。

### (四) 偿债率

偿债率是指当年公债还本付息额与财政收入的比例关系。可用公式表述为:

$$公债偿债率 = \frac{当年公债还本付息额}{当年财政收入总额} \times 100\%$$

这一指标反映了一国政府当年所筹集的财政收入中有多大份额是用来偿还到期债务。该指标值高,反映当年该国偿还债务的支出较多;相反,该指标值低,则反映当年该国偿还债务的支出较少。债务收入的有偿性,决定了公债规模必然要受到国家财政资金状况的制约,因此,要把公债规模控制在与财政收入适当的水平上。

## 二、公债规模的国际比较

### (一) 发达与发展中国家公债规模比较

通常,发达国家的政府公债规模都比较高,这主要是由于发达市场经济国家的经济实力强,对公债承受力强,市场体系发达,有较好的流动性,公债的发行一般都比较顺利,如表10-2所示。而发展中国家的政府公债规模通常低于西方发达国家。

表 10-2　　　　　　　　　发达国家政府债务水平　　　　　　　　单位：%

| 国家 | 政府债务占 GDP 比重 | |
|---|---|---|
| | 2009 年 | 2012 年 |
| 美国 | 98.0 | 107.0 |
| 希腊 | 115.1 | 156.9 |
| 意大利 | 115.8 | 127.0 |
| 葡萄牙 | 76.8 | 123.6 |
| 法国 | 77.6 | 90.2 |
| 西班牙 | 53.2 | 84.2 |
| 日本 | 174.0 | 236.0 |

资料来源：中国国际税收研究会，《2014 年世界税收发展研究报告》，中国税务出版社 2014 年版。

### （二）我国的公债规模

我国最早是从清朝末期开始发行国内公债并大量举借外债，旧中国的公债带有明显的半封建半殖民地特点。

中华人民共和国成立以后，我国的公债发行可分为两个阶段：第一阶段是 1950~1958 年，1950 年为保证仍在进行的革命战争的供给和恢复国民经济，发行了总价值 302 亿元的"人民胜利折实公债"。1954~1958 年，为进行社会主义经济建设，分五次发行了总额为 3 546 亿元的"国家经济建设公债"。第二阶段是 1979 年以后，为克服国家财政困难和筹集重点建设资金，我国从 1981 年起重新开始发行公债。截至 1995 年，共发行 8 种内债，有国库券、国家重点建设债券、财政债券、特种债券、定向债券、保值债券、转换债券等。

20 世纪 90 年代以后，我国公债市场茁壮成长，走完了西方国家几十年甚至上百年才走完的路。公债已不仅是弥补财政赤字的手段，公债市场与国民经济发展之间形成了相互促进、相辅相成的关系。我国公债规模呈现出两个特点：一是规模不断累加；二是增长速度快。

依据表 10-3 和图 10-1~图 10-5，我国国债绝对规模从公债发行额、公债余额来看，1986~2012 年一直是增加的态势，且在 1996 年之后增加的幅度非常明显，说明我国国债数额是不断放大的。这与我国长时间实行积极财政政策有很大关系，若加上政府的税费收入，较为充分地说明了政府是我国当前经济增长的主体，发挥了极其重要的作用。

表 10-3　　　　　　　　　　我国公债规模指标分析

| 年份 | 公债还本付息额（亿元） | 公债发行额（亿元） | 公债余额（亿元） | 借债率（%） | 偿债率（%） | 国家依存度（%） | 中央依存度（%） | 负担率（%） |
|---|---|---|---|---|---|---|---|---|
| 1985 | 39.56 | 89.85 |  | 1.00 | 1.97 | 4.5 | 11.3 |  |
| 1986 | 50.17 | 138.25 | 293.07 | 1.36 | 2.36 | 6.3 | 16.5 | 2.87 |
| 1987 | 79.83 | 223.55 | 391.53 | 1.87 | 3.63 | 9.9 | 26.4 | 3.27 |
| 1988 | 76.76 | 270.78 | 558.64 | 1.81 | 3.26 | 10.9 | 32.0 | 3.74 |
| 1989 | 72.37 | 407.97 | 769.33 | 2.41 | 2.72 | 14.4 | 45.9 | 4.55 |
| 1990 | 190.07 | 375.45 | 1 208.8 | 2.02 | 6.47 | 12.2 | 37.4 | 6.52 |
| 1991 | 246.8 | 461.40 | 1 337.71 | 2.13 | 7.84 | 13.6 | 42.3 | 6.19 |
| 1992 | 438.57 | 669.68 | 1 545.44 | 2.51 | 12.59 | 17.9 | 57.2 | 5.80 |
| 1993 | 336.22 | 739.22 | 1 844.7 | 2.13 | 7.73 | 15.9 | 56.3 | 5.33 |
| 1994 | 499.36 | 1 175.25 | 2 832.85 | 2.51 | 9.57 | 20.3 | 67.0 | 6.06 |
| 1995 | 882.96 | 1 549.76 | 3 849.46 | 2.65 | 14.15 | 22.7 | 77.7 | 6.58 |
| 1996 | 1 355.03 | 1 967.28 | 4 945.72 | 2.90 | 18.29 | 24.8 | 91.4 | 7.29 |
| 1997 | 1 918.37 | 2 476.82 | 6 074.51 | 3.33 | 22.17 | 26.8 | 97.8 | 8.16 |
| 1998 | 2 352.92 | 3 310.93 | 7 862.33 | 4.23 | 23.82 | 30.7 | 105.9 | 10.04 |
| 1999 | 1 910.53 | 3 715.03 | 10 410.6 | 4.53 | 16.69 | 28.2 | 89.5 | 12.69 |
| 2000 | 1 579.82 | 4 180.10 | 13 010 | 4.67 | 11.79 | 26.3 | 75.7 | 14.54 |
| 2001 | 2 007.73 | 4 604.00 | 17 268 | 4.73 | 12.25 | 24.4 | 79.8 | 17.74 |
| 2002 | 2 563.13 | 5 679.00 | 19 304.7 | 5.40 | 13.56 | 25.8 | 83.9 | 18.36 |
| 2003 | 2 952.24 | 6 153.53 | 22 604 | 5.25 | 13.60 | 25.0 | 82.9 | 19.28 |
| 2004 | 3 671.59 | 6 871.35 | 29 631 | 5.03 | 13.93 | 24.1 | 87.0 | 21.71 |
| 2005 | 3 923.37 | 7 022.88 | 32 614.21 | 3.8 | 12.4 | 20.7 | 80.0 | 17.8 |
| 2006 | 9 535 | 8 883.30 | 35 015.28 | 4.2 | 24.6 | 22.0 | 88.9 | 16.5 |
| 2007 | 10 880.2 | 23 483.44 | 52 074.65 | 9.1 | 21.2 | 47.2 | 205.2 | 20.2 |
| 2008 | 14 707.02 | 8 558.21 | 53 271.54 | 2.8 | 24 | 13.7 | 64.1 | 17.7 |
| 2009 | 10 815.2 | 16 280.66 | 60 237.68 | 4.8 | 15.8 | 21.3 | 106.7 | 17.7 |
| 2010 | 12 925.03 | 17 849.94 | 67 548.11 | 4.4 | 15.6 | 19.9 | 111.6 | 16.8 |
| 2011 | 13 460.27 | 15 609.8 | 72 044.51 | 3.3 | 13 | 14.3 | 94.5 | 15.2 |
| 2012 | 11 644.45 | 14 527.33 | 77 565.7 | 2.8 | 10 | 11.5 | 77.4 | 14.9 |
| 2013 | 7 761.37 | 16 949.32 | 86 746.91 | 3.0 | 6 | 12.1 | 82.8 | 15.2 |
| 2014 | 8 957.66 | 17 876.57 | 95 655.45 | 2.8 | 6.4 | 11.8 | 79.2 | 15.0 |
| 2015 | 10 347.57 | 21 285.06 | 106 599.59 | 3.1 | 6.8 | 14.0 | 83.3 | 15.6 |
| 2016 | 17 415.62 | 30 869.32 | 120 066.75 | 4.1 | 10.9 | 16.4 | 112.6 | 16.1 |

资料来源：《中国统计年鉴（2017）》。

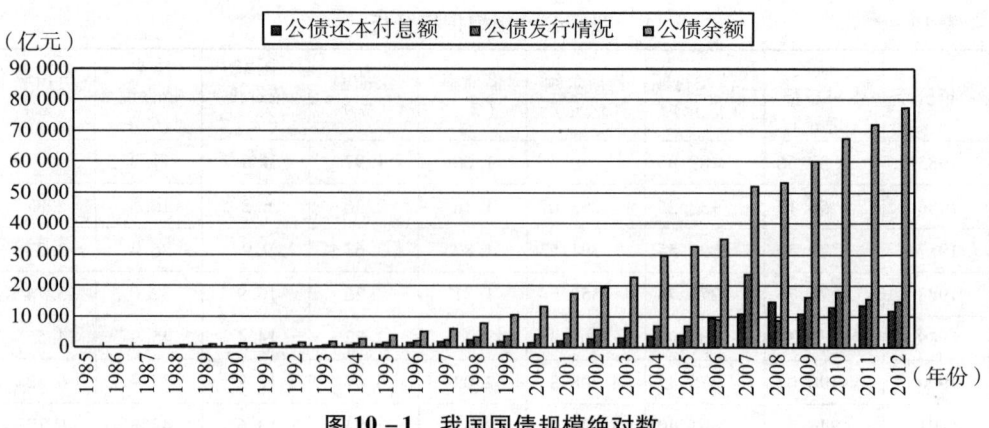

图 10-1　我国国债规模绝对数

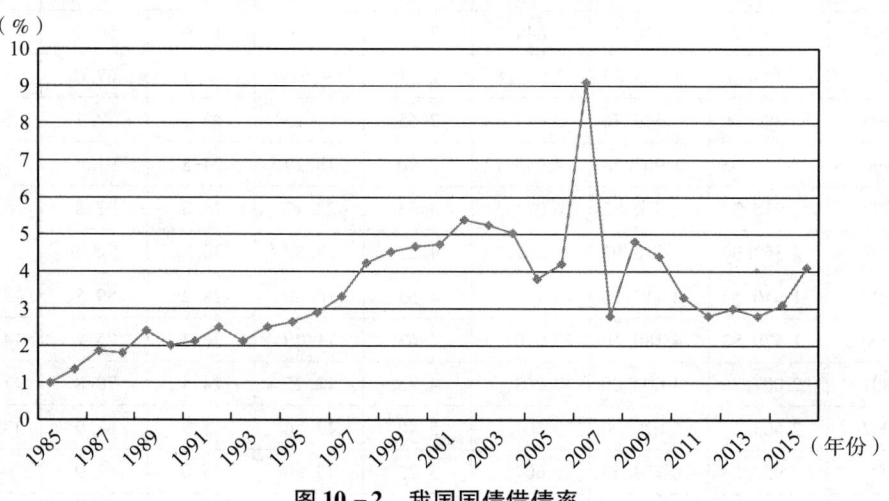

图 10-2　我国国债借债率

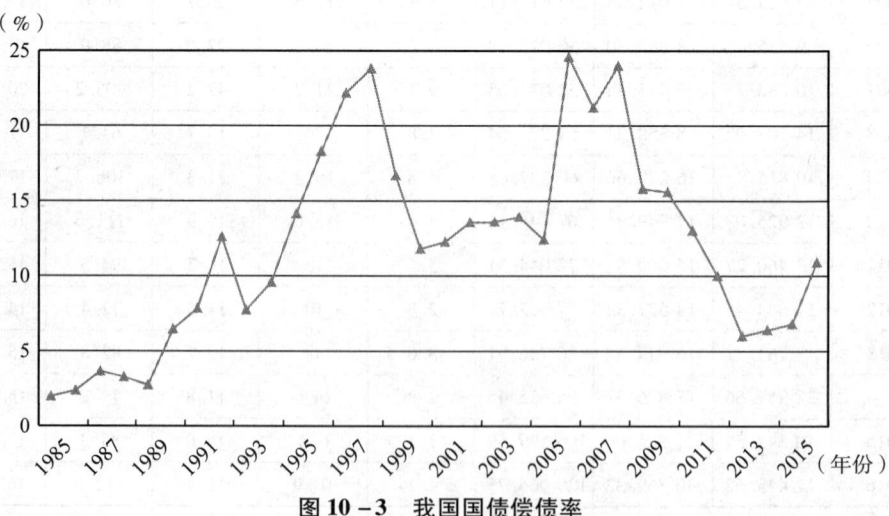

图 10-3　我国国债偿债率

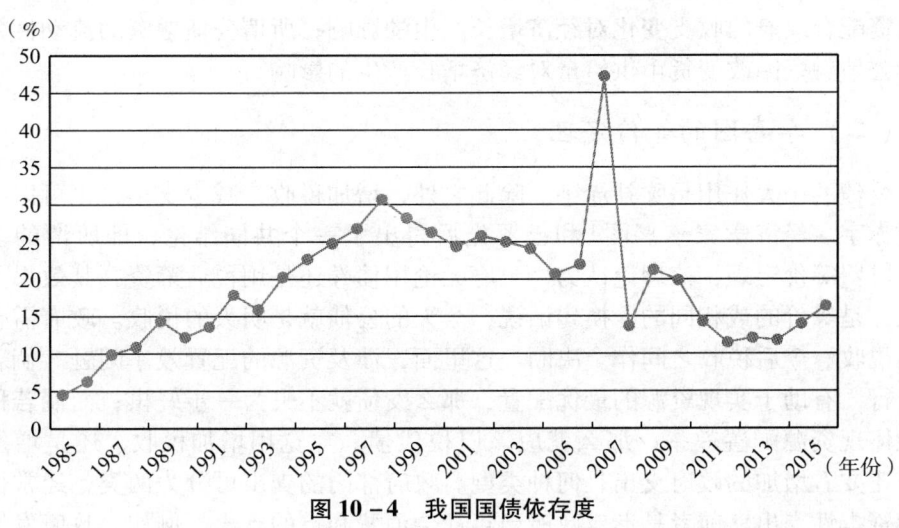

图 10-4 我国国债依存度

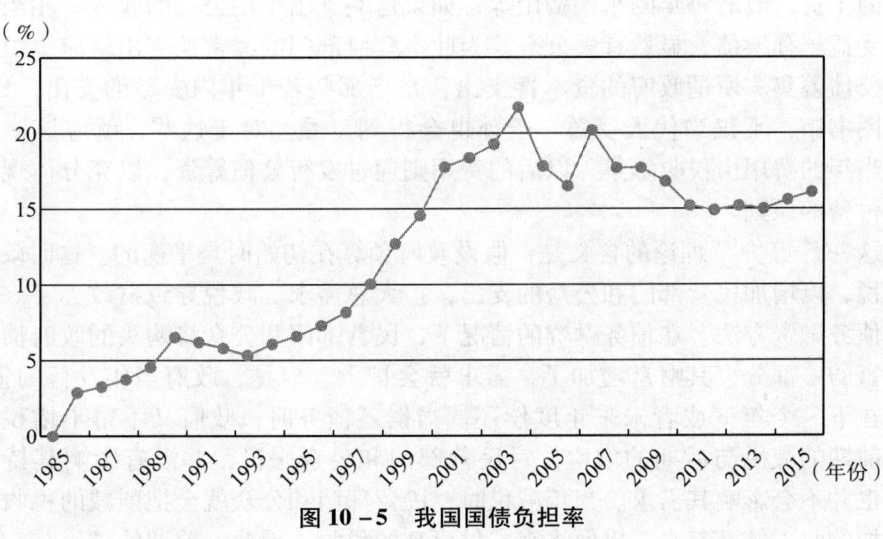

图 10-5 我国国债负担率

若从衡量国债规模的四个指标来看，除中央财政的债务依存度超标之外，其余指标的数值都在国际公认的经验值内，说明我国国债整体风险度是合宜的。

## 第三节 公债的效应与功能

### 一、公债效应

**（一）公债融资效应**

公债融资效应包括财政效应和流动性效应。所谓公债融资的财政效应是指公债融资配合政府的收支变化对经济增长产生的影响;所谓公债融资的流动性效应是指公债融资因改变货币供给量对经济增长产生的影响。

## (二) 李嘉图的等价定理

公债的一大作用是弥补赤字。除此之外,增加税收,减少支出,也可以缓解财政赤字。经济学家李嘉图[①]和巴罗先后得出了一个共同结论,即所谓的李嘉图—巴罗等价定理,该理论认为,政府无论用债券还是用税后筹资,其效果并无二致,是等价的或相同的。换句话说,今天的公债就是明天的税收。政府需要在当期税收、今后税收之间作个决断。这里面,涉及资源的配置效率问题。倘若公债发行,有助于实现资源的最优配置,那么发债就不失为一步好棋;而倘若税收更能体现资源配置效率,那么就应该以税代债。究竟用增加税收,还是增发公债,还要看增加的政府支出是何种类型。政府部门的支出可分为两类,经常性支出和资本性支出。前者是形成政府当年社会消费利益的支出,例如,政府发给公务员的工资、政府每年的军饷费用等,如果这类支出采用公债的收入,相当于当代人受益子孙偿债,显然有失公平。为此,政府部门的经常性支出就应该由税收而非公债筹集。所谓政府的资本性支出,是指那些若干年内受益的支出,比如,建设图书馆,不仅当代人受益,子孙也会得到享受。对于这些,就应该一分为二,当年的费用由税收筹集,以后的费用则通过发行公债筹资,以充分体现谁受益谁付费的原则。

这一"等价"理论的含义是:假设政府预算在初始时是平衡的。这时政府实行减税,以增加民营部门和公众的支出,扩大总需求。减税导致财政赤字。政府采取债务融资方法。在债务融资的情况下,民营部门和公众将购买的政府债券视为财富的一部分,其财富增加了,需求就会扩大。但是,政府当年发行的债务,必须在下一个年度或者未来年度偿还。当偿还债务时,政府又不得不增税。这样,前期的减税与后期的增税,对民营部门和公众来说,并没有影响其持久收入,也并不会影响其需求。当年减税时,民营部门和公众就会把削减的税收即个人增加的收入储蓄起来,以便将来支付更高的税收。因此,前期的减税与后期的增税对总需求的净作用为零。债务融资不过是延迟了征税。总体来看,前期的减税与后期的增税,对总需求的影响是等价的;发行债券为赤字融资与增税偿还债务,对总需求的影响是等价的。

## (三) 公债错觉

从债权人的角度来看,持有债券是极富合理性的。因为个人是不能预测政府

---

[①] 许多经济学家是学而优则商,英国古典经济学家李嘉图则是商而优则学。李嘉图 (David Richard) 首先是一个金融天才。14岁时李嘉图就从事证券交易业务。26岁时李嘉图以800镑为资本开始独立经营,到42岁退休时,资产达到160万镑,他以眼光敏锐、精力充沛而闻名。李嘉图研究经济很偶然,有一天他在一个巡回图书馆见到一本《国富论》,刚翻了两页就被吸引,从此进入经济学。由于他所受到的正规教育是一个伟大的经济学家所受到的最贫乏的教育,这样,他作为一个经济学思想家的成就必须归之于天才。他的代表作是1817年的《政治经济学及赋税原理》,被看成是古典经济学的顶峰,以抽象难读著称。另外,他提出了著名的"比较优势理论"。

公债还本付息所需要的未来纳税义务的，投资者往往把公债看做财富，即增加即期消费。特别是中央政府发行的政府公债，其利率高于同期存款利率，人们一直把它作为一种安全可靠、收益率高的资产。这样，公债持有者在心理上把公债作为资产来持有，公债错觉存在。当公债这种资产增加时，人们就会增加其消费支出。

这其实隐藏着巨大的风险，因为政府的行为也遵循"理性人"的假定，政府在从事债务融资时必定会考虑风险和收益的关系，它在以高成本借入资金的同时，也在释放着自己的风险，通过借新债还旧债的方式将风险转嫁给债权人。毕竟从理论上政府完全可以通过债务滚动的方式使自己永不还债，只要其信用足够大。

### （四）公债的总需求效应

关于公债融资与总需求的关系，经过理论分析可以得出几点结论：在增支公债的情况下，如果中央银行承担公债发行，将增加社会总需求；如果商业银行承担公债发行，公债融资对总需求既有扩张性作用也有抑制性作用；在减税公债的情况下，因减税能使民间消费支出和民间投资支出都增加，故公债融资会刺激总需求；在以新债还旧债的情况下，公债融资对总需求既有扩张性作用也有抑制性作用。因此，总的来看，公债融资对社会总需求的影响到底是扩张性的还是抑制性的，不能从根本上确定。

## 二、公债功能

### （一）弥补财政赤字

国债是与财政赤字相联系的收入形式，它是作为弥补财政收支差额的来源而产生的。弥补财政赤字一般来说有三种方法，即增加税收、增发通货和举借公债。以发行国债的方式弥补财政赤字，只是社会资金使用权的暂时转移，既不会招致纳税人的不满，又不会无端增加流通中的货币量，还可迅速取得所需资金。

### （二）筹集建设资金

在资本有机构成一定的条件下，积累的资金越多，建设的速度就越快。而对大多数发展中国家来说，建设资金的相对不足或短缺往往是制约这些国家经济发展的突出问题。由于税收收入的数额有限，并且主要用于满足政府经常性支出的需要，增发通货又会引起无度的通货膨胀，给正常的经济发展带来障碍。因此，世界上大多数国家都把发行公债作为一种长期、稳定的建设资金来源，以求加快经济发展速度。

## （三）调节经济运行

公债可以调节社会总需求和总供给的关系，实现两者的基本平衡，当总供给过剩、总需求不足、经济萎缩时，通过发行国债，扩大政府开支，可刺激需求，推动经济回升。当总供给不足、总需求过旺、出现通货膨胀时，将公债用于财政盈余，则能起到抑制需求、紧缩通货、稳定经济的作用。

## 基本概念

公债　公债依存度　公债负担率　借债率　偿债率　或有负债

## 思考与练习

1. 简述衡量公债规模的指标体系。
2. 简述我国公债规模。
3. 试分析公债效应。

# 第十一章 国有资产收益

【本章概要】

作为财政收入具体形式之一,国有资产收益的多少一方面反映出国有资产营运效益的好坏;另一方面关系到国有资产发展所获资金的多少。而且,随着财政预算管理制度的革新,国有资产收益还关系到当年财政收入的多少和今后年度财政收入的稳定增长,故需了解国有资产收益的相关知识。

【学习目标】

1. 掌握国有资产收益的概念和分类。
2. 了解国有资产收益收缴。

## 引 言

国资委数据显示,2016 年 1~12 月,我国国有企业营业总收入为 458 978 亿元,其中,中央企业 276 783 亿元,地方企业 182 194 亿元。抵消成本之后,2016 年全年国有企业共实现利润 23 157 亿元,其中,中央企业 15 259 亿元,地方企业 7 898 亿元。相比较而言,2016 年 1~12 月我国国有企业应交税金为 38 076 亿元,占营业总收入的 8.3%。而除税金之外,国有企业还涉及国有资产收益,这一类型的财政收入往往被社会所忽略。

## 第一节 国有资产收益概念

### 一、国有资产概念

任何社会形态下的国家都有国有资产,只是不同国家或同一国家在不同时期的国有资产范围、数量和表现形式有所不同。从概念上来说,国有资产有狭义和广义之分,狭义国有资产指法律上确定为国家所有,并能为国家直接提供经济收益的各种经济资源总和,包括国家投资形成的国有企业资产、国有控股企业的国家控股性资产、国有持股企业的国家持有的股份资产等经营性国有资产;广义国有资产指国家拥有的全部资产,包括国家以投资形式形成的经营性国有资产、国家向行政事业单位拨款形成的非经营性国有资产、国家依法拥有的自然资源。

从广义概念出发,按照国有资产与社会经济活动的关系进行划分,可以把广义国有资产分为三类:经营性国有资产、非经营性国有资产和国有资源。具体来讲,经营性国有资产是国家为了经营性目的而投入生产和流通领域的资产,其基本特点是运动性与增值性,通过投入与产出的运动过程来实现国有资产的保值增值目标;非经营性国有资产是国家机关、部队、学校、科研机构、民间团体等行政事业单位使用而未投入生产经营活动的资产,非经营性国有资产虽然不直接参与物质财富的生产经营活动,但同样也创造着重要的社会效益;国有资源是根据国家宪法和法律所拥有的各类自然资源,如森林、土地、矿产、河流等。国有资源的合理开发和有效使用,可使再生资源得到补偿和不可再生资源得到替代开发,形成良性循环。

## 二、国有资产收益概念

国有资产收益是指国家或其授权的国有资产经营机构,凭借其对国有资产的出资者所有权取得的各种权益总称,包括企业上缴利润、利息、股息、股权转让收入、资产占用费、国有资产转让收入和依法取得的其他收益,其本质是劳动者当年创造的剩余产品价值的一部分。

国有企业或国有控股、参股企业利用国有资产从事生产经营活动创造出的产品,从价值形态上考察包括 $c$、$v$、$m$ 三部分。其中,$c$ 是用于补偿生产过程中消耗掉的生产资料的价值部分,这是对预付价值的补偿,也是维持企业简单再生产的必要扣除;$v$ 是用于补偿生产过程中劳动力消耗的部分,通常以劳动者报酬的形式支付给劳动者个人,是维持劳动力再生产的必要扣除;$m$ 是新创造的剩余价值,即企业的纯收入,可以在国家、企业和劳动者之间进行分配。因此,从本质上讲,国有资产收益就是劳动者当年新创造的剩余产品价值中的一部分,反映了资产所有者、经营者和劳动者之间的经济利益分配关系。

## 三、国有资产收益分类

### (一)按照直接占用者的属性标准可分为企业收益和国家收益

企业收益,是指按照国家有关规定留存企业自行支配的国有资产收益。国家收益是在国有资产所有权和经营权相分离的条件下,国有资产所有权在经济上的实现。

因为国有资产可以采取多种经营方式,故国家收益的形式也有很多种,包括国有企业应上缴国家的利润、股份有限公司中国家股份应分得的股利、有限责任公司中国家作为出资者按照出资比例应分得的红利、各级政府授权的投资部分或机构以国有资产投资形式的收益应上缴国家的部分、国有企业产权转让收入、股份有限公司国家股权转让收入、对有限责任公司国家出资转让的收入、其他非国有企业占有国家资产应上缴的收益和其他按规定应上缴的国有资产收益。

### (二) 按照收益实现方式可分为经营收益和运营收益

国有资产经营收益是指通过对商品或劳务进行生产经营，使国有资产盈利而产生的收益，它是国有资产收益的主要来源部分；国有资产运营收益是指国有企业通过资本运作取得的国有资产增值部分，主要包括通过出售、转让、置换、并购等方式取得的收益。

### (三) 按照来源性质可分为经营性收益和非经营性收益

经营性收益是指在国有资产经营的过程中，经营者和生产者通过努力提高经营管理水平，进行技术创新，促使劳动生产率提高和成本降低所获得的生产经营性成果。经营性收益是国有资产收益构成中的主要部分，是社会财富增长的源泉。

非经营性收益是指并非由于企业自身努力，而是因为某种客观因素而使企业获得的收益，如国家特许垄断经营、自然资源级差收入等。

### (四) 按照收益的解缴对象可分为中央收益和地方收益

中央收益是指直接解缴中央金库的国有资产收益，主要来源于中央直接管辖的国有企业经营收益；地方收益是指直接解缴地方政府金库的国有资产收益，主要来源于由地方政府管理的国有企业的经营收益。

## 四、国有资产收益分配的原则

国有资产收益的实现，是政府、企业和职工共同努力的结果，故这三者都应从中获得收益，具体如何分配就体现了各利益主体间的相互经济关系。整体来看，在国有资产收益分配过程中政府、企业和职工利益的获得应遵循以下原则。

### (一) 税利分流原则

国家既是社会经济的管理者，又是国有资产的所有者。作为社会经济的管理者，国家可以通过征税的方式取得收入，用于保证政府各职能部门的正常运转并进行相应的宏观调控；作为国有资产的所有者，国家要对国有资产进行管理，以保证国有资产的保值增值和结构优化。这是我国不同于西方国家的重要特征，具有双重身份的国家就要求在国有资产收益分配过程中，遵循税利分流的原则，即国家以社会经济管理者的身份从国有企业取得税收，用于履行社会经济管理方面的职责；国家同时还以国有资产所有者的身份取得利润，用于对国有资产的再投资。

## (二) 资本金与收益相匹配原则

根据现代产权理论,国家获取国有资产收益的依据就是其投入的国有资本金。因此,收益分配要和投入的资本金相匹配。投入的资本金多,获得的收益也越多;反之,投入的资本金少,获得的收益也就越少。这是现代产权理论的基本原则,也是建立现代企业制度的内在要求。

党的十八届三中全会提出,要"积极发展混合所有制经济。国有资本、集体资本、非公有资本等交叉持股、相互融合的混合所有制经济,是基本经济制度的重要实现形式,有利于国有资本放大功能、保值增值、提高竞争力,有利于各种所有制资本取长补短、相互促进、共同发展。允许更多国有经济和其他所有制经济发展成为混合所有制经济。国有资本投资项目允许非国有资本参股。允许混合所有制经济实行企业员工持股,形成资本所有者和劳动者利益共同体"。党的十九大再一次强调:"要完善各类国有资产管理体制,改革国有资本授权经营体制,加快国有经济布局优化、结构调整、战略性重组,促进国有资产保值增值,推动国有资本做强做优做大,有效防止国有资产流失。深化国有企业改革,发展混合所有制经济,培育具有全球竞争力的世界一流企业"。

可以想见,随着我国混合所有制经济的发展,国家根据投入资本金获取的国有资产收益会不断扩大。

## (三) 兼顾国家、企业、职工三者利益的原则

国家作为国有资产的所有者,在国有资产收益的分配过程中处于主导地位,国有资产收益分配的有关比例等重要事项要由国家决定;同时,为了使国有企业能够保持发展后劲,还必须允许企业留存一部分收益,主要表现为企业提取的资本公积金和盈余公积金。此外,企业除提取出一部分用于发展的资本积累以外,还要按照《公司法》和《会计法》的相关规定提取公积金和公益金,以保障职工利益。

# 第二节 国有资产收益收缴

## 一、国有资产收益收缴

### (一) 国有资产收益形式

国有资产收益常见形式有以下五种。

1. 利润。利润是我国国有资产收益最常见的形式,主要适用于直接经营或实行资产经营责任制的国有企业。

2. 股息和红利。股息和红利是一种股权收益，是按照控股或持股者所占股份的多少分配给股东的利息和利润。对于实行股份制经营的国有资产，股息和红利是国家作为股东，凭借其拥有的股权参与股份公司资产经营收益分配取得的收入。

3. 租金。租金是出租方将资产出租给承租人进行经营活动所得到的一种收益。这种形式主要适用于实行租赁经营方式的国有企业。在国有资产的租赁方式下，国家在一定时期内让渡了国有资产的使用权和经营权，必然要求承租者对国家的这种让渡进行价值补偿。

4. 资产占有费。资产占有费主要适用于承包经营的国有企业，即占有国有资产的企业按照规定的标准向国家支付的费用。

5. 产权转让收入。国有产权转让收入是通过对国有资产所有权和国有资产使用权的转让获得的收入。主要包括：一是国有资产所有权转让收入，即国家通过对国有资产所有权的转让、拍卖、兼并等方式所形成的收入；二是国有资产使用权转让收入，即国家通过对国有资产使用权转让而取得的收入，如国有土地使用权出让收益、森林采伐权使用收益等。

（二）国有资产收益收缴形式

国有企业统一缴纳企业所得税后，对于税后利润，根据企业不同的组织方式和经营方式，主要通过以下五种方式上缴。

1. 上缴利润。上缴利润是指国有企业实现的税后利润上缴国家的部分。上缴利润形式一般适用于未实行公司制改制的政府直接经营和试行承包经营的国有独资企业。

2. 股利分配。股利分配是股份制企业按照股东股本所占的股份比例分配给股东的利润。股利具体包括股息和红利，股息是股东依据股本所有权以固定比例计算的股金利息，有优先股股息和普通股股息；红利是普通股股东依据股本在公司分配股息之后对剩余利润进行的分配。股息是公司所有股东获得股权收益的形式，红利分配则是在普通股股息分配之后进行，其数量取决于企业分配股息后剩余利润的数量。这一类分配主要适用于国家控股、参股等股份制经营的国有企业。

3. 租金收缴。租金主要适用于实行租赁制的企业。租赁制是指在不改变国有资产的全民所有制性质的前提下，国家作为出租方将国有资产有限期地交给承租方经营，承租方按照租赁合同，给出租方支付一定的租金，并进行自主经营。

4. 资产占用费收缴。这种分配方式主要适用于直接经营、委托经营方式的国有企业和占用国有资产的集体企业等。

5. 产权转让收入收缴。国有资产的产权转让收入包括国有资产产权转让收入和国有资产使用权转让收入，这种方式适用于所有存在国有资产产权转让和交易行为的企业和单位。

## 二、国有资产收益收缴管理

### (一) 国有企业不同收益形式的收缴管理

按照国有资产收益收缴形式的不同,国家对国有资产收益的收缴管理作了相应规定。

1. 国有企业应上缴国家的利润。根据企业财务制度的规定,企业税后利润在提取盈余公积金和公益金之后应该向投资者分配利润。国有企业上缴国家的利润就是国家以投资者身份从税后利润中获得的收益。作为投资者,国家享有企业所有者的各项权利,包括税后利润的分配权[①]。

2. 股份公司国有股利的分配。国有股权收益,应当按照同股同利的原则,由国有持股单位及时足额收取。原则上,国有股收益由国家持股单位收取并上缴国库;国有法人股收益由持股单位收取,计入企业利润总额,不单独作为国有资产收益上缴。

具体做法是:第一,国有企业整体改造为股份有限公司的,国家股应分得的股利由国家持股单位收取并上缴;第二,国有企业部分改制,分为两个独立法人,改制后的股份有限公司委托行业主管部门持股管理的,国家股应分的股利由行业主管部门收取并上缴;第三,国有企业部分改制,在原国有企业的基础上成立集团公司,改制之后的股份有限责任公司由集团公司控股的,国有企业应分得的股利由集团公司收取,作为投资收益纳入集团公司的利润总额;第四,国有企业部分改制,分离出来的原老企业应自负盈亏,企业发生的经营性亏损,在国家规定的期限内用税前利润弥补;企业发生的政策性亏损,经同级财政部门审批,可在一定期限内按企业隶属关系,由同级财政部门给予适当补贴。财政部门弥补的亏损数不得大于分离出的股份有限公司实际上缴国家的股利。

3. 有限责任公司中,国家应分得红利的上缴。国家应分得红利的收缴方式具体为:第一,国有独资公司中国家应分得的红利,由国家授权投资的机构或部门收缴;第二,新设立的有限责任公司,国家直接投资应分得的红利由投资单位收缴;第三,在原国有企业基础上吸收其他单位投资组建的有限责任公司应上缴国家的红利,由原国有企业的产权持有单位收缴。

4. 其他国有资产收益形式的收缴。第一,各级政府授权的投资部门或机构,以国家资产投资取得的国有资产收益,由投资部门或机构就地上缴,也可由被投资单位直接上缴;第二,其他非国有企业占有国有资产应上缴的收益,由投资部门或单位直接上缴;第三,各级主管部门使用国家拨款或各类建设基金进行投资

---

[①] 在分税制改革中,考虑到国有企业利润水平普遍比较低,《国务院关于实行分税制财政管理体制的决定》中规定:"作为过渡措施,近期可根据具体情况,对1993年以前注册的多数国有全资老企业实行税后利润不上缴的办法"。但在2007年我国开始试行经营性国有资本预算后,对国有企业2006年之后实现的利润逐步开始收缴。

的，其分得的税后利润，股息、红利收入由各级主管部门直接上缴。

---

**专栏 11-1**

### 中央企业税后利润收缴比例变化

按照《财政部、国资委关于印发中央企业国有资本收益收取管理暂行办法的通知》《财政部关于完善中央国有资本经营预算有关事项的通知》《财政部关于扩大中央国有资本经营预算实施范围有关事项的通知》和《关于提高中国烟草总公司国有资本收益收取比例的函》等规定，纳入中央国有资本经营预算实施范围的中央企业税后利润的收取比例分为五类执行：第一类为烟草企业，收取比例20%；第二类为石油石化、电力、电信、煤炭等具有资源垄断性特征的行业企业，收取比例15%；第三类为钢铁、运输、电子、贸易、施工等一般竞争性行业企业，收取比例10%；第四类为军工企业、转制科研院所、中国邮政集团公司、2011年和2012年新纳入中央国有资本经营预算实施范围的企业，收取比例5%；第五类为政策性公司，包括中国储备粮总公司、中国储备棉总公司，免交国有资本收益。符合小型微型企业规定标准的国有独资企业，应交利润不足10万元的，比照第五类政策性企业，免交当年应交利润。

2013年，党的十八届三中全会提出应提高国有资本收益上缴公共财政比例，2020年提到30%，更多用于保障和改善民生。

2014年，按照《关于进一步提高中央企业国有资本收益收取比例的通知》的要求，国有独资企业应交利润收取比例在现有基础上提高5个百分点，即：第一类企业为25%；第二类企业为20%；第三类企业为15%；第四类企业为10%；第五类企业免交当年应交利润。符合小型微型企业规定标准的国有独资企业，应交利润不足10万元的，比照第五类政策性企业，免交当年应交利润。另事业单位出资企业国有资本收益收取政策，按照《财政部关于中央级事业单位所属国有企业国有资本收益收取有关问题的通知》执行，收益收取比例提高至10%。

---

### （二）国有资产收益的收缴管理

国有企业上缴利润采取按月预交、全年清算的办法。股份有限公司分配现金股利时，国家股利经国有资产管理部门确认后及时收缴；有限责任公司分配红利时，国家按出资比例分得的红利经国有资产管理部门和财政部门确认后及时收缴；国有企业产权转让收入和股份有限公司国家股股权转让收入以及有限责任公司国家出资转让收入，由国有资产管理部门会同财政部门确认后收缴；其他非国有企业占有国有资产应上缴的收益，应按照财政部门、国有资产管理部门的有关规定上缴。

---

专栏 11-2

## 中央企业国有资本收益收取管理办法

### 第一章 总 则

**第一条** 为规范中央企业国有资本收益收取管理，根据《中华人民共和国预算法》《中华人民共和国公司法》《中华人民共和国企业国有资产法》及《国务院关于改革和完善国有资产管理体制的若干意见》等规定，制定本办法。

**第二条** 纳入中央国有资本经营预算实施范围的中央企业（即一级企业，不含金融企业，下同）国有资本收益的申报、审核、上交，适用本办法。

**第三条** 本办法所称国有资本收益，是指国家以所有者身份依法取得的国有资本投资收益，具体包括：

（一）应交利润，即国有独资企业按规定应当上交国家的利润；

（二）国有股股利、股息，即国有控股、参股企业国有股权（股份）获得的股利、股息收入；

（三）国有产权转让收入，即转让国有产权、股权（股份）获得的收入；

（四）企业清算收入，即国有独资企业清算收入（扣除清算费用），国有控股、参股企业国有股权（股份）分享的公司清算收入（扣除清算费用）；

（五）其他国有资本收益。

**第四条** 中央企业国有资本收益应当按照国库集中收缴的有关规定直接上交中央财政，纳入中央本级国有资本经营预算收入管理。

**第五条** 财政部驻中央企业所在省（自治区、直辖市、计划单列市）财政监察专员办事处（以下简称"驻地财政专员办"）负责收缴中央企业国有资本收益。中央部门（机构）负责组织所属（或监管）中央企业上交国有资本收益。

**第六条** 为加快预算执行进度，财政部可以预收部分中央企业国有资本收益。

### 第二章 中央企业国有资本收益的申报

**第七条** 财政部根据国有资本经营预算收支政策和中长期国有资本收支规划，印发年度中央企业国有资本收益申报通知。

**第八条** 中央部门（机构）根据财政部通知要求，组织所属（或监管）中央企业申报国有资本收益。

**第九条**　中央企业根据财政部通知要求，向中央部门（机构）和驻地财政专员办申报国有资本收益，并如实填写中央企业国有资本收益申报表。中国烟草总公司、中国邮政集团公司、中国铁路总公司直接向财政部和财政部驻北京市财政监察专员办事处（以下简称"北京财政专员办"）申报国有资本收益。具体申报要求如下：

　　（一）应交利润，每年5月31日前，由中央企业按照净利润和规定的上交比例一次申报，并附送经依法审计的年度合并财务会计报告；

　　（二）国有股股利、股息，在股东会或者股东大会（没有设立股东会或者股东大会的为董事会，下同）表决日起30个工作日内，由中央企业据实申报，并附送经依法审计的年度合并财务会计报告和股东会或股东大会决议通过的利润分配方案；

　　（三）国有产权转让收入，在签订产权转让合同之日起30个工作日内，由中央企业据实申报，并附送产权转让合同和经核准或备案的资产评估报告；

　　（四）企业清算收入，在清算组或者管理人编制剩余财产分配方案之日起30个工作日内，由清算组或者管理人据实申报，并附送经依法审计的清算报告，涉及资产评估项目应附送经核准或备案的资产评估报告；

　　（五）其他国有资本收益，在收益确定之日起30个工作日内，由有关单位申报，并附送有关经济事项发生和金额确认的资料。

　　**第十条**　国有独资企业拥有全资公司或者控股子公司、子企业的，应当由集团公司根据国有独资企业经依法审计的年度合并财务会计报告反映的归属于母公司所有者的净利润为基础申报。

　　企业计算当年应交利润时，可从净利润中扣除以前年度未弥补亏损和提取的法定公积金。

　　**第十一条**　财政部会同中央部门（机构），提出国有独资企业应交利润的上交比例建议，报国务院批准后执行。

　　**第十二条**　国有独资企业调整以前年度损益的，应相应补交或抵减应交利润。

　　**第十三条**　国有控股、参股企业应当依法分配年度净利润。当年不予分配的，应当说明不分配的理由和依据，并出具股东会或者股东大会的决议。

## 第三章　中央企业国有资本收益的审核

　　**第十四条**　中央企业国有资本收益区别以下情况核定：

　　（一）应交利润，根据中央企业经依法审计的年度合并财务会计报告反映的归属于母公司所有者的净利润和规定的上交比例计算核定；

　　（二）国有股股利、股息，根据国有控股、参股企业利润分配方案中确定的国有股获得的股利、股息全额核定；

(三)国有产权转让收入,根据企业产权转让协议和资产评估报告等资料计算的转让净收入(扣除转让费用)全额核定;

(四)企业清算收入,根据清算组或者管理人提交的企业清算报告计算的清算净收入(扣除清算费用)全额核定;

(五)其他国有资本收益,根据有关经济行为的财务会计资料核定。

第十五条 事业单位所属国有控股、参股企业的国有股股利、股息,根据国有控股、参股企业当年可供国有投资者分配利润和规定的上交比例计算核定。如企业利润分配方案确定的实际分配国有股股利、股息低于计算核定金额的,则按实际分配的国有股股利、股息核定。

第十六条 中央部门(机构)应当在收到所属(或监管)中央企业上报的国有资本收益申报表及相关材料之日起 15 个工作日内提出初审意见,报送财政部复核。

第十七条 驻地财政专员办应当在收到中央企业上报的国有资本收益申报表及相关资料之日起 15 个工作日内提出审核意见,报送财政部。

第十八条 财政部向中央部门(机构)提出复核意见;中央部门(机构)根据财政部复核意见向所属(或监管)中央企业下达国有资本收益上交通知。

财政部根据北京财政专员办审核意见,向中国烟草总公司、中国邮政集团公司、中国铁路总公司下达国有资本收益上交通知。

第十九条 财政部向驻地财政专员办下达国有资本收益收缴通知;驻地财政专员办根据财政部下达的收缴通知向中央企业开具《非税收入一般缴款书》。

第二十条 中央企业由于国家政策进行重大调整,或者遭受重大自然灾害等不可抗力因素造成巨大损失,要求减免上交国有资本收益的,中央企业应当通过中央部门(机构)向财政部提出申请,由财政部报国务院批准。

## 第四章 中央企业国有资本收益的上交

第二十一条 中央企业应在收到中央部门(机构)国有资本收益上交通知和驻地财政专员办开具的《非税收入一般缴款书》之日起 15 个工作日内,上交国有资本收益。

第二十二条 中央企业当年应交利润应当在申报日起 4 个月内交清,其中:应交利润在 10 亿元以下(含 10 亿元)的,须一次交清;应交利润在 10 亿元以上、50 亿元以下(含 50 亿元)的,可分两次交清;应交利润在 50 亿元以上的,可分三次交清。

第二十三条 中央企业上交的国有资本收益,使用政府收支分类科目中的"10306 国有资本经营收入"下相关目级科目。

## 第五章 监督检查

**第二十四条** 财政部和中央部门（机构）对中央企业国有资本收益申报、审核、上交进行监督。

**第二十五条** 对隐瞒、挪用、拖欠、不交或少交以及违规审核国有资本收益的行为，依照《中华人民共和国预算法》《财政违法行为处罚处分条例》的相关规定进行处理处罚。

## 第六章 附　则

**第二十六条** 本法由财政部负责解释。

**第二十七条** 本办法自印发之日起施行。《财政部　国资委关于印发〈中央企业国有资本收益收取管理暂行办法〉的通知》同时废止。

## 基本概念

国有资产　国有资产收益　股利　资产占用费　产权转让收入　税收利润收缴比例

## 思考与练习

1. 国有企业既上税又上缴税后利润的原因是什么？
2. 简述国有资产收益形式。
3. 简述我国中央企业税后利润收缴比例。

# 管 理 篇

# 绪　言

作为社会主义国家，我国政府具有社会经济管理者和国有资产代理人的双重身份，对应来说，我国政府承担了社会经济管理和国有资产管理两大管理任务。

基于财政视角，政府强化社会管理的切入点就是现代预算制度。这一方面是因为现代预算具有公开、透明、绩效等运行特征；另一方面也是因为现代预算创造了一个让社会成员平等参与公共决策的制度平台。故在现代化进程中，随着个体财政主体地位的逐渐明晰和现代预算制度的不断完善，个体所缴纳的各种税费不应是越来越少了，而应是越来越清楚了；政府所花费的财政支出也不应是越来越少了，而应是越来越透明了。

政府对宏观经济的调控，自然是依据不同的调控目标来选择不同的财政政策和货币政策组合。可以预见的是，我国现阶段和未来很长一段时期内，保持宏观经济稳定增长依然是发展的重点，也是我国解决其他重大问题的前提与基础。不同之处在于，要将我国宏观经济增长从之前的积极调控政策拉动的外生性增长调整为依靠个体逐利求富本能的内生性增长，以实现内生性自我发展道路。

国有资产管理应是我国财政管理的重要组成部分，这不仅是因为我国国有资产总量庞大，其收益理应通过利润上缴、股利分配等形式进行收缴，以保障全民的财政利益。更为重要的是，作为社会主义国家，我国政府还可通过对国有资产的调控来实现社会经济调控目标。

当然，现代社会经济发展中的两个特征也对财政管理提出了新的要求：一是数字化发展。数字化并不是简单的技术更新，它的发生从根本上改变了信息表达、传递、交互方式，从而使人的观念、思维方式、行为方式和生活方式都产生了巨大变化，人类社会正面临有史以来最深刻的社会巨变和创造性重建，这自然会影响到财政活动。二是政府与公众趋向协同进化关系。正是在这样一种动态的交互沟通背景下，政府与公众之间的关系已不再仅表现为静态的委托—代理关系，更不是管理与被管理关系。在政府提供公共产品以满足公共需求和个体表达公共偏好并以此提出诉求时，双方开始彼此重视对方的反应，并以公共产品为媒介展开富有变化的信息博弈，以形成政府与公众相互竞争、相互依存和相互适应的协同进化关系。故财政管理在未来发展中应强调合作意识，努力实现从管理到治理的转变。

# 第十二章 政府预算管理

【本章概要】
　　政府预算,作为财政活动的一种制度性安排,能够在提高政府对有限财政资源的运作效率、防止政府官员在财政资金管理上出现不负责任行为等方面发挥重要作用。因此,近几十年来各国政府的预算政策和管理制度的改革一直受到人们的普遍关注。

【学习目标】
1. 掌握预算编制、审核、执行和决算的整个过程。
2. 了解我国 2000 年以后预算管理体制改革内容。

## 引　言

　　国家预算编制是对财政收支的计划安排或收支平衡表,国家预算审核是对政府收支行为的民主约束,国家预算执行是财政收支的筹措和使用过程,国家预算决算是预算执行的总结,总之,国家预算反映政府活动的范围、方向和国家政策,更是实现政府行为规范化、科学化和民主化的重要工具。

## 第一节　政府预算概述

　　根据英国百科全书的解释,"预算"一词来源于古老的诺曼底语,它的原意是皮包、袋子。据说英国国库大臣经常提着一个装满钱或收支账目的皮包,他向国会作年度财政收支报告时也带着这个皮包,并且"打开"它作详细说明,所以后来这个皮包叫做预算。
　　真正的政府预算产生于资本主义社会时期,随着社会生产力的发展,经济实力越来越强,政治上要求民主的呼声越来越高。凭借广大平民的力量,资产阶级最终实现了要求实现政府就各项财政收支事先制订计划即编制政府预算的权利。
　　我国政府预算最早产生于清代,1908 年清政府在向外国申请借款时,列强要求清政府编制财政收支状况,于是 1910 年开始试编政府预算。1911 年辛亥革命推翻了清政府,所以这次试编是有预算而无决算,但这次预算是我国历史上的第一部政府预算。中华人民共和国成立后,我国的政府预算得到了逐步发展,1956年随着我国社会主义改造的完成,我国的政府预算发展成为真正完整的预算。我国政府预算结构与国家政权结构是一致的,即一级政府、一级财政、一级预算。

## 一、政府预算的含义

政府预算是指经过法定程序核定的国家在特定的财政年度内的收入和支出计划。它一般具有两个含义,既指政府的一种文件,又指政府的一种行为。

对于该概念的理解,注意以下三点。(1) 政府预算深受政治因素的影响。从现代预算制度的产生历程来看,利用立法机构审查监督王室财政收支是资产阶级从经济上制约封建王朝的重要手段,虽然当代已没有了封建王朝与资产阶级的冲突,但现代预算制度已成为现代国家理财的法制管理模式,也是西方国家三权分立政治体制的重要保证措施之一。这使得政府预算带有了一定的政治性,毕竟政府决策的作出,其中总是要包含复杂的价值判断,有时,经济分析仅仅是为决策提供依据。(2) 政府预算是一个计划。计划性来自于政府所掌握的资源并不是无限的,这点符合经济性的含义,也说明政府预算的各种行为遵循经济性的要求,即政府应该以最小的花费获得最大的成果,包括传统的对内维护稳定、对外保障安全,也包括现代的宏观经济调控、社会保障事务、公共产品提供等。(3) 政府预算是政府收支报告。预算的作用在于确定和反映政府部门的财政收支状况。从其形式来看,预算是按某种固定格式和预算收支科目列出的财政年度收支一览表,反映政府在财政年度内的财政活动应达到的指标或收支额度之间的平衡关系。

## 二、政府预算特点

### (一) 法律性

政府预算必须经过立法机关批准并最终形成具有法律效力的文件。在我国,各级政府预算要经过相应各级人大部门的批准,预算一旦通过人民代表大会的批准,必须遵照执行,不得随意变更。我国已颁布了专门的《中华人民共和国预算法》,政府预算的编制、执行、调整、决算等有关程序和内容都应该以它为法律依据。

### (二) 年度性

政府预算是对一定财政年度内财政收支的安排或计划。通常的财政年度为一年,但根据各国国情不同,政府预算的起始时间各不相同,如我国的财政年度是从公历1月1日起至12月31日结束;美国的财政年度是从公历10月1日至次年的 9 月 30 日。像我国这样安排财政年度的也称为历年制，美国的情况则称为跨年制。预算年度的确定考虑三个因素：第一，本国经济活动的周期，通过主要经济活动对收入和支出进行估计；第二，与政策和经济统计资料编制的一致性或可利用性；第三，与在经济上有密切关系的国家预算年度保持同步性。

## （三）整体性

政府预算要反映国民经济发展情况。政府预算实际上是为整个国家理财，它的收入主要来自于税收、规费收入等；支出则主要用于影响到国民经济发展全局的各个行业。通过政府预算，可以基本了解国民经济的整体运行状况，宏观调控部门也可以根据预算对国民经济进行宏观调控。

## （四）计划性

政府预算是财政收支计划，是对未来财政年度内财政资金的预期安排，因此，必须提前对各项收支进行测算。既然是预测，在实际执行时肯定会有偏差，如何提高测算的准确度，使预算与实际情况尽量相符，是政府预算管理的一项重要任务。

## （五）透明性

政府预算按照法律程序经过立法机关批准后必须经过社会媒体予以公开。预算是由政府部门编制并执行的，从表面上看预算资金好像属于政府，但实际上预算资金属于国家所有，政府是在代理全社会公众理财。因此，必须将政府预算向公众公开，让公众了解预算资金的来源、去向、效益等情况。

## 三、政府预算分类

### （一）按照级次可分为中央预算和地方预算

《中华人民共和国预算法》规定，国家实行一级政府，一级财政，一级预算。设立中央，省、自治区、直辖市，设区的市、自治州，县、自治县、不设区的市、市辖区，乡、民族乡、镇五级预算。不具备设立预算的条件的乡、民族乡、镇，经省、自治区、直辖市人民政府确定，可以暂不设立预算。

中央预算是指经法定程序审查批准的反映中央政府活动的财政收支计划。中央预算由中央各部门（含直属单位）的预算组成，中央预算包括地方向中央上解的收入数额和中央对地方返还或给予补助的数额，它是国家预算体系的主导环节。不同的国家中央预算的含义也不尽相同，如美国的中央预算就是国家预算；而我国的中央预算只是国家预算的组成部分，不单独构成国家预算。

地方预算是指经法定程序批准的地方各级政府的年度财政收支计划的统称。地方预算由各省、自治区、直辖市总预算组成。没有下一级预算的，总预算即指本级预算，包括下级政府向上级政府上解的收入数额和上级政府对下级政府返还或者给予补助的数额。它是组织管理国家预算的基本环节。不同国家的地方预算的地位也是不一样的，如美国的地方预算独立于国家预算，而我国的地方预算是国家预算的组成部分。

## （二）按照预算涵盖范围可分为总预算和本级预算

总预算，是指各级政府和下级政府的预算汇编而成的预算。根据《预算法》规定，我国地方各级总预算由本级政府预算和汇总的下一级总预算组成，下一级只有本级预算的，下一级总预算即指下一级的本级预算。

本级预算，是指一级政府编制的本级财政收支计划。本级预算由本级政府各部门（含直属单位）的预算组成。

## （三）按照编制形式可分为单式预算和复式预算

单式预算（single budgeting）是指将政府某一预算年度内全部财政收支汇集编入单一的总预算内，排列在一张表上，是传统预算编制形式。第二次世界大战前，大部分国家采用该编制形式，战后又陆续改用复式预算编制形式。单式预算的优点是：符合预算完整性原则；简单易懂。缺点是：难以对财政收支项目和资金使用情况进行深入考察。

复式预算（multiple budgeting）是指政府将某一预算年度内所有财政收支项目按照预算收支科目以一定方式划分在两个或两个以上的表中分别编列，形成由几个分预算组成的一组预算。这几个分预算，一方面相对独立、自成体系，以各自收入应付各自支出；另一方面相互补充、相互联系，共同构成完整的预算体系。最常见的复式预算分为经常预算和资本预算。复式预算的优点是：有利于区分创造资产的支出和不创造资产的支出；提高预算资金使用效益。缺点是：增加实现预算平衡的难度；要求广泛应用较高技术。

我国试编复式预算是在1992年，当时将各种预算收支划分为经常性预算和建设性预算。政府以管理者身份取得的税收等一般性收入并以此用于维护政府活动的经常费用、保障国家安全和稳定、发展科教卫文农等各项事业和社会保障支出、非生产性基建支出、政权建设支出、价格补贴、其他支出和预备费、用于人民生活等方面的支出列为经常性预算；政府以资产所有者身份取得的收入及用于建设方面的某些收入和直接用于国家建设方面的支出列为建设性预算，包括生产性基建支出、企业挖潜改造和新产品试制费、增拨流动资金、地质勘探费支出、支农支出、城市维护建设支出、支援不发达地区发展资金和国内外债务还本付息支出。若从1994年确定的改革目标来看，我国复式预算还需过渡到包括公共预算、国有资产预算和社会保障预算等在内的相互补充的多轨制预算。

不过，发展至今，我国已在预算管理实践中建立起由公共预算、政府性基金预算、国有资本经营预算和社会保险基金预算四本预算组成的复式预算体系，这有利于统一、公开、透明我国各种类型的财政收支。

## 四、政府预算编制方法

从形式上看,政府预算就是反映财政年度内预算收支情况的一览表,但在不同历史时期,一览表的形式各不相同。根据预算编制方法的不同,可以把政府预算分成基数预算、绩效预算和零基预算。

### (一)基数预算

基数预算是以过去年度已经达到的预算收支指标为出发点,考虑影响预算年度财政收支的各种因素,来确定财政收支计划指标、编制预算的方法。这是一种传统的预算编制方法,基数可以是期末数,也可以是平均数,是编制预算的基本依据,也被称为增量预算。该种方法的优点是:方法简单;编制时间短;有历史延续性;编制和实施过程中的协调管理成本低。缺点是:固化和放大基数中的不合理因素;不能激励各级政府和部门增收节支;无法优化财政收支结构。

### (二)绩效(performance)预算

绩效预算是以经济社会发展战略和规划为导向,以绩效为目标,以成本为基础,强调预算结果的预算编制方法。与上述的基数预算不同,绩效预算的使用是强调政府和公共部门不仅应对资源的使用负责,而且更重要的是对资源使用产生的产出和结果负责。1949年美国首先推行绩效预算制度,之后不少国家纷纷效仿。但由于各种原因,美国政府不久就放弃了绩效预算。直到20世纪80年代以后,美英等国家推行政府绩效管理,绩效预算再次被提出。1993年,美国国会通过《政府绩效预算与结果法案》,再次作出实施绩效评估和编制绩效预算的决定。

绩效预算的特点有:强调支出最终结果,有效抑制预算最大化的冲动;注重成本核算,有助于政府治理理念的更新;以科学合理的绩效评估指标体系为基础,以绩效合同为保障。综合而言,绩效预算的优点是:能够对预算支出效益进行分析考核;有效测定各项政府计划的成本。缺点是:效果难以量化和操作,因而成本和收益情况也就无从比较。

### (三)零基(zero-base)预算

零基预算是指任何使用预算资金的单位在提出预算计划时,无论是原有项目,还是新增项目,都要以其产生的支出效益为标准,重估其必要性和社会经济效益,凡是不必要和效益不佳的项目,不予保留;对于需要继续列入预算的项目,也要重新核定其支出数额,相当于从零开始核算。优点在于预算规模和结构不受以往年度的影响,可避免在原有基数上层层增加的弊端,是更为科学界定预算项目及规模的方法;缺点是大大增加了预算编制工作量,政府活动的效率标准不易确定等。该预算背后的思想是:资源被批准用于某项规划这一事实,并不意味这一规划必须继续下去。零基预算从 1979 年出现于美国,逐渐被许多国家采用。但要注意的是,若要求每年在准备年度预算中对每个支出类别都采用这一方法,是不可行的。

### 五、预算收支的测算方法

初步测算,是指在上年第四季度,由财政部门根据本年度预算执行情况和下一年度国民经济计划初步安排情况以及下年度的变化因素,初步测算下一年度的收支情况,也称匡算。

具体测算,是在匡算基础上,根据有关经济指标和预算定额分别各部门、各单位对各项预算收支指标逐项进行具体测算,以求得更为精确的预算指标数额。

#### (一) 传统方法

1. 基数法,也称基数增减法,是财政部门测算收支指标时常用的方法之一。它是以报告年度预算收支的执行数或预计执行数为基础,分析影响计划年度预算收支的各种有利因素和不利因素,并预测这些因素对预算收支的影响程度,从而测算出计划年度预算收支数额的一种方法。

2. 系数法,是利用预算收支同经济指标之间的比例关系(系数),测算计划年度预算收支数的一种方法。采用的系数通常有两种:一种是以两项指标的绝对额计算系数;另一种是以两项指标的增长速度计算系数。

3. 比例法,是财政部门根据财政统计资料计算出各项预算收支占总收支的比例,并据以由单项收支测算总收支,或以总收支测算单项收支的一种方法。

4. 定额法,是利用各项预算定额和有关经济指标来测算计划年度某项预算收支数的一种方法。预算定额是国家或财政部规定的预算收支的数量标准。各项定额与相关指标相乘,即为计划年度的预算收支数。

5. 综合法,是在报告年度预算收支基数的基础上,既使用系数法计算经济和事业增长的因素,又考虑各种影响财政收支的因素,综合分析测算。

#### (二) 现代方法

与传统方法相比,现代方法注重精确,更体现定量特点,计算程式也很复杂,一般由专业预算收支测算人员完成。需要两个前提条件:一是拥有丰富的数据资料;二是假定过去的状态和趋势继续保持。

1. 时间序列预测法。基本做法是,收集需要估计的变量过去的数据,然后利用这些数据去预测计划年度的收支指标。具体分为移动平均法、指数平滑法和适应滤波法。

2. 因果分析预测法。该方法是运用统计联系方法,依据自变量与因变量之间的函数关系,由一些变量的数值来推测另一因变量的数值。这种联系可能是前因后果,也可能是同步联系,或者是另外一种未经查明的变量发挥因果联系作用的结果。具体有一元回归分析法、多元回归分析法。

3. 经济模型预测法。该方法也称经济计量模型，是目前经济预测领域中的主要方法。回归分析法中的回归方程也是经济计量模型。这里指的经济计量模型虽与回归分析具有相同的数学基础，但回归分析假定自变量不受外界影响，且各自变量之间相互不发生作用，变量联系是从自变量到因变量的单向联系，而经济计量模型考虑经济变量之间的相互作用和相互依赖，把相互影响的变量置入多个方程同时加以解决。建立经济计量模型必须掌握一些基本知识：联立方程；内生变量和外生变量；模型识别；模型预测。

---

**专栏 12 – 1**

### 《中华人民共和国预算法》修订

《中华人民共和国预算法》由第八届全国人民代表大会第二次会议于 1994 年 3 月 22 日通过，自 1995 年 1 月 1 日起正式施行，共包括总则、预算管理职权、预算收支范围、预算编制、预算审查和批准、预算执行、预算调整、决算、监督、法律责任和附则十一章内容，79 条法规。在财政法律体系中，《预算法》处于核心法和骨干法的地位，实行以来在财政法律约束、财政分配、宏观调控和财政监督等方面都发挥着重要作用。不过，在长期实践中，随着财政运行过程的不断深化和调整，预算法已逐渐不适应财政实践活动。故从 2003 年起我国开始探索预算法的修订，经过草拟、征求意见、人大审核，2014 年 8 月《预算法修正草案》四审稿提交十二届全国人大常委会第十次会议进行审议，2014 年 8 月 31 日表决通过《预算法修正草案》。相比之前的《预算法》，此次修订的主要内容有：要求确立全口径预算体系；鼓励一般性转移支付，限制专项转移支付；确立了省一级地方政府预算中的建设投资资金可以举债，地方政府要明确偿债计划和偿债资金来源；要求预算在规定时限内进行全面公开，并要求政府部门在规定的时限内公开部门预算，尤其是地方政府需要对其举债情况作出说明。

新的《中华人民共和国预算法》于 2015 年 1 月 1 日起施行，包括总则、预算管理职权、预算收支范围、预算编制、预算审查和批准、预算执行、预算调整、决算、监督、法律责任和附则十一章内容，101 条法规。

---

## 第二节 预 算 周 期

预算周期是指将每一个预算管理周期从时间序列上划分为"预算编制与审核""预算执行与调整""决算与绩效评价"三个阶段，或者划分为"预算编制"

"预算审核""预算执行"和"预算决算"四个阶段。在每一预算年度内,不同预算管理周期的各个阶段同时并存。

## 一、我国预算周期各阶段

### (一) 预算编制与审核阶段

预算编制是从每个预算年度前一年的年初开始至年末结束,在对上年预算执行结果进行绩效评价的基础上,测算下一年度预算收支规模和增长速度。并结合本年度预算执行情况,编制下一年度预算草案。预算编制是预算管理工作的根本依据和规范,直接影响到预算执行和决算的效果,因此,现代预算管理的核心是强化预算编制。

编制预算是预算计划管理的起点,正确编制预算必须以国家的财政经济方针和有关法律法规为指导,以国民经济和社会发展规划的主要指标为依据,参考上一年预算执行情况和收支预测进行编制。各级预算要坚持量力而行、收支平衡的原则,积极稳妥地安排各项预算收支,做到收入稳定增长、支出留有后备,提高预算编制的准确性,把预算收支建立在科学预测的基础上。

预算审核是各级政府编制的预算草案经立法机构审核批准后方能成为预算执行依据的过程。预算审核体现出立法机构对行政机构的监督与约束,在西方发达国家的预算管理中属于非常重要的一个阶段。《中华人民共和国预算法》规定,全国人大审核中央和地方预算草案,批准中央预算;县级以上地方各级人大审核本级总预算草案,批准本级预算。但由于我国预算审核时间与执行时间重合,故该阶段易被忽略,使我国预算周期更接近"编制、执行、决算"三阶段,显著区别于西方发达国家的"编制、审核、执行、决算"四阶段。

### (二) 预算执行与调整阶段

预算执行是从每个预算年度的年初开始至年末结束,组织执行经法律程序批准的预算,分析预算执行情况,办理预算调整变更手续。经过各级人民代表大会批准的预算具有法律效力,必须认真组织实施。预算规定的收入任务,必须保证完成,做到及时、足额地上缴国库。预算规定的各项支出,必须及时、足额地拨付。要加强预算收支执行中的管理和监督。各级政府对于必须进行的预算调整,必须报请同级人民代表大会常务委员会审批,未经批准,不得调整预算。各级政府要监督下级政府的预算执行。各级财政部门要监督检查本级各部门预算的执行,做好预算执行情况的分析,并向本级政府和上一级财政部门报告预算执行情况,保证预算收支任务的圆满完成。

### (三) 决算与绩效评价阶段

决算即审计评估预算,是对预算执行的总结。一般在次年的上半年开展,组织编制本级决算草案,汇总下一级决算,形成本地区总决算草案,并按规定报批;对预算执行结果进行分析总结和绩效评价,作为编制下一年度预算的依据。正确编制决算可以全面反映预算执行的结果。为了正确编制决算,必须做好决算编制的准备工作,必须自下而上经过层层审核汇编,不得估算代编。决算的编制必须符合国家的有关法律法规,要划清预算年度、预算级次和资金界限,做到收支数字准确、内容完整、报送及时。通过编制决算,总结预算管理中的经验,为提高今后的预算管理创造条件。

## 二、美国联邦政府预算周期

美国联邦政府预算周期的主要特点是,预算周期长,程序复杂。联邦预算编制时间一般为9个月,主要由公共与预算管理办公室(OMB)负责;审议批准时间一般也为9个月,主要由国会参众两院负责;预算执行12个月,主要由财政部负责;决算编制一般为6个月。

# 第三节 我国预算管理体制的演变

政府预算管理体制是正确处理各级政府之间的分配关系,确定各级预算收支范围和管理职权的一项根本制度。其中,预算收支范围涉及国家财力在中央与地方以及各级地方政府间如何分配的问题,而管理职权则是各级政府在支配国家财力上的责任问题。建立政府预算管理体制的根本任务就是,通过正确划分各级政府预算的收支范围,规定预算管理权限及相互间的制衡关系,使国家财力在各级政府间合理分配,保障相应级次或区域的政府行使职能的资金需要。

中华人民共和国成立以来,我国一直实行统收统支、高度集中的财政管理体制。改革开放后,传统财政管理体制率先成为改革突破口,截至1993年共经历了三次大的调整。

## 一、包干财政体制

### (一) 1980~1984年的"划分收支,分级包干"体制

这一体制也称为"分灶吃饭"体制,主要内容如下。

1. 按照经济体制规定的隶属关系,明确划分中央和地方的收支范围。在收入方面,分为固定收入、固定比例分成收入和调剂收入。属于中央的固定收入包括:中央所属企业事业的收入、关税收入和中央的其他收入。属于地方的固定收入包括:地方所属企业事业的收入、盐税、农业税、工商所得税、地方税和地方的其他收入。工商税作为中央和地方的调剂收入。在支出方面,属于中央的支出

包括：中央级的基本建设投资拨款，中央企业的流动资金，挖潜改造资金和新产品试制费，地质勘探，国防战备费，对外援助支出，国家物资储备支出，中央级的文教科学卫生事业费，农林、水利、气象等事业费，行政管理费，国外借款和国库券的还本付息支出，以及中央级的其他支出。属于地方的支出包括：地方的基本建设投资拨款，地方企业的流动资金，挖潜改造资金和新产品试制费，支援农村人民公社支出，农林、水利、气象等部门的事业费，工业、交通、商业部门的事业费，城市维护费，文教科学卫生事业费，抚恤和社会救济费，行政管理费，以及地方的其他支出。少数专项支出，如特大自然灾害救济费、特大抗旱防汛补助费、支援经济不发达地区的发展资金等，由中央专案拨款，不列入地方包干范围。

2. 地方预算收支的包干基数，按照上述划分收支的范围，以1979年预算收支执行数为基础，经过适当调整后计算确定。基数确定以后，地方的预算支出，首先用地方的固定收入和固定比例分成收入抵补，如有多余，上交中央，如有不足，则用调剂收入弥补。如果固定收入、固定比例分成收入、调剂收入全部留给地方，仍不足弥补地方支出的，则由中央按差额给予定额补助。

3. 地方的上缴比例、调剂收入分成比例和定额补助数核定以后，原则上5年不变。地方在划定的收支范围内，多收多支，少收少支，自求收支平衡。

4. 地方预算支出的安排，均由地方根据国民经济计划的要求和自己的财力情况统筹安排，中央各部门不再下达支出指标。

5. 北京、天津、上海、江苏、广东、福建等6个省市采用有别于大多数省份的体制，如3个直辖市仍然实行"总额分成，一年一定"的体制；江苏省继续实行固定比例包干办法；广东、福建实行大包干体制等。

## （二）1985～1987年的"划分税种，核定收支，分级包干"体制

该体制是在总结"划分收支，分级包干"体制经验的基础上，适应经济发展和经济体制改革的需要以及第二步"利改税"的新变化而制定的。其主要内容如下。

1. 收入划分，原则上按税种划分各级预算收入。收入分为三大类：中央预算固定收入；地方预算固定收入；中央和地方预算共享收入。在固定收入中，石油部、电力部、石化总公司、有色金属总公司所属企业的产品税、营业税、增值税，以其70%作为中央预算固定收入，30%作为地方预算固定收入。

2. 支出划分，仍按企业事业单位隶属关系划分中央与地方的预算支出，包括的范围和"划分收支，分级包干"体制的范围基本相同，只作个别调整。

3. 各省、自治区、直辖市在按照规定划分收支范围以后，凡地方固定收入大于地方支出的，定额上解中央；地方固定收入小于地方支出的，从中央地方共享收入中确定一个分成比例，留给地方；地方固定收入和中央地方共享收入全部留给地方，还不足以抵补其支出的，由中央定额补助。收入的分成比例或上解、补助的数额确定以后，一定"五年不变"。地方多收入可以多支出，少收入就要

少支出，自求收支平衡。

4. 考虑到经济体制改革中变化因素较多，为了更好地处理中央与地方之间的财政分配关系，1985年和1986年暂时实行"总额分成"的过渡办法，即除了中央的固定收入不参加分成之外，把地方的固定收入和中央地方共享收入加在一起，同地方预算支出挂钩，确定一个分成比例，实行总额分成。

5. 广东、福建两省继续实行大包干办法，民族自治区和视同民族自治区待遇的省份仍实行原体制。

### （三）1988~1993年实行的包干财政体制

为调动地方组织收入特别是收入上解地区的积极性，解决部分地区收入下滑的问题，更好地处理中央与地方之间的关系，1988年对地方实行财政包干的办法进行了改进，规定全国39个省、自治区、直辖市和计划单列市，除广州、西安市财政关系仍分别与广东、陕西两省联系外，对其余37个地区分别实行不同形式的包干办法，包括收入递增包干、总额分成、总额分成加增长分成、上解递增包干、定额上解、定额补助等。

### （四）关于"包干"财政体制的基本评价

1980~1993年，政府间财政分配关系三次调整的共同特征就是"包干"，因此，这一时期的财政体制可统称为"包干"体制。

1. "包干"体制的历史作用。这几次财政体制改革都是特定历史条件下进行的。每一次改革都是对原有体制某种程度的完善，在保证改革开放的顺利进行和国民经济持续、稳定发展等方面发挥了重要作用，对克服财政困难也产生了积极影响。

一是改变了财权高度集中的状况。在包干办法中，逐步扩大地方财政的自主权，调动了地方各级政府当家理财的积极性，地方财政由原来被动地安排财政收支转变为主动参与经济管理，增强了责任心，较好地体现了"统一领导、分级管理"和权责利相结合的原则。

二是财力分配由"条条"为主改为"块块"为主。传统体制下，各项财政支出原则上都是由"条条"分配，地方很难统筹安排、调剂使用。"分灶吃饭"之后，对于应当由地方安排的支出，中央各职能部门不再下达指标，大大增强了地方政府的财权，有利于各地区因地制宜地规划和发展。

三是财政体制一经确定，几年不变，稳定性、透明度有所增强。在传统体制下，每个财政年度都核定收支，形成"年初吵盘子、年中吵追加、年终吵遗留"的局面，矛盾较多。改革后，分成比例或补助数额一定几年不变，不再年年吵基数、争指标，有利于地方制定和执行长远规划，保持经济与各项事业协调发展。

四是支持和配合了其他领域的改革。财政体制改革作为整个经济体制改革的突破口，对其他领域的发展具有示范、带动、促进作用，同时，财政体制改革激发出的活力带动了各级财政收入的增长，为其他改革提供了直接的财力支持。

2. "包干"体制的主要弊端。伴随经济的发展和改革的深化,"包干"体制越来越不能适应形势发展的需要,弊端也日益明显。

一是体制形式不统一、不规范。1980~1993年,财政体制改革大体分为三个阶段,每一个阶段实行的体制都有多种实现形式。如"分灶吃饭"体制下有"固定收入比例分成""调剂收入比例分成""民族地区财政体制""大包干体制""定额补助体制"等体制形式;包干体制下对不同的地区分别实行"收入递增包干""总额分成""总额分成加增长分成""上解递增包干""定额上解"和"定额补助"的体制形式。体制形式的多样化,本身就意味着政府间财政分配关系的不规范。由于不同体制形式下地方财政收入的增长弹性对地方财力的影响不一,加之体制形式选择方面存在机会不均等、信息不对称、决策不透明等因素,难免出现财力分配不合理的现象。

二是体制的政策目标不明确,调节效果不明显。政府间财政分配关系变革始终围绕财力的分割、财权的集散而展开,并侧重纵向间财力分配,较少考虑横向的财政分配关系,没有形成完整的横向财政调节机制,影响了财力的均衡分配。财政体制对产业结构的调节作用也难以发挥。例如,在包干体制下,受利益驱动,地方政府往往支持税率较高的产业发展,导致产业结构趋同,加剧重复建设。尽管中央财政采取了对烟酒产品税实行增长分成的辅助办法,但仍未能对产业结构的逆向发展起到应有的调节作用。

三是中央政府的宏观调控缺乏必要的财力基础。财力的集中度是衡量宏观调控能力的主要标尺。由于包干体制大多是包死上交中央数或低弹性增长,因此,中央财政在新增长率收入中的份额逐步下降,导致中央财力拮据,宏观调控能力弱化。

四是政府间事权划分存在交叉、重叠问题。包干体制下的几次体制变革,一般都是侧重收入划分的调整与收支基数核定方法的变化,在政府间事权及支出划分上几乎没有作出改动。

## 二、分税财政体制

### (一) 分税制预算管理体制的建立及调整

1. 1994年分税制预算体制改革的主要内容。根据国务院的决定,1994年1月1日起在全国范围内全面实行分税制财政体制。此后,在实际运行中又进行了一系列调整,使分税制财政体制的内容不断丰富。这次改革主要包括以下四个方面。

一是中央与地方的事权和支出划分。根据当时中央政府与地方政府事权的划分,中央财政主要承担国家安全、外交和中央国家机关运转所需经费,调整国民经济结构、协调地区发展、实施宏观调控所必需的支出以及由中央直接管理的事业发展支出。具体包括:国防费,武警经费,外交和援外支出,中央级行政管理费，中央统管的基本建设投资，中央直属企业的技术改造和新产品试制费，地质勘探费，由中央本级负担的公检法支出和文化、教育、卫生、科学等各项事业费支出。

二是中央与地方的收入划分。根据事权与财权相结合的原则，按税种划分中央收入和地方收入。将维护国家权益、实施宏观所必需的税种划分为中央税；将同经济发展直接相关的主要税种划分为中央与地方共享税；将适合地方征管的税种划分为地方税，充实地方税税种，增加地方税收收入。分设中央与地方两套税务机构[①]，中央税务机构征收中央税和共享税，地方税务机构征收地方税。收入具体划分如下。

中央固定收入包括：关税，海关代征的消费税和增值税，消费税，中央企业所得税，非银行金融企业所得税，铁道、各银行总行、保险总公司等部门集中缴纳的收入（包括营业税、所得税、利润和城市维护建设税），中央企业上缴利润等收入。外贸企业出口退税，除1993年地方实际负担的20%部分列入地方财政上缴中央基数外，以后发生的出口退税全部由中央财政负担。

地方固定收入包括：营业税（不含各银行总行、铁道、各保险总公司集中缴纳的营业税），地方企业所得税（不含上述地方银行和外资银行及非银行金融企业所得税），地方企业上缴利润，个人所得税，城镇土地使用税，固定资产投资方向调节税，城市维护建设税（不含各银行总行、铁道、各保险总公司集中缴纳的部分），房产税，车船使用税，印花税，屠宰税，农牧业税，农业特产税，耕地占用税，契税，国有土地有偿使用收入等。

中央与地方共享收入包括：增值税，资源税，证券交易（印花）税。增值税中央分享75%，地方分享25%。资源税按不同的资源品种划分，海洋石油资源税作为中央收入，其他资源税作为地方收入。证券交易（印花）税，中央与地方各分享50%。

三是中央财政对地方税收返还数额的确定。为了保持地方既得利益格局，逐步达到改革的目标，中央财政税收返还数额以1993年为基期年核定。按照1993年地方实际收入以及税制改革和中央地方收入划分情况，核定1993年中央从地方净上划的收入数额（消费税+75%的增值税－中央下划收入）。1993年中央净上划收入，全额返还地方，保证地方既得利益，并以此作为以后中央对地方税收返还基数。1994年以后，税收返还数额在1993年基数上逐年递增，递增率按本地区增值税和消费税增长率的1∶0.3系数确定，即本地区两税每增长1%，对地方的返还则增长0.3%。如果1994年以后上划中央收入达不到1993年的基数，则相应扣减税收返还数额。

四是原体制中央补助、地方上解及有关结算事项的处理。为顺利推进分税制改革，1994年实行分税制以后，原体制的分配格局暂时不变，过渡一段时间再

---

① 第六章的专栏6-1说明，省级和省级以下国税地税机构需合并，该项机构改革在2018年6月已进行。

逐步规范化。原来中央拨给地方的各项专款,该下拨的继续下拨。地方承担的20%出口退税以及其他年度的上解和补助项目相抵后,确定一个数额,作为一般上解或补助处理,以后年度按此定额结算。

2. 分税制财政管理体制的调整。近年来,根据分税制运行情况和宏观调控需要,对分税制财政管理体制进行了必要的调整。一是对收入划分的调整。主要包括对证券交易（印花）税的分享比例、金融保险业营业税税率和国有土地有偿使用收入分配三个方面进行了调整,另外,对名义上的个人所得税也进行了分享调整,使地方政府与中央政府各拿个人所得税的40%和60%,这些收入方面调整的目的在于增大中央财政分配的权限。二是设立过渡时期转移支付制度。分税制平稳运行后,迫切需要实施规范的转移支付制度,这不仅是完善分税制财政体制的需要,而且也是地方财政运行的现实要求。但是,由于受中央财力等因素的制约,转移支付制度的规范化建设只能采取"总体设计、分步实施"的战略。在此背景下,1995年出台了过渡期转移支付方法。该办法是在不触动地方既得利益的条件下,由中央财政安排一部分资金,按照相对规范的办法,用于对欠发达地区的一般性财政补助,并向民族地区适度倾斜。与以往的政府间财力分配方式相比,其突出的特点是办法规范,决策过程透明。

## （二）分税制预算管理体制需要继续加以完善

20多年的实践证明,1994年分税制财政管理体制改革是我国财政管理体制上一次卓有成效的制度创新,初步建立起与社会主义市场经济发展相适应的财政管理体制和运行机制。它梳理了中央与地方的分配关系,调动了各级政府理财的积极性,建立了财政收入较为稳定的增长机制;提高了中央财政收入占全国财政收入的比重,增强了中央宏观调控能力;优化了财政税务机构建设,改变了过去中央与地方"委托—代理"的征收关系,两套税务机构开始发挥效能,对分税制财政管理体制的正常运转和加强税收征管起到了重要的保障作用;促进了地方各级政府理财思路的转变,使财源建设与产业结构调整和资源优化配置有效地结合起来。

不过,长期实践也反映出分税制财政管理体制还存在一些缺陷,需要继续加以完善。

1. 政府事权和支出范围划分还不够科学规范。政府职能的界定和政府间事权划分是分税制财政管理体制的基础。1994年财政体制改革是在当时中央与地方事权划分基础上进行的,基本维持了原来的支出范围。由于在市场经济体制下政府职能的重新界定是一个全新课题,因此,目前在政府与市场间的关系上仍然存在不够具体和规范的方面。这在一定程度上制约着政府的事权划分和财政收支划分。另外,中央政府与地方政府之间的事权和支出范围的划分还缺乏明确的法律界定,政府间的职责权限不够明了。

2. 收入划分不尽合理规范。分税制财政管理体制改革是与工商税制改革同时配套进行的,基本上是按照现行税制的税种划分收入,并已形成接近于目标模式的分配格局。但某些收入划分不够规范，随着经济体制改革的深入，仍需进一步调整。特别是在2016年全面推开营业税改增值税后，以往以营业税为主体税种的地方税体系亟待重构。

3. 政府间财政转移支付制度不够科学规范。实行分税制财政管理体制后，我国政府间财政转移支付由税收返还、体制补助、专项补助等多种形式构成，1995年之后又实行了过渡期转移支付办法，在2009年又进一步调整为税收返还、一般性转移支付和专项转移支付三种形式。但总体来看，当前财政转移支付还不够科学规范，离公共服务均等化目标还存在差距。

4. 省以下财政管理体制还不够完善。近些年，各地按照中央对省的分税制改革基本原则与模式，结合本地区实际情况实施了对下级政府的分税制财政管理体制。但是，较为普遍的现象是，多数收入划为共享收入；有些地方县市财政还缺乏稳定收入来源；有些地方资金调度不落实，中央财政在核定地方资金调度比例时曾明确规定各地必须将资金调度比例逐级核定到县，但个别地区执行不够彻底，在一定程度上影响了县级财政的正常资金需要。另外，各地都采取了一些财力均衡措施，但是均衡方式不够规范，均衡的力度有限，各省辖区内的地区间财力差距依然较大。

## 第四节 2000年后我国的预算改革

自2000年以来，我国财政体制方面的改革主要集中在预算管理体制上，我国预算管理在短期内发生了很大变化。综合这一时期的改革内容来看，预算管理方面的改革主要集中在政府预算收支分类改革、部门预算改革、国库集中支付制度改革和政府采购制度改革上。

### 一、政府预算收支分类改革

政府预算收支分类，是指在政府预算管理中，按照一定的标准将预算收支项目进行划分和归类，准确体现各类收支的性质、运行规律，反映国家一定时期内的路线、方针和政策。如何对政府预算收支进行科学分类，涉及政府预算管理的各个环节、层次，关系预算管理的水平。

2007年以前，预算科目分为收入科目和支出科目两部分，各部分按包括范围的大小及管理的需要又分为"类""款""项""目""节"五级，它们的关系是，前者是后者的概括和汇总，后者是前者的具体化和补充，由此形成一个完整的分类体系。具体的预算收支科目分为三部分：一般预算收支科目、基金预算收支科目和债务预算收支科目。

2007年，我国对政府预算收支分类进行了全面改革，将旧体系中的三部分改为收入分类、支出功能分类和支出经济分类。

## （一）收入分类按类、款、项、目设置

收入分类的特点有：第一，改革后的收入分类全面反映政府收入的来源和性质；第二，改革后的收入分类将所有收入纳入统一的收入分类体系，并具体采用了两种分类方法，一种是按收入形式分类，另一种是按来源分类；第三，改革后的收入分类设类、款、项、目四级，各级科目细化，以满足不同层次的管理需要。其中，类、款两级共6类48款。

1. 税收收入，下设20款：增值税、消费税、营业税、企业所得税、企业所得税退税、个人所得税、资源税、固定资产投资方向调节税、城市维护建设税、房产税、印花税、城镇土地使用税、土地增值税、车船使用和牌照税、船舶吨税、车辆购置税、关税、耕地占用税、契税、其他税收收入。收入分类中包括税收罚款收入和税款滞纳金。

2. 社会保险基金收入，下设6款：基本养老保险基金收入、失业保险基金收入、基本医疗保险基金收入、工伤保险基金收入、生育保险基金收入、其他社会保险基金收入。

3. 非税收入，下设8款：政府性基金收入、专项收入、彩票资金收入、行政事业性收费收入、罚没收入、国有资本经营收入、国有资源有偿使用收入、其他收入。

4. 贷款转贷回收本金收入，下设4款：国内贷款回收本金收入、国外贷款回收本金收入、国内转贷回收本金收入、国外转贷回收本金收入。

5. 债务收入，下设2款：国内债务收入、国外债务收入。

6. 转移性收入，下设8款：返还性收入、财力性转移支付收入、专项转移支付收入、政府性基金转移收入、彩票公益金转移收入、预算外转移收入、上年结余收入、调入资金。

## （二）支出功能分类按类、款、项设置

支出功能分类主要反映政府活动的不同功能和政策目标，特点有：第一，清晰反映政府各项职能活动支出的总量、结构和方向；第二，配合支出经济分类，可以形成一个相对稳定，既反映政府职能活动又反映支出性质、既有总括反映又有明细反映的支出框架；第三，符合国际通行做法。其中，类、款共17类172款。

1. 一般公共服务，下设32款：人大事务、政协事务、政府办公厅（室）及相关机构事务、发展与改革事务、统计信息事务、财政事务、税收事务、审计事务、海关事务、人事事务、纪检监察事务、人口与计划生育事务、商贸事务、知识产权事务、工商行政管理事务、食品和药品监督管理事务、质量技术监督与检验检疫事务、国土资源事务、海洋管理事务、测绘事务、地震事务、气象事务、民族事务、宗教事务、港澳台侨事务、档案事务、共产党事务、民主党派及工商联事务、群众团体事务、彩票事务、国债事务、其他一般公共服务支出。在此类

下,大多数款级科目下都有"行政运行"和"机关服务"两个项级科目。

2. 外交,下设8款:外交管理事务、驻外机构、对外援助、国际组织、对外合作与交流、对外宣传、边界勘界联检、其他外交支出。

3. 国防,下设3款:现役部队及国防后备力量、国防动员、其他国防支出。

4. 公共安全,下设10款:武装警察、公安、国家安全、检察、法院、司法、监狱、劳教、国家保密、其他公共安全支出。

5. 教育,下设10款:教育管理事务、普通教育、职业教育、成人教育、广播电视教育、留学教育、特殊教育、教师进修及干部继续教育、教育附加及基金支出、其他教育支出。

6. 科学技术,下设9款:科学技术管理事务、基础研究、应用研究、技术研究与开发、科技条件与服务、社会科学、科学技术普及、科技交流与合作、其他科学技术支出。

7. 文化体育与传媒,下设6款:文化、文物、体育、广播影视、新闻出版、其他文化体育与传媒支出。

8. 社会保障和就业,下设17款:社会保障和就业管理事务、民政管理事务、财政对社会保险基金的补助、补充全国社会保障基金、行政事业单位离退休、企业关闭破产补助、就业补助、抚恤、退役安置、社会福利、残疾人事业、城市居民最低生活保障、其他城镇社会救济、农村社会救济、自然灾害生活救助、红十字事业、其他社会保障和就业支出。

9. 社会保险基金支出,下设6款:基本养老保险基金支出、失业保险基金支出、基本医疗保险基金支出、工伤保险基金支出、生育保险基金支出、其他社会保险基金支出。

10. 医疗支出,下设10款:医疗卫生管理事务、医疗服务、社区卫生服务、医疗保障、疾病预防控制、卫生监督、妇幼保健、农村卫生、中医药、其他医疗卫生支出。

11. 环境保护,下设10款:环境保护管理事务、环境监测与监察、污染防治、自然生态保护、天然林保护、退耕还林、风沙荒漠治理、退牧还草、已垦草原退耕还草、其他环境保护支出。

12. 城乡社区事务,下设10款:城乡社区管理事务、城乡社区规划与管理、城乡社区公共设施、城乡社区住宅、城乡社区环境卫生、建设市场管理与监督、政府住房基金支出、国有土地使用权出让金支出、城镇公用事业附加支出、其他城乡社区事务支出。

13. 农林水事务,下设7款:农业、林业、水利、南水北调、扶贫、农业综合开发、其他农林水事务支出。所谓"农业支出",是指大口径的农业方面的支出,具体包括种植业、畜牧业、渔业、兽医、农机、农垦、农场、农业产业化经营组织、农村和垦区公益事业等方面的支出。扶贫主要包括财政扶贫资金、边境建设补助费和民族工作经费三大块,改革后,原财政扶贫资金、边境建设补助费分别列入城乡社区事务等科目中。

14. 交通运输，下设4款：公路水路运输、铁路运输、民用航空运输、其他交通运输支出。

15. 工业商业金融等事务，下设18款：采掘业、制造业、建筑业、电力、信息产业、旅游业、涉外发展、粮油事务、商业流通事务、物资储备、金融业、烟草事务、安全生产、国有资产监管、中小企业事务、可再生能源、能源节约利用、其他工业商业金融等事务支出。在《国民经济行业分类》中，各类产业按活动划分为农林牧渔、采矿业、制造业、建筑业等，没有采用传统的方法划分工业、商业等。政府收支分类的支出功能分类，对政府涉及的经济事务，采用国民经济活动行业分类标准，没有单独设置工业事务。

16. 其他支出，下设4款：预备费、年初预留、住房改革支出、其他支出。按我国《预算法》规定，预备费也称总预备费，是指各级政府预算中不规定具体用途的当年后备基金，一般是为了解决在预算执行过程中发生的某些临时性急需和事前难以预料的重大开支项目。各级政府预算应当按照本级政府预算支出额的1%～3%设置预备费。总预备费一般应控制在下半年使用，并经过一定的程序批准。中央预备费的动用要经国务院批准，地方预备费的动用要经地方同级人民政府批准，批准安排的支出按其实际用途分别列入各类、款、项的预算支出科目中，年终执行结果不反映在总预备费科目中，财政总预算会计也不对总预备费进行财务核算。

17. 转移性支出，下设8款：返还性支出、财力性转移支付、专项转移支付、政府性基金转移支付、彩票公益金转移支付、预算外转移支出、调出资金、年终结余。

（三）支出经济分类按类、款设置

支出经济分类是按支出的经济性质和具体用途所做的一种分类。在支出功能分类明确反映政府职能活动的基础上，支出经济分类明细反映政府的资金究竟是怎样支出的，是支付了人员工资、会议费，还是购买了办公设备费等。设置支出经济分类的缘由是：第一，使政府收支分类体系更加完整；第二，使支出科目反映的内容更加明细完整；第三，为了规范管理。共12类94款。

1. 工资福利支出，下设7款：基本工资、津贴补贴、奖金、社会保障缴费、伙食费、伙食补助费、其他工资福利支出。

2. 商品和服务支出，下设30款：办公费、印刷费、咨询费、手续费、水费、电费、邮电费、取暖费、物业管理费、交通费、差旅费、出国费、维修（护）费、租赁费、会议费、培训费、招待费、专用材料费、装备购置费、工程建设费、作战费、军用油料费、军队其他运行维护费、被装购置费、专用燃料费、劳务费、委托业务费、工会经费、福利费、其他商品和服务支出。

3. 对个人和家庭的补助，下设12款：离休费、退休费、退职（役）费、抚恤金、生活补助、救济费、医疗费、助学金、奖励金、生产补贴、住房公积金、提租补贴、购房补贴、其他对个人和家庭的补助支出。

4. 对企事业单位的补贴，下设 4 款：企业政策性补贴、事业单位补贴、财政贴息、其他对企事业单位的补贴支出。

5. 转移性支出，下设 2 款：不同级政府间转移性支出、同级政府间转移性支出。

6. 赠与，下设 2 款：对国内的赠与、对国外的赠与。

7. 债务利息支出，下设 6 款：国库券付息、向国家银行借款付息、其他国内借款付息、向国外政府借款付息、向国际组织借款付息、其他国外借款付息。

8. 债务还本支出，下设 2 款：国内债务还本、国外债务还本。

9. 基本建设支出，下设 9 款：房屋建筑物购建、办公设备购置、专用设备购置、交通工具购置、基础设施建设、大型修缮、信息网络购建、物资储备、其他基本建设支出。

10. 其他资本性支出，下设 9 款：房屋建筑物购建、办公设备购置、专用设备购置、交通工具购置、基础设施建设、大型修缮、信息网络购建、物资储备、其他资本性支出。根据国际货币基金组织的解释，资本性支出是指提供具有 1 年以上正常使用寿命和高于最低限度特定价值并用于非军事生产目的的商品支出，包括建造道路、水坝、灌溉工程、办公大楼或住宅楼、学校、医院或其他资本设施的支出。

11. 贷款转贷及产权参股，下设 6 款：国内贷款、国外贷款、国内转贷、国外转贷、产权参股、其他贷款转贷及产权参股支出。

12. 其他支出，下设 5 款：预备费、预留、补充全国社会保障基金、未划分的项目支出、其他支出。

## 二、部门预算改革

按照收支管理范围，可将预算具体分为总预算、部门预算和单位预算，其中，部门预算通过对下属各单位的单位预算进行汇总，从而形成一个部门一本预算，这也是总预算的基本构成框架。但是，长期以来，我国采取按功能编制预算，并依据功能的不同将一个部门的预算分割成几个不同的预算模块，形成不完整的部门预算，无法发挥部门预算在编制预算过程中的基础地位。自 1999 年起，我国进行了自上而下的部门预算改革，发展至今，较好地发挥了部门预算的作用。

综合已有的对部门预算的各种定义，有以下三个共同点：第一，一个部门一本预算；第二，由政府各部门编制，经财政部门审核、国务院审定报全国人大批准；第三，反映部门所有收入和支出。

### （一）部门预算的特征

1. 综合性。部门预算综合反映一个部门预算内外收入，事业收入以及其他合法收入，实现了部门公共资源的统一，从微观基础上保证了预算总量控制目标的实现，也有利于提高财政透明度。待国库支付改革到位后，预算有望实现流量收入和存量财力的统一，将结余资金纳入年度财政运营中；还可以逐步提高财政资源的集成度，打破财政资金部门分割，也就是说，借以推动预算的成熟。根据中长期宏观经济规划，视财政结余调整税收力度，变"量入为出"为"量出为入"，达到财政管理的较高境界。可见，部门预算的综合性可以保障在当前促进预算总量控制、在未来促进财政管理的提升，具有很大拓展性。

2. 科学性。部门预算是零基预算的一种表现方式，零基作为一种理念甚于作为一种支出测算方法。作为一种方法而言，任何支出的测算都要建立在真实可靠的历史数据基础上，完全的零基是不可能的，但作为一种理念，可以激励人们努力改进预算技术，更加真实合理地测算支出。部门预算的科学性将会为优化财政资源配置、调整财政支出结构打开空间，从而提升预算配置效率。

3. 细化性。部门预算的内容细化到部门及下属单位和项目。我国编制的部门预算，详细确定和规范了部门及其下属单位预算支出项目和内容，逐步改变长期以来把预算资金切块给部门自行分配使用的状况。

4. 经费分类管理。在部门预算编制中，部门预算支出被划分为基本支出和项目支出两部分，对这两部分实行不同的编制方法。基本支出是以定员定额制度为编制依据，项目支出是在可行性研究的基础上实行项目库管理方法和绩效要求。

5. 强化法律性。在部门预算改革中，涉及部门预算编制流程的规范，突出了立法机关审核职能，强化了预算的法律性特征。

(二) 部门预算编制时间表——以中央政府部门预算为例

1999年部门预算改革之前，中央各部门一般从11月开始编制预算；2000年从9月开始编制部门预算；2002年从7月开始编制部门预算；2004年从5月开始做编制部门预算的准备工作。

(三) 部门预算编制流程

从具体流程上看，中央部门预算实行"二上二下"的编报方法。所谓的"上"和"下"，是预算数据的流动方向，通常把预算部门向财政部门上报预算数据称之为"上"；把财政部门向预算部门下达预算数据称之为"下"。

"一上"，由部门编制预算建议数上报财政部门。行政单位根据预算年度工作计划、工作任务和收支增减因素，提出包括财政预算拨款收入、预算外资金收入、其他收入和各项支出组成的收支概算，逐级汇总后由主管部门报送同级财政部门。

"一下"，财政部门与有预算分配权的部门审核部门预算建议数后下达预算控制数。财政部门根据本级人民代表大会批准的财政预算及本级政府批准的财政预算外资金收支计划，参照行政单位编报的收支概算，按照预算编报审批原则测算、分配下达单位预算指标。

"二上"，部门根据预算控制数编制本部门预算报送财政部。部门根据财政分配的预算指标，核实调整单位各项收支，按照预算编报的要求，正式编制年度收入和支出预算，经主管预算单位审核汇总后报送同级财政部门。

"二下"，财政部门根据人代会批准预算草案来批复部门预算。财政部门对上报的部门预算，进行认真审核，在规定期限内批复下达部门预算。

实行"二上二下"的预算编制流程，有利于提高部门预算的科学性和准确性，可使财政部门与职能部门相互交流信息、沟通情况，使预算更加符合部门实际情况，以保证预算执行的严肃性。

### 三、国库集中支付制度改革

国库工作是国家预算执行的一项重要基础工作，国库工作质量直接关系到国家预算能否正常、顺利地进行。

（一）国库的职能及体制

国库职能包括现金管理、政府银行账户管理、财务规划和现金流量预测、公共债务管理、国外赠款管理和金融资产管理等。不同的国家对国库职能确定是不尽相同的，不过一般都有现金管理和预算执行控制这些基本职能。可以说，国库是财政资金的出纳机构。

国库体制就是围绕财政收付款的管理体制。为体现政府财政活动不同时期的不同目标，国库体制是有变化的。另外，由于银行是现代经济的结算中心，国库体制的改革主要涉及财政资金清算系统的改革。具体来讲，世界范围内存在的国库体制有三种。（1）独立国库制。国家专设独立的国库，办理预算的出纳业务。由于自设国库费用大，且使财政资金在国库闲置，故采用独立国库制的国家很少。（2）委托国库制。国家委托央行经理或代理国库业务，采用这种类型的国家较多。（3）银行制。国家不设国库，也不委托央行代理国库，而是由财政部门在银行开立账户，办理预算收支业务，财政账户的性质似同一般存款户，实行存款有息，结算付费。

我国由中国人民银行代理国库，执行国家预算出纳业务。我国一直采用委托国库制，原因在于：一是银行机构遍及全国城乡，缴款人缴纳方便，如企业缴纳税利只要银行转账即可办理；二是国家预算收支的上解下拨通过银行内部办理划拨款项，库款调拨灵活；三是预算资金报解迅速，信息反馈及时，财政库存数字准确；四是财政库存款项在财政未拨付前，银行可用于周转，是信贷资金的来源之一，可充分利用资金；五是加强管理，发挥国库对国家预算执行的促进和监督作用。我国现行的委托国库制的特点有二：一是实行双重代理国库的办法，县及县以上财政部门不设独立的国库机构，而是委托中国人民银行代行国库职能，办理财政资金收付及相关业务；县以下和不设人民银行的地方则由人民银行委托商业银行办理国库业务；国库业务实际上同时由人民银行和商业银行双重代理。二是国库资金实行"存不计息、付不付费"无偿运作办法,致使国库资金监管困难、库款汇划渠道不畅和延压税款。

## (二) 我国国库体制的改革

1. 我国国库体制改革的原因。我国国库体制的改革,主要原因是原有的财政收付款体制在实践中出现了一系列问题,无法适应预算管理体制的改革和构建公共财政制度的要求,这些问题有:延压、挤占和挪用财政资金;资金到位率低,难以及时满足单位用款需要;多头开户容易转移和隐匿资金;财政资金收付过程脱离财政监督;对国库管理工作缺乏足够重视。

2. 国库集中收付制度改革意义。鉴于传统国库制度存在的种种弊端,我国自 2000 年开始进行国库集中收付制度的改革。国库集中收付制度是建立、规范国库集中收付活动的各种法令、办法、制度的总称,其运作是以国库单一账户体系为基础,所有财政性资金都要纳入国库单一账户体系管理,逐步推进各级政府预算统一管理,资金缴拨以国库集中收付为主要形式的财政国库管理制度。

建立国库集中收付的目的是,通过财政资金的集中化管理,统一归口在国库及其代理行开设账户,保证财政资金使用规范、合理、安全和高效。国库集中收付制度具有操作简便,资金支付快速、准确,简化预算资金缴拨环节和手续的优点。其意义如下:实现财政资金集中管理,提高宏观调控能力;健全财政资金支出的监督制约机制;促进预算执行。

## (三) 我国国库集中收付制度改革内容

1. 国库单一账户体系。

(1) 国库单一账户,是财政部门代表政府在中国人民银行设立的用于记录、核算和反映财政预算资金和纳入预算管理的政府性基金的收支活动,并用于同财政部门在商业银行开设和财政部门为预算单位在商业银行开设的零余额账户进行清算、实现支付的国库存账户。实际上,国库单一账户就是国库,就是财政在人民银行设立的存款账户。

(2) 零余额账户,是财政部门按资金使用性质在商业银行开设财政零余额账户和为预算单位开设单位零余额账户,用于预算资金的日常支付与国库单一账户清算。财政部门零余额账户用于财政直接支付和与国库单一账户清算。零余额账户每日发生的支付,在当日营业终了前由代理银行与国库单一账户清算;预算单位零余额账户,是财政部门为预算单位在代理银行系统内开设的零余额账户,由预算单位自行开具支付令,通过该账户办理额度内的购买支出和零星支出。

(3) 预算外资金收缴和管理的财政专户。预算外资金财政专户,简称财政专户,是由各级财政部门分别在商业银行代理银行总行或分支机构设立并专门用于记录、核算和反映预算外资金收支活动和日常收支清算的账户。它具有准国库的功能,包括单位预算外资金的收缴和拨付、与财政汇缴专户清算、向国库单一账户缴款以及拨付单位预算外资金。设置此专户，主要是考虑还有一定规模的财政性资金未纳入预算管理，这些预算外资金来源复杂，除合规的收入外，还有些需要清理取消的收入。随着财税体制改革的深化，预算外资金规模将逐步缩小，最终所有的财政性资金都将被纳入国库单一账户管理，即预算外资金财政专户要合并到国库单一账户中。

预算外资金财政汇缴专户，简称财政汇缴专户，是由财政按照规定程序在代理银行为执收单位设立，用于单位预算外资金的收入收缴，以及与财政专户进行清算的银行账户。每日营业终了，由代理银行通过资金汇划清算系统将缴入预算外资金财政汇缴专户的资金，全部划转到预算外资金财政专户，实行零余额管理。财政汇缴专户不是国库单一账户体系中要求设置的银行账户，而是预算外资金管理中可选择设置的银行账户。

（4）小额现金账户。小额现金账户是财政部门为预算单位在代理银行开设的用于记录、核算和反映预算单位的小额零星支出的账户，并与国库单一账户进行清算。设置此类账户主要是方便预算单位日常发生的一些零星分散、数额小、支付频繁的支出。

（5）特设专户，用于核算经国务院批准或国务院授权财政部批准的特殊专项支出。预算单位不得将特设专户资金与本单位其他银行账户资金相互划转。代理银行根据财政部和账户管理要求，具体办理特设专户支付业务。这是为了照顾到我国各种政策性的支出项目。

2. 财政资金拨付方式。我国国库集中收付制度的重点是规范支出拨付程序，按照支付方式可分为财政直接支付和财政授权支付。

（1）直接支付。直接支付是指财政部门根据用款单位提出的用款申请，由财政部门签发支付指令，通过在代理银行设置的财政零余额账户，直接将财政资金支付到收款人或用款单位账户，再由设置财政零余额账户的代理银行总行通过财政与国库单一账户体系进行清算。

（2）授权支付。财政授权支付是指财政部门根据预算和用款计划，将每个月用款额度下达到用款单位零余额账户，预算单位根据财政授权，在下达的用款额度内自行开具支付令并支付资金，通过国库单一账户体系，将资金支付到收款人账户。财政授权支付的范围是未实行财政直接支付的购买支出（包括工资支出、工程采购支出等）和零星支出。

3. 财政收入收缴制度。

（1）直接缴库。直接缴库是由缴款人直接向财政专户或财政汇缴专户办理缴款业务，具体而言，是指各项财政收入由缴款单位或缴款人按有关法律法规规定直接将应缴款缴入国库单一账户或预算外资金财政专户。

（2）集中汇缴。集中汇缴是指缴款人将应缴款项直接缴给执收单位，由执收单位按日到代理银行办理缴款业务，通过代理行将所收款项缴入财政专户或财政汇缴专户。

### 四、政府采购制度改革

#### (一) 政府采购的基本概念

政府采购（government procurement），也称公共采购，是指各级政府及其所属机构为了开展日常政务活动或为公众提供公共服务的需要，在财政的监督下，以法定的方式，对货物、工程或服务的购买。政府采购不仅是指具体的采购过程，而且是采购政策、采购程序、采购过程以及采购管理的总称，是一种对公共采购管理的制度。

实施政府采购制度，要求在政府采购过程中遵循公共性、公正性、竞争性和物有所值的原则，以保障政府所购物品价格合理、质量可靠。推进政府采购制度，可最大限度地节约公共资金，推动市场竞争，并防止采购活动中的腐败现象。

政府采购是相对于个人采购和家庭采购而言的，它具有自己的特点。

1. 资金来源的公共性。政府采购的资金来源为财政拨款和需要由财政偿还的公共借款，这些资金的最终来源为纳税人的税收和政府公共服务收费。

2. 采购主体的特定性。政府采购的主体，也称采购实体，是指依靠国家财政资金运作的政府机关、事业单位和社会团体等。

3. 采购活动的非商业性。政府采购为非商业性采购，它不是以盈利为目标，也不是为卖而买，而是通过购买为政府部门提供消费品。

4. 采购对象的广泛性。政府采购的对象包罗万象，既有标准产品也有非标准产品，既有有形产品也有无形产品，既有军用产品也有民用产品。为了便于管理和统计，国际上通行的做法是按其性质将采购对象分为三类，即货物、工程和服务。货物是各种各样的物品，包括原料、产品、设备等。工程是各种新建、改扩建或翻新构造物等建筑项目。服务是除货物或工程外的任何采购。

5. 采购的政策性。采购实体在采购时不能体现个人偏好，必须遵循国家政策的要求，包括最大限度节约支出，购买本国产品等。

6. 采购过程的规范性。政府采购不是简单"一手交钱，一手交货"，而是要按有关政府采购的法规，根据不同采购规模、采购对象及采购时间等，采用不同的采购方式和程序，使每项采购活动都要规范运作，接受社会监督。

7. 影响力。政府采购不同于个人、家庭、企业采购，它是一个国家内最大的单一消费者，购买力非常巨大，在很多国家，政府采购金额占GDP的10%以上，因此，政府采购对社会经济有着非常大的影响力，采购规模的扩大或缩小、采购结构的变化对社会经济发展状况和产业结构以及公众的生活环境都有十分明显的影响。正是由于政府采购对社会经济有着其他采购主体不可替代的影响，它已成为各国政府通常使用的一种宏观经济调控手段。

## （二）政府采购的基本方式

1. 按招标范围分类。根据招标范围可将采购方式统一规范为公开招标采购、选择性招标采购和限制性招标采购。公开招标采购是指通过公开程序，邀请所有有兴趣的供应商参加投标。选择性招标采购是指通过公开程序，邀请供应商提供资格文件，只有通过资格审查的供应商才能参加后续招标；或者通过公开程序，确定特定采购项目在一定期限内的候选供应商，作为后续采购活动的邀请对象。限制性招标是指不通过预先刊登公告程序，直接邀请一家或两家以上的供应商参加投标。这种采购方式需要具备一些条件：公开招标或选择性招标后没有供应商参加投标；供应商只有一家；无其他替代选择；出现了无法预见的紧急情况；向原供应商采购替换零配件；追加工程，必须由原供应商办理，且金额未超过原合同金额的 50%；与原工程类似的后续工程，并在第一次招标文件已作规定的采购等。

2. 按是否具备招标性质分类。按是否具备招标性质，可将采购方式分为招标性采购和非招标性采购。采购金额是确定两种方式的重要标准。一般来说，达到一定金额以上的采购项目，采用招标性采购；不足一定金额的采购项目，采用非招标性采购。

招标性采购是指通过招标的方式，邀请所有的或一定范围内潜在的供应商参加投标，采购实体通过某种事先确定并公布的标准从所有投标中评选出中标供应商，并与之签订合同的一种采购方式。招标性采购按接受投标人的范围，分为国际竞争性招标采购、国内竞争性招标采购、国际限制性招标采购和国内限制性招标采购。

非招标性采购是指除招标采购方式以外的采购方式。在有些情况下，例如需要紧急采购或者采购来源单一等，招标方式并不是最经济的，需要采用招标以外的采购方法。另外，在招标限额以下的大量采购活动，也需要明确采购方法。非招标采购方法很多，如国内外询价采购、单一来源采购、竞争性谈判采购、自营工程等。

3. 按采购规模分类。按这种分类采购方法有小额采购方式、批量采购方式和大额采购方式。

## （三）政府采购的基本程序

国际经验表明，各项采购无论采取什么方法或涉及多大金额，都要按规定的步骤进行。政府采购在国外已有 200 多年的历史，但在我国刚刚起步。推行政府采购需要观念、法规、机构设置、管理制度和方法上进行一系列变革，以替代原有的分散、自主、零乱和效益低下的采购方法，达到政府采购规范化、程序化和法制化的目标。

1. 确定采购需求。采购需求由各采购实体提出，报财政部门审核，只有被财政部门列入年度采购计划的采购需求才能执行。财政部门在审查各采购实体的采购需求时,既要考虑采购预算的限额,同时还要考虑各采购实体的采购要求的合理性。

2. 选择采购方法。采购方法很多,具体采用何种方法的总原则是要有助于推动公开和有效竞争及物有所值目标的实现。一般来说,一国对本国政府采购使用的采购方法及适用条件都有明确规定,但这些规定都是相对的,相对每个项目而言,在很长一段时期内,招标采购非常流行,但招标采购也有一定的局限性,尤其是在采购货物量比较小或分散的情况下,采用非招标方法也是必要的。

3. 执行采购方法和签订采购合同。一旦确定了采购方法,就必须严格按照已定采购方法的程序和要求操作,并与供应商签订采购合同。合同只能给予符合采购实体事先公布的评审标准因而具有向政府供货资格的供应商。无论通过什么采购方法,最终都要形成一个合同。

4. 履行采购合同。合同签订后,采购进入了合同执行阶段。在此阶段,合同供应商必须按合同的各项规定,向采购实体提供货物、工程或服务,采购实体和合同商都不得单方面修改合同条款,否则属于违约,违约方必须按合同规定向合同的另一方赔偿损失。

5. 效益评估。采购实体及有关管理、监督部门对已采购的项目的运行情况及效果进行评估,检验项目运行效果是否达到了预期目的。通过效益评估,还可以判定采购实体的决策、管理能力及供应商的履约能力。如果采购项目运行效果差,而原因是出在采购实体身上,财政部门在以后该采购实体上报采购计划时会严格审查,或者禁止该采购实体自己执行采购活动;原因如果出在供应商身上,也要予以通告,该供应商以后会失去很多拿到政府采购合同的机会。

## 基本概念

政府预算 单式预算 复式预算 绩效预算 零基预算 基数法 预算周期 分税制 部门预算 国库集中支付制度 政府采购

## 思考与练习

1. 简述政府预算的特征。
2. 简述政府预算周期。
3. 简述我国预算管理体制的演变。

# 第十三章 财政政策

【本章概要】

随着经济的发展，政府财政开支规模日益扩大，政府宏观调控在经济社会生活中已变得越来越重要。自20世纪80年代以来，我国开始了以政府为主导的市场化改革，使得政府行为结果不仅是市场机制动作的前提，也成为影响改革进程的关键因素，尤其是政府实施的财政和货币两大宏观调控政策，对国民经济整体发展和改革内容都产生了深远影响，因而需要对宏观调控政策本身加强研究。

【学习目标】

1. 了解财政政策的发展脉络。
2. 掌握财政政策概念和目标。
3. 了解我国财政政策运用情况。

## 引　言

财政政策贯穿于财政工作的全过程，体现在收入、支出、预算平衡和国家债务等各个方面。因此，财政政策是由支出政策、税收政策、预算平衡政策、国债政策等构成的一个完整的政策体系。在市场经济条件下，财政功能的正常发挥主要取决于财政政策的适当运用。财政政策运用得当，就可以保证经济的持续、稳定、协调发展，财政政策运用失当，也会引起经济的失衡和波动。

## 第一节　西方财政政策思想的发展

财政政策对西方国家的经济运行起到了巨大的作用。同时，不断演变中的财政政策也是西方国家经济实践的产物。在经济运行的不同时期，发展的财政政策以不同的流派力量对社会经济发展起着不同的作用。

## 一、古典学派的财政政策思想

亚当·斯密在《国富论》中贯彻的一个基本指导思想是主张自由放任,即主张在自由竞争中发展资本主义经济。在该书中,他也首次提出财政政策的概念。

萨伊①在1803年出版的《政治经济学概论》一书中提出了"供给会创造自己的需求"这一被称之为"萨伊定律"的著名论断意味着,任何数量的储蓄都会被用于投资,所有商品生产都过剩的危机是不可能出现的。

马歇尔被称作"新古典学派"的奠基者和主要代表。其在经济学领域最成功之处在于他的折中和综合,代表作为《经济学原理》。他在整个经济学体系中真正创新的观点不是很多,主要体现在方法论上的以"连续原理"为基础的个体分析和需求供给理论中的"弹性概念",而其他观点主要是对以前经济学家的经济学说的继承和发扬。

马歇尔的学生庇古也认为,产品市场的过剩只是局部过剩,价格的完全伸缩性可以保证产品市场的供求平衡,劳动力市场也是如此,充分就业才是市场常态。

无论是古典还是新古典,都遵循自由主义的经济观点,政府越小越好,政府的收支越少越好,财政政策只强调年度的收支平衡,不存在政府财政政策对微观经济个体的干预。

## 二、凯恩斯学派的财政政策思想

凯恩斯的《就业、利息和货币通论》(简称《通论》)一书标志着当代宏观财政理论在摆脱亚当·斯密的理论框架后产生了凯恩斯主义,形成了以财政政策调控宏观经济为核心的财政理论体系,这一理论体系大大扩充了亚当·斯密在《国民财富的性质和原因的研究》中构筑的由支出、税收、公债和预算组成的传统财政理论体系范围,推动了财政理论的建设和发展。而且使传统体系公认的"健全型财政"转化为"功能型财政",正是这种功能型财政的形成奠定了当代西方财政理论的基础,首开财政宏观调控经济的先河,也是赤字财政政策取代健全财政政策的首次转折。

新古典经济学从萨伊定律和完全竞争两个假定前提出发,认为在产品价格、工资和利息率具有充分伸缩性的市场机制的自发调节下,储蓄支配投资,整个经济能够自动实现充分就业均衡,而不存在普遍意义的生产过剩经济危机和失业。凯恩斯经济学除承认传统经济学认为的摩擦失业和自愿失业以外,认为还存在非自愿失业;摒弃萨伊定律,宣扬凯恩斯定律。新古典经济学遵循的是"供给会创造它自身的需求"的萨伊定律。凯恩斯经济学则突出"有效需求原理",认为需

---

① 萨伊(Say),法国第一个政治经济学教授,萨伊定律是古典经济学的奠基石之一。他倡导效用价值论,特别推崇斯密,以斯密理论的通俗、系统解释者自居。其主要著作有《政治经济学概论》,该书的成功是萨伊成为欧美两洲斯密学说最著名的阐述者。

求会创造它自身的供给，承认危机和失业严重，并把发生的愿意归结为边际消费倾向、资本边际效率、流动偏好三大心理规律和货币数量所决定的有效需求不足；摒弃传统的健全财政原则，主张膨胀性财政政策。传统经济学主张量入为出、开支力求节省、收支平衡，反对通货膨胀。凯恩斯经济学与之相反，提出扩大政府开支、赤字预算和举债支出的膨胀性政策；以宏观总量分析代替微观个量分析，开创了现代宏观经济分析。新古典经济学以充分就业均衡的假定为前提，对单个经济单位的经济行为进行分析。凯恩斯经济学则以宏观经济为分析对象，用总量分析代替个量分析，研究各个经济总量的变动及其相互关系。

凯恩斯提出的反危机财政政策和货币政策主张，是以国家必须干预和调节经济运行为前提的。

传统的新古典经济学以萨伊定律为基础，认为在资本主义市场机制的自动调节下，无论就业处于何种水平，总供给恒等于总需求，从而否认普遍意义的生产过剩经济危机和大量失业的存在，反对国家干预，主张自由放任。凯恩斯一反新古典经济学的传统，从他新创立的有效需求原理出发，认为资本主义经济将不可避免地出现普遍生产过剩经济危机和大量失业。经济危机和大量失业的原因是私人方面有效需求不足。而有效需求不足又由两方面构成：消费需求不足，这是由消费倾向偏低引起的；投资需求不足，这是由资本边际效率递减和流动偏好偏高所造成的。因此，要解决危机和失业问题，就必须设法提高消费倾向，以便扩大消费，同时设法提高资本边际效率，以便扩大投资。只有从这两方面提供足够的有效需求，危机和失业问题才能得到解决。这就是凯恩斯从他的经济理论体系中得出的基本政策结论。

那么，怎样才能从消费和投资两方面提高总的有效需求呢？凯恩斯认为，在现代资本主义社会，受三个基本心理规律的作用，单靠资本主义市场机制的自动调节不足以保证社会资源的使用达到充分就业的水平，需要国家干预经济。这三个规律是：边际消费倾向规律；资本边际效率规律；流动偏好规律。因此，必须依靠国家干预经济来提高消费倾向和加强投资引诱，以扩大有效需求，消除经济危机和失业。

## （一）财政政策

财政政策，就是通过财政支出和税收的变动来控制总需求水平的政策。财政支出，就是通过调节政府购买支出和政府转移支出直接影响总需求。而税收则是通过调整政府的税收间接影响总需求。当经济出现衰退，失业持续增加时，政府实行扩张性财政政策，通过增加政府购买支出和转移支出、降低所得税的办法，增加政府支出，减少政府税收；而当价格持续上升，通货膨胀严重时，则实行紧缩性财政政策，减少政府支出，增加政府税收。由于凯恩斯当时所面临的是经济危机和失业问题，因此，他在《通论》中主张实行扩张性财政政策，以刺激有效需求，消除危机和失业。

凯恩斯主张实行扩张性的财政政策，具体来说有以下两方面。

在税收方面，除一般性地主张减免所得税以增加个人收入，还主张加强对富人直接税的征收。他认为，在实现充分就业之前，资本的生长受到低消费倾向的抑制。若财富过于集中在富人手中，而他们又厉行节约，就会大大降低社会消费倾向，从而不利于资本积累。相反，如果采取加强征收富人直接税的步骤来重新分配收入，改变分配不公的状况，则不但可以提高消费倾向，而且有利于资本积累。

在支出方面，凯恩斯不赞成用增加税收的办法来扩大政府开支。他指出，税收的变动，特别是实行累进所得税，虽可重新分配收入，提高社会消费倾向，扩大有效需求，但由于短期内消费倾向是比较稳定的，故单纯依靠税收政策尚不足以克服经济危机，提高就业水平。而且，如果以增加税收作为扩大政府支出的来源，还会减少私人消费和投资，两者相互抵消，仍达不到扩大有效需求的目的。

但是，如果用举债的方式来扩大政府支出，则结果就会大不相同。因为政府举债支出一般可用于两种用途：一是兴办投资项目，如兴办公共工程；二是弥补其他预算项目的赤字。政府举债如果用于兴办投资项目，则会增加投资需求；如用于弥补预算赤字，则又可提高消费需求。总之，政府举债无论用于何种用途，均可扩大有效需求，增加国民收入和就业量。

(二) 货币政策

货币政策，就是中央银行通过变动货币供应量或利率以稳定国民经济的政策。在经济出现衰退、失业持续增加时，实行扩张性的货币政策，增加货币供应量，降低利率，以刺激有效需求。反之，当物价水平持续上升，通货膨胀严重时，则实行紧缩性货币政策，减少货币供应量，提高利率，以抑制有效需求。由于凯恩斯当时所面临的是经济危机和失业问题，因此，他在《通论》中主张实行扩张性货币政策，以刺激有效需求，消除危机和失业。

实行扩张性货币政策，旨在增加货币供应量，降低利率。为此，中央银行有三个重要的工具（贴现率、法定准备率、公开市场业务）可供操作。首先，中央银行可通过调整各商业银行存款准备金的比例，扩张和收缩信用。在扩张性货币政策的情况下，中央银行可以通过降低法定准备率，扩张信用。这是因为，降低法定准备率，意味着增加商业银行的超额储备。商业银行为了自身利益，必然扩大放款总额，支票流动量增加。这样，货币供应量增加，利率下降，投资增加，总需求也就增加了。而当通货膨胀严重时，就应调高法定准备率，收缩信用。但由于调整法定准备率，扩大或收缩信用过急，对货币市场冲击过大，所以一般而言，中央银行不轻易使用这种手段。其次，可调整贴现率。这里所说的贴现率，就是中央银行向商业银行放款的利率。调低贴现率，意味着商业银行从中央银行获取贷款的成本降低，从而在客观上可起到鼓励商业银行向中央银行借款的作用。因此，调低贴现率可导致货币供应量增加，利率下降。随着利率的下降，投资必然增加，有效需求必然扩大。反之，当经济出现通货膨胀时，就应提高贴现率。最后，可采取公开市场业务。所谓公开市场业务，就是由中央银行在证券市场上买卖国家债券。当央行买进时，货币供应量增加。同时，由于中央银行大量买进债券，必须导致债券价格上升，利率下降，因而可以起到刺激投资，增加有效需求的作用。

对于财政政策和货币政策，凯恩斯更注重财政政策的作用，认为货币政策只是辅助作用。在他看来，货币政策是通过利率机制而间接作用于投资和有效需求的，不如财政政策来得直接有力。故在凯恩斯看来，国家对经济生活的干预，应该以财政政策为主、以货币政策为辅，两者相互配合。当经济衰退时，实行扩张的财政和货币政策，刺激总需求；当经济高涨时，则实行紧缩性的财政和货币政策。

（三）凯恩斯主义的发展

凯恩斯早期的理论在随后的发展中分为重要的两支，即新古典综合派和新剑桥学派。

新古典综合派的主要代表人物萨缪尔森、汉森[1]等经济学家强调国家运用财政政策干预宏观经济，反对经济的自由放任，主张实行扩张性的赤字财政政策，反对所谓健全的财政政策。在政策上，主张补偿型财政政策就是把财政赤字和经济周期联系起来。这一原理在西方国家广泛运用。其中心意思是，在经济衰退时期，实行可调的税收增加或减少政策，以减少有效需求。政府通过这一财政政策的实施，有力地调节有效需求，从而达到烫平经济波动的目的，极力主张政府"可自行选择"的财政政策要点就是增加政府支出和社会福利开支；提出乘数原理和 IS－LM 分析相互作用，拓展和深化凯恩斯主义理论。

新剑桥学派的主要代表人物罗宾逊[2]、帕西内等经济学家，强调政府的支出和税收是国家推行经济干预政策的两大支柱，提出国家应运用预算盈余政策或赤字政策来调控和干预经济波动，实现经济的均衡增长。在政策上，主张采取一些具体步骤实现收入分配均等化：通过累进所得税和高额的财产税等税收制度来改变现存的收入分配失调状况，减少财政赤字，减少政府开支，逐步平衡预算；要把"凯恩斯革命"进行到底，就必须按照凯恩斯的收入分配理论建立一个以客观价值理论为基础、以分配理论为中心的理论体系。

从上述凯恩斯主义者的财政政策和财政政策的发展来看，它是从现实主义态度出发的，人们充分认识到当代资本主义社会经济再生产不能自发地趋于均衡，竭力主张政府对经济的干预主义，从而改变"有效需求不足"，第二次世界大战后凯恩斯的追随者们为了命名凯恩斯主义，在理论上进一步完善而进行的主要工作，就是使凯恩斯理论"长期化"，同时，在凯恩斯的短期静态分析的基础上，

---

[1] 汉森（Hansen），出生于美国，1918 年获博士学位，为把凯恩斯革命引入美国做出比其他任何经济学家更多的贡献。他频繁使用希克斯的 IS－LM 图，以至于后来 IS－LM 成为希克斯－汉森对凯恩斯经济学和古典经济学的综合。他一直被视为"美国的凯恩斯"。

[2] 罗宾逊（Robinson），英国人，曾任剑桥大学教授，她的《不完全竞争经济学》开辟了非完全竞争市场领域的研究。她还为凯恩斯的理论呐喊助威，所著《就业理论入门》是第二次世界大战后最为畅销的介绍凯恩斯体系的著作之一，她也是有史以来唯一在经济学理论方面不断取得杰出成就的女性。从 20 世纪 50 年代起，英国新剑桥学派和美国新古典综合派围绕资本问题展开了一场激烈争论。因为这两个学派分别在英国和美国麻省的剑桥，所以被称为"两个剑桥之争"，这场争论就是由罗宾逊 1953 年发表的《生产函数和资本理论》引起的，萨缪尔森等人"应战"，持续近 20 年之久。

发展为长期的"动态化"分析。根据凯恩斯关于总需求或总收入等于消费和投资的总和的理论，凯恩斯主义者们在这一论断基础上补充和拓展，使投资与收入、消费与收入之间的关系进一步深化。因此，凯恩斯和凯恩斯主义者们的财政理论摆脱了传统的狭隘财政观念。

### 三、反凯恩斯代表学派的财政政策思想

20世纪70年代末西方国家出现的"滞胀"导致赤字财政政策的失败，凯恩斯主义的"有效需求"理论已经不能解决各种新问题，从而诞生了以供给学派、货币学派为主的各种经济学派。他们的主张对凯恩斯主义构成了实实在在的冲击。主张财政紧缩恢复到18世纪古典学派"健全型财政"的准则上。

供给学派主张通过供给管理来摆脱经济日益"滞胀"的局面，提出描述税收、税率与经济之间关系的"拉弗曲线"，以及实行减税政策刺激投资、增加有效供给。货币学派强调凯恩斯主义刺激经济的关税政策，而主张降低高额累进税率来刺激投资。因此，围绕税制改革，拉开了财政宏观理论第二次转折序幕。这场席卷全球的税制改革的主要内容是：降低税率；消除过度的税收优惠；简化税收制度。这三方面的改革实践均使有关国家的税收制度由复杂转向简单。

供给学派和货币学派的健全财政政策极力反对凯恩斯主义的赤字财政政策，主张平衡财政预算，压缩财政支出，特别是削减社会福利开支；反对发行公债借用支付能力的做法来刺激经济，而主张改变货币供应量来调节经济活动，特别强调货币政策的重要性；反对凯恩斯主义过分强调运用财政政策来调节国民经济的首要作用。弗里德曼认为，造成通货膨胀的主要原因就在于政府作用扩大和对征收明显的抵触，这就引起了许多政府实行通货膨胀的隐含征税，从而损害了经济稳定。因此，货币学派对凯恩斯主义者关于借助赤字财政、通货膨胀刺激需求以增加产量和达到"充分就业"的主张持否定态度，凯恩斯主义的赤字财政政策是不可能有效刺激生产增长的，实际上它将引起长期持续的通货膨胀。

总之，在弗里德曼为首的货币主义者看来，通货膨胀只是一种货币显现，提出"自然失业率理论"。其主要意思是，让劳动力市场和商品市场的自发供求力量发挥作用，从而使经济中的总需求和总供给处于均衡状态。在这种失业率下，通货膨胀既不会受到向上的压力也不会受到向下的压力。所以，他认为，只有稳定增长货币供应量的政策，才可以使经济稳定、持续发展。

进入20世纪80年代，西方国家都把供给学派、货币学派宏观财政政策和货币政策作为政府对国民经济进行宏观经济调控的重要手段来消除"滞胀"。可以说，西方国家运用财政、货币政策所进行宏观经济调控的这一目标是卓有成效的。

### 四、新凯恩斯主义学派的财政政策思想

新凯恩斯主义经济学的研究范围比较繁杂，至今也不存在一个统一的新凯恩

斯主义模型。新凯恩斯主义者在承认市场机制不是完美无缺这点上达成了共识，他们认为经济周期本身就是市场失灵的表现，但在如何解决市场失灵的问题上又显示出他们的差异。

斯蒂格利茨倾向于政府干预，并提出一种新型的政府——市场观。他认为，现代经济是一种混合经济，既要承认市场机制的作用，又要承认政府的作用；既要承认市场失灵，又要承认政府失灵。政府在纠正市场失灵方面有优势，如征税权、禁止权、处罚权等，同时，政府失灵也是普遍存在的，如不完全信息、寻租行为、公共部门缺乏竞争等。因此，政府与市场之间是一种互补关系，可考虑在政府干预和市场机制之间寻求结合点。

格雷戈里·曼昆[1]则不赞成赤字预算，认为搞赤字预算是对特殊情况的适当反应。因此，财政政策应在促进经济增长方面发挥作用，改由货币政策承担稳定经济的重任。

总体来说，新凯恩斯主义与传统凯恩斯主义相比，更加强调宏观经济学微观基础。他们认为，价格刚性、不完全竞争、不对称信息和异质劳动等因素造成了市场失灵，这些实际市场中存在的不完全性才是解释经济波动的关键。因此，政府应通过财政政策等宏观经济工具消除市场失灵，提高资源配置效率，从而实现长期稳定的经济增长。当然，政府的政策调节应注意两点：一是防止过度微调。他们认同新自由主义关于"对经济过度频繁干预导致滞胀"的观点，主张适度政府干预；二是强调政府调节的质量，他们主张增加人力资本、研究开发等具有广泛外溢性的各种创新活动的投资，这样不仅提高人力资本的质量，而且能促进经济的长期稳定增长。新凯恩斯主义在财政思想方面没有根本的创新之处，但在政府调节和干预的形势和手段上提出了新的见解，这种注重对经济进行内在结构调整、主张适度干预的思想，应该说是传统凯恩斯主义政府干预论的深化。

综上所述，无论是凯恩斯主义的赤字财政政策刺激有效需求，还是供给学派和货币学派的财政、货币政策刺激供给和控制货币供应量，都在一定时期起到了调节社会总供给与总需求的作用。西方国家利用财政政策进行宏观经济调控，为整个西方国家经济保持相对繁荣发挥的作用是不可低估的。

## 第二节 财政政策目标与分类

### 一、财政政策的概念

财政政策是指以特定的财政理论为依据，运用各种财政工具，为达到一定的

---

[1] 曼昆（Mankiw），生于美国，1984年在麻省理工学院获经济学博士学位，1985年起在哈佛大学任经济学教授。他是新凯恩斯主义学派的一个主要阐述者，是一位高产学者，他撰写的教科书《经济学原理》是目前最为流行的经济学入门教科书之一。

财政目标而采取的财政措施的总和。简言之，财政政策是系统化了的财政措施。它是政府以特定的财政理论为依据，运用各种财政工具以达到一定财政目标的经济政策，是国家经济政策的重要组成部分，其制定和实施的过程也是国家实施财政宏观调控的过程。

财政政策由财政支出政策（包括政府购买、公共工程投资、补贴和转移支付等）、财政收入政策（包括税收、公债等）、预算政策（赤字或盈余）等具体政策构成。其性质有：第一，财政政策是国家（或政府）有意识活动的产物，因而属于上层建筑的范畴，但又是客观经济规律的一定反映；第二，国家可以利用财政政策达到自己的预定目标；第三，财政政策是政府干预经济活动的主要调控手段。

## 二、财政政策的特征

一般来讲，财政政策基本特征是原则性、整体性、针对性。财政政策的功能有三个，即导向功能、稳定功能和发展功能。

而在凯恩斯经济思想的主要影响下建立起来的现代经济学理论普遍认为，对任何经济社会而言，保持充分就业状态的宏观经济稳定是首屈一指的事情，政府对此有不可推卸的责任。正是由于这一经济理论的政治影响，目前大多数国家政府实际上都在以各种不同形式推行着审慎的财政政策，并加以其他经济政策的配合。因此，在各国政府的财政活动过程中可以找到许多共同之处，被看做是现代政府财政政策的一般特点。

### （一）以稳定经济为基本目标

现代经济生活中，虽然政府的财政活动有助于各种目标的实现，但政府的能力、财力毕竟是有限的，而且广泛干预经济生活是要付出越来越大的经济成本。所以，多目标的财政政策在特定时期实际上只能以实现有限重要目标为主。就第二次世界大战后大多数国家政府的财政活动实践来看，现代财政政策多以稳定宏观经济为基本目标——经常性地保持国民经济处于低且稳定的物价水平和充分就业（full employment）状态。充分就业是指一种经济状态：在现行劳动市场确定的工资水平下，每个愿意工作的人都能够找到工作岗位。但是，在实际生活中，作为政府经济目标的充分就业则是指维持经济社会的失业率不超过社会可能接受的水平。例如，20世纪60年代美国政府把不超过4%失业率的国内就业状况就看做达到了充分就业目标，后来这个指标有所提高，20世纪80年代上升为5.5%。

一般情况下，宏观经济波动是市场经济的常态，经济衰退与经济繁荣状态总会交替发生，引发诸如就业不足、通货膨胀、投资波动、外贸失衡等严重经济问题。那么，解决问题的可能办法之一就是要求政府审慎地交替使用扩张性或紧缩性的财政政策来对商业周期进行人为的补偿。其可行性已经在理论上得到证明。

交替运用扩张性财政政策与紧缩性财政政策来维持宏观经济的稳定,成为第二次世界大战后大多数国家政府财政政策的共同特点,与高度发达的市场经济离不开政府有效干预这一客观实事相一致。尽管有一些国家特别是发展中国家,在经济发展的初期阶段,财政政策制定往往以单纯刺激经济增长为目标。不过,随着市场经济机制作用的深化,以及市场经济条件下国民经济的成长、壮大,稳定宏观经济也会自然而然地成为政府财政政策的主要目标。各国政府在推行"稳定政策"时所采用的具体措施、干预重点、介入时间可能是不同的,但是这种政策的作用机制却大体相同。

### (二) 以开支调节为主

稳定政策的实施,要求政府根据对变化的国民经济形势所作的判断,相应地调节税收收入或财政开支以影响经济社会的总需求。然而,为达到宏观经济稳定的目标,政府是要变动税收,还是变动开支,或是同时变动税收与开支,往往成为政策制定过程中必须认真研究的问题。有关理论的分析说明,实施以开支调节为主的稳定政策,其政策效果相对要好一些。

理论分析进一步发现,和政府开支变动相比,税收变动对经济活动主体的经济行为一般会产生两类经济影响,即收入效应(income effect)、替代效应(substitution effect)。收入效应是指税收引起人们可支配收入的实际减少,在其他不变条件下,造成经济社会购买力相应减少;替代效应是指税收引起人们经济行为的改变,即人们为了减少税负担而改变在可供替代的经济行为之间的选择。替代效应通常会改变经济社会原有的相对价格体系,导致人们为了减轻税负担而相应地调整各自的经济决策。这种经济行为的调整普遍带有不同程度的盲目性,在大多情况下会造成社会经济福利的下降。

基于以上认识,在实施稳定政策时,各国政府通常会尽可能地保持税收政策相对不变以减少稳定政策本身对宏观经济过程可能带来的消极影响。但是,某些国家的实践又表明,在开支调整的同时,适当地对税率进行"微调"可以减少预算盈余或赤字给政府财政活动带来的压力。一般情况下,人们可以从政府财政开支总量的变化、开支结构的变化大体上推断出现行财政政策对宏观经济的主要影响,包括对国民收入变动方向的影响、对国民收入变动规模的影响、对国民经济结构变化的影响,以及对促进经济长期增长因素的特定影响等。

### (三) 与货币政策联合运用

货币政策(monetary policy)是说一国的中央银行为实现既定的宏观经济目标,运用各种政策工具控制、调节和稳定货币供给量,进而影响宏观经济的措施总和。货币政策手段主要有法定准备金、公开市场业务、再贴现率。

财政政策与货币政策的联系和区别如下。

联系方面:(1) 两大政策同属宏观的资金政策,两者之间的联系由财政资金运动与信贷资金运动间千丝万缕的联系所定;(2) 两大政策调节根本目标的一致性,两大政策调节的着眼点都是针对社会供需总量与结构在资金运动中出现的各种问题,两大政策调节的归宿都是寻求社会供需在动态过程中达到总量平衡和结构优化,使社会再生产保持良性循环;(3) 两大政策调节手段的互补性,一方的政策调节过程通常都需要对方的政策手段发挥其特长来加以配合策应。

区别方面:(1) 调节的范围不同。财政政策体现政府职能的各个方面,其调节范围不仅仅限于经济领域;而货币政策受金融系统功能边界的制约,其调节范围基本上限于经济领域(当然,可以由经济领域间接传导到其他领域)。(2) 调节的侧重点不同。虽然财政政策与货币政策都对总量与结构发生调节作用,但财政政策相对于货币政策而言带有更为强烈的结构特征;反之,货币政策相对财政政策而言带有更为鲜明的总量特征。所以对宏观经济政策的特定目标的作用,是有所区别的。(3) 调节的手段不同。财政政策依靠的手段主要是税收、预算支出、公债、财政补贴、贴息等;货币政策凭借的手段则主要有利率、存款准备金率、贷款安排以及贴现率和公开市场业务等。(4) 政策的时差与调节的时滞不同。政策时差,是指决策机关从认识到需要改变政策再到实际上实行新的政策所需的时间。一般而言,财政政策的政策时差比货币政策长。调节时滞,是指政策从其调节动作的发生到调节效果的实现所需的时间。一般而言,财政政策的调节时滞比货币政策短。

可以说,财政政策与货币政策的有效结合,能够增强政府稳定政策的实施效果:一是因为市场经济本质上是货币经济,产品市场与货币市场的双重均衡决定着国民收入的具体水平,直接作用于产品市场的财政政策不能在没有货币政策配合下达到它的政策目标;二是因为长期连续使用或偏重使用任何一类政策都会导致这种政策的效果下降,"边际收益递减"规律在政府政策过程里依然发生作用。经验说明,两种政策之不同程度的结合使用,或是可以更为有效地实现政府追求的某些社会、经济目标,或是可以减少单一政策运用给国民经济带来的某种副作用。

至于在宏观经济稳定方面,政府应该以推行哪类政策为主,至少在理论上是一个长期存有争议的问题。在凯恩斯主义以为,稳定政策应以财政政策为主,而在货币主义看来,则应以货币政策为主,而且两种观点都能够作出符合逻辑的理论论证。事实上,这是一个因国而异、因时而异、因事而异的政策选择问题,不可能找到唯一的选择标准。正确的态度应该是,"适当的财政政策依赖于现行的货币政策;反过来说,执行货币政策的当局在计划自己行动方面,也必须考虑到财政政策。"实际上,各国政府在解决各类宏观经济问题时也都是同时动用两种政策。

财政政策、货币政策配合的主要方式如表 13-1 所示。

表 13-1　　　　　　　财政政策、货币政策配合的主要方式

| | 扩张性财政政策 | 紧缩性财政政策 |
|---|---|---|
| 扩张性货币政策 | 抑制严重的经济萧条<br>促进经济增长 | 解决社会供求矛盾<br>对经济运行波动性影响不大 |
| 紧缩性货币政策 | 解决社会供求矛盾<br>对经济运行波动性影响不大 | 抑制恶化的通货膨胀<br>维持经济正常运行 |

### （四）以赤字管理为重要内容

近几十年里，世界许多国家政府在使用审慎财政政策过程中往往出现其开支增长经常性地超过其收入增长现象，进而产生财政赤字规模不断扩大且长期难以得到有效控制的问题。这里所说的财政赤字（fiscal deficit）指财政支出大于财政收入的差额，通常按财政年度计算，会计上一般将这个差额用红字表示。就财政赤字对社会经济发展本身各种影响而言，在未对造成财政赤字的正常原因和非正常原因进行明确区分情况下，一般不能认为任何性质的财政赤字肯定都是有百害而无一利的。如果按照赤字形成的原因对赤字进行有针对性的治理，就是在财政政策决策过程中加强预算管理，特别是加强对财政赤字的管理，还是能够最大限度地减少财政赤字的消极影响而发挥其积极作用的。这是许多国家政府自 20 世纪 80 年代以来在推行审慎财政政策时往往要把财政赤字管理置于重要地位并予以极大重视的根本原因。

在财政赤字的管理方面，除了强调控制赤字形成原因、注重赤字弥补方式的选择以外，更为重要的工作就是周期性地调整赤字规模以及在必要时强行降低赤字规模。某些国家的经验表明，政府在推行审慎财政政策的过程中，可以在相对安全的幅度内周期性地变动预算赤字，这一做法一般不会给国民经济、社会生活带来明显不利的影响。如果短期内消除巨额财政赤字缺乏现实的经济基础，那么按照规定的时间表将预算赤字降低到某一适度的水平还是可以做到的。

## 三、财政政策目标

财政政策的目标体系一般是由四大类、两个层次组成：四大类目标是经济稳定目标、经济发展目标、公平分配目标和平衡预算目标；前三类属于高层次目标，也是最终目标，后一类是低层次目标。

### （一）经济稳定目标

在宏观经济理论中，经济稳定分为内部稳定和外部稳定。内部稳定的含义有价格的稳定和产量或所得的稳定；外部稳定指对外均衡，主要是国际收支的平衡。经济稳定的内在要求是社会总供求平衡，其表现是产品市场和要素市场供求

平衡，其中产品市场上物价稳定、劳动力市场上充分就业和国际市场上的国际收支平衡是经济稳定的最主要标志。当然，经济稳定的内容并不仅限于物价、就业和国际收支，汇率的稳定、利率的稳定、股市的稳定等也都是很重要的指标。从交易成本的角度来看，经济稳定可以节约交易成本，而过高的信息评价交易费用往往使经济活动本身无法进行。1998年年初中国香港不惜动用大量外汇储备稳定港元汇率，主要就为了防范港币汇率不稳定给人们所带来的未来经济行为的不确定。因为人们无法清楚知道未来港币是升值还是贬值，只好采取相应措施，如购买货币期权、搜集港币汇率走势信息等，造成经济行为低效率。

在我国政府看来，经济不稳定给国民经济带来的不确定性要比经济增长更为重要。

(二) 经济发展目标

经过30多年来的改革和发展，我国社会经济发生了深刻变化：首先，我国已由计划经济体制的国家变为市场经济体制的国家；其次，全方位对外开放的格局基本形成，我国经济呈现出越来越明显的国际化趋势；再次，经济实力增强，商品供应短缺状况结束，我国社会主要矛盾已经转化为人民日益增长的美好生活需要和不平衡不充分的发展之间的矛盾；最后，人民生活在总体上达到小康水平。

在这样背景下，我国经济发展目标是要"贯彻新发展理念，建设现代化经济体系"，党的十九大报告对该目标的具体要求是："我国经济已由高速增长阶段转向高质量发展阶段，正处在转变发展方式、优化经济结构、转换增长动力的攻关期，建设现代化经济体系是跨越关口的迫切要求和我国发展的战略目标。必须坚持质量第一、效益优先，以供给侧结构性改革为主线，推动经济发展质量变革、效率变革、动力变革，提高全要素生产率，着力加快建设实体经济、科技创新、现代金融、人力资源协同发展的产业体系，着力构建市场机制有效、微观主体有活力、宏观调控有度的经济体制，不断增强我国经济创新力和竞争力。"

(三) 公平分配目标

这是指一国社会成员收入分配的平均程度的提高。从理想目标来看，收入分配应达到最优状态。但是，实现收入的均有分配存在着技术上和价值判断上的种种困难。一般来说，在政策上，通常以公平概念作为基础。公平并不是一个纯经济目标，它是经济的、道德的、社会的以及政治历史的统一。公平分配，既包括起点公平，也包括结果公平；既包括经济公平，也包括社会公平；既包括纵向公平，也包括横向公平。因此，实现公平分配是一项复杂的工程，在实际运作中必须统筹兼顾、积极稳妥。

(四) 预算平衡目标

这是指在一定时期内国家预算的基本收支保持平衡。"凯恩斯革命"爆发后，政府的干预职能得到加强，许多经济学家主张周期预算平衡，这种平衡指在一个经济周期内收支保持基本平衡。

上述财政政策目标实现的具体方式是，政府在财政活动方面要针对不同经济形势相应地对其财政收支进行必要的总量调整与结构调整，以取得"逆商业周期而动"的效果。据此可以认为，财政政策就是政府在其宏观经济调控过程中，针对不同时期经济发展变化，按照既定的目标，对税收、支出、公债等财政工具的协调运用所作出的选择性安排。

## 四、财政政策分类

### （一）按照财政政策能否对商业周期产生作用

财政政策可分为自动财政政策和审慎财政政策。

1. 自动财政政策（automatic fiscal policy），是指能够依据国家宏观经济状况的变化而自动作出相应反应并产生稳定作用的财政政策。这种财政政策实际上是政府精心设计的规范化的特定财政活动安排。具体来说，财政政策的自动稳定性主要表现在两个方面：第一，税收的自动稳定性。税收体系，特别是公司和个人所得税，对经济活动水平的变化反应相当敏感。如果当初政府预算是平衡的，税率不变，而经济活动出现不景气，国民生产就要减少，这时税收收入就会自动下降，从而抑制社会购买力的过快、过猛下降，对经济在较短时期得到恢复是有利的；反之亦然。第二，政府支出的自动稳定性。政府的转移支付主要用于对失业者的失业补助和对低收入者的生活开支补贴，只有符合规定条件的国民才能享受这一制度的"益处"。

2. 审慎财政政策（discretionary fiscal policy）。在自动财政政策失效的情况下，政府就要根据国家宏观经济的发展趋势，采取相应的财政措施，来继续保持宏观经济的稳定。这时的财政政策在制定与贯彻上均要求政府对现行的财政活动进行必要的调整，表现为政府对宏观经济运行进行有意识的干预，被称为审慎的财政政策。它包括汲水政策（pump-priming policy）和补偿政策（compensatory policy）。从字面上看，汲水政策就是水泵里缺水不能吸进地下水，需要注入少许引水，以恢复抽出地下水的能力。按照汉森的财政理论，汲水政策是对付经济波动的财政政策，是在经济萧条时靠付出一定数额的公共投资使经济自动恢复其活力的政策。它有四个特点：是一种诱导景气复苏的政策；载体是公共投资；财政支出的规模是有限的，不进行超额的支出；是一种短期的政策，随着经济萧条的消失而不复存在。补偿政策是政府有意识地从当时经济状态的反方向调节景气变动幅度的财政政策，以达到稳定经济波动的目的。

可以看出，补偿政策和汲水政策虽然都是政府有意识的干预政策，但其区别也是很明显的：第一，汲水政策只是借助公共投资以补偿民间投资的减退，是医治经济萧条的处方；而补偿政策是一种全面的干预政策，它不仅在使经济从萧条走向繁荣中得到应用，而且还可用于控制经济过度繁荣。第二，汲水政策的实现工具只有公共投资，而补偿政策的载体不仅包括公共投资，还包括所得税、消费税、转移支付、财政补贴等。第三，汲水政策的公共投资增加只能是在支出规模既定的前提下通过调整支出结构来实现，而补偿政策的财政支出可以超额增长。第四，汲水政策的调节对象是民间投资，而补偿政策的调节对象是社会经济的有效需求。

推行审慎财政政策可以给政府在稳定宏观经济过程中以更大的灵活性与自由度，这种财政政策具有最为明显的"逆商业周期而动"的作用。不过，也应该看到，如果政府在政策制定与贯彻上带有较大的主观随意性，其可能产生的政策偏差、政策失误、政策失灵也会给经济社会带来巨大损失。

### (二) 根据财政政策对宏观经济总量变动发生的影响

财政政策可分为扩张性财政政策、紧缩性财政政策和中性财政政策。

1. 扩张性财政政策 (expansionary fiscal policy)，指通过财政分配活动来增加和刺激社会的总需求。在经济社会总供给大于总需求，国民经济出现衰退情况下，政府往往实行扩张性财政政策。这种政策的载体通常有增加政府开支、扩大转移支付、降低税率或调整税收结构等。一般来说，减税可以增加民间的可支配收入，在财政支出规模不变的情况下，也可以扩大社会总需求。同时，减税的种类和方式不同，其扩张效应也不同。财政支出是社会总需求的直接构成因素，财政支出规模的扩大会直接增加总需求。在减税与增加支出并举的情况下，扩张性财政政策一般会导致财政赤字，从这个意义来说，扩张性财政政策等同于赤字财政政策。

2. 紧缩性财政政策 (strict fiscal policy)，指通过财政分配活动来减少和抑制总需求。在国民经济出现总需求过旺的情况下，通过紧缩性财政政策可以消除通货膨胀缺口，达到供求平衡。紧缩性财政政策的载体有减少政府开支、减少转移支付、提高税率或调整税收结构等。增加税收可以减少民间的可支配收入，降低人们的消费需求；减少财政支出可以降低政府的消费需求和投资需求。以上两种财政政策实际上均是审慎财政政策的具体实施，是现代政府财政政策的核心内容。卓有成效地制定、推行这种财政政策，也是现代政府经济领导能力不断提高的集中表现。

3. 中性财政政策 (neutral fiscal policy)，指政府财政活动对经济社会总需求变动既不发生扩张效应也不发生紧缩效应，而保持中性性质。中性财政政策和非中性财政政策（如扩张性财政政策与紧缩性财政政策）在外在表现上的区别是，前者通常与政府年度预算平衡相一致，而后者则允许年度预算不平衡，甚至发生较大规模的预算盈余或负盈余（赤字）。现代西方经济理论认为，中性的财政政策不仅不能发挥"逆商业周期而动"的作用，而且带有加剧商业周期波动的副作用。因此，现代政府只要把保持充分就业和稳定物价视为首屈一指的重要任务，就很少有可能去积极推行中性财政政策。

在此应该指出，不同类型的财政政策所追求的社会经济目标在时限上是有区别的。分配性、调节性、再分配性财政政策往往追求的是社会公平、经济效率等长期目标，而审慎财政政策则既追求经济增长这样的长期目标，也追求宏观经济稳定的短期目标，但经常以实现短期目标为主。因此，财政政策就有了长期政策、短期政策之分。与长期政策相比，短期政策在制定上更为复杂，在贯彻上也更为困难，并且政府还会承担较大的政治风险。

## 第三节 财政政策与宏观调控

在传统的计划经济体制下，以指令性计划为轴心的、被动跟进式的财政运行模式使财政政策的功用显得十分有限，大多被计划经济的大海所淹没。正因如此，人们对财政政策的理论和实践也就较少问津。改革开放后，随着市场在资源配置中的基础性作用的不断增强，国家宏观调控特别是间接性、政策性调控的必要性的日益凸显，使财政及货币政策理论和实践问题也自然受到更多重视。通过本节，可掌握现代政府使用财政政策进行宏观经济调控的基本原理，特别是利用IS-LM模型说明政府借助财政工具干预社会经济生活的可能性、有效性及其一般效果。此外，还将介绍针对不同经济形势，如何选择政府的财政政策，以及如何进行财政政策与货币政策的搭配以共同起到稳定宏观经济的效果。

### 一、财政政策作用乘数

财政政策之所以备受关注，是因为财政政策对宏观经济的调节能力决不仅限于变量本身改变的数量，而是具有放大的乘数效果。财政政策乘数效应是指财政政策导致总需求变化从而引起的国民收入的变化情况。考察财政政策的乘数效应，先假设私人投资是一常数。

政府介入下经济社会的国民收入决定方程为：
$$Y = C + I + G \tag{13-1}$$

经济社会中私人消费行为函数是：
$$C = a + c\bar{Y}$$

其中，$\bar{Y}$ 为可支配收入，$a$ 为自主消费，$c$ 为边际消费倾向。

没有税收时的政府支出乘数：
$$Y = a + cY + I + G$$

有：
$$\frac{\Delta Y}{\Delta G} = \frac{1}{1-c}$$

税率 $t$ 时的政府支出乘数：
$$Y = a + c(Y - tY) + I + G$$

有：
$$\frac{\Delta Y}{\Delta G} = \frac{1}{1-c(1-t)}$$

总量税 $T$ 时的政府税收乘数：
$$Y = a + c(Y - T) + I + G$$

有：
$$\frac{\Delta Y}{\Delta T} = -\frac{c}{1-c}$$

政府实行的平衡预算，就是在进行一定数量财政购买之后，再征收相同数量的税收以保持财政平衡，因此，平衡预算乘数为：
$$\frac{\Delta Y}{\Delta G} + \frac{\Delta Y}{\Delta T} = \frac{1}{1-c} - \frac{c}{1-c} = 1$$

## 二、现代财政政策原理

如果考察真实的宏观经济情况，私人投资不会为常数，此时经济学家常用"IS-LM模型"来阐述凯恩斯主义的宏观经济理论，这个被称为"宏观经济学历史上最为成功的教科书模型"，把产品市场与货币市场结合起来，两者相互作用，共同决定经济社会的一定时期的产出水平与利率水平。由于就业水平取决于受总需求变动影响的产出水平，而利率高低又对投资水平进而对产出水平发生重要影响，因此，政府就可以借助财政政策、货币政策的调整来对经济社会的总需求和市场利率施加影响，以实现稳定劳动就业，稳定物价的政策目标。下面分别简要介绍IS、LM曲线。

### （一）IS曲线（IS curve）

I代表投资，S代表储蓄，产品市场均衡要求投资和储蓄相等，即I=S。于是，该曲线被用来表示经济社会在投资等于储蓄的条件下，国民收入水平与利率水平对应关系的轨迹，如图13-1所示。

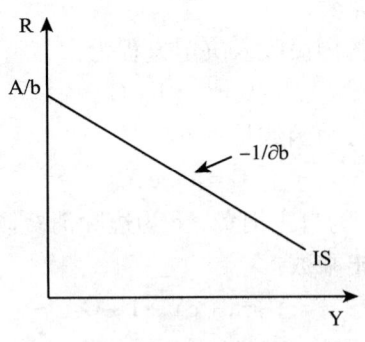

图13-1 IS曲线

设经济社会中私人消费行为函数是：
$$C = a + c(Y + TR - tY) \quad (13-2)$$
$0<c<1$，TR为政府的转移支付，$tY$为$t$税率时政府税收收入。

设经济社会中私人投资的行为函数为：
$$I = I_0 - bR \quad (b>0) \quad (13-3)$$

其中，$I_0$ 为计划投资；b 为私人投资对利率变化的反应程度；R 为利率。

将式（13-2）、式（13-3）代入式（13-1），整理后得到：

$$Y = \partial A - \partial b R \qquad (13-4)$$

其中，$A = a + cTR + I_0 + G$（等号右边各项代表经济社会中不与国民收入变动而变动的总需求构成部分）；$\partial = 1/[1-c(1-t)]$，表示经济社会的乘数，值大于1。

### （二）LM 曲线（LM curve）

L 代表货币需求，M 代表货币供给，在货币市场实现均衡的情况下 L = M。LM 曲线表示在货币市场均衡的条件下，国民收入和利率之间存在的一一对应关系，如图 13-2 所示。

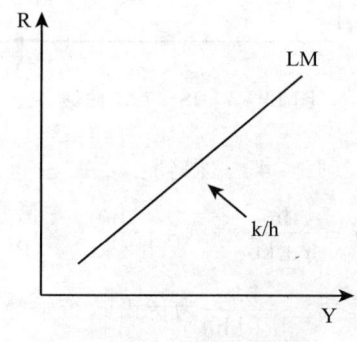

图 13-2　LM 曲线

凯恩斯主义认为，经济社会的货币需求量取决于两个因素：一是社会成员出于交易动机对真实货币余额的需求；二是社会成员出于投机动机对货币余额的需求。两者代表经济社会的流动性偏好（liquidity preference）。

经济社会的货币需求函数便可以表示为：

$$M_d = kY - hR \qquad (13-5)$$

其中，$M_d$ 为经济社会对真实货币余额的需求；k 为经济社会出于交易动机的货币需求对国民收入变动的反应程度；h 为经济社会出于投机动机的货币需求对市场利率收入变动的反应程度。

货币市场的均衡为：

$$\frac{M_s}{P} = M_d = kY - hR \qquad (13-6)$$

整理后可得到 LM 曲线的表达式：

$$R = \frac{k}{h} \times Y - \frac{1}{h} \times \frac{M_s}{P} \qquad (13-7)$$

### （三）IS-LM 模型（IS-LM model）

理论上讲，宏观经济的均衡是在产品市场与货币市场同时处于均衡状态下取得的，此时 IS 曲线与 LM 曲线相交，其交点 E，表示经济社会的利率水平 $R_0$ 和国民收入水平 $Y_0$ 均达到了某种均衡，这就是著名的 IS – LM 模型。利用 IS – LM 模型，不仅可以解释宏观经济均衡（收入均衡与利率均衡）原理，而且也可以解释政府财政政策、货币政策对宏观经济均衡（稳定）产生影响的基本原理。如图 13 – 3 所示。

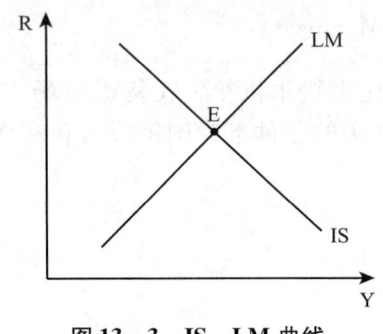

图 13 – 3  IS – LM 曲线

将式（13 – 7）代入式（13 – 4），得到：

$$Y = \frac{h\partial}{h + kb\partial} \times A + \frac{b\partial}{h + kb\partial} \times \frac{M_s}{P} \qquad (13 - 8)$$

其中，$\frac{h\partial}{h + kb\partial}$ 为财政政策乘数，$\frac{b\partial}{h + kb\partial}$ 为货币政策乘数。

将式（13 – 8）代入式（13 – 7），得到：

$$R = \frac{k\partial}{h + kb\partial} \times A - \frac{1}{h + kb\partial} \times \frac{M_s}{P} \qquad (13 - 9)$$

### （四）IS – LM 模型乘数效应

通常把 $\frac{h\partial}{h + kb\partial}$ 视为财政政策对国民收入变动的乘数效应，或称财政政策乘数，表示政府财政政策变动（以 A 表示）对国民收入的影响程度。其特点是：在其他不变与非充分就业条件下，政府增加财政支出（$\Delta G$），即实行扩张性财政政策，直接刺激总需求提高（$\Delta A$），导致国民收入增长（$\Delta Y$），其与政府增加财政开支的比（$\Delta Y/\Delta G$）恰好等于财政政策乘数的大小；同样，在其他不变条件下，如果政府减少财政支出（$-\Delta G$），即实行紧缩性财政政策，就会降低总需求（$-\Delta A$），导致国民收入减少（$-\Delta Y$），其与政府减少财政开支的比（$-\Delta Y/-\Delta G$）也恰好等于财政政策乘数的大小。

$\frac{b\partial}{h + kb\partial}$ 被视为货币政策对国民收入变动的乘数效应，或称货币政策乘数，表示政府货币当局货币政策变动（以 Ms 表示）对国民收入的影响程度。其特点是：在其他不变与非充分就业条件下，如果政府增加名义货币供给（$\Delta Ms$），即实行扩张性货币政策，也就等于增加了实际货币供给（$\Delta Ms/P$），实际货币供给增加往往刺激私人消费和私人投资,进而刺激总需求提高,导致国民收入增长($\Delta Y$),其与经济社会增加的实际货币供给的比恰好等于货币政策乘数的大小;同样,在其他不变条件下,如果政府减少名义货币供给($-\Delta Ms$),即实行紧缩性货币政策,则意味着减少了实际货币供给($-\Delta Ms/P$),而实际货币供给减少对私人消费与投资均产生抑制作用,进而降低总需求,导致国民收入减少($-\Delta Y$),其与经济社会减少的实际货币供给的比也恰好等于货币政策乘数的大小。

另外,从式(13.9)中看,$\frac{k\partial}{h+kb\partial}$ 通常被视为财政政策对利率变动的影响程度,在其他不变条件下,政府实行扩张性财政政策,扩大财政支出就会推动市场利率上升,这是因为,财政支出增加,财政赤字扩大,为了补偿财政赤字,政府就增加公债发行,而增加公债发行导致货币市场资金需求大于资金供给,驱使市场利率上升。同样的道理,在其他不变条件下,政府实行紧缩性财政政策,减少财政支出也会推动市场利率下降。因为财政支出减少,财政盈余扩大,为了抵消财政盈余,政府就要增加公债偿付,而增加公债偿付导致货币市场资金供给大于资金需求,驱使市场利率下降。

至于 $-\frac{1}{h+kb\partial}$,通常被视为货币政策对市场利率变动的影响程度,因其前有负号,所以与财政政策相比,政府货币政策对市场利率变动方向的影响正好相反。在其他不变条件下,政府实行扩张性货币政策会使市场利率下降,这是因为政府扩大了名义货币供给,导致货币市场出现真实货币供给大于货币需求的压力,驱动市场利率下调。反之,如果政府实行紧缩性货币政策也会使市场利率上升,因为此时政府减少了名义货币供给,导致货币市场出现真实货币供给小于货币需求的压力,很容易驱动市场利率上调。

(五)IS-LM 模型调节

下面分析 IS-LM 模型均衡的稳定性问题,即当出现非均衡时能否通过模型内生变量的调整使之趋于均衡。

图 13-4 中,A、B、C、D 分别表示由 IS 和 LM 曲线相交后,在坐标平面上划分出的四个非均衡区域。

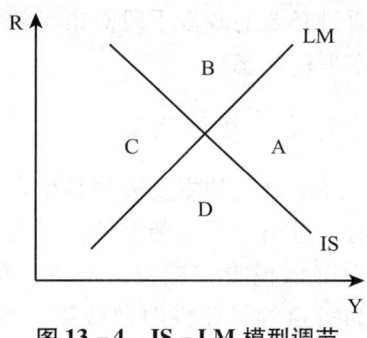

图 13-4 IS-LM 模型调节

A：在 IS 右方，表明商品市场上，储蓄＞投资；在 LM 右方，表明货币市场上，货币需求＞货币供给；

B：在 IS 右方，表明商品市场上，储蓄＞投资；在 LM 左方，表明货币市场上，货币需求＜货币供给；

C：在 IS 左方，表明商品市场上，储蓄＜投资；在 LM 左方，表明货币市场上，货币需求＜货币供给；

D：在 IS 左方，表明商品市场上，储蓄＜投资；在 LM 右方，表明货币市场上，货币需求＞货币供给。

以 A 区域为例来说明市场中存在自发回到均衡的机制。若在该区域内有一点，由于在商品市场上存在着储蓄大于投资，将使收入水平下降，该点将会向左朝 IS 曲线上移动；同时，在货币市场上存在着货币需求大于货币供给，从而会使利息率上升，该点将会向上朝 LM 曲线上移动。两股力量共同作用的合力，将会使该点最终移到 IS 和 LM 曲线相交后的均衡点上。在 B、C、D 区域内的分析也是雷同的。

但在这里需要强调的一点是，市场自发调节后所形成的均衡并不一定是充分就业下的均衡。凯恩斯认为，在现代资本主义社会，受边际消费倾向规律、资本边际效率规律、流动偏好规律三个基本心理规律的作用，单靠资本主义市场机制的自动调节不足以保证社会资源的使用达到充分就业的水平，需要国家干预经济。

### 三、财政政策与宏观经济调控

如前所述，由于商业循环的作用，经济社会有时会出现总需求小于总供给现象，有时会出现总需求大于总供给现象。在总需求小于总供给情况下，国民经济便会日益陷入以商品供过于求、工厂减产停产、大批工人失业为基本特点的经济萧条状态。相反的情况是，若总需求持续增长，以至超出了经济社会供给能力的支持程度时，国民经济便会陷入以物价上涨为主要特点的通货膨胀状态。凯恩斯主义经济理论指出，上述两种情况，都属供求失衡问题，这个问题单凭市场经济机制自身的作用是难以解决的，即使能够解决，也要拖延很长时间。对此，政府是负有责任的，政府应该通过必要的政策手段对市场经济进行干预，以使其能够经常性地维持供求总量基本平衡状态。

#### （一）反经济衰退的财政、货币政策

作为经济危机的先兆，经济衰退的主要表现是生产连续数月下降，私人投资大幅度减少，劳动失业剧增，进出口发生萎缩等。针对这类经济衰退，政府在宏观调控方面，主要是采用以降低税收（减税、退税、免税等）与扩大开支（增加政府采购与转移支付）为特点的扩张性财政政策。减税可以相应地提高个人、家庭、企业的消费与投资能力，促进社会总需求的上升，使生产形势发生好转，

解决失业问题。另外,政府通过扩大公共工程的开支,有利于减轻社会失业的压力;扩大政府采购规模,则有利于解决一部分社会产品的实现问题;而增加转移支付,可以直接提高低收入者和失业者的消费能力;所有这些措施都在不同程度上对恢复经济社会的供求平衡发挥着积极的作用。

上述反经济衰退的政策运用,可以用 IS-LM 模型的变动来表示,如图 13-5 所示。

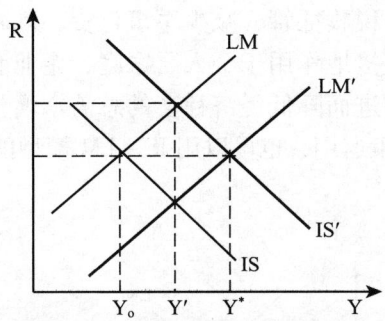

图 13-5 反衰退的财政货币政策

首先,此时的均衡点 $E_0$ 上,有着较低的国民收入 $Y_0$,需要运用政策进行调整,期望获得更高的国民收入。

其次,使用扩张性财政政策,就是政府降低税收或扩大开支,直接、间接地刺激经济社会总需求的增加,使得 IS 曲线发生右移(从 IS 到 IS'),均衡点移到 $E'$。但在扩张过程中,如果政府仅使用财政政策,则国民收入的扩大是有限的,原因在于,货币政策不变条件下,扩张性财政政策会从两个方面给市场利率带来上调的压力,一是扩大的国民产出造成交易性货币需求扩大;二是为了弥补财政赤字政府增加了公债发行,于是扩张性财政政策使经济社会进入货币需求大于货币供给状态。这种利率的提高会产生所谓的"挤出效应"(crowding-out effect),就是指扩张的财政导致利率上升,对私人投资产生一定的挤出,导致私人投资的减少,使国民收入的增加受到抑制,即只能从 $Y_0$ 到 $Y'$,无法达到 $Y^*$。

最后,为消除挤出效应,政府应该推行扩张性货币政策,以保持市场利率的稳定。政府可以采取诸如降低法定准备金率、在公开市场业务中买入更多的政府债券或者下调再贴现率等办法,放松银根,增加货币供给,LM 曲线发生右向移动(从 LM 到 LM'),均衡点移到 $E^*$。由于扩张性货币政策使市场利率维持在与原先大体相同的水平上,私人投资不受影响,国民收入会继续扩大,直到 $Y^*$ 水平时止。$Y^*$ 所表示的国民收入水平,通常被认为是扩张性财政政策所应发挥出的最好政策效果。

### (二)反通货膨胀的财政、货币政策

通货膨胀产生的最主要原因在于经济社会中的总需求大于总供给,使得产出

在短期内不能有效满足需求情况下,经济社会只能靠物价上涨的办法来平抑过度需求。然而,经济社会中通货膨胀一旦失去控制,就会反过来抑制投资、抑制储蓄,进一步加剧经济社会供求关系的紧张程度。此外,严重的通货膨胀本身就是经济社会不稳定因素。

一般来说,通货膨胀是一种货币现象,政府注意力应该主要放在它的货币政策方面,各国政府也的确是这样做的。但是,单凭货币政策治理通货膨胀,其效果往往不佳,因此,还必须使用相同性质的财政政策。在通货膨胀期间,如果政府适度地提高税率,加强税收征管,减少军事订货,削减转移支付等,即推行紧缩性财政政策,就能够直接地作用于个人、家庭、企业和政府部门,减少各自的消费、投资、采购开支,进而降低经济社会的总需求增长过快的压力。

上述反通货膨胀的政策运用,也可以用 IS–LM 模型的变动来表示,如图 13–6 所示。

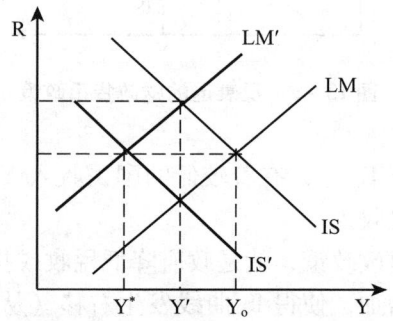

图 13–6 反通胀的财政货币政策

首先,此时的均衡点 $E_0$ 上,存在通货膨胀现象,需要政策调整。

其次,政府可以先运用紧缩性的财政政策,IS 曲线左移(从 IS 到 IS′),均衡点移到 E′。虽然这样也能够减少总需求,但同时会导致市场利率下降,市场利率下降就会刺激私人投资的增加,这样紧缩性财政政策的实施效果部分被抵消了,即国民收入只能从 $Y_0$ 下降到 Y′ 水平,无法到达 $Y^*$。

最后,为消除利率下降对紧缩性财政政策的抵消,政府可以推行紧缩性的货币政策,LM 曲线左向移动(从 LM 到 LM′),均衡点移到 $E^*$。该货币政策会使经济社会处于货币供给小于货币需求状态,市场利率便会逐步上升,最终维持在与原先大体相同的水平上。在此过程中,私人投资不会扩大,国民收入却会继续下降,直到 $Y^*$ 水平时停止。$Y^*$ 所表示的国民收入水平通常被认为是紧缩性财政政策所应发挥出的最好政策效果。

(三)内在稳定器(build-in stabilizer)

现代国家在实行所得税的同时,也普遍建立了包括政府转移支付在内的社会保障制度。这种税收—转移支付机制本身具有自动调节经济社会总需求的作用,可以自发地配合政府"审慎财政政策"的实施。人们通常把所得税、社会保险与政府转移支付称为经济社会的"内在稳定器",它与政府扩张性或紧缩性财政政策的作用方向是一致的。

从整个社会范围来看,在经济繁荣时,人们收入普遍提高,领取政府补助的社会成员大幅减少,政府转移支付开支便也减少,从而减少了对经济社会总需求扩大的压力。同时,在累进所得税作用下,连续增加的收入中很大部分转成了政府税收,从而也起到抑制社会购买力过快过猛的上升。税收—转移支付在某种程度上抑制了经济过热;而在经济衰退时,人们收入普遍下降,领取政府补助的社会成员大幅增加,政府转移支付便也增加,从而对提高经济社会总需求有利。同时,所得税也抑制了社会购买力过快过猛的下降。税收—转移支付在某种程度上促进了经济恢复。

需要提及的是,内在稳定器的作用使政府在经济社会出现过热或过冷的初期阶段不用急于介入市场经济进行主动干预。内在稳定器也为政府对市场经济进行主动干预的时间选择作了规定:只有在市场经济运行失常而内在稳定器又不能有效发挥其稳定作用的情况下,政府的主动干预才是必要的。这是因为,内在稳定器的作用只是缓和经济社会的供求矛盾,而不能改变供求趋势,所以只能在有限的范围内发挥作用,较大的经济调整还要依靠政府实施那些具有"逆商业周期而动"性质的政策安排。

## 第四节 我国积极财政政策的实践

改革开放以来,我国经历了两轮金融风险冲击下的世界经济危机,相应地,我国也实施了两轮积极财政政策以抵御经济危机。

### 一、实施积极财政政策的宏观经济背景

#### (一) 改革初期经济短缺运行

1976年国民经济开始出现迅速恢复和发展局面,但由于对以往几次冒进的教训缺乏认真总结,同时社会上普遍存在加速经济发展的愿望,致使1977年提出了国民经济全面跃进的目标,经济投资过快扩张超过了国民经济的承受能力。1978年十一届三中全会通过"调整、改革、整顿、提高"的经济发展方针,制止了冒进现象,国民经济快速健康增长,但1979年和1980年出现了大规模的财政赤字。财政赤字必然会引起货币的过度投放。1979年市场货币流通量增长率为20.8%,比前几年高出十多个百分点,1980年更达到22.6%。为减少财政赤字,缓解通货膨胀压力,中央政府不得不于1980年实施大幅度政策调整,使经济在1981年走入谷底。

1982年，中央提出到20世纪末经济"翻两番"的目标，从而开始了改革后国民经济第二轮扩张。这期间，随着农村经济体制改革的全面推进，农业发展进入黄金时期，农业产出大幅度增长，为国民经济的全面发展提供了可靠的基础。1984年年底，在"银行劝贷"的信贷扩张机制推动下，我国出现投资需求和消费需求的双膨胀，这种状况促成了经济增长高位运行。1985年中央采取主要依靠行政方式"一刀切"的"软着陆"措施，效果一般，该年社会消费品零售额增长了31.1%，GDP增长率依然为双位数。

迫于1985年下半年企业流动资金紧张、经济效益下滑的压力，中央政府于1986年实施"双松"措施，即松动银根和扩大财政支出，经济增长率也随之上升。但由于1985年的紧缩措施时间较短，总供求矛盾还未得到有效缓和，这使扩张措施在实施后不久就出现了总供求矛盾加剧和物价水平上涨过快的情况。于是，1987年中央政府又不得不再一次实行金融和财政的"双紧"措施，可惜这次"双紧"虽然有效抑制了信贷规模和财政支出的增长速度，但经济增长速度和物价水平并没有明显下降。1988年，在通货膨胀和"价格改革攻关"影响下，居民消费行为发生了重大变迁，各地出现挤兑风潮和抢购风，社会消费品零售额急剧增加达27.8%，居民储蓄存款余额的增长率仅为23.7%，比前3年的平均值低12个百分点，这成为改革开放以来最严重的一次通货膨胀。

面对经济过热和物价急剧上升的局面，中央从1988年9月开始整顿。一开始采取的措施是提高居民存款利率、对部分产品征收消费税等抑制消费的调控政策，但见效不大。1989年开始实行压缩投资与控制信贷规模的"急刹车"政策，其中最主要的是用行政手段压缩投资与控制集团消费支出，包括规定压缩幅度、停缓建各种项目的指令计划、冻结紧俏商品的价格等，这些措施使经济增长在1989~1990年呈现明显停滞状态。

1990年中央政府实行了"松动"措施，采取通过扩大投资规模来刺激经济回升，加之1992年邓小平视察南方谈话给我国经济发展和经济体制改革指明了方向，促使发展经济热情再度高涨。1992年全社会集资规模急剧扩大，全社会固定资产投资规模急剧扩张，整个经济向过热态势发展。

纵观这一时期的经济发展，可以发现明显的短缺运行特征：短缺的基本表现是通货膨胀；短缺是局部而不是全面的，尤其是多数基本生活消费品已经摆脱短缺；这种短缺与高增长相伴；这是经济活力增强下出现的短缺，争投资、上项目情况严重；这是城乡居民收入快速增长下出现的短缺。

(二) 宏观经济过剩运行的表现

从1993年开始，经济运行呈现与前几轮周期不同的走势，即从1993年开始我国GDP增长率连年回落，细分起来，1993~1996年经济周期为长紧缩运行态势；1997~2001年，经济周期为长复苏运行态势。出现这样的经济周期，主要原因是我国经济已转入过剩运行阶段，主要表现在投资需求不振和消费需求不振。可以说，有效需求不足是20世纪90年代后期GDP增长放慢的主要因素，这时单纯依靠市场经济的自发调节难以实现经济复苏，而此时1997年的亚洲金融危机爆发了。

### （三）1998年积极财政政策

在1997年亚洲金融危机中，我国承受了巨大压力，在坚持人民币不贬值的前提下，我国外贸发展和外贸流入遭受巨大冲击。首先是外贸出口增长下滑，1997年我国各月出口率保持在20%以上，而到了1998年年初，月度增速直线下滑，年底时基本为零增长。其次是外商投资下滑明显。外部环境急转直下的同时，消费需求和投资需求继续放缓，社会总需求全面萎缩。在此背景下，我国于1998年开始实施积极财政政策。

### （四）2008年积极财政政策

1998年的积极财政政策对抵御亚洲金融危机的冲击、化解国民经济运行周期低迷阶段的种种压力、保持经济社会平稳发展作用显著。但扩张政策毕竟是宏观"反周期"操作，是适用于经济低迷阶段的政策类型，随着2003年国民经济走过由相对低迷向稳定高涨的拐点，GDP增速跨入9%以上区间，并在2004年逐渐显现出新的问题，即民间和地方政府驱动的投资趋于活跃与旺盛，我国投资总量增幅过大，尤其在房地产、钢铁等行业中表现明显。同时，货币供应量增长偏快，物价上升，通货膨胀压力加大，取代通货紧缩成为经济运行中矛盾的主要方面。对此，中央政府迅速调整了宏观财政政策措施，于2004年转而实施稳健财政政策。但到了2007年，始于美国次贷危机的金融危机迅速席卷全球，并引发欧洲主权债务危机和世界范围内的经济危机。为应对这场危机，我国政府果断决策，于2008年再次推出新一轮的积极财政政策。

## 二、积极财政政策的实施内容

我国实施的这两轮积极财政政策前后相隔10年，虽提法相同、政策出台的宏观背景相似，但由于所处经济发展阶段和全球化发展阶段的不同，两轮积极财政政策还是存在差别，1998年的积极财政政策以发行债券为直接表现，2008年的积极财政政策则以政府投资为直接表现。

### （一）1998年积极财政政策实施内容

1998年积极财政政策的实施内容主要有：第一，增发国债，加强基础设施投资。截至2004年年末，7年内累计实际安排国债项目资金8 643亿元，并拉动银行贷款和各方面配套资金等逾2万亿元。故此次积极财政政策也被形象地比作发债。第二，调整税收政策，支持出口、吸引外资和减轻企业负担。为了支持外贸出口，分批提高了部分产品的出口退税率，加大了"免、抵、退"税收管理办法的执行力度；调整进口设备税收政策，降低关税税率；从1999年起减半征收固定资产投资方向调节税,至 2000 年暂停征收;对符合国家产业政策的技术改造项目购置国产设备的投资,按 40% 的比例抵免企业所得税;对居民存款利息征收个人所得税等。第三,增加社会保障、科教等重点领域的支出。中央财政支出中教育经费所占比例从 1998 年起连续 5 年都比上年提高 1 个百分点;为加快省级统筹养老保险制度改革,扩大养老保险覆盖面,中央财政增加转移支付 20 亿元。第四,加大治理乱收费力度,减轻企业和社会负担。1997 年以来,国家取消不合法和不合理的收费项目近 2 000 项,降低近 500 项收费标准。1998 年清理了涉及企业的政府性基金和收费,减轻企业和社会负担 370 多亿元。

### (二) 2008 年积极财政政策实施内容

2008 年积极财政政策的实施内容主要有:第一,扩大财政支出,出台 4 万亿元的经济刺激计划,大规模扩大政府投资。4 万亿元的经济刺激计划是此轮积极财政政策最突出的措施,其中,1.18 万亿元资金来源于中央财政,占比近 30%;其余 70% 左右的资金由地方政府投资、社会投资、贷款等组成。此外,积极财政政策的实施也体现在增加财政转移支付方面,如家电下乡补贴和汽车下乡补贴等。第二,缩减财政收入,主要是税收收入。包括自 2008 年 8 月起多次调高出口退税率,自 2009 年起在全国范围内推行增值税由生产型转向消费型改革,降低购房购车相关税费,调高个人所得税免征额和免征利息税等。

## 三、积极财政政策效果评价

综合这两轮财政政策实施情况,可以看出积极财政政策还是起到了非常重要的作用,尤其是在相似的外部经济环境恶化的背景下,积极财政政策是保持我国经济高速增长的关键所在。不过,需要注意的是,长期实施积极财政政策,在一定程度上还是阻碍了产业结构调整的速度,而积极财政政策最直接的结果——财政赤字的不断累加更是影响到了财政的可持续发展。

### (一) 拉动经济增长

积极财政政策通过增发国债或扩大政府投资,增加了投资需求;通过税收优惠政策鼓励了民间投资和出口;通过财政支持的收入分配政策,刺激了居民消费,从而成功阻止了经济增长率下跌趋势。

1. 增加投资需求。自 20 世纪 90 年代末出现的投资需求不足,其原因是多方面的:第一,大部分商品出现过剩;第二,在商品供过于求、投资收益率下跌的情况下,企业投资意愿下降;第三,银行部门对经济前景不是十分乐观,再加上外部危机冲击,出现惜贷现象;第四,受我国目前投资渠道、投资理念限制,巨额社会闲置资金难以转化为投资,投资主体单一为政府。而两轮积极财政政策的实施,对投资都起到了直接和间接的刺激作用。

2. 增加消费需求。近些年来,我国社会消费需求不足的原因,一方面是随着市场化进程的加快,社会保障体制改革、住房体制改革、教育体制改革、医疗制度改革等对人们的消费预期产生重要影响;另一方面是我国个人收入差距拉大,少数富人的边际消费倾向是递减的,收入增长缓慢的大多数人虽然边际消费倾向较高,但缺乏消费能力。而为了增加消费需求,两轮积极财政政策都采取了增加人们收入、鼓励消费的措施,其中有增加转移支付、提高工资、增加社会保障支出、消费信贷等。

3. 推动外贸出口。20世纪90年代末的亚洲金融危机对我国出口造成很大冲击,为抑制出口下滑趋势,我国从1998年开始连续多次跳高出口退税率,不断改进出口退税的管理办法,加大对出口企业的支持力度。正是由于积极财政政策的这些措施,我国出口增长速度才得以恢复,对经济的拉动功不可没。

### (二) 提高经济内生增长能力

积极财政政策除起到总量扩张作用以外,还起到了通过以基础设施建设为主,以促进地区经济发展、加快科教兴国战略为辅的结构调整措施,提高了经济增长的内生增长能力。

1. 改善基础设施建设。从改革开始,我国在诸如道路交通、能源通信、农村供电网络、水利设施等基础设施方面一直存在"瓶颈"。因此,借助两轮积极财政政策,我国各级政府都将政府投资集中在大型基础设施建设上,包括:全面开展堤防工程和水毁工程建设;加快公路、铁路和民航交通运输设施建设;促进城市基础设施建设;改善农民生产生活用电条件等。

2. 协调地区经济发展。东西部地区发展不平衡是我国保持经济持续发展的一大问题。1999年我国开始实施西部大开发战略,首先从基础设施和生态建设入手,逐步带动西部地区经济发展,具体包括:第一,增加对西部地区的基础设施投入;第二,加大对西部地区的转移支付力度;第三,配合以适当的税收优惠政策。

### (三) 协调改革、发展与稳定的关系

1. 促进经济体制改革。在积极财政政策实施过程中,相关措施有力支持了国有企业改革、金融体制改革、社会保障制度改革、农村税费制度改革等。

2. 保证社会稳定。从社会保障和促进就业的角度来看,积极财政政策都起到了巨大作用。

3. 加强环境保护和生态建设。

## 基 本 概 念

财政政策　货币政策　凯恩斯定律　供给学派　财政赤字　自动财政政策　审慎财政政策　扩张性财政政策　紧缩性财政政策　中性财政政策　IS 曲线　LM 曲线　内在稳定器

## 思考与练习

1. 简述凯恩斯学派的财政政策思想。
2. 简述财政政策的特征。
3. 利用 IS—LM 模型分析财政政策实施效果。

# 第十四章 国有资产管理

【本章概要】
　　国有资产是法律上由国家代表全民拥有所有权的各类资产，国有资产管理则覆盖国有资产运营的各个环节、各个方面，包括国有资产投资、经营、收益分配以及资产评估、登记等。我国国有资产目前数量庞大，掌握国民经济命脉，加强对国有资产的管理非常必要。

【学习目标】
　1. 掌握国有资产管理的概念。
　2. 掌握国有资产产权的相关内容。
　3. 了解国有资本经营预算制度的形成过程。

## 引　言

　　2008年10月，第十一届全国人民代表大会常务委员会第五次会议通过《中华人民共和国企业国有资产法》，自2009年5月1日起施行。该法从履行出资人职责的机构、国家出资企业、国家出资企业管理者的选择与考核、关系国有资产出资人权益的重大事项、国有资本经营预算、国有资产监督等方面规范了国有资产管理体制，既充分说明了国有资产管理的重要性，也清晰界定了国有资产管理的主要内容。

## 第一节　国有资产管理概念

### 一、国有资产管理概念

　　国有资产管理，是指对所有权属于国家的各类资产的经营和使用，以及组织、指挥、协调、监督和控制的一系列活动的总称。国有资产管理既有一般经济管理的普遍特征，又有其特殊性。在宏观领域，国有资产管理是政府经济管理的重要组成部分，与政府财政管理存在密切关系。

国有资产管理覆盖国有资产运营的各个环节、各个方面，主要体现在以下四点。一是国有资产投资管理。投资管理是国家根据国民经济发展规划，合理确定国有资产投资规模、结构，调控国民经济运行，以实现国家宏观经济政策目标的管理活动；二是国有资产经营管理。经营管理是为实现国有资产保值增值、提高国有资产运行效益而选择恰当经营方式的管理活动；三是国有资产收益分配管理。收益分配管理是国家作为资产所有者，依法取得资产收益并对收益进行分配处置的管理活动；四是国有资产产权处置管理。产权处置管理是国家根据国民经济运行的客观需要及国有经济战略布局，对国有资产存量进行调整，以盘活资产存量，提高资产运行效益的管理活动。

## 二、国有资产管理要素

### （一）国有资产管理主体

国有资产管理主体就是由谁来代表国家管理国有资产。按照国有资产管理层次，可划分为产权管理主体和经济管理主体。在国务院国有资产管理委员会（简称国资委）成立之前，国有资产产权管理呈"政出多门"状况，财政部、发改委、国家开发银行、各业务主管部门都参与产权管理，造成"谁都管，谁都不管，不能完全承担责任"的局面。针对这一问题，2003年国务院制定了《企业国有资产监督管理暂行条例》（以下简称《条例》），《条例》规定："国务院，省、自治区、直辖市人民政府，设区的市、自治州级人民政府，分别设立国有资产监督管理机构。国有资产监督管理机构根据授权，依法履行出资人职责，依法对企业国有资产进行监督管理"。《条例》还规定："企业国有资产较少的设区的市、自治州，经省、自治区、直辖市人民政府批准，可以不单独设立国有资产监督管理机构"。之后，在2008年10月又通过了《中华人民共和国企业国有资产法》，可见，在现行国有资产管理体制下，企业中经营的国有资产，统一由国务院，省、自治区、直辖市人民政府，设区的市、自治州级人民政府国有资产管理委员会行使所有者职责，成为这类国有资产产权管理的主体，国有及其控股企业则是国有资产的经营主体；而行政事业性国有资产、国有资源仍有各主管部门管理。

### （二）国有资产管理客体

国有资产管理客体即管理对象，若按国有资产与社会经济活动的关系划分，管理对象包括经营性国有资产、非经营性国有资产和国有资源。不过，从目前我国国有资产管理的现状分析，社会各界关注的焦点仍是经营性国有资产。当然，这种状况是有合理性的，但还是应该加强非经营性国有资产和国有资源的管理力度，以充分发挥这两类资产在提供社会公共服务、体现社会公平、实现可持续发展方面的功能。

### （三）国有资产管理目标

国有资产管理目标可分为总体目标和具体目标，总体而言，国有资产管理要维护国有产权的合法权益，保障资产安全，实现国有资产保值增值，提高资产使用效率，为政府宏观经济政策目标服务、充分发挥国有资产对国民经济运行和社会发展的调控功能。具体而言，经营性国有资产管理目标是实现国有资产保值增值，为我国政府提供更多财政收入；非经营性国有资产管理目标是维护国有资产安全性、完整性，提高资产利用效率，以最少资产占用为社会提供最大限度的公共服务；国有资源管理目标是保护国有产权的合法权益，实现资源有序、合理利用，治理环境污染，走经济、资源和环境可持续发展道路。

### （四）国有资产管理手段

国有资产管理手段主要包括法律手段、经济手段和行政手段。法律手段是政府通过建立健全国有资产法律法规体系，依法打击各类违法违纪行为，维护国有资产权益；经济手段是国家运用税收、财政补贴、利润分配、工资制度等工具，为国有资产管理服务。在市场经济条件下，对利益的追求是企业和个人行为的基本动机，经济手段便成为政府管理国有资产的重要手段；行政手段是政府运用行政权力和命令，强行改变国有企业生产经营行为的方式。

## 第二节　国有资产产权

### 一、产权概述

#### （一）产权及其构成要素

所谓产权，是指一定经济主体依法对特定经济客体（资产）享有的所有、使用、处分并获取相应收益的权利。具体而言，产权是财产所有权以及与财产所有权有关的各项权能的总和。与财产所有权有关的权能包括财产的经营权、占用权、使用权、收益分配权和处分权等一系列财产权利。产权虽然来自所有权并以所有权为核心，但产权不同于所有权，两者在权利形态、权利运动形态、权能和存在的经济条件等方面有所不同。

至于构成产权的基本要素有三个，即产权主体、产权客体和产权权利。

所谓产权主体，是指享有或拥有财产所有权以及享有与所有权有关的财产权利的自然人和法人；所谓产权客体，是指产权权能所指向的标的。具体而言，就是产权主体可以控制、支配或享用的具有价值的物质资料以及各类无形资产；所谓产权权利，就是产权主体拥有的权利。作为产权主体，通常拥有四项最基本的权利，即财产的所有权、使用权、处分权和收益权。

### （二）产权基本特征

一般而言，产权具有以下基本特征。

1. 产权具有明确性。产权体现的是资产归谁所有及归谁支配、运营的一组经济法律关系，因此，产权主体明晰、资产归属明确是产权的基本特征之一。它同时包含着两个方面的内容：一是明确所有者主体，即资产归谁所有、归谁使用等；二是明确所有者客体，即归某个所有者占有、使用和支配的是哪些资产和哪些权利。

2. 产权具有独立性。即产权关系一经确立，产权主体就可以在合法的范围内自主地行使对资产的各项权利，谋求资产收益最大化，而不受同一财产上其他财产主体的随意干扰。

3. 产权具有转让性。产权是商品经济高度发展的产物，它体现在资产交易市场中的动态性财产关系上，还规定了交易过程中的资产权利界区。

4. 产权具有收益性。产权所有者可以凭自己对财产的所有、使用而获取收益，这也是产权所有者谋取自身利益、实现资产增值的主要手段。

5. 产权具有责任性。产权所有者不仅有资产获取收益的权利，同时也要对其占有、使用的资产承担风险和责任。

6. 产权具有法律性。产权关系是一定历史时期所有制形式在法律上的表现，产权主体行使职能，产权客体发挥作用，都必须在国家有关法律的监督和保护下进行。

## 二、国有资产产权及其权益

国有资产产权是公共产权的一种制度安排。从理论上讲，每个公民对全民所有的国有资产都享有产权，但同时国有资产产权不属于公民个人所有，公民必须以"集体"的身份出现才能享有产权。也就是说，每个个人并不直接拥有国有产权，不能任意使用国有资产，也不能直接享有国有资产收益，国有产权与公民个人利益并不直接相关。同时，只有全体公民才是国有产权的主体，在实际生活中需要产生一个产权代表主体——国家，由国家代表全体公民行使产权主体的职责。这样，在国有产权范围内，全体公民与国家之间存在着委托——代理关系。

国有资产产权就是指属于国家的财产所有权以及与国家财产所有权有关的各项权能的总和。我国法律规定的与国有资产所有权相关的产权主要有经营权、使用权、采矿权和承包经营权。

## 三、国有资产产权界定

### (一) 国有资产产权界定

所谓产权界定,是指国家依法划分财产所有权和经营权、使用权等产权归属,明确各类产权主体行使权利的财产范围及管理权限的一种法律行为。产权界定是产权基础管理工作的重要组成部分,是进行产权制度改革的前提和基础,是做到产权明晰化的关键所在。

产权界定主要包括财产所有权及与财产所有权相关的其他权能的界定。

### (二) 产权界定标准

1. 理论标准。马克思主义基本理论,特别是关于所有制和所有权的基本理论是产权界定的基本理论依据;中共中央关于改革开放的决定、关于建立社会主义市场经济体制的决定、两权分离理论、建设有中国特色社会主义理论等,是进行产权界定的直接理论依据。

2. 法律标准。财产所有权是由法律加以保护的最高占有权,对所有权的界定,在各国的法律中都有所规定。

3. 政策标准。我国制定了许多与所有权、经营权相关的政策,其中那些适用于现有社会经济条件和环境的政策,可以作为产权界定的依据。

4. 事实标准。在进行产权界定和纠纷调处时,必须遵循以事实为依据,以法律为准绳的原则。由于我国国有资产的形成原因比较复杂,企业资产的转移变动较多,在进行产权界定时,有必要追溯历史、考察现状。

### (三) 产权界定方法

根据谁投资、谁所有、谁受益的原则以及国有资产的具体成因,可从以下三个方面判定国有资产所有权的归属:一是由国家原始投资形成的资产为国有资产;二是由国家原始投资形成的资产增值应为国有资产;三是由国家优惠政策而形成的资产,如税前还贷、税收减免等形成的资产,应根据情况判定是否应为国家投资。

## 四、国有资产产权交易

### (一) 产权交易概念

所谓产权交易,又称产权转让或产权流动,是指交易双方当事人依照法律规定和合同约定,通过购买、出售、兼并、拍卖等方式,将一方当事人所享有的企业产权的部分或者全部转让给另一方当事人,而使被交易企业丧失法人资格或改变法人实体的法律行为。

### (二) 产权交易方式

产权交易的方式有多种，主要包括以下七种。

1. 企业购并。企业的兼并、合并和收购行为通常称为企业购并。其中，企业兼并是指一个优势公司吸收合并另一个或多个公司，保留优势公司的法人地位，而其他法人消失；企业收购是说一家公司在证券市场上用现金、债券或股票购买另一家公司的股票或资产，以获得对该公司的控制权，该公司的法人地位并不消失。

2. 企业改组。企业改组是指由法律规定的为避免企业破产倒闭，在宣告破产前的企业改组形式。

3. 股权转让。这是相对于股份制而言的一种产权流动形式。在股份制企业中，股东的权益与股份是紧密相连的。股东一旦取得股份，便失去了对入股资金的支配权，但同时取得了股权以及与股权相关的公益权和自益权。

4. 产权拍卖。这是指资产所有者在公开市场上出售其资产所有权的行为。产权拍卖既可以是企业所有权的整体拍卖，也可以是企业部分所有权的拍卖。

5. 企业承包。这是指以承包经营合同的形式确定所有者与经营者之间的责、权、利关系，是企业自主经营产权转让的方式。承包制的实质是资产经营权的暂时让渡。

6. 企业租赁。这是指在不改变企业财产所有权的前提下，以支付租金方式改变企业经营主体的一种产权转让方式。其实质是对资产经营权的暂时让渡。

7. 企业托管。这是指企业的法人财产权以契约形式委托给其他企业法人或自然人管理，并要求委托人在一定条件下实现委托资产的保值和增值。

## 第三节 国有资产投资管理

### 一、国有资产投资的性质与作用

#### (一) 国有资产投资的性质

1. 国有资产投资的概念。国有资产投资是政府或国有资产经营结构根据国民经济和社会发展的需要，为取得预期的经济社会效益，将资金投入社会再生产领域和社会公共服务领域，形成国有资产的活动。也就是说，国有资产投资既包括生产性投资，也包括非生产性投资，这是由政府的社会经济管理职能决定的。

2. 国有资产投资的性质。国有资产投资的性质是由国有资产投资所在的领域决定的。政府或国有资产经营机构在生产领域的国有资产投资，是积累性的扩大再生产支出，即将当年新创造价值的一部分投入社会再生产过程，扩大生产规模，为市场提供更多商品和劳务。而政府在教育、科技、文化、卫生、环境保护、行政管理等社会公共服务领域的投资所形成的非生产性国有资产，是一种社会财富的积累。这些国有资产用于满足社会公共部门提供公共服务的需要，虽然不直接创造物质财富，但国有资产不会在当年消耗掉，而是在较长时间内为社会提供服务，构成社会财富存量的重要组成部分。

（二）国有资产投资的作用

在一个国家或地区社会经济发展中，国有资产投资是十分重要的，具有其他社会投资主体不可替代的作用。在我国社会主义市场经济体制下，国有资产投资的作用具体表现为以下四个方面。

1. 调节国民经济运行，执行国家宏观社会经济政策。国有资产投资是财政政策的重要工具之一，直接为国家宏观社会经济政策目标服务。在开放经济条件下，国民经济运行受到国内外市场供求关系、经济周期、社会经济发展水平等多重因素制约，容易出现通货膨胀与通货紧缩、过度繁荣与严重衰退等较为剧烈的波动，导致社会总供给与总需求的总量与结构的严重失衡。政府可利用国有资产投资调节国民经济运行，执行国家宏观社会经济政策，在经济衰退、社会有效需求不足时，增加投资，刺激经济回升；在经济增长速度加快、通货膨胀严重时，减少国有资产投资，防止经济过热。

2. 壮大国有经济，巩固社会主义经济制度。以公有制为主体，多种经济成分并存，是我国社会主义初级阶段的基本经济制度，而国有经济是公有制的主要形式之一，在国民经济运行中处于主导地位。筹集资金进行大规模国有资产投资，是发展和壮大国有经济的重要途径。

3. 调整经济结构，优化社会资源配置。由于国有资产投资的特殊性，其在调整经济结构、优化社会资源配置方面，具有其他投资主体不可替代的功能。在产业结构调整中，国家可通过国有资产投资，加快薄弱产业发展，克服"瓶颈"约束，优化产业结构，增加社会有效供给，满足社会需求。政府还可投资于那些民间投资主体不愿或无力投资，而又是社会经济发展不可缺少的产业项目。近年来，国家对能源、交通、通信、农业、科技等领域的大量投资，对优化经济结构、促进国民经济持续快速增长就发挥了重要作用。

4. 提供优质公共物品服务，提高人民福利水平。国家在科技、教育、文化、卫生、环境保护、社会保障等领域的投资，为经济发展和人民生活提供了良好的社会公共服务，有利于提高和改善人民的生活水平。

## 二、国有资产投资的资金来源

国有资产投资的资金来源主要有以下四类。

## （一）财政预算拨款

财政预算拨款是指在每年的财政预算中，国家根据国民经济和社会发展需要，安排一部分资金用于国有资产投资。在社会主义制度建立之初，财政预算拨款是国有资产形成的主要渠道。改革开放后，一方面，经过几十年建设，我国已建立比较完整的国民经济体系，国有经济占绝对优势，不需要再进行大规模投资；另一方面，财政的放权让利成为经济体制改革的突破口，这导致国家集中性财力不足，在一定程度上削弱了财政的国有资产投资能力。

## （二）银行贷款

银行贷款是指国家独资、控股和参股的企业事业单位，凭借国有单位的信誉，或者以国有资产为抵押、担保，从商业银行取得贷款，进行投资和生产经营，在贷款偿还后形成国有资产的经济活动。如前所述，在1978年以前，国有资产投资主要采取财政无偿拨款方式，银行不得发放固定资产贷款，流动资金贷款也只起到补充作用。改革开放后，除建设银行外，工商银行、农业银行、中国银行以及交通银行等股份制商业银行开始发放固定资产贷款。1983年以后，国有企业流动资金全部由银行提供，除个别行业和地方新建企业外，财政部门不再为国有企业供应流动资金。这样，随着财政预算内国有资产投资比例的下降，银行贷款成为国有资产形成的重要来源之一。

## （三）自筹资金

自筹资金是指按照国家财政制度的规定，由各地区、各部门和各单位利用自己掌握的预算外资金、国有资产收益进行的投资。具体来说，自筹资金主要包括以下三类：一是地方财政自筹资金；二是各主管部门的自筹资金；三是企业、事业单位的自筹资金。

## （四）利用外资

利用外资是指国有企事业单位凭借国有经济单位信誉，或者由国家财政担保，以及以国有资产为担保，承担还本付息责任，以举借外债等方式利用外资进行的投资。外债一般分为国外贷款和在国外发行债券两种。国外贷款包括向国际金融组织及外国政府、银行、企业和个人的贷款等。不过，在国有资产投资资金来源中，利用外资是主要的补充，不是主渠道。利用外资进行投资，必须充分考虑项目的经济效益和偿还债务的能力，防范和化解债务风险。

### 三、国有资产投资效益

## （一）国有资产投资效益的概念

效益是投入与产出、所费与所得之间的比较。国有资产投资效益是指国有资产投资所取得的有用效果与所消耗的投资额之间的比例。进行国有资产投资,要消耗大量的人力、物力和财力等社会资源。在一定时期内,相对于人们的需求而言,这些社会资源是有限的、稀缺的。利用有限的、稀缺的社会资源,最大限度地满足人们的需要,客观上就需要提高资源的使用效益。

在国民经济和社会发展中,政府的国有资产投资承担着与其他投资主体不同的责任,具有其特殊的历史使命,其投资效益的体现具有多面性,可从不同角度、选择不同标准进行分类。例如,按国有资产投资效益实现的领域可分为经济效益、社会效益和生态效益;按国有资产投资受益方式可分为直接效益与间接效益;按国有资产投资收益的期限可分为当前效益和长远效益等。

## (二) 国有资产投资效益的考核指标

为提高国有资产投资效益,实现国家宏观社会经济政策目标,需要对国有资产投资效益状况进行考核,建立相应的奖惩机制,加强投资管理。这就需要建立健全国有资产投资效益的考核指标体系,具体包括投资效益系数、固定资产交付使用率、建设周期、竣工投产率、投资回收期、单位生产能力投资、建设项目投资利税率和流动资金周转率等指标。

## 第四节 国有资本经营预算

### 一、国有资本经营预算的建立

#### (一) 国有资本经营预算的提出

国有资本经营预算最初是从建立复式预算的角度提出来的,从中央与政府文件中的提法来看,国有资本经营预算概念的形成先后经历建设性预算、国有资产经营预算、国有资本金预算和国有资本经营预算四个阶段。

1988 年财政部向国务院报送了实行复式预算的初步方案,1989 年全国人大常委会正式提出实行复式预算的意见。1991 年年底,财政部向国务院报送了修订的复式预算方案,1991 年国务院颁布《国家预算管理条例》,规定从 1992 年起国家预算按复式预算编制,具体为"经常性预算"和"建设性预算"的形式。

1993 年中共十四届三中全会通过《中共中央关于建立社会主义市场经济体制若干问题的决定》提出"改进和规范复式预算制度,建设政府公共预算和国有资产经营预算,并可根据需要建立社会保障预算和其他预算",首次明确提出"国有资产经营预算"。1995 年,国务院发布《中华人民共和国预算法实施条例》第二十条规定:各级政府预算按着复式预算编制,分为政府公共预算、国有资产经营预算、社会保障预算和其他预算。

1998年中央政府机构调整，原国家国有资产管理局并入财政部，相应地，财政部再次提出改进预算制度，逐步建立起政府公共预算、国有资本金预算和社会保障预算制度。新方案中提出"国有资本金预算"。

2002年中共十六大决定对国有资产管理体制进行重大改革，2003年国务院国资委成立时，明确规定其"对所监管的国有资产进行预算管理，条件成熟时按国家有关预算规定，负责所监管企业国有资本经营预算的编制工作"。

### （二）国有资本经营预算制度的正式形成

2007年，国务院决定开始在中央本级试行国有资本经营预算，地方国资委试行的时间、范围和步骤由各省及计划单列市人民政府决定。同年，国务院发布《国务院关于试行国有资本经营预算的意见》（以下简称《试行意见》）明确国有资本经营预算是国家以所有者身份依法取得国有资本收益，并对所得收益进行分配而发生的各项收支预算，是政府预算的重要组成部分。

2008年第十一届全国人民代表大会常务委员会通过的《中华人民共和国企业国有资产法》规定，国有资本经营预算按年度单独编制，纳入本级政府预算，报本级人民代表大会批准。国有资本经营预算支出按照当年预算收入规模安排，不列赤字。国务院和有关地方人民政府财政部门负责国有资本经营预算草案的编制工作。

2010年，财政部下发《关于推动地方开展试编国有资本经营预算工作的意见》（以下简称《意见》）。《意见》指出，要充分认识建立国有资本经营预算的重要性，中央国有资本经营预算的顺利实施对各地有重要的借鉴作用，要求地方落实法律和国务院《试行意见》要求，认真履行国有资本经营预算工作管理职责分工，抓紧建立健全国有资本经营预算各项管理制度。

至此，我国国有资本经营预算制度框架基本形成并在实践中全面展开。

## 二、国有资本经营预算概念

根据《预算法》第十条规定：国有资本经营预算是对国有资本收益作出支出安排的收支预算。也就是说，国有资本经营预算是国家以所有者身份依法取得国有资本收益，并对所得收益进行分配而发生的各项收支预算，是对政府在一个财政年度内国有资产经营性收支活动进行价值管理和分配。

国有资本经营预算与一般公共预算的主要区别有三点。一是一般公共预算的分配主体是作为社会管理者的政府，其分配目的是满足社会公共需要；分配手段是凭借政治权力进行分配；分配形式是以税收为主要收入，并安排各项具有社会公共需要性质的支出，故一般公共预算是供给型的预算。而国有资本经营预算的分配主体是作为生产资料所有者代表的政府，以国有资产的宏观经营并取得宏观经济效益为分配目的；分配依据是资产所有权；其收支内容是围绕着对经营性国有资产进行价值管理和分配形成的，故国有资本经营预算是经营型的预算。二是国有资本经营预算在编制上相对独立于一般公共预算,即国有资本经营预算按收支平衡原则编制,以收定支,不列赤字,建立国有资本经营预算制度后,国家用于国有企业的改革支出将逐步从一般公共预算中退出。三是国有资本经营预算相比一般公共预算而言,规模还非常小。

### 三、国有资本经营预算收入与支出

#### (一)国有资本经营预算收入

国有资本经营预算收入反映各级人民政府及其部门、机构履行出资人职责的企业上缴的国有资本收益,主要包括:国有独资企业按规定上缴国家的利润;国有控股、参股企业国有股权(股份)获得的股利、股息;企业国有产权(含国有股份)转让或出售收入;国有独资企业清算收入(扣除清算费用),以及国有控股、参股企业国有股权(股份)分享的公司清算收入(扣除清算费用);其他收入。

#### (二)国有资本经营预算支出

国有资本经营预算支出范围除调入一般公共预算和补充社保基金外,限定用于:资本性支出,即满足产业发展规划、国有经济布局和结构调整、国有企业发展要求,以及国家战略、安全等需要;费用性支出,用于弥补国有企业改革成本等;其他支出,具体范围依据国家宏观经济政策以及不同时期国有企业改革和发展任务统筹安排确定。

## 基本概念

国有资产管理  产权  产权界定  产权交易  国有资产投资  国有资产投资效益  国有资本经营预算

## 思考与练习

1. 简述国有资产管理要素。
2. 简述国有资产产权交易方式。
3. 简述我国国有资本经营预算的产生与形成过程。

# 关系篇

# 绪　言

　　财政是"财"与"政"的统一体，其中，"财"强调的是经济要求，即财政是"因天下之力以生天下之财，取天下之财以供天下之费"，故政府不仅要生好财，更要用好财，财政必须提高效率、追求绩效；"政"强调的是政治要求，即财政是沟通各级政府之间、政府与个体之间的桥梁，更重要的是，依据普遍、平等等现代财政原则，这种沟通能够无差别地涵盖到每一层级政府和每一个个体，使财政成为现代社会中表达各种意愿最直接、最充分和最广泛的核心制度。

　　具体来说，财政中的"政"主要体现在政府与市场关系和政府间财政关系上。

　　政府与市场是"一对一"直接存在的矛盾关系，传统财政下，不论是西方还是东方，以政府为代表的国家利益集团与以大商人为代表的商业利益集团间总是呈现零和博弈。现代财政下，政府与市场关系更加错综复杂，一方面，完善市场经济体制，拉动宏观经济增长，会成为现代财政的着力点；另一方面，现代财政所拥有的现代化信息技术管理手段，意味着现代财政下的政府可以获得更为庞大的财政资源，并通过精细化管理发挥更为显著的作用。因此，既不能出现某一方独大，也不能人为弱化某一方。

　　我国自古以来就是多层级政府架构，这就引出一对非常重要的关系，即中央政府与地方政府间的财政关系。就这对关系而言，我国是中央集权制国家，但央地间财政关系是极其复杂且微妙的，对社会经济发展产生的影响也各不相同。中华人民共和国成立以来，央地间财政关系历经多次大的调整，按照最新的建立现代财政制度的改革要求，央地间财政关系调整的原则是"发挥中央和地方两个积极性"。

　　综合财政的政治要求，可以说，作为社会主义国家，未来的财政改革还是应延续天下为公的理念，即不仅要个体富裕，而且更要共同富裕；不仅要物质生产，而且更要天下大同。天下为公，这应是"财"与"政"统一后的财政本质，是财政提高效率、追求绩效的根本目的。

# 第十五章 政府与市场关系

【本章概要】
　　现代社会配置资源的基本手段是政府和市场,但有关政府与市场关系的讨论存在已久。2013年中共十八届三中全会通过了《中共中央关于全面深化改革若干重大问题的决定》,其中针对政府与市场关系提出"经济体制改革是全面深化改革的重点,核心问题是处理好政府和市场的关系,使市场在资源配置中起决定性作用和更好发挥政府作用"。这使政府与市场关系再次成为焦点问题,故应对政府与市场关系的以往讨论加以回顾并深刻理解。

【学习目标】
1. 掌握政府与市场的概念。
2. 了解西方经济学对政府与市场关系的认识。
3. 了解我国传统财政思想对政府与市场关系的认识。

## 引　言

　　政府与市场并非是万能的,两者都存在"失灵",过于强调其中任何一方的市场中心主义或政府中心主义都会对社会经济发展产生危害。自20世纪80年代起,我国借鉴西方国家市场经济发展经验,通过社会主义市场经济体制的建立与完善,大力发展现代经济体系。但与此形成对照的是,进入21世纪以来,西方国家却基于国家安全和经济增长需要,开始强化政府力量。这充分说明了政府与市场关系的阶段性和复杂性。

## 第一节　政府与市场概念

### 一、政府基本概念

　　关于政府的定义,难有统一的说法,但大致上可以分为广义和狭义两类。

广义政府（government）泛指一切国家政权机关，包括立法机关、司法机关、行政机关以及一切公共机关，议会、内阁、总统、法院等机构都属于广义概念上的政府。有代表性的如英国《大众百科全书》的定义：政府是"由政治单元在其管辖的范围内制定规则和进行资源分配的机构"。对广义概念的政府又存在两种不同的见解：一种认为国家的总统、总理、国务卿、部长、司局长、外交官、海陆空军的军官以及各级地方行政官员，都是政府官员的一部分，把这些官员所在的办事机构加在一起，就构成了一个国家的政府；另一种认为，司法部门的官员及其所在的机构也应包括在政府之内，因为这些官员的职责在于解释宪法和执行法律，这是执行国家意志即统治阶级意志的一种重要职能。

狭义政府（administration）专指一个国家的中央和地方行政机关，如外国的内阁、总统、政务院等，我国的国务院、地方各级人民政府。《美国百科全书》是这样界定政府的："政府一词适应管理团体和国家的机构及其活动。通常它指的是诸如英国或日本这些民族国家或其分支为省、市地方政府的组织机构及法定程序。就这一方面而言，政府对已经确认为某一民族国家中的成员的事务进行管理啊。由此可见，政府就是一个国家或社会的代理机构。"我国宪法中的"人民政府"是指各级行政机关，即狭义政府。

政府具有主权性和独立性、政治性和阶级性、强制性和约束性、执行性和实践性、综合性和动态性等基本特点。

## 二、市场基本概念

### （一）市场概念

所谓市场，是指商品和劳务买卖双方自由交换的场所和机制，它体现了商品生产者之间相互交换劳动的经济关系。狭义的市场指有形市场，广义的市场包括有形市场和无形市场。有形市场是指有固定的商品交换场所的市场，买卖双方在这种固定场所进行交易。一般的商店和集市都是有形市场。无形市场是指没有固定交易场所的市场。它一般通过某种中介来沟通买卖双方，实现交易行为。例如某些技术市场、信息市场、房地产市场就属于无形市场。

市场的三个基本要素是交易主体、交易客体和交易行为。

1. 交易主体。交易主体是指在市场上从事交易活动的个人或组织，可分为自然人和法人，也可分为买方和卖方。这些个人和组织是市场关系中的能动因素。交易主体可以分为四种类型，即：企业、居民、政府和其他非营利性机构。在现代商品经济中，企业是最主要的交易主体，市场上的交易行为绝大部分是由企业进行的。居民作为劳动力和资本等生产要素的提供者，是商品和劳务的购买者和最终消费者，也是重要而广泛的交易主体。政府在履行社会经济管理职能时，不仅要对经济运行进行宏观调控，而且担负着社会公共事务和重要经济事业的建设和管理任务，也是某些商品和劳务的购买者和消费者，因而也是重要的交易主体。非营利性机构主要是指某些事业单位，如学校、文化和体育单位等，它们虽然不像企业那样以营利为目的，但也要向社会提供有偿服务，也要购买和消费商品和劳务，因而也是交易主体。

2. 交易客体。交易客体也称交易对象，是指交易活动的标的物，即买卖的对象物。交易客体包括商品和劳务两部分。

3. 交易行为。交易行为是指买卖双方的交易活动，它是连接交易主体和交易客体的中间环节。不同的交易主体通过交易行为完成对交易客体的交换，达到满足各自需要的目的。在商品经济条件下，完成交易行为的媒介是货币；完成交易行为的手段包括各种必需的物质条件，如交易场地、计量工具、交通以及仓库等服务设施。交易行为的顺利完成还要靠交易规则来保证。

（二）市场机制

市场机制是市场运行的实现机制，它是市场中供求、价格、竞争三大构成要素之间相互联系、相互作用和相互制约的关系。与价格、供求、竞争三要素相对应，市场机制包括了价格机制、供求机制和竞争机制，其中价格机制是核心。

1. 价格机制。价格机制是指商品价格的形成及其对经济运行的影响，它是以价格形式发生作用，从而引起市场供求变化的市场机制。价格机制通过显示价格信号，调节社会资源的配置方向，调节市场的供求关系，推动经济发展。

2. 供求机制。供求机制是商品供求关系使市场价格围绕价值波动的作用方式，是供求双方相互作用、相互制约，从而使供求趋于平衡的市场机制。它反映了市场供求关系同市场价格的内在联系和规律性，也称为供求规律。

3. 竞争机制。竞争机制是指各种市场交易主体之间的竞争以及市场供求关系、价格、资金、劳动力等要素之间形成的相互作用、相互制约的联系方式。它反映了不同市场交易主体之间的各种经济利益关系。竞争机制是价格机制和供求机制借以实现的途径，它不仅调节着价值的形成，而且刺激和推动着价值的增值。

（三）市场功能

市场功能即市场的作用，它是在市场机制各要素的相互联系、相互作用、相互制约中形成的。市场功能集中体现在交换功能、信息传递功能、调节功能、约束功能和检验功能上。

## 第二节 西方经济学中政府与市场关系

西方经济学对政府与市场关系的理论认识，依据演变可分为五个阶段：第一阶段是从15世纪至17世纪的重商主义时期，这一时期是主张政府干预的思想占据主流地位；第二阶段是从1776年亚当·斯密出版《国富论》至20世纪20年代，这一时期是强调市场作用的思想占据主流地位；第三阶段是从20世纪20年代至 50 年代末，这一时期是以"市场失灵"为由强调政府干预的必要性；第四阶段是从 20 世纪 60 年代至 80 年代。这一时期经济学家开始研究政府行为的内在动机，强调"政府失灵"的可能性，主张重新以市场机制作为调节资源配置的主要工具；第五阶段是 20 世纪 90 年代至今，这一时期的新凯恩斯主义以重构凯恩斯微观经济学为出发点，认为政府干预是对未来经济稳定的一种投资。

## 一、重商主义理论

重商主义产生并流行于 15 世纪至 17 世纪中叶的西欧。这一时期的西欧，随着中央集权国家的建立以及地理大发现，商业和商业资本不断发展壮大。这促进了社会分工的扩大和国内市场的统一，也促进了对外贸易的发展和世界市场的形成，但封建割据限制了商业资本的活动。因此，商业资本家坚决要求加强国家集权的力量，消除割据，以保证他们在国内市场上畅通无阻地进行商业活动，并实行对外扩张。重商主义正是在这种社会经济背景下产生和发展起来的。

重商主义既未完整分析政府的行为动机和政府的作用，也没有分析政府、市场与企业间的关系，因而他们关于政府干预的论述与其说是一种理论，不如说是一种政策主张。他们把货币视为财富的唯一形式，把商品流通视为财富的源泉，把对外贸易视为增加一国财富的根本途径。早期重商主义者力图在国内把货币以储藏货币的形式积累起来，达到积累货币财富的目的；晚期重商主义者为了鼓励输出，主张国家实行保护关税的政策并采取扶植生产出口商品的工场手工业的政策。

## 二、自由放任主义理论

在重商主义者看来，政府的经济职能十分重要。但到了 18 世纪，产业革命已经兴起，资产阶级完全能够依靠自己的力量发展经济，故自由放任主义逐渐抬头。1776 年，亚当·斯密出版《国富论》，力图以自由放任理论和政府不干涉经济事务的政策替代重商主义的政府干预理论和政策，并把"自由放任"视为他所主张的经济政策的基本原则。基于这种观点，亚当·斯密对政府职能作了限定："第一，保护社会，使其不受其他独立社会的侵犯；第二，尽可能保护社会上各个人，使其不受社会上任何其他人的侵害或压迫；第三，建设并维持某些公共事业及某些公共设施，这种事业与设施，在由大社会经营时，其利润常能补偿所费而且有余，但若由个人或少数人经营，就决不能补偿所费"。

继亚当·斯密之后，在政府与市场问题上主张自由放任观点的还有 19 世纪英国经济学家西尼耳和穆勒。穆勒认为，每个成年人的生活都有其个性，不应当受其他个人或公共集体的控制。如果政府职能增加，就意味着权力的增加，其间接影响力也增加；政府职能的增加，不仅增加了团体的负担，而且事情交由政府去干，结果还不如给那些与其有利害关系的私人去干。总体而言，从亚当·斯密理论的提出到 20 世纪初,自由放任主义一直占统治地位,政府的职能就是充当"守夜人"。

### 三、政府干预主义理论

人类进入 20 世纪以后,自由竞争的资本主义过渡到垄断资本主义。由于资本主义固有矛盾的加深,1929 年西方世界爆发了一次大的经济危机。经济危机向人们表明,自由放任主义者所说的资本主义经济具有自律性调节机制失效了。因此,西方经济学不得不寻求新的经济理论以解释现实问题,而这一新的经济理论就是倡导政府干预的凯恩斯主义。

比凯恩斯稍早一点,英国的福利经济学家庇古于 1920 年出版了《福利经济学》,论述了政府参与资源配置的经济职能。庇古认为,在完全竞争条件下,虽然竞争有利于实现生产资源的最优配置,但出于种种原因,仍会出现边际私人纯产值和边际社会纯产值相背离的情况,这表明仅依靠自由竞争不能导致生产资源的最优配置。因此,庇古提出了政府干预的必要性。他认为,政府干预经济的职能,主要是采取适当的经济政策来消除客观上存在的边际私人纯产值和边际社会纯产值的背离。

凯恩斯比庇古更进一层。1926 年,他发表《自由放任主义的终结》一文,公开表明放弃自由放任主义原则。1936 年,凯恩斯最主要的著作《就业、利息和货币通论》出版,该书确立了凯恩斯主义的基本原理,成为现代资产阶级经济学的经典著作。凯恩斯在书中提出政府要为实现充分就业作出努力,认为政府有必要对经济进行干预,政府的经济职能在于通过财政政策增加政府支出,以增加需求;通过税收来鼓励投资;通过货币政策利用利率升降来控制货币效应,间接影响私人投资和消费。由于凯恩斯主义适应了国家垄断资本主义的需要,并在 20 世纪 30 年代的大危机中起到重要作用,故凯恩斯主义成为第二次世界大战后西方各国政府执行和扩大经济职能的基本理论依据。实践证明,凯恩斯主义的政府经济职能学说中的某些合理成分,不仅适用于发达国家,也同样适用于发展中国家。

20 世纪 50 年代后,凯恩斯主义的追随者分裂为新古典综合派和新剑桥学派。两大派别虽在政府具体经济职能上的观点有所不同,但在主张政府干预方面是一致的。

在现代西方经济学中,主张政府干预的还有新制度学派和瑞典学派。新制度学派以美国的经济学家加尔布雷斯、鲍尔丁以及瑞典经济学家缪尔达尔为代表。这个学派认为,资本主义社会应通过"结构革命",使不完善的结构完善起来,使公共目标受到执政当局的重视,使权力和收入的分配均衡化,这是政府长期的、根本的纲领。瑞典学派也称北欧学派或斯德哥尔摩学派,维克赛尔是奠基人,著名人物有林达尔、缪尔达尔等。瑞典学派认为,政府的经济职能主要是运用货币政策和财政政策调节经济,通过公共投资政策直接调整投资量,通过人力政策解决就业，通过收入政策调节财富的均衡化。政府的经济政策的基本目标是国有化、福利国家和市场经济三者的混合物。

### 四、新自由主义理论

20世纪60年代后，面对资本主义社会严重的滞胀危机，凯恩斯主义关于政府干预的主张和政策显得于事无补。于是，主张修复"看不见的手"、反对政府干预的呼声日渐高涨。在这一背景下，产生于20世纪30年代的新自由主义经济学获得了较大的发展。

新自由主义经济学有广义和狭义之分。广义的新自由主义包括新货币主义在内，狭义的新自由主义特指哈耶克的新自由主义和德国的新自由主义。从理论观点、分析方法和政策主张来考察，三者相同之处是都认为资本主义市场经济是完善的，私人企业经营制度有很大优点，政府干预经济的政策有害无益。

美国经济学家弗里德曼是新货币主义的代表人物。他主张建立这样一种社会，"它主要依靠自愿的合作来组织经济活动和其他活动，它维护并扩大人类的自由，把政府活动限制在应有的范围内，使政府成为我们的仆人而不让它变成我们的主人"。他在亚当·斯密关于政府职能三点主张的基础上，增加了一条政府职能，即是保护那些被认为不能"负责的"社会成员。政府除了执行上述四项职能外，其作用将大大减少，它仅能为自由市场比较无妨碍地运动提供一个"稳定的支架"。至于货币当局，除力求使货币适度稳定增长外，应听任经济自由调节，恢复亚当·斯密的"看不见的手"——价格机制的作用。

德国新自由主义的奠基人是W.欧根，代表人物有缪勒·阿尔玛克、艾哈德等人。他们指出"社会市场经济"的体制模式，认为这是一种既非资本主义、又非社会主义的特定形式的经济，力图在自由放任与政府干预之间寻求"第三条道路"。他们认为在"社会市场经济"中，政府既不应像计划经济中那样配置资源来调节经济，也不应像凯恩斯主义所主张的运用政策干预经济，而是应该仅仅维护市场经济的秩序，就像在足球比赛中那样，政府仅作为裁判员维护比赛秩序，绝不是作为运动员参加比赛。

在西方经济学各学派中，最彻底的自由主义是哈耶克的新自由主义。它不像其他学派那样多多少少承认自由市场经济有缺陷，而是高唱"自由胜于一切"的调子，反对任何形式的政府干预。哈耶克认为，私人自由企业经济是最合理的，市场机制是完善的，因而用不着国家去实行收入再分配或福利国家措施，混合经济也是不必要的，甚至是有害的。这种极端的反对政府干预的主张，即使在发达资本主义国家也难以被采纳。

### 五、新凯恩斯主义理论

新凯恩斯主义是在20世纪80年代后期和90年代初期逐渐兴起的。面对当时世界性经济衰退及低通货膨胀率条件下持续的高失业，新自由主义理论显得力不从心。实践再次提出政府对经济总量进行干预的必要性，也为新凯恩斯主义的发展提供了契机。新凯恩斯主义认为，政府在克服市场失灵上具有诸多优势，能够保证短期内宏观经济政策的有效性，但应放弃提出一种长期宏观经济政策理论的努力。

由上述可见，西方经济学的各个学派在关于政府与市场关系问题上，始终围绕着自由主义和政府干预主义而展开论战。不过，回顾这些争论，可以看出两个特点：第一，自由主义并非反对一切政府干预的政策，政府干预主义也并非完全排斥经济自由而主张干预一切；第二，一般来说，当资本主义经济比较稳定、经济危机和失业不十分严重的时候，自由主义容易抬头；相反，当经济危机和失业严重的时候，政府干预主义往往得到拥护。

## 第三节 我国传统思想对政府与市场关系的认识

纵览我国历史，有关政府与市场关系的争论从未间断，并在历次财政改革中趋向激化。

### 一、桑弘羊改革

西汉中期武帝时代，既是西汉王朝的繁荣鼎盛时代，同时也是危机四伏变革方临的时代。其中，财政危机的到来是在武帝即位的最初十余年里出现的。至于危机出现的原因，既有内外矛盾的激化，也有贫富差距分化后出现的富商豪强势力的急剧膨胀以及由兼并之害而导致农民大批破产流亡。

公元前119年起，在桑弘羊参与制定、协助实施下，西汉武帝时代开启一系列财政改革，时间跨度长达20年。

#### （一）桑弘羊改革内容

1. 统一货币政策。西汉初，刘邦为获得过去靠山泽工商之利发迹的王侯、宠臣、豪民等地方势力对他政治上的支持，在开放盐铁私营的同时，又出让了国家的铸币权作为笼络地方势力的交换条件。故为加强财政力量，亦为打击富商豪强等地方兼并势力，就必须将铸币权收归国有。公元前113年，桑弘羊向武帝建言新的币制改革，内容包括：一是将铸币权收归朝廷，并宣布新铸的"五铢钱"为全国唯一合法货币；二是禁止地方郡国私自铸钱，并明令凡各地以前所铸一切旧币均一律予以销毁；三是各郡销毁旧币后所得铸铜必须全部押运解送中央。

2. 算缗告缗。该法令是以加重富商大贾和高利贷者赋税课征的法律手段，将他们长期剥削来的非法财产部分夺归政府所有。其中，算缗就是向商贾、销售商品的手工业者以及高利贷者加重征收财产税；告缗是不许商人瞒产漏税，凡隐瞒不报或自报不实者，一旦被人告发，即没收其全部财产，并罚戍边1年。算缗告缗法的实施，既增加了国家财政收入，又从政治上巩固了中央集权统治，尤其是国家利用招募大批破产的农民从事农业生产，在安置了失地农民的同时也增加了田租收入，起到了打击富商豪强兼并势力的效果。

3. 国家专卖制度。涉及盐铁的国家专卖制度由桑弘羊倡议并推行，是汉武帝中后期的主要财政来源。可以说，汉武帝统治前十余年里，其财政来源主要靠文景以来的积蓄，到桑弘羊主持中央财经工作后，财政来源就改为以盐铁专卖、均输法等官营商业利润为大宗。

4. 均输平准法。公元前115年，桑弘羊为调节各地物资的余缺而采取均输法，该法是一种以贡赋为底本、从事地区间远程贩运贸易的官商做法。公元前110年，桑弘羊又创立平准法，该法是桑弘羊全面推广均输法时采取的一种与之相配套的借以调节物资供求、平抑市场物价的新经济政策。这是因为在实施均输法时出现了问题，主要是政府各部门在均输法的刺激下，为贩运求利便纷纷到各地市场去争购物资，结果引起市场物价的飞涨，而均输法目的是弥补盐铁专卖收入之不足，对物价上涨问题却无能为力。故桑弘羊不得不奏请汉武帝批准实行与均输法相配套的平准法。

5. 军民屯田制度。徙民边塞，实行军、民屯垦，是汉武帝时代为抗击匈奴、巩固边防所制定的一项具有重要战略意义的军国大计，也是西汉政府从国家财政出发使被兼并失地农民重新得以安置而采取的又一项重农举措。该时期的民屯与军屯相结合、民兵与边塞驻军相结合的屯田制度，给西汉政府带来很好效果。

（二）盐铁专卖之争

汉昭帝始元六年（公元前81年），盐铁会议在首都长安召开，本次会议由丞相车千秋主持，御史大夫桑弘羊与丞相史、御史等在朝官吏组成官方阵营，六十余位饱读经书的贤良文学组成民间阵营，双方就盐铁专卖等财政政策乃至治国方略等，展开了一场大争论。

这场争论涉及两个财政问题：一是财政支出规模问题。公卿大夫持有积极国家职能观，主张大规模财政支出方案。他们认为，对外安全来自国家武力的彰显，对内秩序的获得主要是利用刑罚的力量惩罚作恶者。除此以外，财政支出还能发挥积极的经济与社会职能。贤良文学则认为，治国应遵循德治要求，对外和平同化，对内秩序和谐，从而减少财政支出；二是财政对待工商业问题。公卿大夫认为交易对经济有巨大作用，故面对工商业带来的巨大财富，应将其作为财政收入的源泉，以应对财政支出需要。不过，他们建议应实行国家垄断，包括盐铁等特殊商品，也包括一般商品。贤良文学则反对将工商业作为财政收入来源，盐铁等垄断资源应分散给民间。

若套用现代经济学的学派划分，贤良文学很明显接近于经济自由主义，而公卿大夫更多属于重商主义。

## 二、王莽的国家干预主义

西汉后期，由于盐铁、均输等财经政策的变质、废弛，加上外戚把持朝政，官僚、地主、商人投机放债，牟取暴利，大大加剧了专制主义下大土地占有制的恶性膨胀，而被兼并的自耕农日益贫困，甚至变卖土地，转而成为佃农或雇农，西汉王朝变得岌岌可危。在此背景下，夺得政权的王莽实施了以王田制为代表的财政改革。

建国元年（公元9年），王莽颁布"王田令"，具体内容是："更名天下田曰王田，不得买卖；'男口不盈八'的家庭，限田九百亩，超过之数必须分给九族；原来无田者可以重新分得田地，一夫一妇田百亩。"深入分析王田制，可发现该项改革举措虽说是以实现土地平均占有为目的，但也包含着确保国家对土地和人口的全面控制，以实现国家财政利益最大化的诉求。不仅是王田制，王莽实行的五均六筦改革也是要加强对市场的管理，使王莽的财政改革体现出国家干预经济的思想。

## 三、刘晏改革

唐初期百余年间，先后出现"贞观之治"和"开元之治"两个盛世，但在繁荣昌盛的背后，唐代各种社会矛盾、经济危机和财政危机也不断地由小变大，日益突出起来，到唐玄宗末年全面爆发。在此背景下，刘晏临危受命，实施了一系列财政改革措施，为安史之乱后的唐朝社会经济发展做出了重要贡献。

### （一）刘晏改革内容

1. 改革漕运，解决财政调拨危机。唐玄宗之后，漕运对唐廷延续至关重要，漕运改革势在必行。唐代宗广德二年（公元764年），刘晏被任命主持漕运改革，其主要措施有：一是变散运为纲运；二是变民运为官营；三是变派役为雇工。

2. 改革盐铁专卖，尽收盐利。唐玄宗开元十年（公元722年），随着国家财政开支日益加大，唐朝恢复食盐课税政策。安史之乱后，国家财政更加空虚，而食盐课税政策却因遭到冲击而中断。唐代宗永泰二年（公元766年），刘晏以户部尚书出任都畿、河南、淮南、江南、湖南、荆南、山南东道盐铁使，改革食盐专卖政策。他对盐课的改革集中在：一是组织机构改革，精减盐务主管机构；二是变民制、官收、官运、官卖为民制、官收、商运、商销；三是控制盐价，刘晏并未完全废除官营商业对稳定市场价格、调剂物质余缺的职能，他设立常平盐仓，利用官运官销的做法来控制盐价，以弥补商运商销的不足，使二者相辅相成、互相补充，成为一个有机的整体。

3. 完善常平法与和籴政策。唐代宗永泰二年（公元766年），刘晏兼任长平使，随即对调节供求、平抑物价的常平法与和籴法进行改革，具体措施有：首先,建立信息网络,设置专职人员到各地调查,反映物资余缺、物价涨落和生产丰歉等情况;其次,改进收购办法;最后,扩大和籴范围。刘晏将其他一些重要商品也纳入政府管理,不仅通过和籴范围的扩大稳定了市场,还增加了财政收入。

### (二) 刘晏相关思想

总结刘晏各项改革措施,可发现刘晏在改革中非常注重政府干预与市场竞争的相互配合,如刘晏通过盐利增加国家财政收入,不是靠克扣盐户、坑亏商人或抬高盐价进行残酷的搜刮,而是通过发展盐业生产,鼓励商人加快食盐流通,增加销售量来实现的。在盐利的分配上,他既让商人得到应得的好处,又让盐户得到该有的一份,然后全归国家所有。国家得到厚利,私人也有利可图,这样公私都有积极性,从而加快了食盐的产运销,形成良性循环。

除上述改革以外,北宋的王安石变法、明朝的张居正"一条鞭法"改革以及清朝的雍正"摊丁入亩"改革都或多或少涉及政府与市场关系之争,并因改革的不同成效而形成不同的政府干预观和市场竞争观,使政府与市场关系成为我国传统思想中一个经久不衰的话题。

## 基 本 概 念

政府　市场　重商主义　凯恩斯主义　新自由主义　算缗告缗　均输平准　王田令

## 思考与练习

1. 简述西方经济学中政府与市场关系的理论演变。
2. 简述盐铁之争的财政意义。
3. 试述王莽改革失败的原因是什么?

# 第十六章 政府间财政关系

**【本章概要】**
　　良好的政府服务是经济发展的必需品,有效的政府是社会经济发展的关键。政府对经济发展所起到的基础作用包括由中央政府负责的建立法律秩序、保护资源环境、稳定宏观经济、提供社会保障等,也包括由地方政府负责的地区基础设施建设、地区卫生、地区教育等。因此,研究各级政府间的财政关系,讨论分权与集权的优劣点,完善财政转移支付制度,既是实现公共财政提供公共产品或服务的基本目标的重要手段,当然,也是本章学习的内容。

**【学习目标】**
1. 了解财政集权与财政分权。
2. 掌握财政转移支付制度。

## 引 言

　　前面各章的讨论都是在假定公共部门是由单一的政府实体组成的情形下进行的。事实上,政府被分为若干级次,除中央政府外,还存在一级或多级地方政府。不同级次的政府之间在收入和支出关系上是有不同关系的。政府间财政关系的内容就是一国中央与地方、地方各级政府之间的分配关系,主要包括如何确定各级财政收支范围和管理权限等内容。

## 第一节 政府简介

　　政府是国家政权机构中的行政机关,是随着阶级和国家的出现而产生的,并随着国家的发展和社会政治、经济生活的日益复杂,而趋向完善。在现代国家,一般由宪法和法律规定政府的结构、组成和职权。具体来说,政府的职权包括对内和对外两个方面。对内,指挥国家机器,维持社会秩序,调整各种社会关系,管理公共服务事业,发展社会福利等。对外,则发展与其他国家的政治、经济、文化交流,保卫本国领土完整和主权不受侵犯,维护国家的独立等。

## 一、政府分类

### (一) 按照政府层级分为中央、省、区、县、乡

政府层级是指宏观纵向层级结构,即从中央到地方共有几级政府组成。我国是五级政府层级,分别为中央、省、区(市)、县、乡①。从这五级政府的渊源来看,中央、省、县三级行政层级具有历史延续性,区、乡两级则是中华人民共和国成立后形成的。

1. 乡级形成。1980年6月18日,"四川省广汉县向阳人民公社"的牌子被摘了下来,成为我国撤社建乡的第一例。1983年10月12日,中共中央、国务院根据《宪法》中关于设立乡政府的规定,发出《关于实行政社分开建立乡政府的通知》。1985年6月5日,《人民日报》头版头条的新闻是:全国农村建乡工作全部完成,这则新闻宣告了1958年在农村建立的以"一大二公""政社合一"为特征存在了27年的人民公社体制正式终结。

乡镇一级政府就是从人民公社转变而来的,理解这种转变的原因,首先要理解人民公社体制本身。人民公社是在农村地区,以两千户为规模建立,适当调整,并四社合一,即供销、信贷、手工业合作社和农业合作社。在这个实行单位制的共同体内部,实行政社合一意味着社党委就是乡党委,社务委员会就是乡人民委员会,国家权力通过公社这种单位组织形式渗透到方方面面。人民公社实行"三级所有、队为基础"的生产核算方式,即公社、生产大队、生产队三级所有,生产队为基本核算单位。在公社内部,社员在生产队的组织下集中劳动,劳动者的收入按照所评定的"工分"来计算,到年末,生产队的净收入在扣除国家税收、公积金和公益金之后,依据每一个社员一年内累计起来的"工分"数来分配收入。人民公社制度,使农民失去了生产和生活中的自主权利。人民公社体制的一个致命缺陷就是它的产权制度不能发挥足够的激励功能,这也是将具有行政单位与生产单位合二为一特征的人民公社转变成只具有行政单位的乡镇政府的重要原因。

2. 区级形成。不论是在中华人民共和国成立之初起临时宪法作用的《共同纲领》,还是在1956年宪法和1982年宪法中,关于政府层级,规定的都是四级政府,即中央政府—省级政府—县级政府—乡镇政府。也就是说,从宪法层面来讲,地方政府实行的是省领导县的体制,为了方便对县的领导,省级政权设立若干行政公署作为领导县的派出机构,行政公署因此得名"地区"。改革之初,市只是商贸与工业集中的一个点,与县处于平等地位。改革后,为了发挥中心城市作用,以城带乡,以工促农,逐步出现了地区级城市,即市升格为地区级,或地区改为市,从而统领原来地区所统领的县。

---

① 省以下四级政府的详细数据,参见第五章的专栏5-1。

五级层级的弊端是比较多的,五级层级的设置,使政府各项事务运作的时间加长,本来 3 个月完成的事可能需要 5~6 个月时间;五级层级使信息传达放慢,信息量损失和信息失真概率加大。如中央关于减轻农民负担的精神,会被一级一级缩小和篡改,减轻农民负担的政策得不到落实;五级使政权运转的成本和机会成本大大上升,中华人民共和国成立以来治国的一个模式是,理念上只考虑管理到位、细致和全面,不讲管理的成本;五级政权体制使政权运作的效率越来越低;五级政权体制自我膨胀,制造工作,增加了消耗,摩擦不断。任何组织都有自我膨胀的动力和趋势,英国历史学家斯古德·帕金森把官僚组织自我繁殖和持续膨胀的现象总结为"帕金森规律"。五级设置要求机构上下对口,中央有多少机构,从省到地,再到县,到乡镇,都要有多少机构。另外,一些可有可无的机构为表现其存在,积极制造工作,反而阻碍经济发展。

---

**专栏 16-1**

## 政 府 级 次 调 整

近些年与政府级次调整有关的改革措施,包括安徽等省在内推行的"乡财县管"试点改革和河北、浙江等省推行的"省直管县""强县扩权"试点改革。这些试点改革有的弱化了乡镇级、区级政府权限,有的扩大了县级政府权限,不管怎样,这都是为构建中央、省(直辖市)、县级三级政府体制探路。

自农村税费改革之后,原有乡镇级财政体制配套环境已发生重大变化。"乡财县管"正是在这种背景下采取的针对乡镇尤其是以农业为主的乡镇财政管理体制的改革措施。以安徽为例,早在 2003 年 5 月安徽省就出台了《关于开展乡镇财政管理方式改革试点意见的通知》(以下简称《通知》),选择了 9 个县进行改革试点。"乡财县管"并不是完全取消乡级财政,《通知》明确了"三不变"的改革原则,即乡镇预算管理权不变、乡镇资金所有权不变、财务审批权不变。

为加快县域经济发展,缓解县乡财政困境,河北、江苏、河南、安徽、广东、湖北、江西、吉林等省在 21 世纪初陆续推行了以"强县扩权"为主要内容的改革试点。尽管各地推行的"强县扩权"改革具体措施和改革力度不尽相同,但改革思路基本一致:一是赋予县级政府更大的自主权,把一些原本属于地市级政府的行政审批权力直接下放到县;二是在财政体制上相应增加县级财政的分享比例,增加县级政府收入;三是选择扩权试点县时,优先考虑综合实力较强的县,兼顾部分中等和贫困县。

至于"省直管县"改革,在浙江试点的时间最长,也较为成功,从浙江的经验来看,"省直管县"改革的成功有客观的原因:一是与"省直管县"财政体制相关的省情。浙江省是全国国土面积较小的省份之一,从省会杭州到各县的距离较其他省、自治区为近,省级政府的行政权力作用范围相对较大;二是浙江省财政从1994年起,对地、县财力增量实行了"两个20%"的集中,即地方财政收入增收额的20%和税收返还增加额的20%集中到省级财政,使省级政府保持了一定的调控能力,为坚持"省直管县"提供了财力保障;三是实行市、县财政、地税合署办公的组织机构安排。1994年分税制改革时,浙江省决定财税系统分工不分家,实行一个党组、两套班子(财政、税务)、三块牌子(财政、国税、地税)的管理体制。到1997年,国税结构单独分设并实行垂直管理,而财政与地税仍保留一个党组、两套班子、两块牌子,各市、县财政局局长仍兼任地税局局长至今。

资料来源:杨之刚,《财政分权理论与基层公共财政改革》,经济科学出版社2006年版。

## (二)按照性质分为行政单位、事业单位

行政是指政府事务的管理,事业是指政府承担的社会职能,主要是公共服务。我国事业单位的形式是多种多样的,虽然学术界对事业单位还没有明确定义,但从现阶段我国实际情况来看,事业单位主要分为以下三类。

1. 按照经费形式分为三种。第一种是全额拨款事业单位,这种编制如果是机关或者下属单位属于行政执法类型,一般都参照公务员管理,也就是说享受公务员待遇,工资、福利与公务员没有区别。第二种是差额拨款事业单位,也就是说财政负担一半,单位自负一半。这种类型的单位不参照公务员管理,与公务员的工资、待遇都有区别。第三种是自收自支事业单位,这类单位的工资全部由自己单位负担,并实行企业化管理,基本上和企业一样。

2. 按照隶属层次可分为中央、省、区、县、乡所属五级事业单位。

3. 按职责分为三种。第一类是行政支持类事业单位,主要指直接承担政府行政职能、为政府服务,根据国家法律和法规授权、受政府委托承担具体行政行为或提供行政支持,从事监管、资质认证、执法监督等活动的准行政组织的事业单位。第二类是社会公益类事业单位,主要指承担公共事业发展职能、为社会服务,根据社会共同需要,面向社会提供普遍服务和公共产品,涉及公众基本利益和政府职能,承办国家交办、提倡和鼓励发展的具有较强公益性事业任务,从事教育、科学、文化、卫生、体育、公共基础设施建设等活动。这类单位细分的话,可以分为纯公益类和准公益类事业单位。纯公益类事业单位具有很强的外部性,一般不是有偿经营,需要政府来举办。准公益类事业单位主要指为社会个体和特殊群体提供特殊产品和服务的单位,它所提供的产品和服务由于可能导致拥挤效应,具有部分排他性和消费竞争性。第三类是生产经营类事业单

位，主要指面向特定社会群体的专业性服务，承担中介沟通职能，为市场和企业服务，具有一定经营性、具有较强私益性的社会事业单位，从事服务、咨询、协调等活动。

作为我国第二大社会组织领域，事业单位人员仅次于国有企业，然而，事业单位是在计划经济框架下建立起来的，随着市场经济的逐步完善，事业单位在管理体制和运行机制上都暴露出许多问题。另外，行政单位与事业单位分工不明、边界不清，也导致改革以来行政事业化趋势明显。故行政事业单位改革迫在眉睫。

## 二、政府规模

当前，我国由财政供养的公务员和准公务员性质的人员实际上超过7 000万，政府运行成本过重。这7 000万人员由以下种类构成：党政社团机关工作人员为1 000多万，包括党政机关公务员600多万和400万事业编制或工人编制的准公务员；学校、医院、科研单位等事业单位，一些国有企业中也存在大量公务员性质的官员，约3 000万；在县乡村管理架构中，有700多万村干部，1 300多万非编制聘用人员；享受离退休干部待遇的非在职公务员大约1 000万。

### （一）政府运行成本

在我国，想要准确地说明政府的运行成本，几乎是不可能完成的任务。为维持各种类型政府机构的存在，除税收外，收费也被广泛使用，而收费收入的管理还远未满足预算管理的基本要求。不过，可从以下数据变化中可看出我国政府运行成本较高：1995～2007年，政府税收年均增长16%，城镇居民可支配收入年均增长8%，农民纯收入年均增长6.2%，GDP年均增长10.2%。2007年，税收收入达到5.1万亿元，相当于3.7亿城镇居民的可支配收入，或12.3亿农民纯收入。当然，这只是预算内税收收入，而政府还有大量预算外收入，以收费为主，数额难以估量；行政管理经费增长过快。改革开放至2003年，行政管理经费增长了87倍，年均增长3.5倍，使其所占财政支出比重逐年上升。

总之，机构和人员的不断膨胀，使我国政府规模越来越大，既降低效率，又不利公平，为此，改革开放以来，以降低政府运行成本为目标的政府机构和人员调整一直都在进行①。

### （二）公务员改革

1987年之前，我们没有"公务员制度"，只有"干部制度"。所谓"干部制度"实际上是从苏联学来的，它的特点是，无论是党政机关工作人员，还是企业管理人员、技术人员、科研单位的研究人员、学校教师、医院大夫、剧团演员，

---

① 详细内容见第六章中的"行政管理支出"部分。

都被称为国家干部,用统一方式进行管理。这种人事制度在中华人民共和国成立初期发挥了巨大作用,但随后弊端越来越多。

从1984年开始,我国对干部人事制度进行了一系列改革,着手建立国家公务员制度,至于改革的系统思路是邓小平同志于1980年8月在中央政治局扩大会议上所作的《党和国家领导制度的改革》讲话。1980年,中央组织部和原劳动人事部组织有关专家和相关部门实际工作者起草《国家工作人员法》。1985年,中央书记处决定将其改名为《国家行政机关工作人员条例》。1986年下半年党的十二届六中全会之后,中央成立了政治体制改革研讨小组,下设干部人事制度改革专题组。专题组对《国家行政机关工作人员条例》作了重大修改,提出《国家公务员暂行条例》的说法,得到中央的原则同意。

1987年10月25日党的十三大开幕式上,《沿着有中国特色的社会主义道路前进》的报告中指出:"现行干部人事制度仍然存在一些重大缺陷,主要是:'国家干部'这个概念过于笼统,缺乏科学分类;管理权限过分集中,管人与管事脱节;管理方式陈旧单一,阻碍人才成长;管理制度不健全,用人缺乏法治。这使我们长期面临两大问题:一是年轻优秀的人才难以脱颖而出;二是用人问题上的不正之风难以避免。进行干部人事制度的改革,就是要对'国家干部'进行合理分解,改变集中统一管理的现状,建立科学的分类管理体制;改变用党政干部的单一模式管理所有人员的现状,形成各具特色的管理制度;改变缺乏民主法制的现状,实现干部人事的依法管理和公开监督。"这标志着我国公务员制度的开始确立。

2005年4月27日,《中华人民共和国公务员法》经第十届全国人民代表大会第十五次常委会审查通过,并于2006年1月1日起正式实施。在该法案中,将公务员定义为"依法履行公职、纳入国家行政编制、由国家财政负担工资福利的工作人员"。

---

**专栏 16-2**

## 政府、市场和社会关系

一个国家的现代化进程需要界定各个社会基本系统的边界和权力界限,最需要界定清楚的就是政府、市场和社会的关系。总结世界各国曾经存在的各种关系,可以概括为十大模式。

1. 苏联模式:政府垄断一切,无市场和社会力量。

苏联实施的是中央集权式的政治体制,政府权力过度膨胀,达到100%,介入一切经济和社会领域的活动,市场和社会被压缩到0,几乎不存在独立的市场经济和社会领域,现已基本消失。

2. 曼彻斯特模式：政府最小化，市场最大化，压制社会力量。

这是模式出现于17～18世纪早期的资本主义，政府只履行最基本的职能，有10%，市场占有绝对比例，达90%，社会力量则被压缩到0，也就是公民社会不允许存在。这种模式在第二次世界大战后被彻底抛弃。

3. 美国模式：小政府，大市场，大社会。

美国在历史上是由一群在欧洲专制主义王权时代遭到宗教迫害的清教徒建立的，从中华人民共和国成立之初，就反对专制主义，也反对政府过多干预社会经济生活，主要奉行经济自由和市场至上原则，并鼓励社会力量发展，故政府占20%，市场占40%，社会占40%。

4. 日本模式：政府主导，市场调节，社会为辅。

日本现代化模式明显不同于欧美，其政府力量对社会经济发展的调控比较多。在政府与社会关系上，日本具有较强的东亚文化传统，民众普遍对政府有较强的信任感和依赖感，政府占50%，市场占30%，社会占20%。

5. 韩国模式：政府主导，市场和社会力量平均。

韩国也是政府大力主导社会经济发展，并通过国家资本主义拉动现代化进程，故政经不分的现象较为严重。韩国也受东亚传统文化影响，但与日本相比，其社会力量较强，韩国人有一种很强悍和冲撞的民族性格，表现在工会和市民组织运动上，也形成争强斗狠的特点，这与日本温和的民间结社运动非常不同，政府占40%，市场占30%，社会占30%。

6. 新加坡模式：政府主导，市场强大，社会力量微弱。

新加坡是亚洲最廉洁的国家，拥有良好透明的司法体系和制度化的反腐败措施，政府占50%，市场占40%，社会占10%。强政府是东亚国家普遍采取的，弱社会也是亚洲特色，公民有明确的民间社会空间，但相对比较狭窄。

7. 中国香港模式：市场主导，特区政府和社会力量较弱。

中国香港是典型的市场自由主义社会，市场竞争充分，特区政府对社会经济介入较少，因为特区政府力图保持香港自由港口和低税天堂的优势，不愿征收过高税负发展社会福利，因此，中国香港特区虽然富裕，但社会福利投入不足。中国香港特区虽有独立的民间社会自治，但力量薄弱，特区政府占20%，市场占60%，社会占20%。

8. 德国模式：三方平均。

这也被称为莱茵资本主义模式，政府占33.3%，市场占33.3%，社会占33.3%。政府既介入市场失灵，建立高度发达的社会保险体系，又给予社会更大力量，民间组织博弈力量较强。

9. 法国模式：政府、社会强大，市场为辅。

法国受历史传统影响，以巴黎为中心的中央集权一贯强大，政府实施比较多的计划来促进经济发展。另外，法国是近代社会思想和社会主义思潮的大本营，在历史上也盛行革命和起义，法国工人罢工次数之多、频繁，烈度之大和持续时间之长，在欧洲国家都是首屈一指的。政府占40％，市场占20％，社会占40％。

10. 瑞典模式：政府强大，市场和社会力量薄弱。

瑞典模式可以代表北欧国家，这些国家是世界上福利国家的代表，政府以最大程度介入市场失灵，防止市场竞争的负面影响。在这些国家里的人所追求的是高度的平等、均衡、社会团结与正义。由于国家已经建立了非常完善的社会福利制度，因此，社会力量比较薄弱。政府占60％，市场占20％，社会占20％。

资料来源：刘涛，《中国崛起策》，新华出版社2007年版。

## 第二节 财政的集权与分权

上下级政府之间最基本的关系就是中央集权和地方分权。相应地，政府间财政分配关系也表现为集权和分权两种，综观历史，中央政府与地方政府在财力上的争夺是较为明显的。当中央政府加强集权、集中财力时，就容易造成地方政府积弱，减缓地方发展；当地方政府自主权力较多、财力充足时，则会造成中央政府积弱，影响宏观调控和均衡发展。因此，集中财权或分散财权，从而影响中央政府和地方政府事权的多少，成为政府间财政关系的中心内容。

### 一、财政分权

相比较而言，财政集权与财政分权是各有优劣的。财政集权的好处在于：集权能有效配置全国性或准全国性公共产品；集权能有效解决地区间协调发展问题；集权有助于宏观经济的稳定。但在财政集权体制下，地方政府由于没有或很少有决策自主权，地方政府成为中央政府行政命令的执行者，使地方政府缺乏促进地方社会经济发展的激励动因。

财政分权的好处在于：分权有利于公共产品的有效供应；分权有利于使公共产品提供的成本费用分摊与受益直接挂钩，这可提高地方居民对政府事务的参与程度，同时也有利于加强当地政府的责任感；分权有利于创新。但财政分权的优点需要建立在一定条件之下，不满足这些条件，财政分权则具有明显的缺陷：区域间易产生恶性竞争，各个地区间的税收竞争会压低所有地区税率，地方政府无法取得足够的收入，支出也只能维持在较低的水平上；无法实现规模经济，对某些公共产品来说，使用的人越多，人均成本就越低，这存在一个最优规模问题。在分权制下，如果每个地区都提供类似的公共产品，对那些人口少而达不到最优规模的地区来讲，这类公共产品的提供无疑会造成成本过高。

但从世界各国实践来看,政府间财政分权是发展趋势。所谓财政分权,是指在一国既定的政治权力、经济权力、行政权力分层配置的框架内,中央和地方各级政府的收入、支出以及财政管理等权限下移的一种制度安排。从财政分权的定义来看,分权化的形式主要有三种:经济分权化涉及经济决策的出处,在完全竞争的市场环境下这些决策都是被分权化的;政治分权化是将政治决策制定向地方政府和区域政府授予,地方政府拥有自主征收税收和使用费以对其自主决定的公共部门产出组合和规模来融资;行政分权化是中央政府部门下辖的地方机构可能不受中央政府限制或者是依据中央政府的授意进行决策。前一种情况被称为行政自由裁量,后一种情况仅是行政分权化。这三种分权化形式并不是彼此排斥的,有些措施会对不止一种分权化形式发生作用。

当然,从现实中来看集权和分权,它们并不是截然对立的。不是说分权是发展趋势,就意味着分权取代集权是必然的。相反,集权与分权在历史环境中和现实发展中总是彼此联系的。集权含有分权,分权不忘集权。至于分权化的程度,可以根据以下指标衡量:地方政府所承担的事权范围和重要性;地方政府的法律自治程度;地方政府财政支出占全部财政支出的比例;地方政府对中央政府转移支付的依赖程度。

## 二、财政分权的理论基础

西方财政学家主要是从公共产品的层次性与空间特点入手,论证财政分权的必要性,比较有代表性的观点有以下五种。

### (一) 斯蒂格勒最优分权模式

斯蒂格勒认为,可以从两条原则出发阐明地方政府存在的必要性:一是与中央政府相比,地方政府更接近公众,更了解辖区内居民对公共服务的选择偏好及效用;二是一国国内不同的人们有权力对不同种类与不同数量的公共服务进行投票表决,与之相适应,不同种类与不同数量的服务要求由不同级次、不同区域的政府来提供。

### (二) 奥茨的分权定理

奥茨(W. Oates)通过一系列假定,将社会福利最大化表达为一个线性规划,并求解得出资源配置处于社会福利最大化时的一般均衡模型。在分析这个模型附加的限制条件时发现,在等量提供公共产品这个前提条件下,某种公共产品由地方政府提供优越于中央政府,这就是所谓奥茨分权定理。

### (三) 分权"俱乐部"理论

布坎南(Buchanan)运用"俱乐部"理论来解释最优地方政府管辖范围的形成问题,麦圭尔(Mc Guire)运用简单模型加以具体论证。所谓"俱乐部"理论,简要地说,就是把社区比作俱乐部,研究在面临外部因素的条件下任何一个俱乐部如何确定其最优成员数量。其理论核心有两个方面:一方面,随着俱乐部接收新成员的增加,原有俱乐部成员所承担的成本会由更多的新成员分担;另一方面,新成员加入的过多会随之增加拥挤成本,产生外部负效应。显然,一个俱乐部的最佳规模应确定在外部负效应所产生的拥挤成本等于由新成员分担成本所带来节约的均衡点上。

### (四) 偏好误识理论

美国经济学家特里西(Ricard W. Tresch)从理论上提出了偏好误识问题。他认为,由于信息不完全,中央政府在提供公共产品过程中存在着失误的可能性,易造成对公共产品的过量提供或提供不足。而由地方政府来提供公共产品,社会福利才有可能达到最大化。

### (五) 鼓励政府间竞争说

罗森(Rosen)、麦金农[①](Ronald I. Mckinnon)等认为,实行多级政府结构及财政分权能够强化政府本身,尤其是地方政府本身的激励机制,鼓励它们之间的竞争。因为,如果公民能够在社区间选择,那么真正管理上的不当会使公民决定移居到其他地方,这个威胁会为政府管理者们更有效地执政带来激励,使他们更加关心公民的意愿。再有,如果地方政府对经济活动干预过多,会使有价值的投资活动转向政府干预较少的区域,因此,地方之间的竞争会减少不适当的干预,提高经济效率。由于地方财政收入与支出挂钩,这会促进地方政府努力繁荣本地区经济。总之,政府尤其是地方政府的活动,能够在相当程度上与经济当事人(企业)形成一种激励——风险上分享或共担的关系。

当然,有的学者也指出,不可以将财政分权理论绝对化。因为在现实世界中,没有哪一个国家的地方政府是依据这些理论假说或模型建立的,甚至是跟这些理论假说一点关系都没有,而是由各国不同的政治、经济、民族、文化、历史、传统等多种因素决定的,各国财政支出的安排、公共服务的提供也各有自己的特点。也就是说,应当把财政分权理论看做一种理想模式。

## 三、我国地方政府的独特地位

我国省以下包括省级在内的四级政府被统称为地方政府,与我们直观上认为我国地方政府只是中央政府政策执行者和传话者不同,我国地方政府在我国行政体制和社会经济发展当中具有独特地位和重要作用。

从历年统计数据来看,我国地方政府的数量并没有出现明显减少。地级政府

---

① 罗纳德·麦金农,1956 年获埃尔伯塔大学文学士学位,1961 年获明尼苏达大学博士学位。他长期执教于美国斯坦福大学经济系,自 1984 年至今一直担任该系 W·D. 依贝尔国际经济学教授,当代金融发展理论奠基人。他在 1997 年亚洲金融危机后,提出"东亚货币锚定美元"的主张,引起强烈反响。

数量虽从1983年以后持续下降，但在1993年之后又有一个大的增长，从150多个上升到333个，此后一直稳定在333个左右。县级政府数量从1977~2002年都是大致稳定的，均在2 100个左右，2002年却突然增加到2 860个，此后趋向稳定。乡镇政府自2002年以后一直下降，但每年下降数量不多。要是从公务员人数上看，地方政府在我国社会经济转型过程中也保持了惊人的稳定性。据统计，截至2006年，在全国所有政府公务员中，中央公务员所占比例连7%都不到，而93%以上都是地方政府公务员。从变化趋势上看，中央政府机关人数占全国政府机关人数的比例自1989年之后一直是下降的。

若从中央政府与地方政府在财政收支关系的演变来看，地方政府的独特地位和重要作用体现得更为明显。图16-1显示的是1953~2016年我国政府间财政收入绝对数的变化情况，1953年中央政府财政收入为177亿元，地方政府财政收入为36亿元，中央政府掌握的财力是地方政府所掌握财力的5倍。但在1959年中央政府与地方政府所掌握的财力出现颠倒性的变化，这在图16-2中有清楚地显示。该年中央政府财政收入增长率竟降到了-61%，而地方政府财政收入增长率竟升到了395%，两相比较，增长率的差异竟达到了惊人的456%。这也导致了1959年中央政府的财政收入只有118亿元，而地方政府的财政收入则增加到368亿元。此后，中央政府财力弱于地方政府的态势一直维持不变。直到1994年，该年中央政府财政收入增长率达到了204%，地方政府财政收入增长率则为-32%，两者相差达到了236%。中央政府利用分税制一举扭转财力积弱的局面，中央政府与地方政府在财力分配上又出现了颠倒性的变化，这在图16-2中也有显示。不过，近年来，中央与地方在财政收入分配上又出现反复，2011年，中央财政收入为51 327亿元，地方财政收入为52 547亿元；2016年，中央财政收入为72 365亿元，地方财政收入为87 239亿元。

总体而言，在财力的分配上，1959年之前中央政府的财力是强于地方政府的，1959~1994年中央政府的财力弱于地方政府，1994年之后中央政府的财力又强于地方政府，这从各级政府财政收入占全部财政收入的比重中体现得更直观。

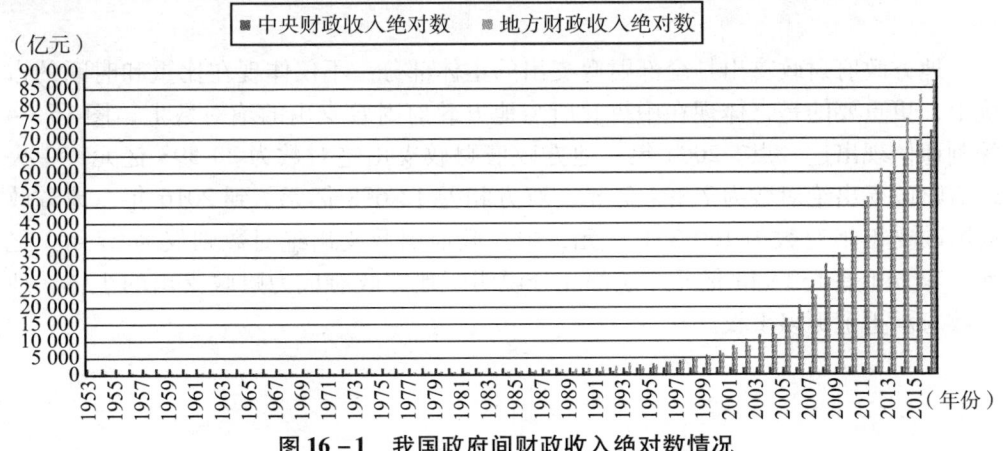

图16-1 我国政府间财政收入绝对数情况

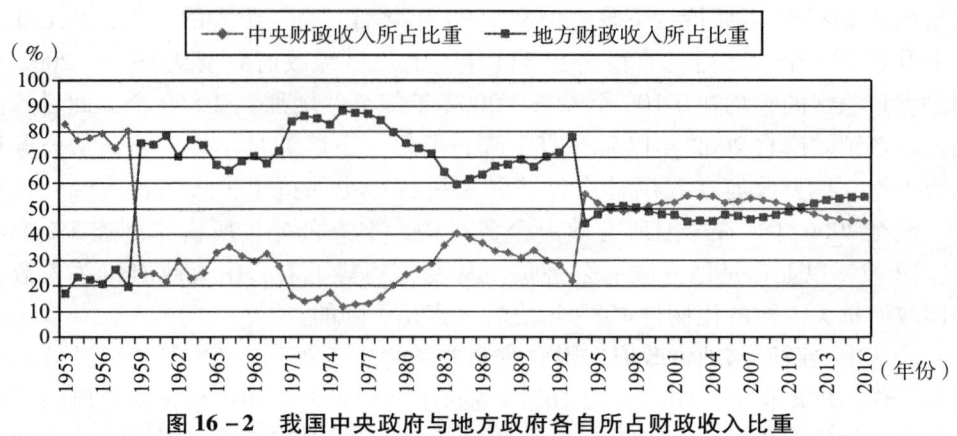

图 16-2 我国中央政府与地方政府各自所占财政收入比重

但要是看各级政府在财政支出上的情况，那就与财力的配置有所不同了。图 16-3 显示的是 1953~2016 年我国政府间财政支出比重情况，从图 16-3 中可以清楚地看出，虽然存在反复，但自 1985 年地方政府财政支出所占比重超过中央政府财政支出所占比重后，双方的差距越拉越大。

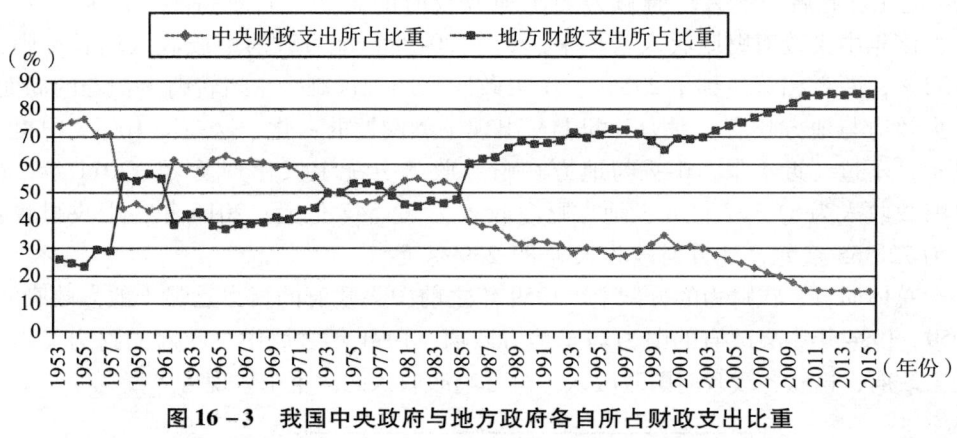

图 16-3 我国中央政府与地方政府各自所占财政支出比重

地方政府财政支出是全部财政支出的主体部分，不仅体现在比重和时间的占优上，更重要的是，体现在中央政府与地方政府财政支出的绝对数上，图 16-4 深刻地体现出这一点。2004 年，地方政府财政支出绝对数为 20 593 亿元，中央政府财政支出绝对数为 7 894 亿元，双方相差 12 698 亿元。到 2016 年，地方政府财政支出绝对数为 160 351 亿元，中央政府财政支出绝对数则仅为 27 403 亿元，双方相差 132 948 亿元。这都充分说明了地方政府成为财政支出的主体，地方政府承担了更多事权。

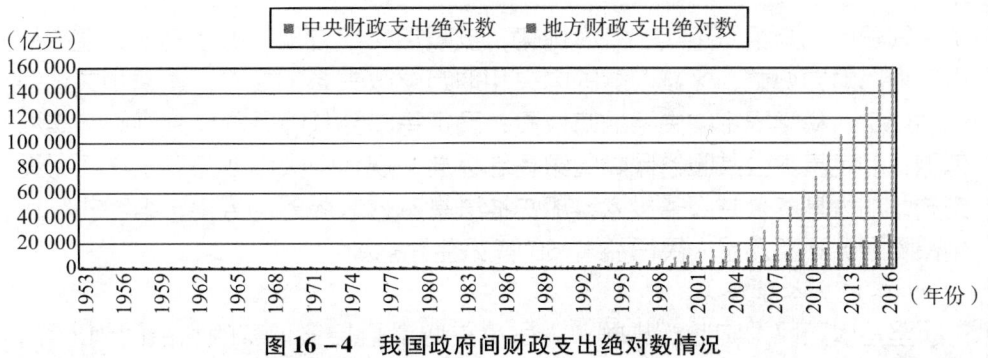

图 16-4 我国政府间财政支出绝对数情况

从以上分析中可以看出，我国虽然是一个行政体制上高度集权的国家，但因为在传统上中央政府把大部分事务都委托地方政府具体实施，事权高度集中于地方政府，中央政府若是没有地方政府的支持，就很难独立贯彻实施各项措施。这使得我国的中央政府与地方政府形成了一种合作和利益制衡机制，这种机制在1993年分税制改革前夕表现得非常充分。在改革开放以后，尤其是20世纪80年代实行财政包干制期间，地方政府随着分权的不断深化，获得了大量的行政权、经济管理权和财权。虽然1994年实行的分税制改革改变了中央政府与地方政府在财力上的分配比例，如图16-1所示，但事权高度集中于地方政府的状况并未发生改变，如图16-4所示。因此，我国政府间关系，表面上看是集权过多，实质上是分权较多，1994年的分税制改革并不彻底，未能改变实质上的分权关系。

---

**专栏 16-3**

## 基本公共服务领域中央与地方共同财政事权和支出责任划分改革方案

为全面贯彻落实党的十九大精神，进一步提高各级政府提供基本公共服务的能力和水平，按照党中央、国务院关于推进中央与地方财政事权和支出责任划分改革的决策部署，现就基本公共服务领域中央与地方共同财政事权和支出责任划分改革制定如下方案。

**一、总体要求**

（一）指导思想

高举中国特色社会主义伟大旗帜，全面贯彻落实党的十九大精神，以习近平新时代中国特色社会主义思想为指导，坚持稳中求进工作总基调，坚持新发展理念，紧扣我国社会主要矛盾变化，按照高质量发展的要求，统筹推进"五位一体"总体布局和协调推进"四个全面"战略布局，充分发挥中央统一领导、地方组织落实的制度优势，按照加快建立现代财政制度，建立权责清晰、财力协调、区域均衡的中央和地方财政关系的要求，遵循相关法律法规规定，科学界定中央与地方权责，确定基本公共服务领域共同财政事权范围，制定基本公共服务保障国家基础标准，规范中央与地方支出责任分担方式，加大基本公共服务投入，加快推进基本公共服务均等化，织密扎牢民生保障网，不断满足人民日益增长的美好生活需要。

(二) 基本原则

坚持以人民为中心。从解决人民最关心最直接最现实的利益问题入手，首先将教育、医疗卫生、社会保障等领域中与人直接相关的主要基本公共服务事项明确为中央与地方共同财政事权，并合理划分支出责任，同时完善相关转移支付制度，确保更好地为人民群众提供基本公共服务。

坚持财政事权划分由中央决定。完善中央决策、地方落实的机制。基本公共服务领域共同财政事权范围、支出责任分担方式、国家基础标准由中央确定；明确地方政府职责，充分发挥地方政府区域管理优势和积极性，保障政策落实。

坚持保障标准合理适度。既要尽力而为，加快推进基本公共服务均等化，适时调整国家基础标准，逐步提高保障水平；又要量力而行，兼顾各级财政承受能力，不超越经济社会发展阶段，兜牢基本民生保障底线。

坚持差别化分担。充分考虑我国各地经济社会发展不平衡、基本公共服务成本和财力差异较大的国情，中央承担的支出责任要有所区别，体现向困难地区倾斜，并逐步规范、适当简化基本公共服务领域共同财政事权支出责任的分担方式。

坚持积极稳妥推进。基本公共服务领域中央与地方共同财政事权和支出责任划分是一个动态调整、不断完善的过程，既要加强顶层设计，明确改革路径和方式，又要加强与各领域管理体制改革的衔接，在管理体制和相关政策比较明确、支出责任分担机制相对稳定的民生领域首先实现突破。

(三) 主要目标

通过基本公共服务领域中央与地方共同财政事权和支出责任划分改革，力争到2020年，逐步建立起权责清晰、财力协调、标准合理、保障有力的基本公共服务制度体系和保障机制。

二、主要内容

(一) 明确基本公共服务领域中央与地方共同财政事权范围

根据《国务院关于推进中央与地方财政事权和支出责任划分改革的指导意见》，结合《国务院关于印发"十三五"推进基本公共服务均等化规划的通知》，将涉及人民群众基本生活和发展需要、现有管理体制和政策比较清晰、由中央与地方共同承担支出责任、以人员或家庭为补助对象或分配依据、需要优先和重点保障的主要基本公共服务事项，首先纳入中央与地方共同财政事权范围，目前暂定为八大类18项：一是义务教育，包括公用经费保障、免费提供教科书、家庭经济困难学生生活补助、贫困地区学生营养膳食补助4项；二是学生资助，包括中等职业教育国家助学金、中等职业教育免学费补助、普通高中教育国家助学金、普通高中教育免学杂费补助4项；三是基本就业服务，包括基本公共就业服务1项；四是基本养老保险，包括城乡居民基本养老保险补助1项；五是基本医疗保障，包括城乡居民基本医疗保险补助、医疗救助2项；六是基本卫生计生，包括基本公共卫生服务、计划生育扶助保障2项；七是基本生活救助，包括困难群众救助、受灾人员救助、残疾人服务3项；八是基本住房保障，包括城乡保障性安居工程1项。

已在上述两文件中明确但暂未纳入上述范围的基本公共文化服务等事项，在分领域中央与地方财政事权和支出责任划分改革中，根据事权属性分别明确为中央财政事权、地方财政事权或中央与地方共同财政事权。基本公共服务领域共同财政事权范围，随着经济社会发展和相关领域管理体制改革相应进行调整。

（二）制定基本公共服务保障国家基础标准

国家基础标准由中央制定和调整，要保障人民群众基本生活和发展需要，兼顾财力可能，并根据经济社会发展逐步提高，所需资金按中央确定的支出责任分担方式负担。参照现行财政保障或中央补助标准，制定义务教育公用经费保障、免费提供教科书、家庭经济困难学生生活补助、贫困地区学生营养膳食补助、中等职业教育国家助学金、城乡居民基本养老保险补助、城乡居民基本医疗保险补助、基本公共卫生服务、计划生育扶助保障9项基本公共服务保障的国家基础标准。地方在确保国家基础标准落实到位的前提下，因地制宜制定高于国家基础标准的地区标准，应事先按程序报上级备案后执行，高出部分所需资金自行负担。对困难群众救助等其余9项不易或暂不具备条件制定国家基础标准的事项，地方可结合实际制定地区标准，待具备条件后，由中央制定国家基础标准。法律法规或党中央、国务院另有规定的，从其规定。

（三）规范基本公共服务领域中央与地方共同财政事权的支出责任分担方式

根据地区经济社会发展总体格局、各项基本公共服务的不同属性以及财力实际状况，基本公共服务领域中央与地方共同财政事权的支出责任主要实行中央与地方按比例分担，并保持基本稳定。具体明确和规范如下。

一是中等职业教育国家助学金、中等职业教育免学费补助、普通高中教育国家助学金、普通高中教育免学杂费补助、城乡居民基本医疗保险补助、基本公共卫生服务、计划生育扶助保障7个事项，实行中央分档分担办法：第一档包括内蒙古、广西、重庆、四川、贵州、云南、西藏、陕西、甘肃、青海、宁夏、新疆 12 个省（区、市），中央分担 80%；第二档包括河北、山西、吉林、黑龙江、安徽、江西、河南、湖北、湖南、海南 10 个省，中央分担 60%；第三档包括辽宁、福建、山东 3 个省，中央分担 50%；第四档包括天津、江苏、浙江、广东 4 个省（市）和大连、宁波、厦门、青岛、深圳 5 个计划单列市，中央分担 30%；第五档包括北京、上海 2 个直辖市，中央分担 10%。按照保持现有中央与地方财力格局总体稳定的原则，上述分担比例调整涉及的中央与地方支出基数划转，按预算管理有关规定办理。

二是义务教育公用经费保障等 6 个按比例分担、按项目分担或按标准定额补助的事项，暂按现行政策执行，具体如下：义务教育公用经费保障，中央与地方按比例分担支出责任，第一档为 8:2，第二档为 6:4，其他为 5:5。家庭经济困难学生生活补助，中央与地方按比例分担支出责任，各地区均为 5:5，对人口较少民族寄宿生增加安排生活补助所需经费，由中央财政承担。城乡居民基本养老保险补助，中央确定的基础养老金标准部分，中央与地方按比例分担支出责任，中央对第一档和第二档承担全部支出责任，其他为 5:5。免费提供教科书，免费提供国家规定课程教科书和免费为小学一年级新生提供正版学生字典所需经费，由中央财政承担；免费提供地方课程教科书所需经费，由地方财政承担。贫困地区学生营养膳食补助，国家试点所需经费，由中央财政承担；地方试点所需经费，由地方财政统筹安排，中央财政给予生均定额奖补。受灾人员救助，对遭受重特大自然灾害的省份，中央财政按规定的补助标准给予适当补助，灾害救助所需其余资金由地方财政承担。

三是基本公共就业服务、医疗救助、困难群众救助、残疾人服务、城乡保障性安居工程 5 个事项，中央分担比例主要依据地方财力状况、保障对象数量等因素确定。

对上述共同财政事权支出责任地方承担部分，由地方通过自有财力和中央转移支付统筹安排。中央加大均衡性转移支付力度，促进地区间财力均衡。党中央、国务院明确规定比照享受相关区域政策的地区继续按相关规定执行。中央与新疆生产建设兵团财政事权和支出责任划分，参照中央与地方划分原则执行；财政支持政策原则上参照新疆维吾尔自治区执行，并适当考虑兵团的特殊因素。

（四）调整完善转移支付制度

在一般性转移支付下设立共同财政事权分类分档转移支付，原则上将改革前一般性转移支付和专项转移支付安排的基本公共服务领域共同财政事权事项，统一纳入共同财政事权分类分档转移支付，完整反映和切实履行中央承担的基本公共服务领域共同财政事权的支出责任。

（五）推进省以下支出责任划分改革

中央财政要加强对省以下共同财政事权和支出责任划分改革的指导。对地方承担的基本公共服务领域共同财政事权的支出责任，省级政府要考虑本地区实际，根据各项基本公共服务事项的重要性、受益范围和均等化程度等因素，结合省以下财政体制，合理划分省以下各级政府的支出责任，加强省级统筹，适当增加和上移省级支出责任。县级政府要将自有财力和上级转移支付优先用于基本公共服务，承担提供基本公共服务的组织落实责任；上级政府要通过调整收入划分、加大转移支付力度，增强县级政府基本公共服务保障能力。

### 三、配套措施

（一）明确部门管理职责

中央财政在落实中央承担的支出责任、做好资金保障的同时，要切实加强对地方财政履行支出责任的指导和监督。中央有关部门要积极推动相关基本公共服务领域管理体制改革，调整完善制度政策，指导和督促地方落实相关服务标准。地方财政要确保地方承担的支出责任落实到位。地方有关部门要认真执行相关政策，履行好提供基本公共服务的职责。

（二）加强基本公共服务项目预算管理

中央财政要根据国家基础标准、分担比例等因素，优先足额安排并提前下达、及时拨付共同财政事权分类分档转移支付。地方财政要完整、规范、合理编制基本公共服务项目预算，保证资金及时下达和拨付，完善基本公共服务项目预算管理流程，加大预算公开力度。

（三）推进基本公共服务大数据平台建设

财政及相关部门要建立规范的数据采集制度，统一数据标准，加快基本公共服务大数据平台建设，收集汇总各项基本公共服务相关数据，实现信息共享，为测算分配转移支付资金、落实各方责任、实现基本公共服务便利可及提供技术支撑。

（四）强化监督检查和绩效管理

加强对基本公共服务事项基础标准落实、基础数据真实性、资金管理使用规范性、服务便利可及性等方面的监督检查，保证支出责任落实。按照"谁使用、谁负责"的原则，对基本公共服务项目全面实施绩效管理，不断提高资金使用效益和基本公共服务质量。

### 四、实施时间

本方案自 2019 年 1 月 1 日起实施。

## 第三节 政府间转移支付制度

在对我国地方政府独特地位的分析中可以发现,自 1994 年以来,中央政府所掌握的财力越来越多,但中央政府所承担的事项却越来越少,即中央政府的财政支出比重在不断下降,绝对数增长速度也比较慢。中央政府剩余的资金将用于何处,地方政府又去哪里寻找财力以满足事权需要,这就涉及政府间转移支付制度。

### 一、政府间转移支付分析

政府间转移支付制度,是在各级政府间或同级政府间通过财政资金的无偿拨付来调节各预算主体收支水平的一项制度。政府间转移支付具有以下作用。一是承担着保证中央统一领导和宏观调控,调节地区间公共服务水平与收入分配,促进全国统一市场发展及优化资源配置等重大责任;二是有助于各地方政府根据本辖区居民的需求提供各种公共产品及混合产品地有效组合,体现本地区提供公共服务的多样化原则。

#### (一) 政府间转移支付目标

1. 实现财政资金的公平分配。无论财政收支的纵向不均衡还是横向不均衡,都会影响相应级次和地方政府对公共产品或服务的合理供给,从而造成社会成员之间在获得公共产品或服务上的差异性,这是背离社会公平原则的。

2. 保持中央政府对地方政府行为的必要控制力。首先表现为中央政府对地方政府的资金拨付;其次是地方各级政府间的资金拨付。

3. 解决区域性公共产品的外溢问题。区域性公共产品的外溢性是由于地方政府提供的公共产品的效益不完全局限在其辖区内而产生的,如修路,受益的不仅是当地企业和居民,其他地方也能从该区域较为便捷的交通中获益。在这种情况下,实行政府间财政转移支付,由上级政府给予下级政府一定的财政补助,对具有外溢性的公共产品的提供进行适当的调节,是一种较为有效的干预方式。

4. 促进落后地区的资源开发和经济发展。一定时期内地区间在经济发展水平上存在某种差距是必然的。国家运用政府间财政转移支付手段,可以增加对落后地区的资金投入,加大其资源开发、基础设施和公共项目建设的力度,引导资源向落后地区流动,缩小地区间差距。

#### (二) 政府间转移支付模式

政府间转移支付模式有三种:一是自上而下的纵向转移,即中央政府对地方政府、上级政府对下级政府的转移支付;二是地区间的横向转移,即由富裕地区将其部分富余财力直接转移给贫困地区,实行地区间的互助,横向转移支付的功能旨在调节财政收支的横向不均衡;三是纵向转移与横向转移相结合。目前世界主要国家的政府间转移支付制度大都实行以纵向转移为主的模式,只有少数国家(如德国)地区间的横向转移占有重要地位,我国政府间转移支付就是单一的纵向转移支付。

### (三) 政府间转移支付分类

政府间转移支付可以分为无条件转移支付和有条件转移支付两大类。

1. 无条件转移支付。无条件转移支付又称一般性补助,是指中央政府对所拨出的资金不规定具体用途也没有任何附加条件的转移支付方式,受援地方可用该项资金弥补其一般预算的缺口。从概念上看,无条件转移支付更像是对地方政府的捐赠,使地方财政增加了一笔净收入。但需注意,若无条件转移支付金额过大,既会挫伤发达地区积极性,又会造成落后地区依赖性。

2. 有条件转移支付。有条件转移支付又称有条件补助,就是中央政府在给予资金时附带一定的条件,地方政府只有满足这些条件,才能获得补助。根据附带条件的不同,有条件转移支付又可细分为专项补助和配套补助:专项补助是指对所拨出的资金规定了使用方向或具体用途的转移支付方式,受援地方必须按规定要求运用该种资金;配套补助又称为对称补助,是指中央政府在对地方政府进行补助时,要求地方政府也要拿出相应配套资金的转移支付方式。这里的配套,既可能是配套固定数额的资金,也可能是按补助金的一定比例配套,其目的在于促使地方政府与中央政府一起承担提供某些公共产品的职责。

## 二、我国政府间转移支付演变

在分税制框架下,由于政府之间普遍存在财政收入能力与支出责任不对称的情况,为平衡各级政府的财政能力差异,实现各地公共服务水平的均等化,就必须实行政府间的转移支付制度。

我国中央财政对地方财政转移支付的历史,是随着政府间财政关系的变动而变动的。从中华人民共和国成立至今,我国政府间财政关系可以分为1950~1979年的统收统支、1980~1993年的分级包干和1994年至今的分税制三种。

### (一) 统收统支财政体制

1950年,由于长期战争形成的财经工作分散管理、分散经营的状况尚未改变,国家财政处于支出统一、收入分散、收支失衡的状态。为平衡财政收支,3月,政务院发布了《关于统一国家财政经济工作的决定》和《关于统一1950年度财政收支的决定》,开始实行高度集中的统收统支财政体制。主要内容包括:一是财政管理权限集中于中央,一切财政收支项目、收支程序、税收制度、供给标准、行政人员编制等,均有中央统一制定。二是财力集中在中央,在财政收入方面，除地方税收和其他零星收入抵充地方财政支出外，其他各项收入，包括公粮、关税、盐税、货物税、工商业税、国企收入等，均属中央财政收入，一律解缴中央金库；在财政支出方面，各级政府的财政支出均由中央统一审核，逐级拨付，地方获得的财政收入与地方财政支出没有直接联系。这种统收统支财政体制的特点是中央财政高度集权，地方基本没有任何财权和机动财力，实际上只有中央财政，没有地方财政。在此后的实践过程中，考虑到增加地方政府自主性的要求，这一体制也进行了一系列调整，大体上可分为1951~1957年的划分收支、分级管理，1958年的以收定支、五年不变，1959~1970年的总额分成、一年一变，1971~1973年的收支包干，1974~1975年的收入分成、支出包干，1976~1979年的收支挂钩、总额分成等体制。其中，调剂收入、企业分成收入、专款补助等具体内容都发挥了转移支付的功能，但总体而言，财政收支集中度高，所有财政制度均由财政部统一制定，报国务院批准后实施，地方政府只是作为中央政府的一个派出机构，没有相应事权和财权。

### （二）分级包干财政体制

1978年召开的十一届三中全会决定对我国经济管理体制进行全面改革，中央要求以财政体制作为突破口，改革先行一步。1980年2月，国务院颁发了《关于实行"划分收支、分级包干"财政管理体制的暂行规定》。这次财政体制改革的基本精神是，在巩固中央统一领导和确保中央必不可少开支的前提下，明确划分各级财政的权力和责任，充分发挥中央和地方两个积极性，共同承担平衡国家财政收支的责任。改革主要内容有：按照体制隶属关系，明确划分中央和地方的财政收支范围。财政收入分为中央固定收入、地方固定收入、固定比例分成收入，以及中央和地方调剂收入。财政支出分为中央支出和地方支出，特大灾害救济、抗旱防汛以及支援不发达地区资金，由中央专案拨款；地方财政收支的包干基数，以1979年预算执行数为基础计算确定。地方财政支出，先用地方固定收入和分成收入抵补，若不足，则用调剂收入弥补，若还不足，则由中央按差额给予定额补助；地方上缴比例、调剂收入分成比例和定额补助数确定后，原则上5年不变。在后续执行过程中，又分别于1985年和1988年对该体制进行了调整，虽然调剂收入、定额补助等带有转移支付的性质，但还没有形成系统的中央对地方的转移支付制度。

### （三）分税制财政体制

当今世界的大多数国家，无论是实行联邦制的国家，还是实行单一制的市场经济国家，几乎都把建立规范化的政府间转移支付制度作为正确处理各级政府财政分配关系、充分发挥中央财政纵向平衡功能的一个重要手段。我国预算体制中包含有政府间转移支付的做法，但运用"转移支付"这个名称，建立系统的转移支付体系，是在1994年进行分税制财政体制改革后。所谓分税制，是在合理划分中央与地方政府职责和支出范围的基础上，按照税种划分中央和地方收入来源,分别建立中央和地方财政收支体系和税收征管体系的体制安排。分税制指导思想是,正确处理中央与地方分配关系,合理调节地区间财力分配。改革内容有:将税收体系分为中央税、地方税和中央地方共享税三部分;划分中央与地方政府事权;建立转移支付制度。

建立的转移支付制度中,中央对地方的转移支付形式具体有以下三种。

1. 税收返还。分税制中,中央采取了"承认既得,增量调整"的政策,以1993年为基期年,以地方净上划收入数额作为中央对地方税收返还基数,保证1993年地方既得利益。1994年以后,税收返还额在1993年基数上逐年递增,递增率按增值税和消费税平均增长率的1:0.3系数确定,即地方增值税和消费税每增长1%,中央财政对地方的税收返还增长0.3%,并以环比方式逐年递增,成为新的税收返还基数。1994年,中央对地方税收返还额为1 799亿元,占转移支付总量的75.4%,此后,税收返还绝对额逐年增加,但占转移支付总量的比重却逐年下降,2017年税收返还占转移支付总额的比重为12.4%。

2. 财力性转移支付。具体有一般性转移支付、民族地区转移支付、增资补助、农村税费改革补助、结算补助等。这一类补助的目标是促进地区财力和提供公共服务均等化。具体来看,一般性转移支付是按照公平公正原则,主要参照各地财政收支的差额和其他影响财政收支的客观因素,按统一公式计算确定。自分税制以来,中央对地方的一般性转移支付资金规模不断扩大,1995年只有21亿元,2005年达到1 120.15亿元,同时,一般性转移支付的分配方法也在不断革新,革命老区、边境地区等因素也被考虑进来。民族地区转移支付的对象是民族自治区和享受民族地区待遇的省份以及这些地区之外的民族自治州,2000年该补助为25.53亿元,2005年为159亿元。增资补助是针对1999年之后增加机关事业单位职工工资和离退休人员离退休费事宜,对财政困难的老工业基地和中西部地区,由中央财政给予适当补助。为推动农村税费改革顺利实施,确保农民负担得到明显减轻,并保证各地区乡镇政府,尤其是严重依赖农业税的西部地区乡镇政府正常运转,自2001年开始,中央财政统筹对地方因农业税改革而净减收的部分通过农村税费改革补助给予适当补助。2006年,农业税完全取消,由此减少的地方财政收入,原则上沿海发达地区自我解决,而粮食主产区和中西部地区由中央财政给予转移支付补助。2001~2005年中央为农村税费改革而安排的转移支付资金合计达1 807亿元。同时,2005年,为缓解县乡财政困难状况,中央财政抽出150亿元建立"三奖一补"激励机制,三奖是对财政困难县政府增加税收收入和省市级政府增加对财政困难县补助、对县乡政府精简机构和人员、对产粮大县给予奖励,一补是对以前缓解县乡财政困难工作做得好的地区给予补助。结算补助是在每年财政预算执行结束后,中央政府与地方政府进行结算时,一般都对地方政府进行补助。

2009年,为规范和突出政府间转移支付在均衡地区财力差异上的作用,我国将"财力性转移支付"更名为"一般性转移支付",将原"一般性转移支付"更名为"均衡性转移支付"。现施行的一般性转移支付主要包括均衡性转移支付、老少边穷地区转移支付、体制结算补助、基层公检法司转移支付、基本养老金转移支付等具体形式。从规模上看，一般性转移支付在1994年仅有136亿元，2017年达到35 167亿元，占当年转移支付总额的比重为54%，一般性转移支付已发展成为政府间转移支付的主体部分。

3. 专项转移支付。专项转移支付在中华人民共和国成立之后就一直存在，只是初期项目少，数额少，1994年分税制改革后，专项转移支付范围越来越广，数额越来越大，除原来的防治自然灾害支出外，还有支援农业支出、基本建设支出、支援不发达地区和民族地区发展支出、西部大开发等。从规模上看，1994年专项转移支付为361亿元，2017年达到21 886亿元，占当年转移支付总额的比重为33.6%。

从表16-1可以看出，我国政府间转移支付的总量在不断扩大，这与中央与地方政府在财力和事权上所存在的剪刀差是保持一致的。就具体的转移支付项目而言，税收返还是过渡性转移支付项目，是为顺利实施分税制改革而进行的既得利益妥协，不利于公共服务均等化的实现，只会造成越发达地区财力越充足，越落后地区财力越不足。一般性转移支付属于一般性补助的范畴，能起到调节地区财力差异的作用，缩小地区差异，实现公共服务均等化。至于专项转移支付，属于有条件补助的范畴，若与支出项目绩效评估、部门预算等管理手段配合使用则更佳。

表16-1　　　　2009~2017年中央对地方税收返还和转移支付　　　　单位：亿元

| 年份 | 专项转移支付 | 一般性转移支付 | 税收返还 | 合计 |
| --- | --- | --- | --- | --- |
| 2009 | 12 359.89 | 11 317.20 | 4 886.70 | 28 563.79 |
| 2010 | 12 724.46 | 14 624.84 | 5 000.33 | 32 349.63 |
| 2011 | 16 521.65 | 18 299.93 | 5 078.38 | 39 899.96 |
| 2012 | 18 791.52 | 21 471.18 | 5 120.77 | 45 383.47 |
| 2013 | 18 446.94 | 24 533.80 | 5 056.90 | 48 037.64 |
| 2014 | 19 941.33 | 26 671.68 | 5 096.34 | 51 709.35 |
| 2015 | 21 612.04 | 28 525.77 | 5 081.98 | 55 219.79 |
| 2016 | 20 826.56 | 31 977.35 | 9 675.35 | 62 479.26 |
| 2017 | 21 886.61 | 35 167.90 | 8 085.09 | 65 139.60 |

资料来源：财政部发布的2009~2017年历年《中央对地方税收返还和转移支付预算表》。

## 基本概念

政府　财政分权　财政集权　均等化　转移支付

## 思考与练习

1. 简述财政集权与财政分权的优缺点。
2. 简述我国地方政府的作用。
3. 简述政府间转移支付模式。

# 主要参考文献

1. 阿特金森、斯蒂格里茨：《公共经济学》，上海三联书店、上海人民出版社 1994 年版。
2. 保罗·萨缪尔森著，萧琛等译：《经济学》（第 17 版），人民邮电出版社 2004 年版。
3. 鲍德威、威迪逊著，邓力平译：《公共部门经济学》，中国人民大学出版社 2000 年版。
4. 费雪：《州和地方财政学》（第二版），中国人民大学出版社 2000 年版。
5. Holey H. Ulbrich: Public Finance in Theory and Practice，清华大学出版社 2004 年版。
6. 罗杰·阿诺德：《经济学》（第 5 版），中信出版社 2004 年版。
7. 理查德·A. 马斯格雷夫、佩吉·B. 马斯格雷夫：《财政理论与实践》（第五版），中国财政经济出版社 2003 年版。
8. 斯蒂芬·贝利：《地方政府经济学：理论与实践》，北京大学出版社 2006 年版。
9. 中华人民共和国国家统计局：《中国统计年鉴（2017）》，中国统计出版社 2017 年版。
10. 中华人民共和国财政部：《中国财政年鉴（2017）》，中国财政杂志社 2017 年版。
11. 陈共：《财政学》（第九版），中国人民大学出版社 2017 年版。
12. 邓子基：《财政学原理》（修订本），经济科学出版社 1997 年版。
13. 张志超：《现代财政学原理》（第五版），南开大学出版社 2015 年版。
14. 张馨等：《当代财政与财政学主流》，东北财经大学出版社 2000 年版。
15. 寇铁军：《财政学教程》（第二版），东北财经大学出版社 2009 年版。
16. 刘怡：《财政学》，北京大学出版社 2005 年版。
17. 杨斌：《财政学》，东北财经大学出版社 2007 年版。
18. 杨志勇、张馨：《公共经济学》（第 2 版），清华大学出版社 2008 年版。
19. 刘宇飞：《当代西方财政学》（第二版），北京大学出版社 2008 年版。
20. 李森：《公共经济学》，对外经济贸易大学出版社 2008 年版。
21. 郭庆旺、赵志耘：《财政理论与政策》，经济科学出版社 1999 年版。
22. 魏埙：《现代西方经济学教程》，南开大学出版社 2006 年版。
23. 平新乔：《财政原理与比较财政制度》，上海三联书店、上海人民出版社 1995 年版。
24. 上海财经大学公共政策研究中心：《2006 中国财政发展报告》，上海财经大学出版社 2006 年版。

25. 郭小聪：《政府经济学》（第二版），中国人民大学出版社 2008 年版。
26. 刘邦驰等：《中国当代财政经济学》，经济科学出版社 2010 年版。
27. 《财政支出学》编写组：《财政支出学》，上海财经大学出版社 2009 年版。
28. 丛树海：《财政支出学》，中国人民大学出版社 2002 年版。
29. 庞凤喜：《税收原理与中国税制》，中国财政经济出版社 2014 年版。
30. 杨志勇：《税收经济学》，东北财经大学出版社 2011 年版。
31. 胡怡建：《税收学》，上海财经大学出版社 2009 年版。
32. 杨斌：《税收学原理》，高等教育出版社 2008 年版。
33. 中国注册会计师协会：《税法》，经济科学出版社 2018 年版。
34. 马海涛：《中国税制》，中国人民大学出版社 2009 年版。
35. 王雍君：《公共预算管理》，经济科学出版社 2002 年版。
36. 马海涛：《政府预算管理学》，复旦大学出版社 2003 年版。
37. 李燕：《政府预算管理》（第二版），北京大学出版社 2016 年版。
38. 马蔡琛：《政府预算》，东北财经大学出版社 2007 年版。
39. 陈工：《政府预算与管理》，清华大学出版社 2007 年版。
40. 王金秀、陈志勇：《国家预算管理》（第二版），中国人民大学出版社 2007 年版。
41. 刘玉平：《国有资产管理》（第三版），中国人民大学出版社 2016 年版。
42. 杨之刚：《财政分权理论与基层公共财政改革》，经济科学出版社 2006 年版。
43. 蔡红英：《中国地方政府间财政关系研究》，中国财政经济出版社 2007 年版。
44. 周黎安：《转型中的地方政府——官员激励与治理》，格致出版社 2008 年版。
45. 周天勇：《中国行政体制改革 30 年》，格致出版社 2008 年版。
46. 王敬尧：《地方财政与治理能力》，商务印书馆 2010 年版。
47. 李晓西：《中国货币与财政政策效果评析》，人民出版社 2007 年版。
48. 王志伟等：《扩张性财政政策的长期效应》，北京大学出版社 2010 年版。
49. 刘国艳等：《积极财政政策转型与财政可持续性研究》，经济科学出版社 2011 年版。
50. 孙文学：《中国财政思想史》，上海交通大学出版社 2008 年版。
51. 叶振鹏：《中国历代财政改革研究》，中国财政经济出版社 2013 年版。
52. 高培勇、杨之刚、马珺：《中国财政经济理论前沿（6）》，社会科学文献出版社 2011 年版。
53. 曲绍宏、白丽健：《中国近现代财政简史》，南开大学出版社 2006 年版。
54. 董礼胜：《中国公共物品供给》，中国社会出版社 2007 年版。
55. 洪振快：《亚财政：非正式财政与中国历史弈局》，新星出版社 2008 年版。
56. 程念祺：《国家力量与中国经济的历史变迁》，新星出版社 2006 年版。

# 敬 告 读 者

为了帮助广大师生和其他学习者更好地使用、理解和巩固教材的内容,本教材提供课件和习题答案,读者可关注公众号"财经文渊",浏览课件和习题答案。

如有任何疑问,请与我们联系。

邮箱:esp_bj@163.com

教材服务 QQ 群:391238470

经济科学出版社<br>
2018 年 8 月

财经文渊

教材服务 QQ 群